VEN, SÉ MI LUZ

MADRE TERESA

VEN, SÉ MI LUZ

LAS ESCRITURAS PRIVADAS DE LA SANTA DE CALCUTTA

Edición y comentarios de

BRIAN KOLODIEJCHUK, M.C.

Traducción de Pablo Cervera

IMAGE

Nueva York

Originally published in English in hardcover in the United States as *Come Be My Light* by Doubleday Religion, New York in 2007 and subsequently published in Spanish in Spain as *Ven, Sé Mi Luz* by Editorial Planeta, Barcelona in 2008.

Permissions: Ilustraciones del interior: archivo del autor (p. 1); cortesíade Msgr. Leo M. Maagsburg (pp. 2-7 y p. 8 superior) y © *L'Osservatore Romano* (p. 8 inferior)

Imprimi potest: Robert Conroy, M. C., Superior General
Nihil Obstat: William B. Smith, S. T. D., Censor
Imprimatur: † Robert A. Brucato, D. D., Vicario General, Archidiócesis de Nueva York
El *Nihil Obstat* y el *Imprimatur* son declaraciones oficiales de que una publicación no contiene errores doctrinales o morales. Esto no significa que quienes han concedido el *Nihil Obstat* y el *Imprimatur* estén de acuerdo con el contenido y las opiniones presentadas en la publicación.

Library of Congress Cataloging-in-Publication Data is available upon request.

ISBN 978-0-7704-3738-1
eBook ISBN 978-0-7704-3739-8

Book design by Anglofort, S. A.
Cover design by Jean Traina
Cover photograph by Jean-Louis Atlan/Sygma/Corbis

First Paperback Edition

147028622

St. Mary's Convent.
13ᵗʰ Jan. 47.

Your Grace,

From last Sept. strange thoughts and desires have been filling my heart. They got stronger and clearer during the 8 days retreat I made in Darjeeling. On coming here I told Fr. Van Exem everything — I showed him the few notes I had written during the retreat. He told me. He thought — it was God's inspiration — but to pray and remain silent over it. I kept on telling him whatever passed in my soul — in thoughts and desires. Then yesterday he wrote this " I cannot prevent you from talking or writing to His Grace. You will write to His Grace as a daughter to her father, in perfect trust and sincerity, without any fear or anxiety, telling him how it all went, adding that you talked to me and that now I think I cannot in conscience prevent you from exposing everything to him."

Before I begin I want to tell you that at one word that Your Grace would say I am ready never to consider again any of those strange thoughts which have been coming continually.

During the year very often I have been longing to be all for Jesus and to make other souls — especially Indian, come and love Him fervently — to identify myself with Indian girls completely and so love Him as He has never been loved before. I thought was one of my many mad desires. I read the life of St. M. Cabrini — She did so much for the Americans because she became one of them. Why can't I do for India what she did for Amer. She did not wait for souls to come to her. She went to them with her zealous

mind my feelings — Dont mind even — My pain
If my separation from You — brings others to You
and in their love and company — You find
joy and pleasure. Why Jesus, I am willing with
all my heart to suffer all that I suffer — not
only now — but for all eternity — if this was possible.
Your happiness is all that I want — for the
rest — please do not take the trouble — even
if You see me faint with pain. — All this is
My Will — I want to satiate Your Thirst with
every single drop of blood, that You can find
in me. — Dont allow me to do You wrong
in any way. Take from me the power
of hurting You. — Heart and soul I will
work for the Sisters — because they are Yours. Each
and everyone — are Yours.
I beg of You only one thing — please do not take
the trouble to return soon. I am ready to
wait for You for all eternity — Your little one.

Si alguna vez llego a ser santa—seguramente seré una santa de la «oscuridad». Estaré continuamente ausente del Cielo—para encender la luz de aquellos que en la tierra están en la oscuridad.

Madre Teresa de Calcuta

*Para los que se encuentran en algún tipo de oscuridad,
especialmente los más pobres entre los pobres,
para que en la experiencia y fe de Madre Teresa
encuentren consuelo y aliento*

ÍNDICE

PREFACIO

Durante décadas, Madre Teresa y su obra suscitaron un enorme interés público. A la vista de toda la atención que recibió durante su vida, y especialmente a su muerte a los ochenta y siete años, uno se pregunta: ¿de dónde procedía esta fuerza que atraía a tanta gente hacia ella? Lo cierto es que ella hubiera preferido pasar inadvertida. Se consideraba a sí misma «un lápiz en las manos de Dios»[1] nada más, y estaba convencida de que Dios utilizaba su «nada» para mostrar Su grandeza. Nunca se dio importancia por lo que hacía y siempre intentó dirigir la atención que se le prestaba hacia Dios y «Su obra» entre los más pobres de los pobres. Sin embargo, no estaba en el plan providencial de Dios para ella que permaneciera en el anonimato. Gente de todo credo y condición reconocieron su amor generoso y su compasión por los pobres; admiraron su simplicidad y autenticidad y se sintieron atraídos por la alegría y la paz que irradiaba. Al mismo tiempo, todos los que la conocieron, incluso una sola vez, se quedaban con la sensación de que había algo más tras su mirada penetrante.

Madre Teresa no podía ocultar su trabajo entre los pobres, pero consiguió mantener escondidos —y con increíble éxito— los más profundos aspectos de su relación con Dios. Estaba decidida a mantener estos secretos de amor lejos de las miradas de los mortales. El arzobispo de Calcuta, Ferdinand Périer y algunos sacerdotes fueron los únicos que vieron un atisbo de la riqueza espiritual de su vida interior, y ella les rogaba constantemente que destruyeran todas sus cartas en relación con este tema. La razón de esta insistencia se encuentra en su profunda reverencia a Dios y Su obra en ella y a través de ella. Su silencio se yergue ahora como testimonio de su humildad y de la delicadeza de su amor.

Providencialmente, los directores espirituales de Madre Teresa conservaron parte de su correspondencia. Así, cuando se reunieron testimonios y documentos durante el proceso de beatificación y canonización, se descubrió la sorprendente historia de su íntima relación con Jesús, oculta incluso para sus colaboradores más cercanos. En contraste con su «naturalidad», las confidencias de Madre Teresa revelan profundidades de santidad previamente desconocidas y que bien podrían hacer que figure entre los grandes místicos de la Iglesia.

Su vida y su mensaje continúan fascinando. Este libro, pues, es una respuesta a la petición de muchos de los que la conocieron, amaron y admiraron, que desean entender el motivo de su acción, la fuente de su fortaleza, la razón de su alegría y la intensidad de su amor. Estas páginas revelan su vida interior, con toda su profundidad y drama, y añaden riquezas reveladoras a la herencia espiritual que Madre Teresa ha dado al mundo.

P. Brian Kolodiejchuk, M. C.
Postulador de la Causa de Canonización de la
Beata Teresa de Calcuta
Director del Centro Madre Teresa

VEN, SÉ MI LUZ

INTRODUCCIÓN

«Si alguna vez llego a ser santa—seguramente seré una santa de la "oscuridad". Estaré continuamente ausente del Cielo—para encender la luz de aquellos que en la tierra están en la oscuridad.»[1] Estas palabras de Madre Teresa, tomadas en cierto modo como la «declaración de su misión», proporcionan la clave para entender su vida espiritual y, de hecho, de toda su existencia. «Ven, sé Mi luz», le pidió Jesús, y Madre Teresa procuró ser esa luz del amor de Dios en las vidas de los que estaban experimentando la oscuridad. Sin embargo, para ella, el coste paradójico y totalmente insospechado de su misión era que ella misma viviría en «terrible oscuridad». En una carta a uno de sus directores espirituales, escribía:

Ahora Padre—desde el año 49 o 50 tengo esta terrible sensación de pérdida—esta oscuridad indecible—esta soledad—este continuo anhelo de Dios—que me causa ese dolor en lo profundo de mi corazón.—La oscuridad es tal que realmente no veo—ni con la mente ni con el corazón.—El lugar de Dios en mi alma está vacío.—No hay Dios en mí.—Cuando el dolor del anhelo es tan grande—sólo añoro una y otra vez a Dios—y es entonces cuando siento—Él no me quiere —Él no está allí—[...]

Dios no me quiere.—A veces—sólo escucho a mi corazón gritar—«Dios mío» y no viene nada más.—No puedo explicar la tortura y el dolor.[2]

Finalidad de este libro

Este libro sondea la profundidad de la vida interior de Madre Teresa vista desde la perspectiva de esta «declaración de su misión». Más que un estudio teológico, este trabajo es una presentación de los aspectos previamente desconocidos de su vida interior, a través de los cuales obtenemos un mayor conocimiento de su fe firme y de su intenso amor a Dios y al prójimo.

Tres son los aspectos de la vida interior de Madre Teresa revelados durante la causa de su canonización: el voto privado realizado mientras todavía era religiosa de Loreto,* las experiencias místicas que rodearon la inspiración para fundar las Misioneras de la Caridad, y su íntima participación en la Cruz de Cristo a través de los largos años de oscuridad interior. Cada uno de estos elementos está conectado: el voto privado pone las bases de su llamada para servir a los más pobres entre los pobres; la nueva llamada la invita a abrazar la realidad espiritual de aquellos a quienes servía; y el voto también sostiene la heroicidad con que vivió la dolorosa oscuridad.

El libro está dividido en tres partes. Los capítulos 1 y 2 abarcan su vida interior antes de «la llamada dentro de una llamada». El amor a Dios y al prójimo había sido sembrado en su corazón desde su más tierna infancia. Su generosa respuesta ya como joven en Skopje, y particularmente como una dedicada y sacrificada religiosa de

---

* Conocidas en España como Irlandesas. *(N. del t.)*

Loreto, alcanzó su cima en un voto privado que hizo en 1942. Este voto sería no sólo la fuerza que la guiaba en sus acciones, sino también una providencial preparación para lo que iba a suceder.

Los capítulos del 3 al 7 tratan de la inspiración que recibió el 10 de septiembre de 1946, para fundar las Misioneras de la Caridad, el drama de la espera para empezar su nueva misión y, finalmente, su salida de la Orden de Loreto y el inicio del trabajo en los barrios pobres. Tanto en la respuesta a la «llamada dentro de una llamada» como en el lento proceso de discernimiento que siguió, afrontó con valentía los numerosos sufrimientos que surgieron en el camino y se mantuvo firme en su nueva misión.

Precisamente cuando todo parecía estar en orden, comenzó la más dura de sus pruebas. Desde el momento en que recibió la llamada, estaba convencida de que su misión era llevar la luz de la fe a los que vivían en la oscuridad. Madre Teresa no se daba cuenta de que la «oscuridad» se convertiría en la mayor prueba de su propia vida y en una parte fundamental de su misión. La profundidad de esta experiencia mística y el precio de vivir esta nueva llamada y misión son los temas de los capítulos del 8 al 13.

Su legado

Al principio, la experiencia de oscuridad la tomó por sorpresa. Puesto que había experimentado un alto grado de unión con Dios, el cambio no sólo fue sorprendente, sino que fue también agonizante: incapaz de sentir Su presencia tal como la tenía antes, estaba desconcertada y temerosa. ¿Estaba yendo por el «camino equivocado»?

Buscando posibles razones para la aparente ausencia de Dios, cuando Su presencia le había parecido tan real, al principio lo atribuyó a su pecado y debilidad, concluyendo que la oscuridad era una purificación de sus imperfecciones.

Progresivamente y con ayuda de sus directores espirituales, llegó a comprender que su dolorosa experiencia interior era esencial para vivir su misión. Era la participación en la Pasión de Cristo en la Cruz—con un énfasis especial en la sed de Jesús como el misterio de Su deseo ardiente de amor y salvación de cada persona. Con el tiempo, ella llegó a reconocer su misterioso sufrimiento como una huella de la Pasión de Cristo en su alma: estaba viviendo el misterio del Calvario—el Calvario de Jesús y el Calvario de los pobres.

Esta experiencia interior que vivió era un aspecto integral de su vocación, la exigencia más desafiante de su misión, y la suprema expresión de su amor a Dios y a Sus pobres. Más allá de ofrecer cuidados a los oprimidos y marginados de la sociedad, ella estaba dispuesta a abrazar sus sufrimientos materiales y espirituales, su condición de ser «no queridos, no amados, no cuidados», de no tener a nadie.

Esta intensa y prolongada agonía espiritual podría haberla desanimado, pero muy al contrario, ella irradiaba un extraordinario gozo y amor. Era verdaderamente un testigo de esperanza, un apóstol de amor y alegría, porque había construido el edificio de su vida sobre la fe pura. Irradiaba una especie de «luminosidad», según la descripción de Malcolm Muggeridge,[3] que resultaba de su relación con Dios. En este libro espero indagar e iluminar la dinámica oculta de esta relación.

Los documentos

La misma Madre Teresa era muy consciente de las insóli-
tas circunstancias de su llamada y de la manera extraordinaria en la que se le pedía que las viviera. Insistía siempre
en que se destruyeran todos los documentos que revelaban la inspiración de la fundación de las Misioneras de la
Caridad, por temor de que se le diera a ella una preemi-
nencia que creía que se le debía dar solamente a Dios.

El Padre [Van Exem] también tiene muchas cartas que
le escribí en relación con la obra cuando todavía era religiosa de Loreto.—Ahora que el proyecto de Jesús confiado a nosotras está en las Constituciones—esas cartas
no son necesarias. Podría tenerlas por favor—ya que
eran la expresión misma de mi alma en esos días. Me
gustaría quemar todos los papeles que revelan algo de
mí.—Excelencia por favor le pido, le ruego que me conceda este deseo—quiero que el secreto de Dios conmigo
quede entre nosotros—el mundo no sabe y quiero que
continúe así.—Cualquier carta—relativa a la Sociedad,*
usted tiene muchas—nunca he contado—ni siquiera en
confesión —cómo comenzó la Congregación.—Usted y
el Padre [Van Exem] lo saben—esto es suficiente. Yo era
Su pequeño instrumento—ahora que Su voluntad es conocida a través de las Constituciones—todas esas cartas
son inútiles.[4]

Al cabo de un año, en 1957, monseñor Périer no había
accedido todavía a su petición, ella encontró otra opor-

---

* Con esta palabra se refiere a la Congregación de las Misioneras
de la Caridad.

tunidad para reiterar su súplica. Esta segunda petición tampoco fue aceptada. A medida que pasaba el tiempo y aumentaba el interés por su trabajo, surgió la posibilidad de que ella y la obra fueran objeto de artículos y libros. Esto resultó ser otra prueba para ella. Otra vez temió que monseñor Périer y el padre Van Exem, su director espiritual desde 1944, pudieran hacer públicos los documentos:

Fui esta mañana pero Usted no estaba. Tengo que hacerle una petición muy grande.—Nunca le he pedido nada personalmente.—Oí por Monsignor E. Barber que el Cardenal Spellman quiere escribir sobre mí y la obra. Monseñor Morrow va a venir a solicitarle todos los documentos.—A Usted y al Padre Van Exem les he confiado mis más profundos pensamientos—mi amor a Jesús—y Su tierno amor hacia mí—por favor, no le dé nada de 1946. Quiero que la obra permanezca sólo de Él. Cuando se conozca el comienzo, la gente pensará más en mí—menos en Jesús. Por favor, en el nombre de María, no le diga ni entregue nada. Sé que quieren ayudar a la Congregación económicamente—yo no quiero dinero—mi confianza en Dios es ciega—sé que Él nunca me va a fallar. En estos pocos años lakhs* de rupias han pasado por mis manos.—No sé cómo llegaron. Estoy perfectamente feliz y agradecida a Dios por lo que da—yo en cambio sería y permanecería pobre con Jesús y Sus pobres.—Prefiero mendigar y luchar con poco—Déjele que escriba sobre «la obra» y sobre nuestra pobre gente que sufre—que me ayude a pagar la escolarización de nuestros pobres niños y a dar a los inteligentes una oportunidad en la vida.

El Rvdo. Padre Martindale, S. J., quiere escribir tam-

* Un *lakh* equivale a 100.000 rupias.

bién y envió recado a través del Capitán Cheshire—he dicho que no.—Sólo soy Su instrumento—por qué tanto sobre mí—cuando la obra es toda de Él. No me la atribuyo. Me fue dada[5] [...]

Tres años más tarde, tuvo todavía otra ocasión para pedir que se destruyeran los documentos. El arzobispo de Calcuta, para obtener el reconocimiento pontificio de las Misioneras de la Caridad, tenía que presentar una petición formal al Papa, describiendo la historia y el trabajo de la Congregación bajo su cuidado. Este nuevo examen la preocupaba.

Excelencia,

Ahora que usted está examinando el archivo de nuestra Congregación—le suplico que destruya cualquier carta que yo le haya escrito—y no esté relacionada con la Congregación.—«La Llamada» fue un delicado don de Dios hacia mí—indigna—No sé por qué me recogió a mí—supongo que igual que la gente que nosotros recogemos—porque son los más indeseados. Desde el primer día hasta hoy—esta nueva vocación mía ha sido un prolongado «Sí» a Dios—sin mirar siquiera el costo.—Mi convicción de que «la obra es Suya»—es más que la realidad.—Nunca he dudado. Sólo me duele cuando la gente me llama fundadora porque sé con certeza que Él lo pidió—«¿Harás esto por Mí?» Todo era Suyo—Yo sólo tenía que entregarme a Su plan—a Su voluntad—Hoy Su obra ha crecido porque es Él, y no yo, quien lo hace a través de mí.

Estoy tan convencida de esto—que daría mi vida gustosamente para demostrarlo.[6]

A pesar de ello, monseñor Périer y sus sucesores en el cargo estaban convencidos de que los documentos deberían sobrevivir, aunque Madre Teresa se las arregló para destruir una gran parte de ellos. Del mismo modo, el padre Van Exem luchó durante años contra la insistencia de Madre Teresa para que se destruyeran. Intentó persuadirla de que los guardara en beneficio de las futuras generaciones de sus seguidoras. En 1981 le escribió, «Un último punto para mí ha sido una gran sorpresa: no sé lo que ocurrió con los documentos que guardó el P. Henry. Cuando fui a la iglesia de Santa Teresa el año pasado, no pude encontrar nada de nada. ¿Dónde están ahora los documentos? En mi caso estoy seguro de que no quiero que ocurra esto». Finalmente cedió. El padre Van Exem, poco antes de su muerte en 1993, describió los detalles a monseñor Henry D'Souza, arzobispo de Calcuta en ese momento:

Excelencia,

Le devuelvo agradecido los documentos que me envió antes de marchar hacia Hong Kong.

En relación con el cuaderno de Madre Teresa añado lo siguiente:

La propia Madre lo escribió. Aparentemente es un diario pero no lo es. Seguramente una parte fue escrita poco tiempo después de los acontecimientos. No sé si Madre tenía algunas notas. Es probable, puesto que tiene muchas fechas. En algunos lugares he añadido el mes y el año. En los inicios de la Congregación, Madre, tras contestar las cartas que recibía, solía dármelas para que yo se las guardara.

Después de un tiempo—pudo haber sido en Creek Lane—quiso quemar todas las cartas que yo había recibido de ella. Tenía yo entonces dos baúles de cartas, un baúl de cartas de benefactores, y otro de distinta correspondencia. Me negué a darle permiso para destruir las cartas y le dije que debería pedirlo a monseñor Périer, superior general de las M. C. [Misioneras de la Caridad]. Madre fue a monseñor Périer, quien le dijo: «Madre, escriba la historia de la Congregación y el padre Van Exem le dará todas las cartas». Madre comenzó a escribir este libro con fecha 21 de diciembre de 1948 y hasta el 11 de junio de 1949. Por las tardes estaba tan cansada que no pudo continuar la historia por mucho tiempo.

Cuando monseñor Dyer sustituyó a monseñor Périer, Madre recurrió a él para obtener el mismo permiso. Él le preguntó qué había decidido monseñor Périer y le dijo que así lo hiciera. Luego vino monseñor Albert Vincent que le dio una negativa rotunda. En 1969 monseñor Picachy vino a Calcuta y Madre me dijo que no mencionara nada sobre sus cartas. Ella sabía lo que diría.

En la década de los setenta y en la de los ochenta, continuó insistiendo en que se destruyeran las cartas. Madre fue elegida superiora general de una congregación pontificia desde 1965 y no había gerencia de ningún arzobispo. Entonces le envié los baúles de cartas a Madre pero en una larga carta le explicaba que algunas de las cartas no le pertenecían a ella sino a la Congregación.

Yo me quedé con el cuaderno de Madre hasta que se lo envié a Su Excelencia.

Hoy le devuelvo los documentos que recibí de usted.[7]

Aunque el conocimiento de su inspiración permaneció como el privilegio del padre Van Exem y de monseñor Périer, con el paso de los años algunos sacerdotes conocieron la oscuridad espiritual de Madre Teresa. Ella revelaba su estado interior sólo porque sentía que Dios le urgía a que lo hiciera. No importaban sus propias preferencias personales; a Él no se podía negar. Estos sacerdotes demostraron ser valiosos ayudantes—verdaderos «Simones de Cirene» en este «camino de la Cruz».

Los destinatarios de estas cartas fueron los primeros en darse cuenta de que la oscuridad era un elemento esencial de su vocación, y previeron que dar a conocer su experiencia ofrecería un testimonio precioso de la santidad de Madre Teresa y ayudaría a continuar su misión más allá de su vida. El padre Neuner explicaba:

> Contra su petición explícita de que se quemaran estas páginas después de haberlas leído, sentí que tenía que conservarlas puesto que revelaban un aspecto de su vida, la verdadera profundidad de su vocación, de la que nadie parecía ser consciente. Todos vieron su valiente lucha para establecer su obra, su evidente amor por los pobres y los que sufren, y el cuidado de sus Hermanas; pero la oscuridad espiritual seguía siendo su secreto. Parecía jovial en su vida diaria, incansable en su trabajo. Su agonía interior no debilitaría sus actividades. Con su inspirado liderazgo guió a sus hermanas, fundó nuevos centros, se hizo famosa, pero por dentro tenía un vacío total. Estas páginas revelan el cimiento sobre el que se levantó su misión. Sería importante para sus Hermanas y para otros muchos, saber que su obra tenía su raíz en el misterio de la misión de Jesús, en unión con Aquel que, a punto de morir en la cruz, se sintió abandonado por su Padre.

En algunas de las cartas y notas sobre su oscuridad interior, Madre Teresa había escrito «asunto de conciencia». Para Madre Teresa, cada palabra que escribía sobre su oscuridad interior (ya lo indicara o no) entraba en esta categoría. Uno de los sacerdotes que sabía de su oscuridad arrojó luz sobre las razones para preservar y revelar estos documentos:

¿Objetaría todavía Madre, ahora que ya no está con nosotros en la tierra, que estas cartas hayan sido preservadas por el cardenal Picachy y que ahora, tras la muerte de los dos, hayan salido a la luz? Ahora, sin duda, ella ha entendido que pertenece a la Iglesia. Es enseñanza tradicional de la Iglesia que el carisma místico de los amigos cercanos de Dios tiene un significado para el bien de toda la Iglesia, y no para ellos mismos. Mucha gente que atraviesa por pruebas semejantes podría sacar de estas cartas ánimo y esperanza. Probablemente haya muchas más personas de éstas de las que pensamos—aunque en grados diversos de intensidad [de pruebas].[8]

En cuanto a la expresión de Madre Teresa «Parte de mi Confesión», debe entenderse que lo que ella quería decir no era parte del sacramento de la reconciliación. Uno no puede hacer una confesión sacramental escribiendo los propios pecados en un pedazo de papel y enviándoselo a un sacerdote. Los sacerdotes que recibían sus cartas la entendían bien: había escrito lo que no era capaz de decir cuando se encontraba con ellos durante la dirección espiritual. Era su modo de indicar que el asunto era confidencial; para ella significaba lo mismo que «asunto de conciencia».

Además de las cartas, se citan aquí también extractos de otros escritos de Madre Teresa, entre ellos el diario que llevó al principio de su trabajo en los barrios más miserables, sus instrucciones a las hermanas y sus alocuciones públicas. También se han usado otras fuentes: extractos de cartas escritas durante el tiempo de discernimiento sobre si su «llamada dentro de una llamada» era de origen divino, principalmente las de monseñor Périer, del padre Van Exem y de sus superioras; testimonios reunidos durante el proceso de canonización de Madre Teresa, en su mayor parte de sus guías espirituales y miembros de los Misioneros de la Caridad; y testimonios sobre ella procedentes de publicaciones.

Organización

Los documentos se han organizado cronológicamente. Como resultado aparecen expresiones iguales o semejantes, pero estas repeticiones, de manera especial en sus escritos referidos a su estado interior, son precisamente las que revelan el progreso, intensidad y duración de su oscuridad. Por este motivo, son valiosísimos. Por su parte, Madre Teresa sólo podía hablar de la realidad dentro de ella y su repetida mención de su dolor y oscuridad con peticiones de oración revelan una comprensible necesidad de apoyo. Las ideas que se repiten en los escritos a menudo se ven enriquecidas con el paso del tiempo con un nuevo detalle o un aspecto que indica una profundización por parte de Madre Teresa en su comprensión o vivencia de una faceta particular de su espiritualidad y misión.

Los escritos de Madre Teresa se han corregido lo menos posible. Aunque la mayoría de ellos fueron escritos en inglés, se debe tener en cuenta que el inglés no era su primera lengua: su lengua materna era el albanés. Su educación y la mayor parte de su comunicación diaria durante su juventud en Skopje eran en serbocroata. Las primeras cartas desde la India a sus amigos y a su confesor de Skopje estaban escritas en serbocroata. Aquí se ofrece una traducción lo más literal posible. Por lo que respecta a los textos escritos en inglés, incluso si a veces la gramática es incorrecta o se hubieran podido mejorar, se han dejado como ella los escribió. Se han corregido sus errores de ortografía y se han añadido entre corchetes las palabras que resulta obvio que ella omitió por error.

La forma de escribir algunas palabras con mayúscula es una parte importante del estilo de Madre Teresa. Tenía la costumbre de poner con mayúscula palabras que no lo estarían en el uso común del inglés. Además de poner en mayúscula «Dios» y los pronombres personales que se referían a Él, también ponía en mayúscula lo que se refería a lo sagrado y a lo santo, así como términos que eran importantes para ella, tales como «Confesión», «nuestra Joven Congregación», «nuestros Pobres», «una gran Sonrisa», etc. Éste era su modo de expresar respeto hacia lo sagrado y subrayar una realidad concreta que le impactaba. Sin embargo, no siempre era constante en el uso de las mayúsculas y la mayoría de estos casos se han adaptado al uso más habitual.

Una nota sobre la puntuación: los escritos de Madre Teresa presentados aquí son comunicaciones personales a sus colaboradores más cercanos, sin intención de ser publicados. En esta «escritura informal» el guión es un signo de puntuación que caracteriza su estilo. A veces, en sus cartas, pero especialmente en sus diarios y notas, el guión sustituye a cualquier otro signo de puntuación: lo pone en lugar del punto, de la coma, de los dos puntos, del punto y coma, del signo de exclamación o signo de interrogación y, finalmente, también como guión. Dicho brevemente, toda interrupción de pensamiento la marcaba con un guión. Esta particularidad de su estilo es expresiva del dinamismo y vivacidad de su personalidad, de cierta «prisa» por hacer lo siguiente y no estar ocupada con lo «no esencial». Aunque los guiones podrían ser una distracción en la lectura, por motivo de autenticidad se han dejado casi siempre en el texto tal como ella los ponía. Sin embargo, en algunos casos, cuando un guión habría interferido con el significado o la fluidez del texto, se ha quitado o se ha reemplazado por signos de puntuación convencionales.

El uso frecuente de abreviaturas inusuales es otro rasgo típico de los escritos de Madre Teresa, otra expresión de su prisa característica. Algunos ejemplos son «*Holy Com.*» [*Holy Comunion*: Sagrada Comunión], «H.G.» [*His Grace*: Excelencia], «Bl.» [*Blessed Sacrament*: Santísimo Sacramento], «Cal.» [Calcuta], «Nov.» [Novicias o Noviciado], etc. La palabra correspondiente está indicada entre corchetes después de la abreviatura.

Espero que muchos se inspiren con la manera heroica en que Madre Teresa vivió su misión «de encender la luz de aquellos que están en la oscuridad» y la vivan de acuerdo con su propia vocación y posibilidades. En esos lugares de nuestros corazones donde todavía persiste la oscuridad, que una luz brillante resplandezca mediante su ejemplo, su amor, y ahora también, su intercesión desde el cielo.

CAPÍTULO 1

«PON TU MANO EN SU MANO, Y CAMINA
SOLA CON ÉL»
Misionera

¡Jesús, por Ti y por las almas!
MADRE TERESA

«Pon tu mano en Su mano [la de Jesús] y camina sola
con Él. Camina hacia delante, porque si miras atrás vol-
verás.»[1] Estas palabras de despedida de su madre se gra-
baron en el corazón de Gonxha Agnes Bojaxhiu, la futura Madre Teresa, al dejar su hogar en Skopje para
comenzar su vida como misionera a los dieciocho años.
El 26 de septiembre de 1928 viajó a Irlanda para entrar
en el Instituto de la Bienaventurada Virgen María (las
Hermanas de Loreto), una congregación de religiosas,
no de clausura, dedicadas principalmente a la educación. Ella había pedido ir a las misiones de Bengala. Semejante aventura exigía gran fe y valentía, ya que ella y
su familia sabían bien que «en esa época, cuando los misioneros se iban a las misiones, nunca regresaban».[2]

A pesar de lo joven que era, Gonxha había necesitado seis años para decidir sobre su vocación. Creció en una familia que fomentaba la piedad y la devoción y en una fervorosa comunidad parroquial que contribuyó también a su formación religiosa. En este entorno, según revelaría más tarde Madre Teresa, se sintió por primera vez llamada a consagrar su vida a Dios:

> Yo sólo tenía doce años entonces [...] En esta época, fue cuando supe por primera vez que tenía vocación hacia los pobres [...] en 1922. Yo quería ser misionera, yo quería ir y dar la vida de Cristo a la gente de los países de misión. [...] Al principio, entre los doce y los dieciocho años yo no quería ser religiosa. Éramos una familia muy feliz. Pero cuando tuve dieciocho años, decidí dejar mi hogar para hacerme religiosa, y desde entonces, en estos cuarenta años, nunca he dudado ni siquiera un segundo de haber hecho lo correcto; era la voluntad de Dios. Era Su elección.[3]

Por lo tanto su decisión no fue un capricho de juventud, sino más bien una elección razonada, fruto de su profunda relación con Jesús. Muchos años después ella desvelaría, «desde mi infancia el Corazón de Jesús ha sido mi primer amor».[4] Hizo clara su determinación en su carta de solicitud a la superiora de las religiosas de Loreto:

> Reverenda Madre Superiora,
> Sea tan amable de escuchar mi sincero deseo. Quisiera entrar en su Congregación, con el fin de llegar a ser un día una hermana misionera y trabajar por Jesús que murió por todos nosotros.
> He terminado el quinto curso de la escuela secunda-

ria; hablo albanés, que es mi lengua materna, y serbio;* conozco un poco el francés, no sé nada de inglés, pero espero que Dios me ayude a aprender lo poco que necesito y entonces empezaré inmediatamente en estos días a practicarlo.

No tengo otro requisito especial, sólo quiero estar en las misiones y todo lo demás lo dejo completamente a la disposición del buen Dios.

En Skopje, 28-VI-1928
Gonđa Bojađijevič**

Una gracia excepcional que había recibido en el día de su Primera Comunión, había avivado su deseo de dar este paso audaz hacia lo desconocido: «Desde los cinco años y medio—cuando Le recibí [a Jesús] por primera vez—el amor por las almas ha estado en mí.—Creció con los años—hasta que llegué a la India—con la esperanza de salvar muchas almas.»[5]

Navegando por el mar Mediterráneo, la apasionada y joven misionera escribió a sus seres queridos: «Rezad por vuestra misionera, para que Jesús la ayude a salvar cuantas almas inmortales sea posible de la oscuridad, de la incredulidad.»[6] Su esperanza de llevar luz a los que estaban en oscuridad llegaría a hacerse realidad, aunque de un modo que ella no podía ni imaginar mientras viajaba a su escogida tierra de misión.

* Aquí, por «serbio» Gonxha se refiere al «serbocroata», lengua que se enseñaba en la escuela.

** Gonxha Bojaxhiu a la superiora general de Loreto, 28 de junio de 1928. El nombre de bautismo de Madre Teresa es Gonxha Agnes Bojaxhiu. Sin embargo, como su carta a la superiora general fue escrita en serbocroata, firmó en esa lengua (práctica común en Skopje en esa época): Gonđa Bojađijevič.

Durante el viaje por mar, en momentos de soledad y de silencio, cuando la alegría y el dolor se mezclaban en su corazón, la Hermana Teresa (así llamada a partir de su ingreso en la Congregación de Loreto, en honor de Santa Teresa de Lisieux),* reunió sus sentimientos en un poema:

Adiós**

Dejo mi querido hogar
Y mi amada tierra natal,
A la cálida Bengala voy,
A un lejano, distante lugar.

Dejo a mis viejos amigos
Abandono familia y hogar,
Mi corazón me impulsa,
A servir a mi Cristo.

Adiós, oh madre querida
Y, a todos vosotros, adiós,
Una fuerza mayor me empuja
Hacia la tórrida India [...]

El barco avanza lentamente,
Surcando las olas del mar,

* Carmelita de Lisieux, conocida como «Santa Teresita», nacida en Alençon, Francia, el 2 de enero de 1873; murió en Lisieux el 30 de septiembre de 1897. Era la patrona de Madre Teresa.

** El poema fue escrito en serbocroata, lengua que Gonxha dominaba como ciudadana de Yugoslavia. En cada estrofa la primera línea rima con la tercera y la segunda con la cuarta. La lengua era tan rica que los editores de la revista consideraron necesario añadir una nota a pie de página a una de las palabras que utilizaba puesto que no creían que un lector medio pudiera conocerla.

Mis ojos por última vez observan
Las queridas orillas europeas.

Valiente, en la cubierta del barco
De plácido, feliz semblante
Está la pequeña,
La nueva prometida de Cristo.

En su mano una cruz de hierro
De la que cuelga el Salvador,
El alma dispuesta ofrece
Este momento, su duro sacrificio:

«¡Oh Dios, acepta este sacrificio
Como signo de mi amor,
Ayuda a Tu criatura,
A glorificar Tu nombre!

A cambio sólo Te pido,
Oh, nuestro buenísimo Padre,
Dame al menos un alma
Una que Tú ya conoces.»

Y pequeñas, puras como rocío estival
Fluían suavemente las cálidas lágrimas,
Confirmando y consagrando
El duro sacrificio, ahora ofrecido.

El 6 de enero de 1929, después de un viaje de cinco semanas, la Hermana Teresa llegó a Calcuta. En una carta que envió a sus amigos en Skopje, comparte sus primeras impresiones de la ciudad que llegaría a estar unida para siempre a su nombre:

El 6 de enero, por la mañana, navegamos desde el mar hasta el río Ganges, también llamado el «Río Sagrado». En el camino pudimos ver de cerca nuestra nueva patria Bengala. La naturaleza es maravillosa. En algunos lugares se ven casitas preciosas, pero para el resto, sólo cabañas alineadas bajo los árboles. Viendo todo esto, deseamos estar, lo antes posible, entre ellos. Hemos sabido que aquí hay muy pocos católicos. Cuando el barco llegó a la orilla cantamos en nuestras almas el Te Deum.* Nuestras hermanas de la India nos esperaban allí, con una alegría indescriptible, pisamos por primera vez el suelo de Bengala.

En la capilla del convento primero dimos gracias a nuestro querido Salvador por la gran gracia de habernos traído sanas y salvas a la meta anhelada. Nos quedaremos aquí una semana y luego iremos a Darjeeling, donde permaneceremos durante nuestro noviciado.

Recen mucho por nosotras para que seamos misioneras buenas y valientes.[7]

Poco después de su llegada a Calcuta, la Hermana Teresa fue enviada a Darjeeling para continuar su formación. En mayo empezó el noviciado, un período de dos años de iniciación a la vida religiosa que precede a la primera profesión de los votos. El primer año se concentraba en la formación espiritual de la candidata, enfatizando en la oración y en la espiritualidad de la orden, mientras que en el segundo año se insistía en la misión del instituto y se ofrecía alguna práctica en sus obras apostólicas. Habiendo acabado su formación, hizo sus primeros vo-

---

* El «Te Deum» es un himno tradicional de alegría y canto de alabanza en acción de gracias a Dios y se usa en la liturgia de la Iglesia. El título deriva del texto original latino *Te Deum Laudamus* que quiere decir «A Ti, oh Dios, Te alabamos».

tos el 25 de mayo de 1931,* prometiendo vivir una vida de pobreza, castidad y obediencia y dedicarse con particular atención a la instrucción de la juventud. Ésta fue una ocasión de inmensa alegría, ya que su anhelo de consagrarse a Dios llegó a ser una realidad. Ella le confió a una amiga:

> Si supieras lo feliz que soy como pequeña esposa de Jesús. A nadie, ni siquiera a los que disfrutan de alguna felicidad que en el mundo parece perfecta, podría yo envidiar, porque estoy gozando mi felicidad completa, incluso cuando sufro algo por mi amado Esposo.[8]

A continuación de la profesión de sus votos, la Hermana Teresa fue asignada a la comunidad de Loreto en Calcuta y designada para enseñar en la Escuela Bengalí Medium** femenina de St. Mary. La joven religiosa se embarcó animosamente en su nueva misión, en la que continuaría (con una sola interrupción de seis meses) hasta 1948, año en que dejó la Congregación de Loreto para fundar las Misioneras de la Caridad. En una carta enviada a la revista local católica de su ciudad natal, mostraba cómo esta misión de servicio, con todas sus dificultades, era una fuente de auténtica alegría para ella, ya que le brindaba la oportunidad de imitar a Jesús y vivir en unión con Él:

> El calor de la India es sencillamente abrasador. Cuando camino, me parece que hay fuego bajo mis pies y que

---

* Posteriormente renovó sus votos anualmente durante tres años y después una vez por tres años antes de ser admitida a la profesión perpetua.

** «Medium», se refiere a la lengua en que las clases se impartían, inglés o bengalí.

todo mi cuerpo está ardiendo. Cuando es más duro, me consuelo pensando que de este modo se salvan las almas y que el querido Jesús ha sufrido mucho más por ellas [...]. La vida de una misionera no está sembrada de rosas, sino más bien de espinas; pero, con todo esto, es una vida llena de felicidad y alegría cuando [la misionera] piensa que está haciendo el mismo trabajo que hacía Jesús cuando estaba en la tierra y que está cumpliendo el mandamiento de Jesús: «¡Id y enseñad a todos los pueblos!»[9]

Muchas cosas «por Jesús y por las Almas»

Después de nueve años en Loreto, la Hermana Teresa estaba acercándose a un momento muy importante de su vida, estaba a punto de hacer profesión de votos perpetuos. Sus superioras y sus compañeras ya estaban al tanto de su espíritu de oración, compasión, caridad y celo; también apreciaban su gran sentido del humor y su talento natural para la organización y el liderazgo. En todos sus quehaceres mostraba una inusual claridad mental, sentido común y valentía, como la ocasión en que ahuyentó un toro de la carretera para proteger a sus niñas o cuando consiguió hacer huir a unos ladrones que irrumpieron una noche en el convento.

Sin embargo, ni sus hermanas ni sus alumnas advirtieron la magnitud de la hondura espiritual que esta religiosa trabajadora y alegre había alcanzado en medio de sus actividades diarias. Su profunda unión con Jesús, fuente de su fecundidad espiritual y apostólica, sólo la compartía con sus confesores. Así, raramente aludía a sus sufrimientos y la alegría que irradiaba a su alrededor escondía con eficacia sus tribulaciones. En una carta al padre jesuita Franjo Jambreković,* el que había sido su confesor en Skopje, ella le reveló el secreto de la poderosa acción de Dios en su alma:

Querido Padre en Jesús,

Le agradezco de corazón su carta—realmente no la esperaba—le pido disculpas por no haberle escrito antes.

Acabo de recibir la carta de la Reverenda Madre General en la cual me da el permiso para hacer mis votos perpetuos. Será el 24 de mayo de 1937. ¡Qué gran gracia! Realmente no puedo agradecer lo suficiente a Dios todo lo que ha hecho por mí. ¡Suya para el resto de la eternidad! Ahora me alegra de todo corazón haber llevado con alegría mi cruz con Jesús.[10] Hubo sufrimientos—momentos cuando mis ojos estaban llenos de lágrimas—pero Le doy gracias a Dios por todo. Jesús y yo hemos sido amigos hasta ahora. Rece para que me dé la gracia de la perseverancia. Este mes empiezo mis tres meses de tercera probación.** Habrá más que suficiente [para ofrecer] por Jesús y por las almas—pero estoy tan feliz. Antes las cruces me daban miedo—se me ponía la carne de gallina sólo de pensar en el sufrimiento—pero ahora lo abrazo incluso antes de que llegue y así Jesús y yo vivimos en el amor.

No piense que mi vida espiritual está sembrada de rosas—ésa es la flor que casi nunca encuentro en mi camino. Todo lo contrario, más a menudo, tengo a la «os-

* Padre Franjo Jambreković, S. J., (1890-1969), jesuita croata, párroco de la Parroquia del Sagrado Corazón, en Skopje, desde 1924 a 1930.
** La tercera probación era un período de preparación intensa para la profesión final que tenía lugar en el convento de Loreto en Darjeeling.

curidad» por compañera. Y cuando la noche se hace más espesa—y me parece que voy a terminar en el infierno—entonces simplemente me entrego a Jesús. Si Él quiere que yo vaya—estoy preparada—pero sólo con la condición de que de verdad Le haga feliz. Necesito mucha gracia, mucha fuerza de Cristo para perseverar en la confianza, en ese amor ciego que conduce sólo hacia Jesús Crucificado. Pero soy feliz—sí, más feliz que nunca. Y no desearía por nada en el mundo deshacerme de mis sufrimientos. Pero no piense que sólo sufro. Ah no—río más de lo que sufro—de modo que algunos han concluido que soy la esposa mimada de Jesús, que vive con Jesús en Nazaret—lejos del Calvario[11] [...] Rece, rece mucho por mí—realmente necesito Su amor.

Perdone por hablarle tanto—pero ni yo misma sé cómo [pasó]—seguramente Jesús lo quería—para hacerle a usted rezar más por su misionera [...]

Mamá me escribe con mucha regularidad—realmente me da la fuerza para sufrir con alegría. Mi partida fue sin duda el comienzo de su vida sobrenatural. Cuando vaya a Jesús, seguro que la recibirá con gran alegría. Mi hermano y mi hermana todavía están juntos—llevan una vida muy bonita.

Seguro que usted está muy ocupado para pensar en escribir cartas. Pero le suplico una cosa: rece siempre por mí. Para eso no necesita un tiempo especial—porque nuestro trabajo es nuestra oración* [...]

Hace unos días me reí mucho—cuando vinieron a mi mente algunos incidentes de Letnica.** Qué orgullosa

---

* No quería decirle que abandonase sus oraciones formales y que solamente trabajara. Más tarde explicaría a sus hermanas: «El trabajo no es oración; la oración no es trabajo, pero debemos orar el trabajo, por Él, con Él y a Él.»

** Pueblo cercano a Skopje, a cuyo santuario de Nuestra Señora de las Montañas Negras peregrinaba la parroquia.

era yo entonces. Tampoco soy humilde ahora—pero al menos deseo llegar a serlo—y las humillaciones son mis dulces más dulces [...]

Debo irme—la India es tan abrasadora como el infierno—pero sus almas son bellas y preciosas porque la Sangre de Cristo las ha rociado.

Le saludo cordialmente y le pido su bendición y oraciones.

Suya en Jesús,
Hermana M. Teresa, IBVM
[Instituto de la Bienaventurada Virgen María][12]

«La oscuridad», su compañera

Esta carta a su confesor en Skopje es el primer caso en su correspondencia donde la Hermana Teresa se refiere a la «oscuridad». Es difícil captar con precisión lo que esta palabra significaba para ella en este tiempo, pero en el futuro el término llegaría a significar un profundo sufrimiento interior, falta de consuelo sensible, sequedad espiritual, una aparente ausencia de Dios en su vida y al mismo tiempo, un doloroso anhelo de Él.

Su breve descripción deja claro que la mayor parte del tiempo no disfrutaba de la luz y del consuelo de la presencia sensible de Dios, sino más bien se esforzaba en vivir por la fe, entregándose con amor y confianza a lo que Dios deseara. Había progresado tanto en ese amor que podía superar el temor del sufrimiento:[13] «ahora abrazo el sufrimiento incluso antes de que llegue, y así Jesús y yo vivimos en el amor».[14]

La oscuridad interior no es nada nuevo en la tradición de la mística católica. De hecho, ha sido un fenómeno común entre los numerosos santos que, a lo largo de la historia de la Iglesia, han experimentado lo que el místico carmelita español San Juan de la Cruz* llamaba la «noche oscura». El maestro espiritual empleaba acertadamente este término para designar las dolorosas purificaciones por las que uno atraviesa antes de alcanzar la unión con Dios. Se llevan a cabo en dos fases: la «noche de los sentidos» y la «noche del espíritu». En la primera noche uno es liberado del apego a satisfacciones de los sentidos y es conducido a la oración de contemplación. Mientras que Dios comunica Su luz y amor, el alma, todavía imperfecta, es incapaz de recibirlos y los experimenta como oscuridad, dolor, sequedad y vacío. Aunque el vacío y ausencia de Dios son sólo aparentes, son una gran fuente de sufrimiento. Sin embargo, si este estado es «la noche de los sentidos» y no el resultado de la mediocridad, la pereza o la enfermedad, se continúan desempeñando las ocupaciones diarias fiel y generosamente, sin desaliento, sin preocupación por uno mismo o disturbio emocional. Aunque ya no se sienten los consuelos, hay un notable anhelo de Dios y un aumento del amor, de la humildad, de la paciencia y de otras virtudes.

Tras pasar la primera noche, el alma puede entonces ser guiada por Dios a la «noche del espíritu», para ser purificada de las raíces más profundas de las imperfecciones propias. Un estado de aridez extrema acompaña esta purificación y el alma se siente rechazada y abandonada por Dios. La experiencia puede llegar a ser tan intensa que uno se siente como si se dirigiera a la perdición eterna. Esto es incluso más atroz porque uno sólo quiere a

---

* San Juan de la Cruz (1542-1591), fundador español (con Santa Teresa de Ávila) de los Carmelitas Descalzos, místico, poeta y Doctor de la Iglesia.

Dios y Le ama en extremo, pero es incapaz de reconocer su amor hacia Él. Las virtudes de la fe, la esperanza y la caridad son probadas severamente. La oración es difícil, casi imposible; el consejo espiritual prácticamente resulta estéril; y diversas pruebas exteriores se pueden añadir a este dolor. Mediante esta dolorosa purificación, el discípulo es guiado hacia el total desapego de las cosas creadas y a un elevado grado de unión con Cristo, convirtiéndose en un instrumento adecuado en Sus manos y sirviéndole pura y desinteresadamente.

No sorprende que la Hermana Teresa, un alma de por sí excepcional, fuera purificada en el «crisol» de estos sufrimientos místicos. Cuando optó por afrontar este dolor profundo con confianza, entrega y deseo firme de agradar a Dios, mientras demostraba una fidelidad excepcional a sus deberes religiosos, ya estaba marcando el modelo para su respuesta a la prueba interior todavía más exigente que estaba por llegar.

Suya para toda la eternidad

Después de tres meses de ferviente oración y reflexión en la tercera probación, llegó la fecha tan esperada de la que había hablado en su carta al padre Jambreković. El 24 de mayo de 1937, con un corazón feliz y agradecido, la Hermana Teresa se acercó al altar de Dios para pronunciar su «Sí» final, entregándose a Jesús en amor esponsal para el resto de su vida. La ceremonia tuvo lugar en la capilla del convento de Darjeeling, con el arzobispo Ferdinand Périer, S. J.,* como oficiante. Siguiendo la costum-

* El arzobispo Périer nació el 22 de septiembre de 1875 en Amberes, Bélgica. Fue ordenado sacerdote de la Compañía de Jesús (je-

bre de Loreto, ahora se le llamaría «Madre Teresa». Aparte de su obvia alegría por su profesión perpetua, no había nada de extraordinario en ella como para atraer la atención del arzobispo o de cualquier otra persona. Afortunadamente, han perdurado algunas de sus disposiciones interiores en otra carta escrita al padre Jambreković:

Querido Padre en Jesús,

Se acercan las fiestas de Navidad—cuando le llegue esta carta—estaremos disfrutando de la alegría del Niño Jesús. Por este motivo le envío mis sinceras felicitaciones. Que el querido Dios le conceda hacer mucho por Él y por las almas. Pídale lo mismo para su misionera.

Seguramente sabe que hice mis votos perpetuos. También pensé en usted ese día; si supiera lo feliz que fui de poder, por mi propia voluntad, encender mi propio sacrificio. ¡Ahora Suya y para toda la eternidad! Seguro que no se puede imaginar a la Gonđa de antes, ahora como esposa de Jesús. Pero Él ha sido siempre tan infinitamente bueno conmigo—como si hubiera querido asegurarse la posesión de mi corazón para Sí. De nuevo, le agradezco sinceramente todo lo que ha hecho por mí.

La hermana Gabriela está aquí. Trabaja maravillosamente por Jesús—lo más importante es que sabe sufrir y al mismo tiempo reír. Eso es lo más importante—sufrir y reír. Me ayuda mucho—de diferentes maneras—si no fuera así, yo sola seguramente habría fallado en algo. Está siempre dispuesta a ayudarme y yo soy tan mala que me aprovecho de su bondad.

---

suitas) en 1909, consagrado obispo el 21 de diciembre de 1921 y nombrado arzobispo coadjutor de Calcuta. Sucedió al arzobispo de Calcuta el 23 de junio de 1924, y permaneció en el cargo hasta su jubilación en 1960. Falleció el 10 de noviembre de 1968.

La Hermana Bernarda hace sus votos el 23 de enero de 1938. Gracias a Dios ahora todo va bien de nuevo—seguro que Jesús la ha escogido para algo especial, puesto que Él le ha dado tanto sufrimiento. Y ella es una verdadera heroína, soportando todo con valor y con una sonrisa [...]

Si queremos que Bengala sea para Cristo tenemos que pagar con muchos sacrificios.—Ahora realmente me alegro cuando algo no va como yo deseo—porque veo que Él quiere nuestra confianza—por eso, ante la pérdida, alabemos a Dios como si lo tuviéramos todo.

Quizá Mamá le haya escrito. Está ahora con mi hermano. Son muy felices. Sólo echan de menos algo—su Gonđa. Pero gracias a Dios, Mamá tiene cerca la iglesia de nuevo y puede hablar albanés. Qué feliz le hace. Mi hermana ha sido nombrada presidenta de la cofradía de Nuestra Señora para las jóvenes de la escuela secundaria. Espero que haga mucho por Jesús.

Seguro que quiere alguna noticia sobre mí. Le pido una cosa, rece mucho por mí—necesito oraciones, ahora más que nunca. Quiero ser sólo toda de Jesús—de verdad y no sólo de nombre y hábito. Muchas veces esto sale al revés—y así mi reverendísimo «yo» ocupa el lugar más importante.* Siempre la misma Gonđa orgullosa. Sólo una cosa es diferente—mi amor por Jesús—yo daría todo, incluso mi propia vida, por Él. Suena bonito pero en realidad no es tan fácil. Justo lo que quiero, que no sea fácil. Recuerde que una vez usted me dijo en Skopje: «Gonđa, quieres beber el cáliz[15] hasta la última gota». No sé si en aquel tiempo pensaba como lo hago ahora, pero ahora sí, alegremente e incluso sin una lá-

---

* Con un humor muy crítico consigo misma, Madre Teresa observa que su orgullo se interpone en el camino de su total pertenencia a Jesús, y se refiere irónicamente a su «reverendo» o exaltado yo.

grima [...] Eso no es tan fácil cuando una persona tiene que estar de pie desde la mañana hasta la noche. Pero aún así, todo es por Jesús; de esta manera todo es hermoso aún cuando sea difícil.

Tengo un sueño terrible esta tarde, así que por favor perdóneme por escribirle de este modo—pero si no termino hoy, mañana será demasiado tarde. Por favor salude cordialmente al Padre Vizjak—hoy le he enviado unos libros.

Rece mucho por mí siempre.
Sinceramente en Jesús
S. M. Teresa IBVM[16]

Puesto que Madre Teresa anhelaba la completa unión con Cristo, que sufrió en la Cruz, ella—Su pequeña esposa—no podía hacer otra cosa que estar unida a Él en Su sufrimiento. Si ella no podía quitarle Su dolor, entonces estaría allí, por así decirlo, con Él en la Cruz. Al hacer la elección de compartir la carga de su Amado, acogió las cruces que acompañaban su constante entrega de sí misma.

El desafío diario de lucha para superar sus faltas fue también una parte de la cruz de Madre Teresa. Confió a su ex confesor su esfuerzo para vencer el orgullo; sin embargo, casi sin darse cuenta, había salido victoriosa de muchas batallas. Mientras ella se lamentaba de «la misma Gonxha orgullosa», otras estaban impresionadas por su humildad. La hermana Gabriela, una de las amigas de infancia de Skopje, y ahora compañera en Loreto, escribió al padre Jambreković el mismo día:

Creo que Jesús ama mucho a la Hermana Teresa. Estamos en la misma casa. Me doy cuenta de que todos los días intenta agradar a Jesús en todo. Esta muy ocupada, pero no escatima esfuerzos. Es muy humilde. Le costó mucho alcanzar esto, pero creo que Dios la ha escogido para grandes cosas. Hay que admitir que sus acciones son totalmente sencillas, pero la perfección con la que las hace, es precisamente lo que Jesús pide de nosotros.[17]

Madre Teresa se esforzaba de veras por «beber el cáliz hasta la última gota» al vivir su compromiso «de ser sólo toda para Jesús». Otra hermana de su comunidad afirmaba: «Estaba muy, muy enamorada de Dios Todopoderoso.»[18]

«*Voy a darles alegría*»

Después de sus votos perpetuos, Madre Teresa volvió a sus tareas en la escuela de St. Mary con su entusiasmo característico. Volvió a enseñar y a desempeñar las actividades normales de cada día para una religiosa de Loreto. Una de sus compañeras destacaba de ella: «Era una trabajadora muy tenaz. Mucho. Siempre lista para esto o para aquello. Nunca quería excusarse de nada, siempre estaba dispuesta.»[19]

Los domingos visitaba a los pobres en los barrios marginados. Este apostolado* que ella misma eligió, le dejó una huella profunda.

Cada domingo visito a los pobres en los barrios más miserables de Calcuta. No les puedo ayudar, porque no ten-

---

* Este término, derivado de la palabra «apóstol» (el que es enviado a una misión) se refiere al trabajo de llevar la gente a Cristo y a Su obra de salvación. La palabra «apostolado» también se refiere al trabajo específico realizado por miembros de una congregación religiosa, tal como lo estableció el fundador o la fundadora.

go nada, pero voy a darles alegría. La última vez unos veinte pequeños estaban esperando ansiosamente a su «Ma».* Cuando me vieron, corrieron a mi encuentro, incluso brincando sobre un solo pie. Entré. En ese *para*—así es como se llama aquí a un grupo de casas— vivían doce familias. Cada familia tiene sólo una habitación, de dos metros de largo y un metro y medio de ancho. La puerta es tan estrecha que apenas podía entrar, y el techo es tan bajo que no me podía poner de pie [...]. Ahora no me asombro de que a mis pobres pequeños les guste tanto su escuela, y de que tantos de ellos tengan tuberculosis. La pobre madre [de la familia visitada] no profería ni una palabra de queja siquiera sobre su pobreza. Fue muy doloroso para mí, pero al mismo tiempo me sentí muy feliz cuando vi que ellos se alegraban con mi visita. Finalmente, la madre me dijo: «¡Oh, Ma, venga otra vez! ¡Su sonrisa ha traído el sol a esta casa!»[20]

A sus amigos de Skopje les reveló la oración que susurraba en su corazón mientras volvía al convento: «¡Oh Dios, qué fácilmente les hago felices! ¡Dame fuerza para ser siempre la luz de sus vidas y así guiarles hacia Ti!»[21] No podía imaginar que menos de una década más tarde, su oración sería respondida: dedicaría no sólo su tiempo libre, sino toda su vida a los pobres, llegando a ser un faro para ellos mediante su amor y compasión.

* Una religiosa de Loreto con votos perpetuos no era llamada con el bengalí «Ma», sino con el inglés «Madre». Fue el amor de Madre Teresa hacia su gente lo que le granjeó el oportuno título de «Ma», una expresión de su cercanía y afecto hacia ella.

Capítulo 2

ALGO MUY HERMOSO PARA JESÚS
El voto privado, una locura de amor

> Pida a Jesús que no me permita negarle nada, por pequeño que sea. Preferiría morir.
>
> MADRE TERESA

«Esto es lo que oculta todo en mí»

En los años que siguieron a su profesión final, el amor apasionado de Madre Teresa a Jesús continuó empujándola a buscar formas nuevas y escondidas de expresar su amor. La más impresionante de ellas fue un voto privado excepcional que hizo en el mes de abril del año 1942: «Hice un voto a Dios, obligándome bajo [pena de] pecado mortal, a dar a Dios todo lo que me pidiera, a no negarle nada.»[1] Dios había encendido en ella una intensidad de amor cada vez mayor que la movía a hacer este magnánimo ofrecimiento. Sólo más tarde explicó la razón: «Quería dar a Dios algo muy hermoso»[2] y «sin reserva».[3] Este voto, verdaderamente una locura de amor, expresaba el deseo de Madre Teresa de «beber el cáliz hasta la última gota» al comprometerse a decir «Sí» a Dios en toda circunstancia.

Este voto privado fue uno de los más grandes secretos de Madre Teresa. Nadie, salvo su confesor cuya guía y permiso pidió, supo de ello. Conociendo bien la profundidad de su vida espiritual, él concluyó que su audaz petición de comprometerse con Dios de este modo no estaba basada ni en mero capricho ni en un ideal peligroso o imposible. Más bien, se construía sobre su notable fidelidad a los compromisos y a los hábitos ya bien establecidos de intentar hacer siempre lo que más agradaba a Dios: que su confesor le diera permiso para asumir semejante obligación confirma la confianza que él tenía en su madurez humana y espiritual.

Cuando diecisiete años más tarde, finalmente Madre Teresa se refirió a su voto especial, reveló su significado: «Esto es lo que oculta todo en mí.»[4] El voto ocultaba ciertamente la profundidad de su amor a Dios, que motivaba todas sus acciones, especialmente su entrega incondicional a Su voluntad. Su encuentro con la inmensidad de Su amor la llamaba a responder, como explicaría ella más tarde:

¿Por qué nos debemos dar totalmente a Dios? Porque Dios se ha dado a Sí mismo a nosotros. Si Dios, que no nos debe nada, está dispuesto a darnos nada menos que a Sí mismo, ¿responderemos sólo con una fracción de nosotros mismos? Darnos totalmente a Dios es un medio para recibir a Dios mismo. Yo para Dios y Dios para mí. Yo vivo para Dios y renuncio a mi propio yo y de este modo induzco a Dios a vivir para mí. Por lo tanto, para poseer a Dios debemos dejar que Él posea nuestra alma.[5]

Amor por amor

Al abrazar esta nueva obligación, Madre Teresa ansiaba devolver amor por amor de un modo más radical. Una de las paradojas del amor genuino es que el amante libremente desea comprometerse de modo irrevocable con el amado. Fue este misterioso rasgo del amor lo que movió a Madre Teresa a sellar la total ofrenda de sí misma por medio de un voto y mostrar así de manera tangible su gran anhelo de estar plenamente unida con su Amado. Para el poco iniciado en el camino del amor, esta entrega y conformidad total a la voluntad de Dios podrá parecerle una completa pérdida de libertad. Pero quien ama verdaderamente trata de realizar el deseo del amado, de cumplir sus expectativas incluso en el detalle más pequeño. Por eso, para Madre Teresa el voto era el medio para reforzar el vínculo con Aquel que amaba y experimentar así la libertad verdadera que solamente el amor puede dar.

Lo más probable es que Madre Teresa hubiera leído en la literatura espiritual de su tiempo algo sobre la práctica de hacer votos privados.

El jesuita irlandés, padre William Doyle,* hizo numerosos votos privados, al comprobar que esta práctica le ayudaba a respetar sus propósitos. Un voto de este tipo, que hizo en el año 1911, y renovó día a día hasta que pudo obtener permiso de su confesor para hacerlo permanente, fue: «Hago voto conscientemente y me com-

---

* El padre William Doyle, S. J., nació el 3 de marzo de 1873 en Dalkey, Irlanda y murió el 16 de agosto de 1917 en Flandes mientras servía como capellán militar.

prometo, bajo pena de pecado mortal, a no negar a Jesús ningún sacrificio que yo vea con claridad que me está pidiendo.»[6]

La hermana Benigna Consolata Ferrero* hizo también varios votos privados; por ejemplo, el voto de hacer todo por amor, el voto de abandono, el voto de perfección y el voto de humildad. Refiriéndose a este último voto, que hizo por primera vez en el año 1903, escribió: «Mi Jesús desea que haga el voto de humildad, que consiste —me dijo— en reconocer que no soy nada sin la ayuda de Dios y en desear ser desconocida y despreciada. Me dijo que pusiera en práctica, sin demora ni dudas, todo lo que Él me había pedido.»[7]

Una edición de la autobiografía de Santa Teresa de Lisieux, que circulaba en ese tiempo, incluía su Bula de Canonización,[8] publicada por el papa Pío XI, en la que se afirmaba: «Inspirada por el Espíritu Santo deseaba llevar una vida santa y prometió firmemente que no rehusaría a Dios nada de lo que pareciera pedirle, propósito que procuró mantener hasta la muerte.» La lectura de esta promesa de su santa patrona, así como de los votos privados hechos por el padre Doyle y la hermana Benigna Consolata, sin duda inspiraron a Madre Teresa y la influyeron para hacer lo mismo.

La comprensión y práctica de Madre Teresa de hacer votos estaba también influida en gran parte por su ambiente cultural. Al haber crecido en una familia que estaba fuertemente enraizada en las tradiciones albanesas, estaba familiarizada con la práctica muy respetada y valorada de la *besa* (como se conoce en su lengua nativa) o

---

* La hermana Benigna Consolata Ferrero, religiosa de la Orden de la Visitación de Como, Italia, nació el 6 de agosto del año 1885 y murió el 1 de septiembre del año 1916, primer viernes de mes.

«palabra de honor». Puesto que la *besa* exige absoluta fidelidad a la palabra que uno ha dado, tiene casi un carácter sagrado, como un juramento o un voto; no se puede romper ni siquiera al precio de la propia vida. Madre Teresa explicaría más tarde: «Tienen [los albaneses] una palabra, *besa*, que significa que, aunque usted haya matado a mi padre y la policía le esté buscando, si yo le he dado mi palabra, aunque la policía me mate, no revelaré su nombre.»[9] A la luz de su educación, el voto privado de Madre Teresa adquirió una gravedad añadida: estaba decidida a ser fiel a su palabra dada a Dios, incluso al precio de su vida.

«No negarle nada a Él»

Durante casi once años Madre Teresa había vivido fielmente su voto de obediencia. Como fervorosa hermana de Loreto, creía que sus superioras religiosas ocupaban el lugar de Cristo, y por eso, al conformar su voluntad y juicio a los de ellas y someterse a sus mandatos, se estaba sometiendo al propio Cristo.* Aunque se esforzaba en vivir a la perfección el exigente voto de obediencia, su deseo ardiente de demostrar su amor todavía no estaba satisfecho. ¡Quería dar más aún! Así, se comprometió con un voto a «dar a Dios cualquier cosa que Él pidiera», «no negarle nada»,[10] y eligió por tanto considerarse responsable «bajo pena de pecado mortal».[11]

Sabía bien que la consecuencia de un pecado mortal era la muerte de la vida de Dios en el alma y en última

---

* Las Constituciones de las hermanas de Loreto animan a la «perfecta» obediencia, que es conformar la propia voluntad y juicio con los de la propia superiora.

instancia, si no se arrepentía, la pérdida de la amistad con Él para toda la eternidad. La idea de una separación de Él, incluso momentánea, por una sola ofensa, era insoportable para ella. Negar algo a Quien ella amaba equivalía a la pena de condena eterna. Por eso decidió considerar incluso la mínima falta voluntaria, el menor rechazo o la más mínima negación a someterse a Su voluntad, como la mayor ofensa. «Pida a Jesús que no me permita negarle nada, por pequeño que sea», escribió más tarde a su director espiritual. «Preferiría morir».[12] Cada nuevo paso en su vida espiritual sería una nueva oportunidad para demostrar su fidelidad a esa promesa.

Con su voto, Madre Teresa aspiraba al cumplimiento interior perfecto de lo que era más agradable a Dios, incluso en el más pequeño detalle. Con todo, el voto implicaba un compromiso de discernir cuidadosamente y obedecer las más mínimas manifestaciones de la voluntad de Dios. Esta atención habitual y amorosa al momento presente requería silencio interior y recogimiento. «Dios habla en el silencio del corazón», diría a menudo Madre Teresa, con una convicción que brotaba de estar constantemente en sintonía con Su voz.

La bienaventuranza de la sumisión

Madre Teresa no temía establecer un compromiso tan serio aunque implicara renunciar a su propia voluntad a cada momento. Sabía que Dios la amaba y confiaba en que Su voluntad hacia ella sería siempre una expresión de ese amor inquebrantable, por difícil o incluso imposible que fuera a veces descifrar Sus designios. En consecuencia, incluso cuando fue desafiada aparentemente más allá de su capacidad, sus experiencias previas de que

Dios nunca le había fallado le daban la seguridad de que podía asumir el riesgo una vez más. Sólo esta certeza de que ella era amada incondicionalmente pudo haberle dado la confianza suficiente para abandonarse a Dios de una manera tan completa y sin reserva. «Bajo pena de pecado mortal» era, verdaderamente, sin reserva.

La gravedad de su compromiso no la entristeció ni la desanimó. Al contrario, era «muy divertida» y «gozaba con todo lo que sucedía».[13] Su alegría no sólo era una cuestión de temperamento; más bien, era el fruto de la «bienaventuranza de la sumisión»[14] que ella vivía. «Cuando veo a alguien triste», decía ella, «pienso siempre que le está negando algo a Jesús».[15] Era en darle a Jesús todo lo que Él pedía, donde ella encontró su alegría más profunda y duradera; en darle a Él alegría, encontró su propia alegría.

> La alegría es signo de una persona generosa y mortificada que olvidando todas las cosas, incluso a sí misma, intenta agradar a su Dios en todo lo que hace por las almas. La alegría, a menudo, es un manto que esconde una vida de sacrificio, de unión continua con Dios, de fervor y generosidad. Una persona que tiene este don de la alegría, frecuentemente alcanza un alto grado de perfección. Porque Dios ama al que da con alegría[16] y lleva cerca de Su corazón a la religiosa que Él ama.[17]

El voto en la vida diaria

El voto secreto de Madre Teresa tocaba todos los aspectos de su vida diaria. Tanto los momentos ordinarios como los excepcionales se convertían en oportunidades para acoger Su voluntad y responder haciendo «algo hermoso para Dios». Madre Teresa, como su patrona Santa Teresa de Lisieux, aspiraba a «aprovechar hasta las cosas más pequeñas y hacerlas por amor».[18] Más tarde, lo explicó a sus hermanas:

> Para el buen Dios nada es pequeño porque Él es tan grande y nosotros tan pequeños—por eso Él se inclina y se toma la molestia de hacer esas pequeñas cosas para nosotros—para darnos la oportunidad de demostrar nuestro amor. Porque Él las hace, son muy grandes. No puede hacer nada pequeño; son infinitas. Sí, mis queridas hijas, sed fieles en pequeñas prácticas de amor, de pequeños sacrificios—de pequeñas mortificaciones interiores—de pequeñas fidelidades a la Regla, que forjarán en vosotras la vida de santidad—haciéndoos semejantes a Cristo.[19]

Insistiría de nuevo: «No busquéis cosas grandes; haced solamente cosas pequeñas con gran amor [...] Cuanto más pequeña sea la cosa, mayor debe ser nuestro amor»[20] [...] Vivía este principio en todo lo que hacía cada día. No le importaba que fuera grande o pequeño; todo lo que hacía era una oportunidad para amar.

Movida por su voto, Madre Teresa desarrolló también el hábito de responder inmediatamente a las exigencias del momento presente. Un fuerte impulso para actuar sin demora, una vez que estaba segura de que esa era la voluntad de Dios para ella, era una característica notable en todo lo que ella llevaba a cabo. En ocasiones, esta rapidez para actuar era malinterpretada y tomada como impetuosidad y falta de prudencia. Muchos años más tarde, en un intento de aclarar una situación de malentendido, explicaría a monseñor Périer que el voto privado que había hecho muchos años antes era el motivo oculto de su urgencia.

Nunca le he dicho, Excelencia, la causa de mi deseo de actuar enseguida.—En 1942—quise dar a Jesús algo sin reserva.—Con el permiso de mi confesor, hice un voto a Dios—ligándome bajo pecado mortal—de dar a Dios cualquier cosa que Él me pidiera—«No negarle nada.» Durante estos diecisiete años he intentado [ser fiel a ese voto]—y ésta es la razón por la que quiero actuar enseguida.—Es cosa de Su Excelencia impedírmelo—y cuando usted dice, «No», estoy segura de que mi voto está bien—ya que no niego a Dios mi sumisión ? [...] Sobre este punto, nunca ha habido una duda en mi alma—ya que siempre las he puesto [duras pruebas espirituales] ante usted y ante el Padre C. Van Exem y cada vez su «Sí» o «No» me ha satisfecho tanto como la voluntad de Dios.[21]

«*Extraordinaria en su sacrificio*»

En abril de 1942, cuando Madre Teresa hizo este voto extraordinario, la participación de India en la segunda guerra mundial estaba alterando la vida de su comunidad y su escuela; su resolución de no negar nada a Dios sería puesta a prueba. La armada británica requisó la escuela de St. Mary para convertirla en hospital militar y, como resultado, todas las religiosas e internas tuvieron que abandonar Calcuta. La sección inglesa de la escuela fue trasladada a Simla, mientras que la sección bengalí con unas cien niñas internas aproximadamente,[22] fue evacuada a Morapai. Pocos meses más tarde, la sección bengalí volvió a Calcuta y se reanudaron las actividades de la escuela en locales alquilados hasta 1946. Una de las internas recordaba el papel decisivo que Madre Teresa desempeñó en aquellos años difíciles:

En esa época nuestra situación financiera era muy mala. Las Hermanas de Loreto solían cuidarnos. Dependíamos de ellas. Madre nos ayudaba con la educación. Hacía muchas cosas por las niñas. Cuando no hubo sitio en el número 15 de Convent Road para dormir ni para estudiar, comenzó a buscar lugares. Después de esto encontró un lugar en el número 14 de Canal Street. El edificio tenía cuatro cuartos grandes y un vestíbulo. Alquiló aquellos cuartos. Todas las mañanas iba allí con las niñas. Se quedaban allí todo el día, bañándose, estudiando y pasando la jornada. Por la tarde, apenas acababan las clases, Madre nos llevaba de regreso a St. Mary [la escuela en Convent Road].[23]

Como el número de religiosas que cuidaban de las internas se redujo, la mayoría de los aspectos prácticos del funcionamiento de la casa cayeron sobre los hombros de Madre Teresa, además de sus ya exigentes tareas de impartir las clases y supervisar a las niñas. Después de unos meses de cargar con estas responsabilidades, cayó gravemente enferma. En septiembre de 1942, un misionero croata en Bengala relató: «Madre Teresa estuvo muy enferma, tanto, que no tenían mucha esperanza de que sobreviviera; pero ahora está otra vez en pie y trabaja por diez.»[24] Una de sus alumnas enriquece este relato con algunos detalles: «Durante la segunda guerra mundial, no había profesora desde el cuarto al décimo curso. Madre se hizo cargo de todos esos cursos y nos mantuvo ocupadas para que olvidáramos y superáramos el miedo.»

A estas dificultades se añadió la hambruna que se sufrió en Bengala del año 1942 al 1943, responsable de la muerte de al menos de dos millones de personas. Cuando las hermanas y estudiantes comenzaron a sufrir por la escasez de comida, Madre Teresa, que había prometido no negar nada a Dios, confió en que tampoco Dios le negaría nada a ella. Una de sus antiguas estudiantes recuerda: «Un día, ya no había comida. A las ocho de la mañana Madre nos dijo: "Niñas, voy a salir, vosotras quedaos en la capilla y rezad." A las cuatro de la tarde la despensa estaba llena de todo tipo de verduras. No podíamos creer lo que veían nuestros ojos.»

En 1944, Madre Teresa fue nombrada directora de St. Mary, así como superiora de facto de las Hijas de Santa Ana (la congregación bengalí asociada con Loreto). Acogió estas nuevas tareas como venidas de la mano de Dios. A pesar de que era eficiente y exigente en sus responsabilidades, no era más estricta con los demás de lo que lo era consigo misma. Su ejemplo inspiraba a los que la rodeaban. Una de sus hermanas comentó: «Es una criatura totalmente abnegada. Es extraordinaria en su sacrificio. Puede hacer cualquier cosa por amor a Dios, soportar cualquier humillación o sufrimiento.»[25]

Madre Teresa, en su prontitud para ir al encuentro de cualquier manifestación de la voluntad de Dios con un valiente «Sí», a veces se expuso a situaciones peligrosas. En agosto del año 1946, el conflicto entre hindúes y musulmanes estalló en Calcuta desencadenando una violencia extrema. «El día de la gran matanza», como fue llamado más tarde, dejó cinco mil muertos en las calles y al menos diez veces más heridos. Se interrumpieron todas las actividades en la ciudad, incluyendo el abastecimiento de comida. Madre Teresa, movida por las necesidades de sus alumnas, decidió dejar la seguridad de los muros del convento para ir a buscar alimento.

Salí de St. Mary, Entally. Tenía trescientas niñas en el internado y no teníamos nada que comer. Se suponía que no podíamos salir a la calle, pero yo fui de todas maneras. Entonces vi los cuerpos en las calles, apuñalados, golpeados, yaciendo allí en posturas extrañas, con la sangre reseca. Habíamos estado tras nuestros muros seguros. Sabíamos que había habido disturbios. Algunas personas habían saltado nuestros muros, primero un hindú, luego un musulmán [...] Acogimos y ayudamos a cada uno a escapar sin peligro. Cuando salí a la calle, fue cuando vi la muerte que les seguía. Un camión lleno de soldados me paró y me dijo que no debería estar en la calle. Nadie debería estar en la calle, dijeron. Les respondí que tenía que salir y correr el riesgo; tenía trescientas estudiantes que no tenían nada para comer. Los soldados tenían arroz, me llevaron a la escuela y descargaron sacos de arroz.[26]

No eran las superioras de Madre Teresa las que exigían o esperaban que ella pusiera su vida en peligro. Tampoco fue la responsabilidad por las niñas a su cargo lo que la obligó a desafiar las calles de la ciudad bañada en sangre. Fue ella la que decidió ir. En lo más profundo de su corazón, pudo haber percibido la llamada de Aquel al que ella había prometido dar cualquier cosa que le pidiera. ¡Y ella no se negaría! Se confió a Su intervención providencial y su confianza fue recompensada. Hubo muchos momentos en los que su fidelidad al voto privado fue puesta a prueba, pero de cada nuevo «Sí» ella emergía aún más íntimamente unida con el Señor, a quien estaba dispuesta a dar «incluso la vida».

Sólo con la gracia de Dios

Madre Teresa nunca perdió la clara conciencia de su propia debilidad, limitación y pobreza. Sólo la asistencia de Dios y Su gracia constante hicieron posible que se mantuviese fiel. Como explicaría ella más tarde, era totalmente consciente de que «podemos negar a Cristo como podemos negar a otros: no te daré mis manos para trabajar, mis ojos para ver, mis pies para caminar, mi mente para estudiar, mi corazón para amar. Tú llamas a la puerta pero yo no abriré. No te daré la llave de mi corazón».[27] De ahí que Madre Teresa pidiera siempre a otros el apoyo de oraciones.

El voto de Madre Teresa fue una preparación providencial para la misión que se le abría por delante. Su promesa «de no negarle nada» expresaba su firme resolución de no poner límites a los planes de Dios para ella. Por Su parte, Jesús le tomó la palabra. Cuatro años más tarde, Madre Teresa recibiría una nueva llamada de Jesús que se haría eco del mismo voto que ella Le había hecho.

Capítulo 3

«VEN, SÉ MI LUZ»
«La llamada dentro de una llamada»

¿Te negarás?

Cristo a Madre Teresa

El día de la inspiración

En septiembre de 1946, Madre Teresa, que tenía entonces treinta y seis años, fue enviada al Convento de Loreto en Darjeeling, pueblo enclavado a los pies del Himalaya, a unos 650 kilómetros al norte de Calcuta, para hacer su retiro anual y tener un necesitado descanso. Durante el viaje en tren, el martes 10 de septiembre de 1946, tuvo un decisivo encuentro místico con Cristo. Aunque persistiría en que los detalles permanecieran velados en silencio, más tarde reveló:

> Fue una llamada dentro de mi vocación. Era una segunda llamada. Era una vocación para abandonar incluso Loreto, donde estaba muy feliz, para ir a las calles

a servir a los más pobres de los pobres. Fue en aquel tren, oí la llamada para dejarlo todo y seguirle a Él a los barrios más miserables—para servirle en los más pobres de los pobres [...] Yo sabía que era Su voluntad y que tenía que seguirle. No había duda de que iba a ser Su obra.[1]

Madre Teresa consideraba este día, celebrado más tarde como «día de la inspiración», como el verdadero principio de las Misioneras de la Caridad. En el registro de ingreso, en el que se anotan los datos personales de las que entran a formar parte de la Congregación,* bajo su propio nombre escribió: «Entrada en la Congregación: 10 de septiembre de 1946.» Como diría ella más tarde a sus hermanas:

En la fuerte gracia de Luz y de Amor Divino que Madre recibió durante el viaje en tren a Darjeeling el 10 de septiembre de 1946 es donde empiezan las M. C. [Misioneras de la Caridad]—en las profundidades del infinito anhelo de Dios de amar y de ser amado.[2]

Mas tarde explicó:

Fue en este día de 1946, en el tren a Darjeeling, cuando Dios me hizo «la llamada dentro de una llamada» para saciar la sed de Jesús sirviéndole en los más pobres de los pobres.[3]

---

* Cuando una nueva hermana entra en la congregación sus datos personales se registran en el «registro de ingreso». Un dato importante de información es la fecha en que la hermana entró en las Misioneras de la Caridad.

«*Tengo sed*»

Hasta el final de su vida, Madre Teresa insistió en que la única y más importante razón para la existencia de la congregación que ella había fundado era saciar la sed de Jesús. En el primer borrador de las Reglas (escritas varios meses después de su encuentro en el tren), que esencialmente siguen sin cambios hasta hoy, expresaba el objetivo de la nueva congregación: «La finalidad general de las Misioneras de la Caridad es saciar la sed de Jesucristo en la Cruz de Amor y de Almas.»

Que la finalidad de la congregación sea «saciar la sed de Jesús *en la Cruz*» indica que su experiencia mística tuvo lugar en el contexto del Calvario, en el momento en que Jesús, a punto de morir en la Cruz, gritó: «Tengo sed.»[4] Fue esta cita de las Escrituras la que representó para ella un resumen y un recordatorio de su llamada. Mientras instruía a sus hermanas, explicaría:

> «Tengo sed», dijo Jesús en la Cruz cuando fue privado de todo consuelo, muriendo en la Pobreza absoluta, abandonado, despreciado y roto en cuerpo y alma. El habló de Su sed—no de agua—sino de amor, de sacrificio. Jesús es Dios: por tanto, Su amor, Su sed es infinita. Nuestro objetivo es saciar esta sed infinita de un Dios hecho hombre. Así como los ángeles que adoran en el Cielo, cantan sin cesar las alabanzas de Dios, así las Hermanas, utilizando los cuatro votos de Pobreza Absoluta, Castidad, Obediencia y Caridad hacia los pobres, sacian incesantemente a Dios sediento, a través de su amor y del amor de las almas que Le llevan.[5]

Detrás de esta explicación había mucho más de lo que ella jamás dio a conocer. Pero con sus palabras y su ejemplo, sus hermanas comprenderían o captarían el significado de la gracia que ella recibió ese día.

Madre Teresa sabía que sólo estando unida a María, la primera que oyó el grito de sed de Jesús, podía realizar su misión. Así exhortó a sus seguidoras:

Permanezcamos siempre con María Nuestra Madre en el Calvario cerca de Jesús crucificado,[6] con nuestro cáliz hecho con los cuatro votos, y llenémoslo con el amor de la abnegación propia, de amor puro, siempre elevado cerca de Su Corazón sufriente, de modo que le sea grato aceptar nuestro amor.[7]

La sed, una necesidad física que reclama ser satisfecha, un anhelo doloroso de aquello de lo que se carece, se convirtió para ella en sinónimo de aspectos particulares del amor de Dios hacia cada persona. Pocos años antes de su muerte recordó a sus hermanas:

Jesús quiere que les diga de nuevo [...] cuánto es el amor que Él tiene por cada una de ustedes—más allá de lo que se puedan imaginar [...] Él no sólo las ama, aún más— anhela por ustedes. Él las echa de menos cuando no se acercan [a Él]. Tiene sed de ustedes. Él siempre las ama, incluso cuando no se sienten dignas [...]

Para mí está tan claro—todo en M. C. existe únicamente para saciar a Jesús. Sus palabras en la pared de todas las capillas de M. C.* no son sólo algo del pasado, están vivas aquí y ahora, dichas a ustedes. ¿Lo creen?

* En la pared de cada capilla de las Misioneras de la Caridad se escriben las palabras «Tengo sed» cerca del Crucifijo como recuerdo del fin de espiritualidad y misión del Instituto.

[...]. ¿Por qué dice Jesús: «Tengo sed»? ¿Qué significa? Algo tan difícil de explicar con palabras—[...] «Tengo sed» es algo mucho más profundo que si Jesús dijera simplemente «Te amo». Hasta que no sepan en lo más profundo de su interior que Jesús tiene sed de ustedes— no pueden empezar a saber quién quiere ser Él para ustedes. O quién quiere Él que ustedes sean para Él.[8]

Este profundo misterio de la sed de Dios de amor y de almas se le grabó en el corazón en el viaje a Darjeeling y fue llamada a revelarlo a los más pobres de los pobres. En las primeras Reglas identificó así esta misión especial:

El Finalidad Particular es llevar a Cristo a las casas y a las calles de los barrios más miserables, entre los enfermos, los moribundos, los mendigos y los niños pequeños de la calle. Los enfermos serán atendidos hasta donde sea posible en sus pobres hogares. Los niños pequeños tendrán una escuela en los barrios bajos. Se buscará y visitará a los mendigos en sus agujeros fuera de los pueblos o en las calles.

Más tarde, elaboraría y ampliaría el texto donde se lee: «Nuestra misión particular es trabajar por la salvación y santificación de los más pobres de los pobres, no sólo en los barrios más míseros, sino también en cualquier parte del mundo dondequiera que se encuentren.»[9] Los pobres y los que más sufren fueron el objeto particular de su amor. Sabía que sólo el amor, un amor que tiene a Dios como origen y fin, daría significado y felicidad a sus vidas. Como el Buen Samaritano,[10] mediante su servicio inmediato y efectivo, estaba decidida a concretar el amor de Dios a los pobres en las situaciones desesperadas que encontraban en sus vidas diarias. A través de sus sencillas obras de amor, quería ayudarles a vivir sus vidas con dignidad y darles la oportunidad de conocer a Dios. La «salvación y santificación de los más pobres de los pobres» o la «salvación de las almas», por tanto, significaba para ella un esfuerzo incansable por ayudar a todos a encontrar el amor infinito de Dios y, habiéndole conocido, amarle y servirle a cambio y así alcanzar la bienaventuranza del cielo.

Madre Teresa no sólo llevó la luz de Cristo a los más pobres de los pobres; también encontró a Cristo en cada uno de ellos. Jesús eligió identificarse a Sí mismo con los pobres y con todos los que sufren, como afirmó: «Cuanto hicisteis a unos de estos hermanos Míos más pequeños, a Mí Me lo hicisteis.»[11] Madre Teresa comprendió la profundidad de la identificación de Jesús con cada uno de los que sufren y comprendió la conexión mística entre los sufrimientos de Cristo y los sufrimientos de los pobres. Por su humilde servicio se esforzó en «llevar las almas a Dios y Dios a las almas».[12]

La «Voz»

Ese mismo día 10 de septiembre, Madre Teresa empezó a recibir una serie de locuciones interiores[13] que continuaron hasta la mitad del año siguiente. Madre Teresa oía la voz de Jesús y conversaba íntimamente con Él. Ella se cuenta entre los santos a los que Jesús habló directamente, pidiéndoles que emprendieran una misión especial entre Su gente. Desde el inicio de esta extraordinaria experiencia, Madre Teresa no tuvo duda de que era Jesús quien le hablaba. Sin embargo, la mayoría de las veces, se refería a estas comunicaciones como la «Voz».

Un intercambio conmovedor de gran belleza continuó entre Cristo y Madre Teresa. Con suma ternura, Él se dirigía a ella como «*Esposa mía*» o «*Mi pequeñita*».* «Mi Jesús» o «Jesús mío», contestaba Madre Teresa, deseando intensamente devolver amor por amor. En este diálogo sagrado, le estaba revelando Su Corazón: Su dolor, Su amor, Su compasión, Su sed por los que más sufren. También le reveló Su plan de enviarla a los que más sufren como portadora del amor de Él. Esta revelación tuvo un profundo eco en su alma. Muchos años antes, escribiendo una carta a su ciudad natal, había expresado su deseo «de ir a dar alegría»[14] a quienes había sido enviada. Había rezado pidiendo «¡fuerza para ser siempre la luz de sus vidas y así guiarlos hacia Ti!»[15] Sin embargo, la llamada para dejar Loreto y ser un signo de la presencia de Cristo, una portadora de Su amor y compasión hacia los más pobres de los pobres en los barrios más miserables, no era el tipo de respuesta que ella esperaba como contestación a su oración. No, la «Voz» continuó suplicando: «*Ven, ven, llévame a los agujeros de los pobres. Ven, sé Mi luz.*» La invitación de Jesús rebosaba confianza: Él contaba con su respuesta.

Durante su retiro en Darjeeling, Madre Teresa comenzó a tomar apuntes de «lo que sucedió entre Él y yo durante los días de mucha oración». Más tarde se refirió a estas notas como «la copia de la Voz desde septiembre de 1946» y las usaba en su correspondencia con el arzobispo de Calcuta, citando la «Voz» que ella había oído. Pero debieron pasar algunos meses hasta que comenzase esta correspondencia.

---

* Escribimos en cursiva las palabras de Jesús que Madre Teresa escuchó en locución interior.

El primer paso

A comienzos de octubre, Madre Teresa regresó de Darjeeling a Calcuta para continuar su trabajo en la escuela de St. Mary. Tan pronto como se presentó la oportunidad, relató a su director espiritual, el jesuita padre Céleste Van Exem, lo que le había sucedido en el tren y durante el retiro* y «le mostré las pocas notas [...] escritas durante el retiro».[16]

Madre Teresa, de acuerdo con su inspiración, quería actuar inmediatamente. Sin embargo, al haber consagrado su vida a Dios mediante un voto de obediencia, sólo podía proseguir con la aprobación de sus superiores. Para ella, su bendición no era una mera formalidad, sino una protección y la seguridad de que la mano de Dios estaba en su empresa. Sólo su permiso le daría la certeza de que esta llamada era verdaderamente la voluntad de Dios y no algún engaño.

Era tarea de su director espiritual, de las superioras de su orden religiosa y, especialmente, del jesuita arzobispo de Calcuta, Ferdinand Périer, probar y discernir esta llamada. Si no la consideraban auténtica, estarían obligados a rechazarla; si encontraban que era genuina, estarían obligados en conciencia a ayudar para llevarla a cabo.

---

* El padre Céleste Van Exem era director espiritual de Madre Teresa desde el año 1944. Nació el 4 de octubre de 1908 en Elverdinge (Bélgica), entró en la Compañía de Jesús en el año 1927 y fue ordenado en el año 1940, en el St. Mary's College, en Kurseong (India). Después de ayudar en la fundación de las Misioneras de la Caridad atendió como confesor durante muchos años a las hermanas en Calcuta. Murió el 20 de septiembre de 1993.

El padre Van Exem, un experto director espiritual, tomó el asunto muy en serio. Tenía una gran admiración hacia esta fervorosa y humilde religiosa, y gran respeto por la profundidad de su vida espiritual. No dudaba de su sinceridad, pero era consciente de los riesgos de conceder mucho crédito a experiencias semejantes, si se probaba que su fuente no era divina. Conociendo la firme determinación de Madre Teresa de hacer sólo la voluntad de Dios, decidió probar la autenticidad de las inspiraciones y contó con su obediencia como una confirmación de la mano de Dios en este acontecimiento extraordinario.

«Me prohibió incluso pensar en ello»

La primera petición del padre Van Exem a Madre Teresa fue que dejara de pensar en la inspiración, que la dejara a un lado. Más tarde en una carta a su superiora general, escribió:

> [El Padre Van Exem] me dio largas—aunque vio que era de Dios, aún así, me prohibió incluso pensar en ello. A menudo, muy a menudo durante los cuatro meses [entre septiembre de 1946 y enero de 1947], le pedí que me dejara hablar con Su Excelencia [el arzobispo de Calcuta], pero siempre se negó.[17]

La renuncia que se le pedía era una manera bastante drástica de probar la autenticidad de la llamada, ya que nada más podría asegurarle su origen divino. Así, en obediencia a su director espiritual, Madre Teresa permaneció en silencio y en oración, sin saber cuál sería el resultado.

En enero de 1947, el padre Van Exem no tenía duda de que la inspiración de Madre Teresa era divina y de que había llegado el momento de poner en marcha la realización de la llamada. Por ello, le dio permiso para escribir al arzobispo. En una carta simple y franca, le dijo a monseñor Périer lo que ella creía que Dios le estaba pidiendo.

«*Lo que sucedió entre Él y yo*»

Convento de St. Mary
13 de enero de 1947

Excelencia,

Desde el pasado septiembre, extraños pensamientos y deseos han llenado mi corazón. Se hicieron más fuertes y claros durante los ocho días de retiro que hice en Darjeeling. Al llegar aquí le conté todo al Padre Van Exem— le mostré las pocas notas que había escrito durante el retiro.—Me dijo que pensaba que era una inspiración de Dios—pero que rezara y guardara silencio sobre ello. Continué contándole todo lo que pasaba en mi alma— en pensamientos y deseos.—Entonces ayer él me escribió esto: «No puedo impedirle que hable o escriba a Su Excelencia. Escribirá a Su Excelencia como una hija a su padre, con perfecta confianza y sinceridad, sin ningún miedo o ansiedad, contándole cómo fue todo, añadiendo que habló conmigo y que ahora pienso que no puedo en conciencia impedirle que le exponga todo.»

Antes de empezar quiero decirle que, a la primera palabra que diga Su Excelencia, estoy dispuesta a no considerar nunca más ninguno de estos pensamientos extraños que me han venido continuamente.

Durante este año, he deseado frecuentemente ser toda de Jesús y hacer que otras almas—especialmente indias, vengan y Le amen fervientemente—identificarme por completo con las jóvenes indias y así amarle como nunca antes Él ha sido amado. Pensé que era uno de mis numerosos locos deseos. Leí la vida de Santa M. Cabrini.*—Hizo mucho por los americanos porque ella llegó a ser uno de ellos. ¿Por qué no puedo hacer yo por la India lo que ella hizo por América? No esperó a que las almas vinieran a ella—ella fue a ellos con sus celosas trabajadoras. ¿Por qué no puedo hacer yo lo mismo por Él aquí? Hay tantas almas—puras—santas que anhelan darse sólo a Dios. Las Órdenes europeas son demasiado ricas para ellas.—Toman más que lo que dan.—«¿*No Me ayudarías?*» ¿Cómo puedo? He sido y soy muy feliz como religiosa de Loreto.—Dejar lo que amo y exponerme a nuevos trabajos duros y a sufrimientos que serán grandes, ser el hazmerreír de tantos—especialmente religiosos—aferrarme a y optar deliberadamente por la dureza de una vida india—[aferrarme a y optar por] la soledad y la ignominia—incertidumbre—y todo porque Jesús lo quiere—porque algo me está llamando a «dejarlo todo y reunir a unas pocas—para vivir Su vida—para hacer Su obra en la India». Estos pensamientos fueron causa de mucho sufrimiento—pero la voz continuaba diciendo: «¿*Te negarás?*» Un día durante la Sagrada Comunión oí la misma voz muy claramente—«*Quiero religiosas indias, víctimas de Mi amor, quienes serían María y Marta,*[18] *quienes estarían tan unidas a Mí como para*

* Santa Francisca Javier Cabrini (1850-1917) fue una religiosa italiana, fundadora de las hermanas Misioneras del Sagrado Corazón de Jesús, orden que trabajaba con inmigrantes italianos que llegaban a Estados Unidos. Fundó hospitales, orfanatos, guarderías, y escuelas. Fue la primera ciudadana americana canonizada en el año 1946.

irradiar Mi amor sobre las almas. Quiero religiosas libres revestidas con Mi pobreza de la Cruz. [19]—*Quiero religiosas obedientes revestidas con Mi obediencia de la Cruz.* [20] *Quiero religiosas llenas de amor revestidas con la caridad de la Cruz.* [21]*¿Te negarás a hacer esto por Mí?»* Otro día: *«Te has hecho Mi esposa por amor a Mí—has venido a la India por Mí. La sed que tenías de almas te trajo tan lejos.—¿Tienes miedo a dar un nuevo paso por tu Esposo? Por Mí—por las almas?—¿Se ha enfriado tu generosidad?—¿Soy secundario para ti? Tú no moriste por las almas—por eso no te importa lo que les suceda.—Tu corazón nunca estuvo ahogado en el dolor como lo estuvo el de Mi Madre. Ambos nos dimos totalmente por las almas—¿Y tú? Tienes miedo de perder tu vocación—de convertirte en seglar—de faltar a la perseverancia—No—tu vocación es amar y sufrir y salvar almas y dando este paso cumplirás el deseo de Mi Corazón para ti.—Ésa es tu vocación.—Vestirás con sencillas ropas indias o más bien como vistió Mi Madre—sencilla y pobre.—Tu hábito actual es santo porque es Mi símbolo—tu sari llegará a ser santo porque será Mi símbolo.»* Traté de persuadir a Nuestro Señor de que intentaría llegar a ser una religiosa muy fervorosa y santa de Loreto, una verdadera víctima aquí en esta vocación—pero la respuesta vino muy clara de nuevo. *«Quiero hermanas indias Misioneras de la Caridad—que serían Mi fuego de amor entre los más pobres—los enfermos—los moribundos—los niños pequeños de la calle.—Quiero que Me traigas a los pobres—y las hermanas que ofrecerían sus vidas como víctimas de Mi amor—me traerían estas almas a Mí. ¡Sé que eres la persona más incapaz, débil y pecadora, pero precisamente porque lo eres, te quiero usar para Mi Gloria! ¿Te negarás?»* Estas palabras, o más bien esta voz, me atemorizaron. El pensamiento de comer, dormir—vivir como los indios me llenaba de miedo. Recé largo rato—recé mucho—Le rogué a Nuestra Madre María que le pidiese a Jesús que apartara de mí todo esto. Cuanto más rezaba—más claramente crecía la voz en mi corazón y así recé para que Él hiciera conmigo todo lo que quisiera. Él pidió una y otra vez. Luego, una vez más, la voz fue muy clara—«*Has dicho siempre "haz conmigo todo lo que desees".—Ahora quiero actuar—déjame hacerlo—Mi pequeña esposa—Mi pequeñita.—No tengas miedo—estaré siempre contigo.—Sufrirás y sufres ahora—pero si eres Mi pequeña esposa—la esposa de Jesús Crucificado—tendrás que soportar estos tormentos en tu corazón.—Déjame actuar.—No Me rechaces.—Confía en Mi amorosamente—confía en Mí ciegamente*». «*Pequeñita, dame almas—dame las almas de los pobres niñitos de la calle.— Cómo duele—si tú sólo supieras—ver a estos niños pobres manchados de pecado. Anhelo la pureza de su amor.—Si sólo respondieras a Mi llamada—y Me trajeras estas almas—apartándolas de las manos del maligno.—Si sólo supieras cuántos pequeños caen en pecado cada día. Hay conventos con numerosas religiosas cuidando a los ricos y los que pueden valerse por sí mismos, pero para Mis muy pobres no hay absolutamente ninguna. Es a ellos a quien anhelo—les amo.—¿Te negarás?*». «*Pide a Su Excelencia que Me conceda esto como agradecimiento por los 25 años de gracia que le he dado.*»

Esto es lo que sucedió entre Él y yo durante los días de mucha oración.—Ahora todo se aclara ante mis ojos como sigue

«LA LLAMADA»

Ser india—vivir con ellos—como ellos—para así llegar al corazón de la gente. La orden empezaría fuera de Calcuta—Cossipore—lugar abierto y solitario o en St. John's Sealdah donde las Hermanas podrían tener una verdadera vida contemplativa en su noviciado—donde realizarían un año completo de auténtica vida interior— y un año de acción. Las Hermanas tienen que aferrarse a la pobreza perfecta—pobreza de la Cruz—nada sino Dios.—Para que las riquezas no entren en su corazón, no tendrán nada de fuera—sino que se mantendrán a sí mismas con el trabajo de sus manos—pobreza franciscana*—trabajo benedictino.**

En la orden deberían ser aceptadas jóvenes de cualquier nacionalidad—pero deberán llegar a tener la mentalidad india —vestir con ropa sencilla. Un hábito largo blanco con mangas largas, sari azul claro y un velo blanco, sandalias—sin calcetines—un crucifijo—cinturón de cuerda y rosario.

Las Hermanas deberán recibir un conocimiento muy completo de la vida interior—de parte de sacerdotes santos que las ayuden a estar tan unidas a Dios que Le irradien cuando vayan al campo de misión. Deben llegar a ser verdaderas víctimas—no de palabra—sino en el verdadero sentido de la palabra, víctimas indias para la India. El amor debe ser la palabra, el fuego, que las haga vivir la vida en plenitud. Si las religiosas son muy pobres serán libres para amar sólo a Dios—servirle solamente a Él—para ser sólo Suyas. Los dos años en perfecta soledad deben hacerles pensar en lo interior mientras estén en medio del mundo exterior.

Para renovar y mantener el espíritu—las Hermanas deberían pasar un día cada semana en la casa—la casa madre de la ciudad cuando estén en misión.

---

* San Francisco de Asís (1181 o 1182-1226), fundador italiano de los Franciscanos, conocido por su práctica de la pobreza radical.
** San Benito de Nursia (480-543), fundador italiano del monacato occidental cuyo lema era «Ora et labora» (Reza y trabaja).

El trabajo de las Hermanas sería ir a la gente.—No internados—sino muchas escuelas—gratis—sólo hasta segundo curso.* Irán dos hermanas a cada parroquia— una para los enfermos y los moribundos—y otra para la escuela. Si el número lo requiere se pueden aumentar las parejas. Las Hermanas enseñarán a los pequeños— les ayudarán a tener ocio sano preservándoles así de la calle y del pecado. Las escuelas deberían estar sólo en los lugares muy pobres de la parroquia, para acoger a los niños de la calle y cuidarles mientras los padres pobres trabajan. La que se ocupará de los enfermos—asistirá a los moribundos—hará todo el trabajo para los enfermos—tanto, si no más, lo que una persona recibe en un hospital—los lavará y preparará el sitio para Su venida. En el momento fijado, las hermanas se reunirán en el mismo lugar desde las diferentes parroquias e irán a casa—donde tendrían completa separación del mundo.—Esto en las ciudades donde el número de pobres sea grande.—En los pueblos—lo mismo—sólo que allí podrían dejar este pueblo—una vez que finalice allí su trabajo de instrucción y servicio. Para trasladarse de un sitio a otro con facilidad y rapidez cada religiosa debería aprender a ir en bicicleta, algunas a conducir un autobús. Esto es un poco demasiado moderno—pero las almas se están muriendo por falta de cuidado—por falta de amor. Estas Hermanas—estas verdaderas víctimas deberían hacer el trabajo que se requiere en el Apostolado de Cristo en la India. También deberán tener un hospital para niños pequeños con enfermedades graves. Las religiosas de esta orden serán Misioneras de la Caridad o Hermanas Misioneras de la Caridad.

* Grado dos de la escuela primaria.

Dios me está llamando—indigna y pecadora como soy. Estoy deseando ardientemente darle todo por las almas. Todos van a pensar que estoy loca—después de tantos años—empezar una cosa que me va a acarrear sobre todo sufrimiento—pero Él también me llama a unirme a unas pocas para empezar la obra, combatir al demonio y privarle de las miles de almas pequeñas que está destruyendo cada día.

Esto es más bien largo—pero le he dicho todo como si se lo hubiera dicho a mi Madre.—Anhelo sólo ser realmente Suya—consumirme completamente por Él y por las almas.—Quiero que Él sea amado tiernamente por muchos.—Entonces, si usted cree oportuno, si usted lo desea—estoy lista para hacer Su Voluntad. No se preocupe de mis sentimientos—no cuente el precio que tendré que pagar—estoy lista—puesto que ya Le he dado mi todo. Y si usted piensa que todo esto es un engaño—también lo aceptaría—y me sacrificaría completamente.—Le envío esto a través del Padre Van Exem. Le he dado pleno permiso para usar todo lo que le he dicho en relación conmigo y con Él en esta obra.—Mi cambio a Asansol me parece que forma parte de Su plan—allí tendré más tiempo para rezar y prepararme para Su venida. En este asunto me pongo totalmente en sus manos.

Rece por mí. Que llegue a ser una religiosa según Su corazón.

Su devota hija
en J. C. [Jesucristo]
Mary Teresa[22]

«¿Te negarás?»

Cuando escribió esta carta, Madre Teresa ya era una persona de considerable santidad. Sin embargo, con lo sacrificada, valiente, generosa y compasiva que era con los pobres, nunca habría considerado por iniciativa propia abandonar Loreto para fundar una nueva comunidad religiosa. Pero la inspiración era tan persuasiva que sólo podía dejar de atender a la «Voz» al alto precio de ser infiel a su más profundo amor.

Al principio se sintió asustada por estas experiencias extraordinarias; surgieron pensamientos inquietantes en su corazón. Al tener dudas de su capacidad para afrontar las exigencias de esta nueva llamada, expuso con absoluta sinceridad su miedo, su desconcierto, sus reservas a abrazar las privaciones y sufrir la burla de otros, que seguramente vendrían. Tanto en la Iglesia como en la ciudad no todos aprobarían que una religiosa europea viviera fuera de los muros del convento con el deseo de identificarse con los pobres en su cultura y sus condiciones de vida. También le entristecía tener que dejar Loreto, incluso ofreciéndose a ser «una víctima verdadera de [Su] amor» donde ella estaba. En todo esto se comportó con normalidad y realismo, incluso dudando sobre su capacidad para sacar adelante una misión tan importante.

Sin embargo Madre Teresa, enamorada apasionadamente de Jesús, no podía ignorar Su «Voz», que siempre insistía: «*¿Te negarás?*» Esta penetrante pregunta tenía un efecto particularmente persuasivo en su corazón, porque se hacía eco del voto secreto que había hecho cuatro años antes. El ruego de Jesús, como ningún otro, tenía el poder de conmover lo más recóndito de su ser. Dios estaba honrando la magnanimidad de su alma, y Su llamada evocó al mismo tiempo la alegría, porque Dios contaba con ella, y el dolor, porque era llamada a algo que aparentemente estaba más allá de su capacidad.

Después de la lucha inicial, Madre Teresa se mantuvo

firme en su convicción de que Dios la estaba llamando a esta nueva vida. Cuando escribió a monseñor Périer en enero, tenía claro lo que trataba de hacer. Era innovadora en sus propuestas, dispuesta a «consumirme completamente por Él y por las almas», entregando todo su ser como respuesta a Su llamada.

Capítulo 4

«LLEVAR ALEGRÍA AL CORAZÓN SUFRIENTE DE JESÚS»
El anhelo de darlo todo

> Si a un solo pequeño niño infeliz
> se le hace feliz con el amor de Jesús, [...]
> ¿no valdrá la pena [...] darlo todo por ello?

MADRE TERESA

El traslado a Asansol

Poco antes de escribir su primera carta a monseñor Périer, la provincial* de Madre Teresa le había notificado su inminente traslado de Calcuta a la comunidad de Loreto en Asansol, una ciudad situada a unos doscientos kilómetros al noroeste. Algunas hermanas de su comunidad se habían dado cuenta de las frecuentes y largas conversaciones de Madre Teresa con el padre Van Exem

---

* Superiora religiosa responsable de un número de conventos agrupados en una región o «provincia».

en confesión, durante los meses que siguieron a su retiro en Darjeeling. De este simple hecho, surgieron sospechas sobre la naturaleza de su relación. Obviamente, las hermanas no conocían la razón de estos prolongados encuentros. Aun así, los consideraron inapropiados y los pusieron en conocimiento de sus superioras religiosas. En base a estas «sugerencias y comentarios poco caritativos»,[1] se tomó la decisión de trasladar Madre Teresa a la comunidad de Asansol.

Para la escuela de St. Mary, su partida fue «obviamente un golpe»[2] y se sintió profundamente su ausencia. En lo que a ella respecta, aunque admitió que echaba de menos a St. Mary y a las niñas que tenía bajo su cargo, aceptó el cambio con serenidad. A pesar del sacrificio de dejar tantas cosas queridas, vio la mano de Dios en estos acontecimientos y creyó que el traslado venía en última instancia de Él. Esta respuesta llena de fe a las dificultades era típica de Madre Teresa. Más tarde, el arzobispo afirmó: «A pesar de las pruebas que ella ha experimentado de vez en cuando en la vida religiosa, es muy leal al Instituto de la Bienaventurada Virgen María y nunca la he oído quejarse de las superioras o de las hermanas, incluso cuando yo sabía que se la había malinterpretado.»[3] De hecho, aún en medio de esta situación injusta, siguió siendo caritativa de manera extraordinaria hacia todos.

Antes de dejar Calcuta, Madre Teresa había sabido por el padre Van Exem de la reacción inicial de monseñor Périer a su propuesta. Aunque el padre Van Exem esperaba que con su aprobación a los planes de Madre Teresa el arzobispo le diera su consentimiento para seguir adelante rápidamente, el arzobispo se mantuvo cauto y le dijo que necesitaba tiempo para rezar, reflexionar y consultar.

Esta respuesta inesperada se convirtió en una nueva fuente de sufrimiento para Madre Teresa, incluso mayor que todo su miedo previo y confusión. Convencida de la autenticidad de la llamada y acostumbrada a actuar enseguida, tan pronto como la voluntad de Dios se hacía clara, sentía que debía empezar inmediatamente. Sin embargo, tan convencida como estaba, no empezaría sin el permiso de sus superiores religiosos, ya que creía que mediante su obediencia a los representantes de Dios, Su voluntad, se daría a conocer finalmente y de modo seguro. Por lo tanto, a pesar del gran deseo de comenzar su nueva misión y su angustia por no poder hacerlo, no podía hacer otra cosa que esperar.

A su llegada a Asansol, a mediados de enero de 1947, Madre Teresa, con su característico entusiasmo, asumió su nuevo papel de profesora. Un beneficio del traslado fue que tenía menos responsabilidades que en Calcuta y, por ello, más tiempo para dedicarlo a la oración. Ésta fue una oportunidad providencial para prepararse para su nueva misión.

Su deseo de empezar el trabajo entre los pobres más pobres de Calcuta se hacía cada vez más fuerte. Como resultado, en los meses siguientes Madre Teresa sostuvo un intenso intercambio de correspondencia con monseñor Périer. Trató de convencerlo de que la dejara empezar; él, prudentemente, insistió en la necesidad de esperar.

«El anhelo de dar todo a Nuestro Señor»

El arzobispo le había expresado al padre Van Exem sus tres preocupaciones: en primer lugar, se preguntaba en qué medida estaban implicados la propia voluntad y el propio interés de Madre Teresa; en segundo lugar, consideraba demasiado sentimental la referida petición de Jesús de que monseñor Périer aprobara el proyecto como acción de gracias por sus veinticinco años como obispo;* finalmente, se preguntaba si el traslado a Asansol habría podido provocar su petición de abandonar la Orden de Loreto y comenzar una nueva congregación.

El Padre Van Exem había dicho a Madre Teresa que esperara la respuesta escrita del arzobispo a su carta. El 25 de enero aún no había recibido ninguna. El tiempo de espera parecía ya muy largo, así que se decidió a escribir otra vez y abordar las reservas previas del arzobispo.

Convento de Loreto
Asansol
25 de enero de 1947

Excelencia,

El Padre Van Exem me dijo que usted había escrito—pero hasta ahora no ha llegado ninguna carta.—Creo que el correo está muy mal en esta zona. De todas maneras le doy las gracias por todo lo que le dijo.

En referencia a «la obra», he estado rezando mucho para ver y comprender cuánto hay de mí en ella, cuánto hay de sentimentalismo en ella. Aquí en Asansol tengo más tiempo para estar con Nuestro Señor, y a menudo, muy a menudo, he rezado para ver —para no engañar ni ser engañada— y aun así «la obra» permanece tan clara como antes—el inmenso deseo de dar todo a Nuestro Señor y hacer que muchas almas hagan lo mismo, se mantiene intacto.

Pienso que si la obra comienza—habrá muchas hu-

---

* En la carta del 13 de enero de 1947, Madre Teresa había citado a Jesús diciendo: «Pide a Su Excelencia que Me conceda esto como agradecimiento por los 25 años de gracia que le he dado.»

millaciones, soledad y sufrimiento para mí.—Tal como estoy, soy muy feliz y especialmente aquí—pero Nuestro Señor no deja de llamar.—He intentado detener estos pensamientos—pero sin ningún fruto. No veo que pueda ganar yo con esto—sé que todo el mundo hablará en contra.—No, Excelencia, perdóneme por decirlo,—en la obra habrá una entrega total de todo lo que tengo y de todo lo que soy—no quedará absolutamente nada.—Ahora, yo soy Suya, sólo Suya—Le he dado todo a Él—no me he buscado a mí misma desde hace ya tiempo. Sé que usted ama la verdad—y ésta es la verdad. Si dijera lo contrario mentiría. Dios ha hecho todo. Él simplemente lo tomó todo.—Ahora soy Suya. Usted lo sabe, se lo ha contado todo.—Así que si usted dice que renuncie a todos los pensamientos, yo intentaré obedecer.—Ambos* hemos hecho nuestra parte—ahora depende de usted.

Respecto al sentimentalismo—no puede negar que Nuestro Señor ha hecho maravillas por usted en estos veinticinco años.—Así que lo que Él pide es tan natural como sobrenatural.—Depende de usted decir sí o no. Dejo todo en sus manos.—Lo que usted desee, yo lo haré contentísima.

El traslado a Asansol no tiene absolutamente nada que ver—lo que [es] más, lo tomo como otra prueba de que Él quiere la obra.

Desde los cinco años y medio—cuando Le recibí por primera vez [en la Santa Comunión]—el amor a las almas ha estado dentro de mí.—Creció con los años—hasta que llegué a la India—con la esperanza de salvar muchas almas. En aquellos 18 años intenté vivir de acuerdo con Sus deseos.—He estado ardiendo en deseos de amarle como nunca antes ha sido amado.—He estado rezando. En St. Mary Él me utilizó—era Su acción. Co-

* Madre Teresa y padre Van Exem.

metí muchos errores—pero éstos eran míos.—Amé a St. Mary por esta única cosa—el continuo contacto de Jesús con las almas. Yo trabajé con Él en ellas. Pero cuando la M. [Madre] Provincial me dijo que iba a venir aquí—me alegré tremendamente en mi corazón—de poder dar a Jesús algo que amo, y esto es lo que me hacía sonreír permanentemente durante aquellos días, incluso ahora. Recibí el traslado como enviado por Dios—para fortalecerme y preparar mi cuerpo y mi alma para Su venida. Aquí no tengo nada en lo que pensar—excepto cómo vivir para los demás. El trabajo que tengo que hacer es justo el que me enseñará esta lección. Y luego estos pensamientos—la voz en mi corazón apenas empezó el pasado septiembre—desde el día en que cesaron las dificultades en contra de la fe.—Si hubiera permanecido en St. Mary habría hecho lo mismo—escribirle a usted—tan pronto como el Padre me hubiera dado permiso.—Ambos hemos intentado todo antes de que el asunto llegara ante usted.

Le escribo—sencillamente—y sin ninguna preocupación.—Me pongo totalmente en sus manos en relación con esto.

Rece por mí—ya que soy realmente indigna de todo lo que Él está haciendo por mí y en mí. Le he pedido al Padre que le contara a usted mis muchos y grandes pecados—para que usted le pida a Nuestro Señor—si la obra se debe hacer— que le dé a una persona más digna.

Por favor, disculpe este papel—ya que no tengo de otro tipo.—Estoy intentando vivir un poco la pobreza franciscana. Es maravilloso ser pobre y libre de tantas cosas.

Rece por mí.
Su devota hija en Jesucristo.
Mary Teresa[4]

Madre Teresa, además de afrontar las preocupaciones de monseñor Périer, hizo casi de pasada dos revelaciones: que «no me he buscado a mí misma desde hace ya tiempo» y que una gracia singular de «amor a las almas» había cautivado su corazón desde su Primera Comunión. Este favor excepcional la urgió a dejar su amada Skopje y dar el primer paso audaz hacia lo desconocido. El mismo «amor a las almas», un esfuerzo por llevar a otros al conocimiento y al amor de Dios, la movía ahora a tender una mano a los más necesitados. Con estas revelaciones y al comprobar que las dificultades contra la fe habían cesado una vez que comenzaron las locuciones (un indicador importante de que, en efecto, su origen era verdaderamente divino), el arzobispo pudo captar que estaba en presencia de un alma excepcional.

El arzobispo, como el padre Van Exem, apreciaba el significado del objetivo de Madre Teresa y, sin embargo, se resistía a precipitarse a tomar una decisión rápida. Sin embargo, ahora, con otra carta insistente en sus manos, se disponía a responder y justificar su prolongado proceso de decisión.

Calcuta, 19 de febrero de 1947

Querida Madre M. Teresa,
P. X.

El punto principal son sus dos cartas del 13 y del 25 de enero. Como le expliqué al Padre Van Exem cuando vino a verme con su carta, éste es un asunto demasiado importante para ser resuelto o ser valorado en el momento o en un día o un mes. Requerirá mucha oración por su parte y por la mía, mucha reflexión, mucha previsión antes de que podamos estar seguros de nuestro camino presente y futuro [...] Ni siquiera puedo decir ni diré nada sobre el proyecto antes de que el Espíritu Santo me ilumine. Esto no es una obra humana, es una obra de Dios y para estar seguros de que es una obra de Dios, usted y yo debemos utilizar las facultades intelectuales y la ayuda espiritual de la oración, de la meditación [...].

En junio estaré en Roma y, sin dar ningún nombre, someteré allí el caso a las autoridades y esperaré un apoyo o lo contrario.

Espero estar de regreso en septiembre u octubre. Así pues, continúe rezando con calma y paz.

En unión de Santas Comuniones y oraciones, soy

Suyo devotamente en Xt. [Cristo]
† F. Périer, S. J.[5]

«Anhelo de ser todo para todos»

Si monseñor Périer esperaba que la referencia a su someter «el caso a las autoridades» en Roma (donde tales peticiones serían sujetas a un examen cuidadoso y prolongado) enfriaría el entusiasmo de Madre Teresa, estaba equivocado. Al contrario, ella vio su viaje a Roma como una oportunidad perfecta para llevar a cabo el plan de Dios. Al escribir una vez más, rogaba al arzobispo que llevara el caso directamente a conocimiento del Papa. Estaba segura de que con la intervención del Papa su esperanza de ir adelante podría realizarse pronto.

Convento de Loreto

Asansol

Excelencia,

Muchas gracias por su carta. No me sorprende que no quiera actuar—y que se tome su tiempo sobre su respuesta.—Algún día [el permiso] es seguro que vendrá—y entonces usted, estoy segura, será el primero en dar al joven instituto toda la ayuda que va a necesitar.

Dice usted en su carta que presentará el caso a las autoridades en Roma—donde la cuestión será cuidadosamente examinada.—Le estaría agradecida si hablase de ello a nuestro Santo Padre. Él lo entenderá. Dependerá de usted, Excelencia, decir todo al Santo Padre. Dígale que el Instituto servirá especialmente para la unidad y felicidad de las familias—la vida que él tiene tanto en el corazón. Cuéntele de los innumerables hogares rotos, aquí en la India, en Calcuta, en todas partes.—Es para hacer felices a estos hogares infelices—para llevar a Jesús a sus oscuros hogares que Nuestro Señor quiere que yo y las Hermanas demos nuestras vidas como víctimas por esos hogares.—Mediante nuestra pobreza, nuestro trabajo y nuestro celo entraremos en todas las casas—reuniremos a los niños pequeños de estos hogares infelices. Dígale a nuestro Santo Padre que la carta pastoral que usted escribió hace unas semanas tendrá su respuesta en las Hermanas Misioneras de la Caridad. Seremos perfectamente libres en la Pobreza que pretendemos—o más bien que Dios quiere de nosotras. Hay jóvenes indias, angloindias y europeas que desean ardientemente dar todo a Dios exactamente de este modo—y llegar al corazón de la gente—en cualquier país en que se encuentren. Háblele a nuestro Santo Padre de mi anhelo de ser todo para todos.[6] Llévele la primera carta que le escribí a usted. No tengo prueba—pero sé que es Dios quien quiere esto de nosotras.—Que si todo fuera un fracaso—no tengo miedo.—Si sólo una familia—si sólo un niño pequeño infeliz se le hace feliz con el amor de Jesús, dígame, ¿no valdrá la pena que todos nosotros lo demos todo por eso—que usted se tome todas las molestias? Excelencia, no sé cómo pedírselo—Le dejo a Él que le diga lo que tiene que decirle a nuestro Santo Padre—pero dígale todo lo que sabe.—Él es nuestro Santo Padre misionero. Su sufrimiento debido a tantos hogares infelices es una continua tortura para su corazón paternal. Pídale que nosotras, las Hermanas y yo—seamos sus hijas que llevarán alegría a su corazón—al llevar felicidad a estos hogares infelices.

Entre los muy pobres—qué sufrimientos atraviesan las madres—a causa de sus hijos—a causa de sus maridos.—Mis Hermanas cuidarán de sus niños—atenderán a los enfermos, a los ancianos y a los moribundos en sus hogares.—Enseñarán a las jóvenes esposas cómo hacer felices sus hogares. Hay muchos lugares a los que el sacerdote ni siquiera puede acceder—pero una Misionera de la Caridad mediante su trabajo entrará en cada agujero—dondequiera que haya vida humana, dondequiera que haya un alma para Jesús.

Me dice usted que rece—que rece mucho.—Sí, lo hago—y estoy pidiéndoles a otras personas que hagan lo mismo.—Rece usted también. Pídale a San Francisco Javier,* durante esta novena de gracia—permitirnos tener la gracia de hacer lo más agradable.

Esperaré—esperaré todo lo que el Santo Padre quiera de mí, pero también estoy preparada para dejarlo

---

* San Francisco Javier (1506-1552), uno de los primeros miembros de la Compañía de Jesús, gran misionero en la India y en el Japón.

todo—a una palabra suya—e ir a empezar la vida de completa pobreza para así poder darle todo a Jesús.

Usted dirá que dónde están las Hermanas que van a incorporarse.—Conozco el pensamiento de muchas jóvenes—y lo que están deseando hacer por Cristo. Esto no me preocupa. Él proveerá todo.—Cuanto más confiemos en Él—más hará Él.

Dígale por favor al Padre Van Exem que no podré escribirle sin que mi Superiora pueda leerlo.—Solía escribirle todo—pero ahora me lo guardaré hasta que le vea en confesión.

Gracias a Dios, en St. Mary todo está muy bien. Sabía que Dios daría lo mejor a ese lugar. M. M. [Madre Mary] Columba es una de nuestras mejores religiosas. Las Hermanas aprenderán mucho de ella. Estoy muy contenta de saber que usted recibió tan buenos informes sobre ellas. Espero que Asansol las reciba pronto—ya que aquí no se hace nada por los nativos—parece que saben muy, muy poco. Las hermanas serían una gran, gran bendición. Estoy rezando para que vengan pronto.

Estoy enseñando hindi y bengalí, higiene y geografía. Las niñas son muy buenas y sencillas.—Echo mucho de menos la abierta sencillez de mis niñas de St. Mary y su generoso amor a Nuestro Señor.

Rece por mí—para que llegue a ser una religiosa humilde y generosa—para que Él me utilice de acuerdo a Su deseo.

Su devota hija en J. C.
Mary Teresa[7]

La regla de Loreto de entonces permitía a las superioras de Madre Teresa examinar su correspondencia si lo consideraban «conveniente en el Señor»; al haber estado injustamente bajo la sospecha de tener una relación inadecuada con el padre Van Exem, Madre Teresa esperaba razonablemente que cualquier correspondencia entre ellos fuera examinada. Puesto que no quería que nadie, ni siquiera sus superioras, conocieran por el momento su inspiración, evitó escribir al padre Van Exem.

Buscando la voluntad de Dios

Jesús estaba llamando; ¿cómo podía quedarse ella indiferente y no hacer nada? Si el amor de Dios se hiciera presente siquiera a una sola alma, pensaba, su llamada se cumpliría y valdría la pena todo el sacrificio. No podía entender por qué el arzobispo no estaba actuando con mayor rapidez.

Por su parte, monseñor Périer, como responsable de la archidiócesis y su gente, tenía que asegurarse de que la propuesta de Madre Teresa sería una empresa positiva y fecunda. Todavía estaba sopesando si ella dejaba «un bien seguro por una ganancia insegura».[8] Quizá si él hubiera estado al tanto de su voto privado habría entendido su aparente prisa. Algo molesto por su insistencia, trató nuevamente de explicar su mesurado curso de acción:

Mi querida Madre M. Teresa,
P. X.

A mi regreso de mi visita pastoral en Santal Parganas, encontré su carta, por la que le doy sinceramente las gracias. Por lo que usted escribe tengo la impresión de que cree que me opongo a sus propuestas y de que está rezando intensamente por la conversión de mi corazón. Querría cambiar su opinión sobre estas disposiciones que usted parece dar por supuestas. Ni estoy en contra ni a favor de su proyecto y como arzobispo sólo puedo ser neutral en esta fase. No es una cuestión de convicción personal, ni de entusiasmo o sentimiento lo que me debe impulsar [...] La cuestión es demasiado importante para que la Iglesia lo decida todo enseguida. Quizá lleve meses, quizá lleve años [...]

Mientras tanto, por favor, aparte de su imaginación, la idea de que me opongo a su proyecto. Como dije, no tengo derecho a estar a favor o en contra. Dios Todopoderoso me mostrará el camino a seguir, y cuando esté moralmente seguro de dónde está mi deber, no tenga duda de que no retrocederé cueste lo que cueste. Mi lema es «buscar a Dios en cada uno y en todo». No será al final de mi carrera cuando renuncie a ese principio que ha guiado toda mi vida religiosa. Sería absurdo. Haré la voluntad de Dios; pero ésta debe estar clara para mí. Quizá usted piense que todo es muy fácil, cuando hay alguien a quien endosar la responsabilidad, pero para quien tiene que ser responsable, requiere discreción, oración, oración constante y fervorosa, y prontitud para acatar la voluntad de Dios tal como se le manifieste.

En unión de Santos Sacrificios

Suyo devotamente en Xt. [Cristo]
† F. Périer, S. J.[9]

«La alegría que busco es sólo agradarle a Él»

Aunque completamente dispuesta a obedecer, Madre Teresa no podía ignorar la insistente súplica de Jesús: «*¿Te negarás a hacer esto por Mí?*» De este modo, cuando el viaje programado del arzobispo a Europa se retrasó, aprovechó la situación para suplicarle una vez más:

Convento de Loreto
Asansol
30 de marzo de 1947

Excelencia,

Ésta le traerá mis mejores deseos para una muy feliz Pascua. También le doy las gracias por su última carta, que recibí hace algún tiempo. Espero que no se cansara de mí y de mis numerosas y largas cartas pero como usted es la persona de la que tanto depende, debo transmitirle todo en detalle. Me gustaría poder hablarle personalmente todo, pero no parece posible.

Tenía que haberse ido el día 26 y sin embargo, todo parece haber cambiado. Creo que Dios le ha retenido para que pueda considerar Su deseo de comenzar la obra.—Estoy dispuesta a hacer todo lo que se me diga— a cualquier precio. Dispuesta a irme ahora o a esperar años. Depende de usted el utilizarme, el ofrecerme a Dios para los pobres. La gente le llama a usted el padre de los pobres. Excelencia, déjeme ir, y darme a ellos, deje que me ofrezca y ofrecer a aquellas que se unirán a mí por los pobres despreciados, los niños pequeños de la calle, los enfermos, los moribundos, los mendigos; déjeme ir a sus agujeros y llevar a sus hogares rotos la alegría y la paz de Cristo. Sé que usted tiene miedo por mí. Teme que todo sea un fracaso—¿Qué pasa? ¿No vale la pena pasar todo sufrimiento posible por una sola alma? ¿No hizo Nuestro Señor lo mismo?: Qué fracaso fue Su Cruz en el Calvario—y todo por mí, una pecadora.

Puedo decirle sinceramente desde el corazón, no voy a perder nada. De mis Superioras para abajo, sé que se reirán de mí. Pensarán que soy una tonta, orgullosa, loca etc. ¿Y qué si el buen Dios quiere mi nombre? Soy Suya y solamente Suya.—El resto no me afecta. Puedo pasar sin tener todo lo demás si Le tengo a Él. No tema por mí—ni tampoco por las que se unirán a mí—Él cuidará de todas nosotras. Estará con nosotras.—Si por un vaso de agua, Él ha prometido tanto,[10] ¿qué no hará por corazones víctimas, dados a los pobres? Él hará todo. Yo, yo soy sólo un pequeño instrumento en Sus manos, y es precisamente porque no soy nada que Él quiere utilizarme.

Excelencia, no deje que Le sea infiel ahora. No me gustaría por nada, ni por una décima de segundo hacer lo menos agradable. Quiero que Él tenga toda la satisfacción. Su anhelo, Su sufrimiento a causa de estos niños pequeños, a causa de los pobres muriendo en pecado, por la infelicidad de tantas familias rotas es muy grande. Me siento tan terriblemente impotente frente a todo.— Yo, pequeña nada, deseo quitar todo eso de Su Corazón.

Día tras día, hora tras hora, Él me hace la misma pregunta: «*¿Te negarás a hacer esto por Mí?*» Le digo que la respuesta depende de usted.

Usted podría pensar que estoy mirando sólo a la alegría de renunciar a todo, y llevar alegría al Corazón de Jesús. Sí, miro esto sobre todo, pero también veo el sufrimiento que traerá la realización de estas cosas. Por naturaleza soy sensible, me gustan las cosas bonitas y agradables, la comodidad y todo lo que puede dar la comodidad—ser amada y amar.—Sé que la vida de una Misionera de la Caridad —será menos todo esto. La pobreza absoluta, la vida india, la vida de los más pobres significará una dura lucha contra mi gran amor a mí misma. Aun así, Excelencia, deseo intensamente, con un corazón sincero y verdadero, empezar a llevar este modo de vida—para llevar alegría al Corazón Sufriente de Jesús.—Déjeme ir, Excelencia—Confiemos en Él ciegamente.—Él velará por que nuestra fe en Él no se pierda.

Mientras está en Calcuta, ¿no podría hacer lo necesario—a través del Del. [Delegado] Apostólico y luego, cuando el pequeño Instituto esté en pie solicitar el reconocimiento de Roma? No sé lo que dice el Derecho Canónico en estos asuntos—pero por lo que he oído y leído en el librito sobre M. [Madre] María de la Pasión,* la fundadora franciscana, que he leído últimamente, no parece que haya habido muchos problemas.—De la noche a la mañana 20 Religiosas libres para llevar una vida franciscana.—Pero en su caso el obispo fue el factor decisivo. ¿O piensa usted que yo misma debería solicitarlo a través de usted?—Por eso hablar personalmente facilitaría las cosas.—Voy a ir a Darjeeling el 8 de mayo— pero usted se habrá ido para esa fecha.

No se retrase, Excelencia, no lo aplace. Se están perdiendo almas por falta de cuidado, por falta de amor. Sin dar nombres, si usted pregunta a sus Párrocos, le hablarán de la necesidad de religiosas así. Vea el llamamiento del Santo Padre a favor de los niños de Europa.[11] ¿Qué diría él si viera sus pobres, los pobres de los barrios más miserables de Calcuta? Haga algo sobre esto antes de marcharse, y quitémosle al Corazón de Jesús Su continuo sufrimiento.

A veces siento temor, ya que no tengo nada, ni inteligencia, ni estudios, ni las cualidades requeridas para un trabajo semejante, y sin embargo Le digo que mi corazón está libre de todo y que entonces Le pertenece completamente a Él y sólo a Él. Él me puede usar como mejor Le plazca. La única alegría que busco es agradarle a Él.

La India está atravesando días de odio.** Aquí vuelvo a oír ahora que hay problemas en Calcuta. Podría ser que las Misioneras de la Caridad estuvieran allí para transformar este odio con su amor. Usted dirá, ¿qué po-

---

* Madre María de la Pasión (1839-1904), fundadora francesa de las Misioneras Franciscanas de María.
** Madre Teresa se refiere a los disturbios civiles y motines que tuvieron lugar inmediatamente antes de la independencia de la India, el 15 de agosto de 1947.

drían hacer usted y sus pocas jóvenes indias? No podríamos hacer nada, pero Jesús y nosotras, unas pocas víctimas, podemos hacer maravillas. Déjeme ir y empezar esta obra, que será una respuesta a su ardiente petición de apóstoles.

Cuando usted piense que es lo mejor, me gustaría contarle todo yo misma a la Madre General o a la Madre Provincial. Prefiero que lo sepan por mí.

Excelencia, perdóneme por ser tan pesada con esta constante petición, pero tengo que obrar de este modo. Llevemos alegría al Corazón de Jesús, y apartemos esos terribles sufrimientos de Su Corazón. Piense en lo que le aportará a Jesús y no en lo que yo, pequeña nada, perderé.—Él ha hecho tanto por usted—y ahora al final de tanta gracia y amor usted teme ofrecer a una de sus pequeñas misioneras para que sea Su víctima por los más pobres de su rebaño.—Déjeme ir a Cossipore en la Boys' Own Home* en vez de a Darjeeling. Para cuando usted regrese—habríamos empezado nuestro (tiempo de) soledad tras el cual comenzaría el trabajo de la misión.—Hay jóvenes incluso en Europa, que serían también muy felices dándolo todo y sirviendo a Cristo en perfecta pobreza y sacrificio.

Yo no sé si el Espíritu Santo ha llenado su alma con estos deseos y pensamientos, pero estoy rezando para que Él lo haga.

Durante estos días de oración y penitencia, rece por mí, rece a menudo, para que Le ame más a Él.

De nuevo, le deseo una muy feliz Pascua.

Su devota hija en J. C.
Mary Teresa[12]

* Escuela situada en Cossipore, área del norte de Calcuta, que fue fundada por Swami B. Animananda Rewachand (1868-1945). Había sido desocupada a principios de 1946.

La «pequeña nada», como se llamaba a sí misma, ansiaba «llevar alegría al Corazón Sufriente de Jesús»—su primer amor desde la infancia. Por esto, ella habría abrazado cualquier dificultad; sus preferencias o los sacrificios implicados no contaban. Todo lo que deseaba era agradarle. Insistía en ir hacia adelante porque estaba convencida de que Jesús lo quería. Sin embargo, permaneció abierta a la decisión del arzobispo como la voluntad misma de Dios.

«Mi Dios... suple lo que falta en mí»

Monseñor Périer se quedó desconcertado ante la carta larga y el tono imperativo de la misma.

Residencia Episcopal
Park Street, 32,
Calcuta, 7 de abril de 1947

Mi querida Madre M. Teresa,
P. X.

Quedé bastante sorprendido al leer en su carta unas cuantas razones por las que yo no me estaba moviendo en el asunto que usted me había presentado. Creía que le había explicado previamente, de modo claro, los motivos que me obligan a actuar muy despacio en un asunto tan importante.

Si yo viera, después de fervientes oraciones y una madura reflexión, que la voluntad de Dios fuera actuar en la dirección que usted desea que yo me moviera inmediatamente, no lo dudaría; no me detendría ni por un momento en las dificultades, medios o cualquier otro aspecto. Para mí la voluntad de Dios es suprema y todo el resto desaparece. Pero conocer la voluntad de Dios para los que tienen la autoridad y obrar en Su Nombre requiere consulta, oración y reflexión. Estoy bastante convencido de que usted está preparada para todo. Pero mi querida Madre, usted también debe ponerse en mi lugar de vez en cuando. Al representar su petición y defenderla ante la Santa Sede, asumo una gran responsabilidad. No solamente puedo ser causa de la ruina de muchas vocaciones, sino que también podría ser causa de guiar almas a la oscuridad por precipitación. Su ejemplo de la fundadora de las Misioneras Franciscanas de María no es un argumento. En primer lugar sé muy bien, por el contacto personal con gente que vivió en ese tiempo, v.gr. [*verbi gratia*—por ejemplo] el anterior Delegado Apostólico en la India, Monseñor Zaleski, que las cosas no fueron en absoluto sobre ruedas y sé que, incluso ahora que la vida de la Fundadora está siendo estudiada para su beatificación, muchos puntos tienen que ser esclarecidos. Aun más, el Derecho Canónico en esa época no estaba todavía codificado como lo está ahora. También se han promulgado muchos decretos nuevos para los religiosos desde aquella época.

Otro motivo que debería hacerla reflexionar cuando me presiona para empezar enseguida, es que no tengo poder en absoluto para permitir que usted ponga en marcha este tipo de obra. Su Madre General no tiene más poder que el que tengo yo a este respecto: el asunto debe ir necesariamente a Roma y debemos estar preparados para responder a las preguntas que se nos plantearán. Para hacerlo, debo haber adquirido una convicción personal, una especie de certeza moral que me permita responder en conciencia a favor, o en caso contrario debo poder decir más tarde que incluso si yo estaba equivocado en mi opinión, en pro o en contra, lo estaba de buena fe y no me apresuré alocadamente en una cuestión en la que hay tanto en juego para otros.

Su propuesta en teoría podría tener toda mi aprobación, sin embargo no basta para permitir que comience o sugerir que se le puede permitir comenzar. Si no estoy equivocado, sugerí en una de mis cartas anteriores que usted debería sentarse con calma y escribir exacta y detalladamente lo que usted (1) quisiera hacer, (2) los medios mediante los cuales desea llevarlo a cabo, (3) cómo formaría a sus discípulas, etc., (4) qué tipo de gente reclutaría para esta obra, (5) dónde estaría el centro de su obra, (6) si no es posible alcanzar este fin con otra congregación ya existente, (7) si no sería más apropiado para llevar a cabo su proyecto servirse de algún tipo de asociación o cofradía* y no de una congregación religiosa. Hay cientos de preguntas que surgen y deben ser examinadas seria y satisfactoriamente. <u>Durante mi ausencia, póngase a trabajar en su plan bajo la guía del Espíritu Santo.</u> No es deseable tener una larga descripción de lo que usted se imagina que podrá hacer. Lo que queremos es saber en pocas palabras: <u>el fin, los medios, las reglas, el reclutamiento, las posibilidades de éxito.</u> No hablo del glamour ni tampoco me refiero a las humillaciones, dificultades, etc., pero si empezamos algo debemos ser capaces de alcanzar el objetivo que se busca—eso es lo que yo llamo éxito. Si está preparada cuando vuelva de Roma alrededor de septiembre estará bien; no piense que el tiempo que le ofrezco es demasiado largo. Tales puntos indispensables requieren una larga medi-

---

* La pregunta del arzobispo es si un grupo de mujeres laicas podría realizar el objetivo de Madre Teresa sin asumir el compromiso de la vida religiosa en una comunidad.

tación, oración, reflexión y consulta. Entretanto veré en Europa de qué modo podría funcionar una congregación semejante, cuál ha sido la experiencia de otros en esta línea, si es mejor una asociación laica en lugar de una congregación religiosa, etc.

Dios la bendiga. En unión de santas Comuniones y oraciones.

Suyo devotamente en Xt. [Cristo],

† F. Périer, S. J.[13]

A pesar de la decepción que pudo sentir, Madre Teresa aceptó el mandato del arzobispo. Volviéndose a Dios en busca de ayuda, escribió la siguiente oración al margen de la carta del arzobispo:

> Dios mío—dame Tu luz y Tu amor para poder escribir las cosas para Tu honor y gloria. No permitas que mi ignorancia me impida hacer perfectamente Tu Voluntad. Suple Tú lo que falta en mí.[14]

Puesto que el arzobispo había manifestado que consideraría su respuesta sólo tras su regreso en septiembre, ella decidió esperar hasta su retiro y vacaciones siguientes en Darjeeling (entre el 8 de mayo y el 14 de junio de 1947) para formular sus respuestas.

En mayo, en su viaje de Asansol a Darjeeling, Madre Teresa se detuvo en Calcuta y se reunió dos veces con el padre Van Exem. Sin conocer la petición del arzobispo, él hizo una similar a Madre Teresa, tal como lo expresa en una carta al arzobispo:

> En mayo le dije que era la voluntad de Nuestro Señor que durante sus vacaciones se pusiera a concretar su plan, explicar su objetivo y los medios que pretendía

usar para alcanzar su fin, así como a escribir también las reglas esenciales que me mostrarían el espíritu propio de su obra. Después de esto, y después de haberle pedido lo mismo para Su Excelencia, ella me leyó las cartas recibidas de Su Excelencia, y en una de ellas oí que Su Excelencia le había hecho exactamente el mismo requerimiento que yo acababa de explicar. Le dije que respondiera a las preguntas contenidas en esa carta con el fin de ser obediente.[15]

Una vez llegada a Darjeeling, de manera inesperada afrontó una corta pero muy intensa lucha. En su viaje de regreso a Asansol en junio, lo refirió al padre Van Exem quien por su parte, informó a monseñor Périer:

Ella atravesó una horrible desolación (5 días en mayo) mientras estaba en Darjeeling, y entonces la idea de la obra pareció ser una estupidez (disculpe la palabra que creo es de ella), una traición a su instituto y a sus superioras; le dio mucho miedo todo el asunto y pasó por grandes tentaciones. Me escribió en ese momento, pero sólo pude rezar por ella. Felizmente la tentación la dejó tras unos días, y de nuevo todo es luz, alegría, confianza y certeza de estar en el camino adecuado; ésta es mi convicción después de verla aunque no hablé sobre sus consuelos en mi entrevista. En el momento de la consolación ella no tiene ninguna duda, excepto en la superficie de su alma, es intrépida y está dispuesta a inmolarlo todo por Nuestro Señor; en la desolación dudó de todo, un gran miedo pero se mantuvo dispuesta a inmolarse a sí misma. Después, Nuestro Señor le dijo que su gran miedo Le había herido; ella había sido en parte un poco responsable de lo que había ocurrido.[16]

El anteproyecto de la nueva Orden

Tras estos días de duda y confusión durante su estancia en Darjeeling, Madre Teresa volvió a su estado habitual de consolación y certeza. Se ocupó de responder a las preguntas de monseñor Périer, «traduciendo» en términos concretos las implicaciones de sus experiencias místicas y añadiendo nuevos detalles a los que había formulado en enero. Esta vez no hizo referencia a la «Voz» sino específicamente a «Nuestro Señor» y a las peticiones que le hacía. Su enfoque completo era sólo Jesús: Él era la razón de su futuro apostolado, el modelo para su caridad, el modelo para su nueva forma de vida, la garantía de su éxito; Él era su «Todo».

> Convento de Loreto
> Darjeeling
> Fiesta de Corpus Christi* 1947

Excelencia,

En su última carta me dijo, «Durante mi ausencia, póngase a trabajar en su plan bajo la guía del Espíritu Santo».

Durante la Novena al Espíritu Santo, escribí las pocas reglas, que podrían ser útiles.—Hoy después de mucha oración, con Su ayuda trataré de responder a sus preguntas.

---

* Fiesta litúrgica de la Santísima Eucaristía, celebrada el jueves después del domingo de la Santísima Trinidad.

1. «¿Qué quiere hacer exacta y detalladamente?»

Nuestro Señor quiere Religiosas indias, víctimas de Su amor, que estarían tan unidas a Él que irradiarían Su Amor en las almas—que vivirían como las indias, se vestirían como ellas, y que serían Su luz, Su fuego de amor entre los pobres, los enfermos, los moribundos, los mendigos y los niños pequeños de la calle. Quiero satisfacer este deseo de Nuestro Señor, haciéndome india y viviendo esa vida por Él y por las almas de los pobres. Para estar unidas completamente a Él, necesitamos ser pobres—libres de todo—aquí viene la pobreza de la Cruz—Pobreza Absoluta—y para ser capaces de ver a Dios en los pobres—Castidad Angélica—y para poder estar siempre a Su disposición—Obediencia Alegre. Mediante estas tres virtudes, mis hermanas y yo deseamos llevar a Cristo a los agujeros infelices de los barrios más miserables de los pobres de Calcuta y más adelante de otros lugares.

2. «¿Los medios mediante los cuales desea llevarlo a cabo?»

Conviviendo entre la gente—atendiendo a los enfermos en sus hogares—ayudando a los moribundos a estar en paz con Dios, teniendo pequeñas escuelas gratuitas en los barrios más miserables para los niños pequeños—visitando a los pobres en los hospitales—y ayudando a los mendigos de la calle a llevar una vida respetable.—En una palabra, hacer la caridad de Cristo entre los más pobres—y así hacer que Le conozcan y Le quieran en sus infelices vidas.—Si lo permite el número de Hermanas, tendríamos también una casa para los lisiados, los ciegos, los excluidos de la sociedad humana. Las Hermanas recorrerían los pueblos y harían allí el mismo trabajo.—Con el fin de estar libres para hacer más, las Hermanas no estarán permanentemente en ningún lugar—sino que siempre estarán dispuestas a hacer el trabajo que se requiera en la Iglesia en India.

3. «¿Cómo formaría a sus discípulas?»

Dándoles un conocimiento completo de la vida espiritual—de modo que en la calle o en los agujeros de los pobres, en casa, en el convento, ellas vivirían la vida de unión íntima con Dios.—Lo interior debe llegar a ser el poder principal de lo exterior.—Para llegar a esto las Hermanas pasarán el primer año de su vida religiosa—en completa contemplación—y perfecta soledad—y se renovará cada seis años, una vez que hayan profesado los votos. Deben recibir también toda la ayuda posible de santos sacerdotes en su vida espiritual—de modo que la perfección religiosa llegue a ser simple y fácil—como lo fue la vida de María en Nazaret. Pues si no están enamoradas de Dios—no podrán llevar esta vida de continua inmolación por las almas. Cada una debe entender que si quiere llegar a ser una Misionera de la Caridad—debe estar enamorada del Crucificado y ser Su víctima por las almas de los pobres.

4. «¿Qué tipo de gente reclutaría para esta obra?»

Jóvenes de 16 años en adelante.—Fuertes en cuerpo y mente con mucho sentido común. Ninguna calificación especial—pero tienen que ser capaces de aprender o conocer perfectamente la lengua del país. Generosas y amantes de los pobres. Deben poder ponerse manos a la obra en cualquier tipo de trabajo, por repugnante que sea para la naturaleza humana. Deben tener una disposición radiante, alegre.—Jóvenes de cualquier nacionalidad—pero en cualquier nación a la que vayan, la lengua y las costumbres de esta gente tienen que ser suyas. Por ejemplo, si entra una tamil—se le dará trabajo entre los tamiles—una china, entre los chinos, etc. Si desean entrar jóvenes muy cualificadas, pueden venir, pero eso no las hará diferentes en nada. Tendrán que ser una más de las Hermanas. Si ricas—ellas, pero no su dinero. Necesito misioneras—las almas no se compran.—En los años de contemplación y soledad deben estar dispuestas a hacer penitencia y a orar mucho junto con ese trabajo manual—que debería naturalmente elevar sus mentes a Dios.

5. «¿Dónde estaría el centro de su obra?»

Por el momento, los barrios más miserables y las calles de Calcuta y en la medida en que las Misioneras de la Caridad aumenten, grandes ciudades de la India. No esperaremos a que se nos pida hacer este o aquel trabajo por este o aquel obispo o sacerdote. Iremos nosotras mismas en busca de almas y ofreceremos nuestros servicios al obispo del lugar.—Haremos cualquier tipo de trabajo, excepto el trabajo escolar— que sólo será hasta el Curso 2°, hasta ese nivel serían nuestras escuelas en los barrios más miserables.

Para la preparación de las Hermanas—Cossipore por ser un lugar tranquilo y aislado, con mucho terreno ha sido elegido por Nuestro Señor.—Para el segundo año de formación, Sealdah—donde las Hermanas podrían recibir formación sobre maternidad y otro tipo de atención a enfermos. Esto también fue elegido.—Personalmente, no conozco ninguno de estos lugares—ni los he visto. Pero si las Hermanas no pueden tener Misa diaria y Santa Comunión, entonces, Excelencia, tendrá que escoger usted.

6. «¿No sería posible alcanzar este fin con otras congregaciones ya existentes?»

No. Primero, porque son europeas. Cuando nuestras jóvenes indias entran en estas órdenes—se les hace vivir su vida—comer, dormir, vestir como ellos. En una palabra, como dice la gente—se convierten en «Mems».* No tienen oportunidad de sentir la santa pobreza. Segundo—por mucho que esas Hermanas intenten adaptarse al país, ellas siguen siendo extranjeras para la gente—y luego están sus reglas—que no les permiten, por así decirlo, ser una más entre gente. Tienen sus grandes escuelas y hospitales—en todos estos lugares las almas deben ir a ellas o ser llevadas. Mientras que las Misioneras de la Caridad irán en su busca, vivirán sus vidas en los barrios más miserables y en las calles. Cercanas al corazón de la gente—ellas harían los trabajos de Cristo en sus mismas casas—en los agujeros sucios y oscuros de los mendigos de la calle. Como dice Nuestro Señor, «*Hay muchas religiosas cuidando a los ricos y los que pueden valerse por sí mismos, pero para Mis muy pobres, no hay absolutamente ninguna. Es a ellos a quien anhelo—les amo*». Él también pide Religiosas indias—vestidas con ropas indias—que lleven la vida india.—Quien desee ser una Misionera de la Caridad tendrá que hacerse india, vestir como ellos, vivir como ellos.

7. «¿No sería más apropiado servirse de algún tipo de asociación o cofradía?»

Para la vida que tendrían que vivir, personas laicas no serían capaces de hacerlo. Para un trabajo de continuo y total olvido de sí mismo e inmolación por los demás, se necesitan almas interiores—ardiendo por amor a Dios y a las almas. Almas puras que verían y buscarían a Dios en los pobres.—Almas libres—que serían capaces de sacrificar todo, sólo por una cosa, por llevar un alma a

---

* «Mem» es abreviatura de *Memsahib*, literalmente «mujer grande». Antiguamente en la India término de respeto utilizado para una mujer europea casada. En este contexto, Madre Teresa quería decir que la vida en una orden europea es distinta del estilo de vida sencillo y pobre que ella preveía para sus hermanas.

Dios.—El trabajo necesitará de muchas oraciones profundas, fervorosas y de mucha penitencia—y personas de una asociación no serán capaces de traer todo esto a la obra, y la obra no cumplirá su objetivo—de «llevar almas a Dios y Dios a las almas».

8. «Las posibilidades de éxito»

Nuestro Señor dice: «*No temas—estaré siempre contigo [...] Confía en Mí amorosamente—confía en Mí ciegamente [...]*»

Usted, Excelencia, sabe el número y la necesidad que tienen sus pobres de una mano amable, cómo dejan a sus hijos pecar y pasar sus vidas inocentes en las calles. Cuántos mueren sin Dios—sólo porque no había nadie que les dijera una palabra sobre Su Misericordia.—Los sufrimientos de su cuerpo les hacen olvidar los terribles sufrimientos que sus almas tendrán para toda la eternidad. Por eso Nuestro Señor mismo dice, «*Cuánto duele ver a estos niños pobres manchados de pecado [...] no Me conocen—por eso no Me quieren [...] cómo anhelo entrar en sus agujeros—en sus oscuros e infelices hogares. Ven, sé su víctima.—En tu inmolación—en tu amor por Mí—ellos Me verán—Me conocerán—Me querrán [...]*».

No sé cuál será el éxito—pero si las Misioneras de la Caridad llevan alegría a un hogar infeliz—el hecho de que un solo niño inocente de la calle se mantenga puro para Jesús—que una persona moribunda muera en paz con Dios—¿no cree, Excelencia, que valdría la pena ofrecerlo todo—sólo por ese uno—porque ello daría una gran alegría al Corazón de Jesús?

9. ¿Cómo se mantendrán las Hermanas (mi pregunta)?

Deberían poder obtener la mayor parte de su comida de la granja—venderán algo y así comprarán las otras cosas. En cuanto a la ropa—harán juguetes y estampas y otros trabajos manuales—que se venderán—y con ese dinero conseguirán lo que sea más necesario. Necesitaremos muy poco—ya que pretendemos, con la gracia de Dios, guardar absoluta pobreza en detalle, y no tendremos edificios propios. Nunca necesitaremos mucho dinero.—Las hermanas harán también todo el trabajo de la casa—de modo que no necesitarán sirvientas—para lo demás—o más bien para todo—¡confío en Él! Él estará con nosotras—y cuando Él esté allí no necesitaremos nada.

Una cosa le pido, Excelencia, que nos dé toda la ayuda espiritual que necesitamos.—Si tenemos a Nuestro Señor entre nosotras—con Misa y la Santa Comunión diaria, no temo nada por las Hermanas ni por mí.—Él nos cuidará. Pero sin Él no puedo existir—soy impotente.

Ahora ya le he dicho todo.

Rece por mí.

Su devota hija en J. C.
Mary Teresa[17]

«Abandonarlo para siempre»

Madre Teresa envió esta larga carta, junto con la primera redacción de Reglas escritas unos días antes,* al padre Van Exem, para que las revisara y aprobara. Él estudió cuidadosamente sus notas y esperó a reunirse con ella en Calcuta, en su camino de regreso de Darjeeling a Asan-

---

* Ella hizo un borrador de las Reglas durante la novena que precedía a Pentecostés. En 1947 el domingo de Pentecostés fue el 25 de mayo, de modo que la novena duró desde el 15 hasta el 24 de mayo. Véase Apéndice 1.

sol. Al final de una larga conversación el 14 de junio, el padre Van Exem le dio una respuesta totalmente inesperada: la orden era «abandonar [todo el intento] para toda la eternidad» si el arzobispo y él no lo volvían a mencionar. Para enfatizar la seriedad de su petición, la puso por escrito. Más tarde ese día él le refirió a monseñor Périer en una carta la estrategia que había tomado:

Ella ha de dejar toda la obra a mí y a Su Excelencia, y poner todo el asunto fuera de su mente. Ella «tendría que abandonarlo para siempre» si Su Excelencia o yo no le pedimos nada más. Respecto a los escritos, no le dije nada sobre lo que haría con ellos, si quemarlos, romperlos, guardarlos o enviarlos a Su Excelencia. Le dije que tenía que vivir sólo en el presente y de ningún modo en el futuro y ser una Religiosa perfecta. Ella podría desarrollar iniciativas en su actual apostolado pero tenía que crecer especialmente en la virtud de la prudencia que era lo que más necesitaba. Insistí en la obediencia, alegre, pronta, simple y ciega. Le aseguré que nunca podría cometer ningún error si obedecía. Le permití un poco más de penitencia y mucha más abnegación, pero dudo que pueda practicar más de lo que hace. No le ha negado nada a Nuestro Señor.[18]

Ésta no era la respuesta que Madre Teresa esperaba. Ella había deseado ardientemente ir a «llevar alegría al Corazón sufriente de Jesús», había esperado ansiosamente el «sí» del arzobispo. Ahora se enfrentaba a otra severa prueba, y nada menos que de su director espiritual, en el que ella confiaba. Sin embargo, fiel a su compromiso de no negarle nada al Señor, eligió obedecer.

Capítulo 5

«NO LO RETRASE MÁS. NO ME RETENGA»
Deseando llevar la luz de Cristo

> La salvación de las almas,
> saciar la sed de Cristo de amor y de almas,
> ¿no es esto suficientemente importante?
>
> MADRE TERESA

Regreso a Calcuta

En julio de 1947, Madre Teresa regresó a la comunidad de Entally en Calcuta. Este cambio fue motivado por la intervención de su superiora general, que creía que «la Madre Provincial estaba equivocada [...] en su parecer sobre Madre M. Teresa».[1] Por su parte, Madre Teresa simplemente obedeció, confiando que a través de todos estos acontecimientos Dios estaba realizando Su plan. Tras su regreso a St. Mary, aunque no ya como directora de la escuela, volvió a asumir la mayoría de sus actividades anteriores; comenzó a enseñar y a encargarse en parte de las internas. Quienes la rodeaban, seguían admirando su generosidad y su influencia sobre las niñas, y no tenían ni idea de su nueva llamada.

Poco después de su regreso, Madre Teresa se encontró con su director espiritual. No se le ocurrió que la orden que éste le había dado en junio de «desechar como tentaciones todos los pensamientos vinculados a la obra»[2] era simplemente una prueba más de la autenticidad de su llamada. A pesar de la intensa lucha que esto le causó, ella obedeció, dando una muestra más de la supremacía de la voluntad de Dios en su vida. Así se lo manifestó al padre Van Exem:

> Usted me dijo que no pensara en la obra.—Cada vez que los pensamientos ardían con el gran deseo de ofrecerlo todo—para ser literalmente Su víctima—usaba la violencia contra mí misma—y Le rogaba que no dejara que vinieran esos pensamientos porque yo querría obedecer—y como un Corderito, Él también obedecía. Muy, muy a menudo, Él se quejaba de las demoras—porque cada vez que Él pide algo, decía, la gente se hace extremadamente cuidadosa—pero si es el mundo el que pide algo, las cosas se hacen rápidamente.[3]

Conociendo sus heroicos esfuerzos, el padre Van Exem reconocía al arzobispo: «Ahora sé que ella realmente intentaba obedecer y obedeció.»[4] Por eso decidió cambiar sus indicaciones, pidiéndole que «siguiera rechazando todos los pensamientos de la obra pero admitiendo todo lo que le uniera más a Nuestro Señor».[5]

No sólo el director espiritual de Madre Teresa le pidió estricta obediencia a ella o de su parte; sino que también lo hizo la «Voz», que le habló poco después de su regreso de Asansol. Ella le reveló al padre Van Exem las palabras de Jesús:

La gente cree que fuiste enviada aquí para enseñar, y lo haces bien y trabajas con todo tu corazón, pero éste no era el objetivo de Mi Corazón—te traje aquí para que estuvieras bajo el inmediato cuidado de tu Padre espiritual que te educará en los caminos de Mi amor y así te preparará para hacer Mi voluntad. Confía en él completamente y sin ningún miedo. Obedécele en cada detalle, no te engañarás si le obedeces porque él Me pertenece completamente.—Te haré conocer Mi voluntad a través de él.[6]

Constante, profunda y violenta unión con Nuestro Señor

Antes de que el arzobispo regresara, el padre Van Exem «se sintió urgido a cambiar [su] decisión»[7] una vez más y le permitió a ella «reflexionar en todos los pensamientos inspirados por Nuestro Señor, pero sin pensar en voces o en fenómenos sobrenaturales».[8] Suponía que con este permiso la «Voz» podría volver y, de hecho, temía que el caso podría hacerse «más espectacular».[9] La explicación del arzobispo sobre la razón de su preocupación dio lugar a un precioso testimonio de la vida interior de Madre Teresa:

Sabía que Nuestro Señor había alzado a esa religiosa al más alto estado de oración; quizá no haya habido un éxtasis como tal, pero ha alcanzado el estado inmediatamente anterior. Ésta había sido mi convicción, aunque de forma vaga, el año pasado o quizá antes [...] El estado de éxtasis puede ser alcanzado en breve ya que la unión con Nuestro Señor ha sido constante y tan profunda y violenta que el éxtasis no parece estar lejos. Nunca digo una palabra de esto, pero sin duda es así como ocurre. Tengo un poco de miedo, porque la situación puede hacerse más espectacular para ella y para mí. Ella tiene un gran temor de todo lo que llame la atención sobre su persona y parece estar muy sólidamente asentada en la humildad[10] [...]

Aunque no hay ningún documento que atestigüe que Madre Teresa experimentara el estado místico del éxtasis,* es altamente probable que así fuera. Durante estos meses, Madre Teresa gozó de un intenso grado de unión con Nuestro Señor, incluyendo visiones imaginativas, cuya grandiosidad, según Santa Teresa de Jesús, «casi siempre lleva al éxtasis».[11] Años después ella recordaba estos momentos extraordinarios: «Antes de que comenzara la obra [1946-1997], había tanta unión—amor—fe—confianza—oración—sacrificio.»[12] Mientras recordaba por segunda vez las gracias especiales recibidas, ella expresó su nostalgia por esa intimidad: «Allí [en Asansol] fue como si Nuestro Señor se diera a Sí mismo a mí—totalmente. La dulzura y la consolación y la unión de aquellos 6 meses pasaron demasiado rápido.»[13]

El padre Van Exem seguía impresionado del cada vez mayor fervor y deseo de unión más cercana con Dios de Madre Teresa. Tan apasionado era su amor por Él que ella seguía buscando modos de expresarlo. Fue nuevamente a monseñor Périer a quien su director espiritual reveló sus secretas aspiraciones.

* En el contexto de la vida espiritual, el éxtasis es un fenómeno místico en el que la mente se queda fija en Dios o en algún tema religioso y la actividad normal de los sentidos se interrumpe. A esta experiencia pueden acompañarle un gozo intenso y visiones. El éxtasis es característico del estado «unitivo» de la vida espiritual, en el cual la persona alcanza la unión con Dios, frente a los estados «purgativo» e «iluminativo» que preceden a este momento.

Ella me hizo varias peticiones, una era hacer más penitencias (ella lo desea ardientemente); otra vincularse mediante un voto de obediencia hacia mí,[14] y la última, orar por la noche. Ella escribió: «La atracción por el Santísimo Sacramento era a veces tan grande. Anhelaba la Santa Com. [Comunión]. Noche tras noche el sueño desaparecía—y sólo pasaba aquellas horas anhelando Su llegada. Esto comenzó en Asansol en febrero—y ahora cada noche durante una o dos horas, me he dado cuenta de que es desde las 11 a la 1, el mismo deseo interrumpe mi sueño.»[15]

El padre Van Exem no permitiría sus «extravagantes» peticiones. Mientras luchaba para refrenar su fervor, ella tenía que seguir las prácticas habituales de su vida conventual y encontrar otros caminos para expresar su ardiente amor. Y tuvo que esperar. A lo largo de esta dolorosa espera, su sed de Él no hizo más que aumentar.

«Cuánto anhelo inmolarme»

A finales de septiembre, monseñor Périer regresó de su largo viaje a Europa. En la felicitación que amablemente envió a Madre Teresa por el día de su santo, éste le advirtió: «Aún va a pasar un poco de tiempo antes de que yo pueda concluir todo el asunto.»[16] A pesar de este aviso, Madre Teresa aprovechó la oportunidad para retomar de nuevo la causa. El padre Van Exem le había dado libertad para meditar los pensamientos inspirados por Nuestro Señor, de modo que ella se sintió libre de solicitar un encuentro con el arzobispo con la esperanza de poder poner en marcha su proyecto.

Excelencia,

Muchísimas gracias por sus felicitaciones y oraciones por mi fiesta.—Santa Teresita* es maravillosa en su respuesta a las oraciones. Le he pedido recibir sólo algunas líneas suyas en el 50 aniversario de su entrada en el Cielo, y por supuesto que han llegado.

Sé que no ha olvidado la causa, esperaré que pase pronto ese «poco de tiempo»—y rezo para que las cosas ocurran de tal modo—para que Él tenga todo el placer, toda la gloria. No piense en mí—pues soy muy pecadora y la más indigna de Su amor—piense sólo en Él y en el amor que Él recibiría de las Hermanas y de las almas bajo sus cuidados.—Le he dicho al Padre Van Exem que le cuente todo, y como no le guardo ningún secreto, él podría decirle todo.

Desde el 13 de enero de 1947 he estado rezando mucho por usted, para que estos mismos deseos, que Dios me ha confiado, a Su hija más indigna, puedan entrar en su corazón con la misma fuerza.

No creo que me sea posible verle, ya que usted debe estar muy ocupado—pero cuando usted lo crea oportuno, le agradecería mucho si pudiera hablar con usted.

Sabía que habría muchas complicaciones, pero mi confianza en Él no vacila. Cuantos más problemas y sufrimientos haya por la causa, será mayor la prueba de que es Su Voluntad comenzar la obra en el 50 aniversario de la entrada de Santa Teresita en el cielo y de la suya

---

* Santa Teresa del Niño Jesús y de la Santa Faz, comúnmente conocida como Santa Teresa de Lisieux o Santa Teresita.

en la Compañía de Jesús. Que también éste sea el primer año de las Misioneras de la Caridad. Si usted sólo supiera cuánto deseo inmolarme completamente en esa Pobreza absoluta y así llevar la luz de Cristo a los hogares infelices de los barrios más miserables de los pobres.

Rece por mí.

Su devota hija en J. C. (Jesucristo)
Mary Teresa[17]

El 50 aniversario de la muerte de Santa Teresita era el 30 de septiembre, y el aniversario de la entrada de monseñor Périer a la Compañía de Jesús era el 3 de octubre, día en que se celebraba, en esos tiempos, la fiesta de Santa Teresita.* La «Voz» había estado llamándola «con muchísimo amor y fuerza»[18] y su deseo de responderle crecía más y más conforme pasaban los meses. Por eso, ella quería comenzar la obra dentro de ese año tan señalado.

«A Su Excelencia no le interesan ni las "voces" ni las "visiones"»

Sus súplicas no surtieron el efecto deseado; monseñor Périer no tenía intención de encontrarse con ella. Por el contrario, manifestó algunas reservas a su director espiritual y pidió ulteriores aclaraciones sobre algunos asuntos. El padre Van Exem refirió directamente a Madre Teresa todos los puntos que el arzobispo le había planteado. Ella se dispuso a dar una respuesta para cada uno de ellos:

* Tras la reforma litúrgica del Concilio Vaticano II la memoria se ha trasladado al día 1 de octubre. *(N. del t.)*

Padre,

Como empezamos a trabajar mañana, doy mi respuesta a su carta.—Usted puede si le parece bien, enviarle esto a Su Excelencia.

1. El trabajo en Calcuta es tan inmenso—que nunca habrá suficientes religiosas para hacerlo todo—al menos todavía hay algunas para hacerlo mientras que para los pobres de los barrios más miserables—nadie.

2. El «Sí» [de Monseñor Périer] no es suficiente para iniciar la obra—es cierto—pero se requiere para comenzar mi acción con Roma. Nuestro Señor lo hará todo, pero para el trabajo material de Su plan, de acuerdo con las reglas y regulaciones del Derecho Canónico del que soy perfectamente ignorante—el «Sí» de Su Excelencia es necesario.—Ello iniciará la gestión con Roma.

3. Nunca he visto Cossipore. He oído que es un lugar grande, abierto y tranquilo. Desde el principio Cossipore y Sealdah han estado en la lista. He oído que el señor Animananda R.I.P [*Requiescat In Pace*, Descanse en paz] dejó «Boys' Own Home» a Su Excelencia en su testamento. Desconozco en qué medida esto es cierto.—En mi carta del Corpus Christi—escribí que la elección del lugar se la dejaba a Su Excelencia ya que no podemos estar sin el Santísimo Sacramento.

4. La Iglesia no se «arriesga» pero a menudo utiliza medios, medios humanos para cumplir su Misión Divina. A esto se referían esas personas.

5. La vida que quiero vivir con mis hermanas, lo sé, será difícil—tanto para las hermanas europeas como para las indias.—Pero nada es difícil para el que ama. ¿Quién puede superar a Dios en Su generosidad—si no-

sotros pobres seres humanos Le damos todo y entregamos todo nuestro ser a Su servicio?—No—Él está seguro de permanecer por y con nosotras, pues todo en nosotras será Suyo.

6. Cuando deje la vida en el I. B. V. M. [Instituto de la Bienaventurada Virgen María], en mi pobreza y castidad estaré vinculada totalmente a Dios—en Obediencia.—Por el momento, obedeceré a Su Excelencia en todo—hasta que Roma opine de otro modo. Nadie puede desligarme de Dios—estoy consagrada a Él y como tal deseo morir.—No sé lo que tiene que decir el Derecho Canónico sobre este tema—pero sé que Nuestro Señor nunca se permitirá estar separado de mí.—Tampoco permitirá que nadie me separe de Él.—Su Excelencia necesita una «razón importante» para apoyarme en Roma.—¿La salvación de las almas, saciar la sed de amor y de almas de Cristo—no es esto suficientemente importante?

7. Debe rezar mucho—cuando llegue el momento de hablar.—También le encomiendo esto al Espíritu Santo—quien con seguridad ayudará a mi ignorancia y mostrará Su fuerza.—Naturalmente no tengo ningún miedo de Su Excelencia así pues esto ayudará a hablar más libremente.

8. Me alegra que a Su Excelencia no le interesen las «voces y visiones». Vinieron sin que yo las pidiera—y se han ido. No han cambiado mi vida. Me han ayudado a ser más confiada y a acercarme más a Dios.—Han aumentado mi deseo de ser cada vez más Su niña pequeña. Le he obedecido [a usted] al pie de la letra en lo referente a ellas—así que no temo. No les doy importancia en respecto a la llamada porque mis deseos de inmolarme eran ya igual de fuertes antes de que llegaran. No sé por qué vinieron—ni tampoco intento saberlo. Estoy contenta de dejar que Él haga conmigo exactamente lo que desee.

9. Respecto a las cartas—guárdelas—las necesitaré.—Diga a Su Excelencia todo lo que desee saber—y si hay partes que él desea tener permítame copiarlas o si usted puede hacerlo—será mejor. No destruya ninguna de las cartas que tienen que ver con la obra.*

10. Su Excelencia tiene razón—todas o bastantes de las cosas que proceden de mí son debidas a mis muchos pecados y debilidades. Usted lo sabe tan bien como yo. Yo sólo puedo estropear Su obra, Sus planes—pero deseo tanto ser agradable para Él, y si por mi estupidez y mi condición pecadora la labor de Dios se estropease o se cumpliese con menor perfección—Él sabe cuáles son mis deseos respecto de Él.—Sí, no me disculpe en nada —deje que haya cada vez menos de mí en todo.

11. El Padre Moyerseon tiene dos candidatas, y las dos yugoslavas en Roma y también tres jóvenes indias y yo misma.

12. De momento, el intercambio perjudicará a ambas partes. Necesitamos a las Hijas [de Santa Ana] para la futura educación de nuestra gente de clase media.— Cuando todas nosotras seamos más fuertes habrá mayor unidad entre las dos órdenes.

13. En cuanto al Padre Creusen,** es totalmente cierto—no es asunto mío.

M. Teresa[19]

A cada argumento del arzobispo, las respuestas de Madre Teresa eran confiadas y audaces, especialmente

* Madre Teresa cambió su opinión sobre el hecho de no destruir las cartas una vez que fue fundada la congregación; en ese momento ella pensaba que las cartas ya no serían necesarias.

** El padre Joseph Creusen, S. J. (1880-1960), era profesor de la Universidad Gregoriana en Roma. Madre Teresa había preguntado si él había visto las Reglas y, si era así, cuál era su opinión. Según el arzobispo, esto no era asunto de ella.

cuando se refería al papel de las voces y las visiones. Estos inusuales fenómenos no atraían al prudente y práctico arzobispo; él no estaba interesado en ellos. Pero esto no le preocupó a Madre Teresa que, aunque recibió ayuda de estas gracias extraordinarias, no las consideraba esenciales para la llamada.

En cuanto a la «razón importante» que monseñor Périer necesitaba para proponer su plan, ella no podía pensar en algo más grave que la «salvación de las almas, el saciar la sed de Cristo».[20] La sed de Jesús que estaba en el corazón de su llamada era la razón primordial para seguir adelante.

En un punto Madre Teresa y monseñor Périer podían estar de acuerdo: su debilidad. Ambos temían que «pudiera mezclarse su yo» en todo el asunto, aunque cada uno tenía una idea diferente sobre cómo su yo podría estar influyendo en sus esfuerzos. Mientras que el arzobispo temía que su «yo» [el de Madre Teresa] pudiera estar presionando excesivamente el comienzo del proyecto, Madre Teresa temía que su «yo» pudiera estar impidiéndolo.

Con bastante ingenuidad, el Padre Van Exem entregó al arzobispo las respuestas de Madre Teresa junto a una larga carta suya de apoyo. Ya antes había expresado su opinión positiva:

> En mi examen de las voces, no he encontrado nada que perturbe mi fe en ellas. Estoy convencido de que provienen de Dios: no hay elemento de ningún tipo que me haga dudar.[21]

Ahora de nuevo él consideró oportuno defender su postura favorable, que se apoyaba únicamente en los frutos de santidad que él había constatado en la vida de Madre Teresa.

Para información de Su Excelencia, debo dejar claro que a lo largo de la dirección que he ofrecido nunca he dado mucha importancia a los acontecimientos extraordinarios. No son en absoluto las voces o las visiones las que me han hecho creer en la autenticidad de la llamada, sino que ha sido la autenticidad de la llamada la que me ha llevado a creer que yo debía decirle lo que opino sobre las voces y las visiones [...] Mi convicción sobre la autenticidad de la llamada nunca ha residido ahí [en los fenómenos extraordinarios]; se ha basado en mi conocimiento de la virtud excepcional de x [la Madre Teresa] y también de los talentos naturales de x [la Madre Teresa] para responder a la llamada con éxito, en las terribles pruebas que prepararon la llamada y la acompañaron durante largo tiempo y la notoria acción de la gracia divina en esa alma. En estas cuatro cosas sé que no me engaño.[22]

Cuando el arzobispo se dio cuenta de que el Padre Van Exem le había transmitido a Madre Teresa los detalles de su conversación, se enfadó; las observaciones que había hecho iban dirigidas sólo al Padre Van Exem. Aunque se disculpó ante el arzobispo por su indiscreción, el Padre Van Exem continuó siendo el abogado de Madre Teresa, reiterando su convicción de que «todo ello provenía de Dios y del Inmaculado Corazón de María».[23]

Monseñor Périer estaba decidido a actuar solamente cuando pudiera hacerlo con total convencimiento. Por el momento, ni las insistentes cartas de Madre Teresa ni la convicción personal de su director espiritual eran motivo suficiente para que diera su consentimiento. Un experimentado y celoso misionero, obispo durante veinticinco años, no decidiría hasta que fuera «capaz de decir ante mi conciencia y ante Dios que hice todo lo que estaba a mi alcance para llegar a la decisión correcta». «Quizá», añadió en una carta al Padre Van Exem, «para ella [Madre Teresa] todo esté claro como el día. No puedo decir que así sea para mí».[24]

«*Déjeme ir. [...] las almas se están perdiendo mientras tanto*»

El ardiente deseo de Madre Teresa de saciar la sed de Jesús la impulsaba a continuar insistiendo. Temía que este lento proceso fuese una señal de indiferencia hacia el dolor de Jesús y un obstáculo para la salvación de las almas. Ignorante de que su persistencia estaba causando cierta tensión entre monseñor Périer y el Padre Van Exem, siguió suplicando al arzobispo que actuara con más rapidez.

Convento de Loreto
Entally
24 de octubre de 1947

Excelencia,

En su última carta con motivo de mi santo escribió, «Aún falta un poco de tiempo antes de que yo pueda concluir todo». Le ruego a Usted, Su Excelencia, en el Nombre de Jesús y por amor a Jesús, que me deje ir. No lo retrase más. No me retenga. Quiero empezar esa vida en las vísperas de la Navidad. Tenemos muy poco tiempo, desde ahora hasta entonces, para preparar todo. Por favor, déjeme ir.

Usted aún tiene miedo. Si la obra es sólo humana, morirá conmigo,[25] si es Suya permanecerá por siglos venideros. Las almas mientras tanto se están perdiendo.

Déjeme ir con su bendición—con la bendición de la obediencia con la que deseo emprender todas las cosas. No tema por mí. No importa lo que me ocurra.

Excelencia, todo lo que pidamos al Padre en nombre de Jesús nos será concedido[26]. En este mismo nombre se lo he pedido—por favor déjeme ir.

Rece por mí.

Su devota hija en J. C.

Mary Teresa[27]

Pocos días más tarde, en una carta al Padre Van Exem, Madre Teresa repitió alguno de los mensajes recibidos de la «Voz» que ella anteriormente le había referido a monseñor Périer. Además, ella insistió en las razones para dejar Loreto. Su deseo de responder a la llamada se mezclaba con la sensación de ineptitud, aun así estaba dispuesta a aventurarse valientemente en el mundo de la «pobreza absoluta».

Usted sabe que no quiero dejar Loreto, no tengo ninguna razón personal para hacerlo, ninguna en absoluto—pero la llamada, la vida y la obra que Dios quiere que haga es tan distinta a la vida y la obra de Loreto, que no estaría haciendo Su Voluntad si me quedara. [...]

Él ha dirigido la llamada a una niña pequeña—que es incapaz de llevarla a cabo—que ya está unida a Él por muchísimos lazos de amor, por muchísimas de sus propias debilidades, y aún así Él ha puesto aquellos enormes deseos en el corazón de esta niña pequeña que casi se pierde en ellos. Siempre he sido muy feliz donde estoy. Vine a la India únicamente con la esperanza de salvar muchas almas y ganar la palma del Martirio; el trabajo que he realizado todos estos años ha servido mucho para cumplir este deseo. Y entonces el año pasado Él llegó con otra llamada dentro de una llamada. Ha crecido tan fuerte, tan clara con cada Misa y Sagrada Comunión. A menudo me maravillo de Sus caminos [...]

El mundo es demasiado rico para los pobres.—Debemos ser muy, muy pobres en todo el sentido de la palabra para ganar el corazón de los pobres para Cristo.— Los pobres están amargados y sufren porque carecen de la felicidad que la pobreza debería traer si es soportada por Cristo [...]

La absoluta Pobreza que Nuestro Señor tanto desea se saldría de las reglas aquí [en Loreto]—ese continuo servicio y el continuo mezclarse con los más pobres de los pobres, también irían en contra.

Su Excelencia teme por mí—que esta vida será imposible para mí y las mías. ¿No tuvo Santa Clara que enfrentarse a mucho porque quería darse ella misma y sus hijas completamente a Dios en pobreza absoluta?[28]

Madre Teresa no era consciente de todos los pasos que monseñor Périer estaba dando entre bastidores. Aunque se estaba moviendo hacia una respuesta positiva, a ella le parecía que su propuesta había llegado a un punto muerto. Al mismo tiempo, su deseo de «entregarse en pobreza absoluta a Cristo en Sus pobres sufrientes»[29] seguía creciendo. Sin inmutarse por las anteriores negativas del arzobispo, dos semanas más tarde le hizo una nueva petición:

Convento de Loreto
Calcuta 15
7 de noviembre de 1947

Excelencia,

Como la mujer del Evangelio aquí estoy de nuevo [30]— para rogarle que me deje ir. Perdóneme si le canso con tantas cartas, perdone a esta hija suya—que está anhelando con tantos deseos entregárselo todo a Dios, darse a sí misma en pobreza absoluta a Cristo en Sus pobres sufrientes.

Excelencia, usted representa al Santo Padre aquí. Usted sabe sus deseos, usted sabe cuánto esta obra estaría de acuerdo con su corazón. Más aún, usted representa a Nuestro Señor. Recuerde Su amor por los pobres sufrientes.—Por favor, Excelencia, déjeme ir enseguida. No me pasará nada, sólo lo que Él ha dispuesto en Su gran misericordia.—Mi debilidad y mi pecado, mi incapacidad, mi falta de tantas cosas deben causarle temor como me lo causan a mí—pero estoy muy segura de Dios.—Confío en Su amor.—Espero muchas cosas o más bien todo de Él.—Esto es lo que me ha hecho atreverme a tanto.—En Él y con Él puedo hacer todo lo que Él quiere que haga.[31]

El Rvdo. P. Van Exem me dice que la vida que he elegido es difícil. Es Nuestro Señor quien quiere esta pobreza—porque es a causa de las riquezas que Él ha sido privado de tanto amor. Cuanto menos tengamos, más tendremos para dar—porque el amor que se fundamenta en el sacrificio siempre crece. Él quiere «religiosas pobres revestidas con la pobreza de la Cruz». Allí en la Cruz, Él no tenía nada suyo. Eso es justo lo que nosotras queremos hacer—amar a Dios por Sí mismo y a los pobres por Él, en Él, con Él.

Excelencia, por favor, encomiéndelo todo al Inmaculado Corazón de María.—Ella está haciendo maravillas en otras tierras.—Ella las hará también en su archidiócesis.—Ella tomará especial cuidado de sus Misioneras de la Caridad, porque sirviendo a los pobres, es nuestro objetivo llevarles a Jesús por María, empleando el Rosario en familia como arma principal. Qué deseos expresó ella en Fátima* acerca de la conversión de los pecadores. Queremos hacer la parte de Nuestra Señora en los barrios más miserables.—Déjeme ir en su nombre y para gloria suya. Con ella como Nuestra Madre, y para mayor gloria suya, Nuestro Señor no permitirá que la obra de amor y de abnegación sea un fracaso—desde Su punto de vista.

Soy totalmente indigna de las muchas gracias que Él me ha dado en todos estos años, sin mérito alguno, pero por favor dígame, ¿acaso el buen Dios da estos deseos y no quiere que se hagan realidad? Hace ya bastante más de un año que vinieron, y han crecido en cada Santa Misa y Sagrada Comunión. Anhelo, deseo llevarle muchas, muchas almas—hacer que cada alma ame al Buen Dios con un amor ardiente—llevar Su amor a cada calle y cada barrio más mísero, a cada hogar y cada corazón.—Usted dirá que puedo hacer esto como religiosa de Loreto, pero no puedo vivir la vida que Él quiere de mí, no puedo llevarle a los barrios más miserables donde Él quiere estar.

Una vez más, le suplico a usted, Excelencia, por favor, déjeme comenzar la vida a la que Nuestro Señor me está llamando.—Deje que me ofrezca para la obra que Él ha elegido para mí.

Excelencia, permítame pedirle que rece mucho por mí, para que mi indignidad no sea un obstáculo para Su obra—para Sus deseos.

Suplicándole su bendición.

Su devota hija en J. C. [Jesucristo]
Mary Teresa[32]

* En Fátima, la Virgen María se apareció a tres niños durante un período de seis meses, comenzando en mayo de 1917. Su mensaje fue: conversión, penitencia y devoción a su Corazón Inmaculado.

Madre Teresa parecía tener un inagotable número de razones por las que debía irse, e irse pronto. Estaba segura de la futura fecundidad de las Misioneras de la Caridad, y basaba su confianza exclusivamente en su fe en Dios y en la presencia activa de María. Ésta fue la solución que ofreció a las muchas preguntas y reservas del arzobispo. La suya era una «lógica teocéntrica» llena de confianza y certeza.

No existe ningún documento con la respuesta de monseñor Périer a esta carta. Quizá dejó de intentar justificarse a sí mismo ante su celosa suplicante. Poco menos de un mes después, Madre Teresa decidió escribirle de nuevo. Utilizando las notas que había estado guardando, presentó al arzobispo, como ya lo hiciera en enero, el diálogo entre la «Voz» y ella: Su persistente invitación, Su firme petición, incluso Sus reproches, y las respuestas, objeciones y oraciones de ella a Él. Al informe del año anterior, añadió algunas comunicaciones de Jesús recibidas en algún momento del año 1947 y las tres visiones de las que el arzobispo había oído sólo a través el Padre Van Exem. Ella esperaba con estos detalles convencer finalmente al arzobispo de que la inspiración provenía de Dios.

Fiesta de San Francisco Javier*

Querido Padre,

Le agradecería si usted le diera estos papeles a Su Excelencia.

Septiembre de 1946.

En este año he deseado a menudo y ardientemente ser toda de Jesús y hacer que otras almas—especial-

* La fiesta de San Francisco Javier se celebra el 3 de diciembre.

mente indias, vengan y Le amen fervientemente, pero como pensaba que esto era sólo un deseo mío lo aplazaba una y otra vez. Identificarme tanto con las jóvenes indias sería imposible. Tras leer la vida de Santa Cabrini—ese pensamiento seguía viniendo—¿por qué no puedo hacer por Él en la India lo que ella hizo por Él en América?—¿por qué ella fue capaz de identificarse tanto con los americanos hasta llegar a ser una más? No esperó a que las almas vinieran a ella, fue en su busca y trajo con ella celosas trabajadoras.—¿Por qué no puedo hacer lo mismo por Él aquí? ¿Cómo podría hacerlo? He sido y soy muy feliz como Religiosa de Loreto.—Dejar esto que amo y exponerme a nuevos trabajos y sufrimientos que serán grandes, convertirme en el hazmerreír de tantos—especialmente religiosos, empeñarme en escoger deliberadamente las cosas duras de la vida india—[empeñarme en escoger] la soledad y la ignominia—la incertidumbre—y todo porque Jesús lo quiere—porque hay algo que me llama a dejarlo todo y reunir a unas pocas—para vivir Su vida—para realizar Su obra en la India. En todas mis oraciones y Santas Comuniones, Él pregunta continuamente *«¿Te negarás? Cuando se trataba de tu alma no pensé en Mí mismo sino que me di libremente por ti en la Cruz, ¿y ahora, tú? ¿Te negarás? Quiero religiosas indias víctimas de Mi amor, quienes serían María y Marta, quienes estarían tan unidas a Mí, quienes irradiarían Mi amor en las almas. Quiero religiosas libres revestidas con Mi pobreza de la Cruz.—Quiero religiosas obedientes revestidas con mi obediencia en la Cruz. Quiero religiosas llenas de amor revestidas con Mi Caridad de la Cruz.—¿Te negarás a hacer esto por Mí?»*

Jesús mío—lo que Tú me pides me supera—a duras penas puedo entender la mitad de las cosas que quieres—soy indigna—soy pecadora—soy débil.—Ve Jesús y busca un alma más digna, una más generosa.

«*Te has hecho Mi esposa por amor a Mí—has venido a la India por Mí. La sed que tenías de almas te trajo hasta tan lejos.—¿Tienes ahora miedo a dar un nuevo paso por tu Esposo—por Mí—por las almas? ¿Se ha enfriado tu generosidad? ¿Soy secundario para ti? Tú no moriste por las almas—por eso no te importa lo que les suceda.—Tu corazón nunca ha estado ahogado en el dolor como estuvo el de Mi Madre.—Ambos nos dimos totalmente por las almas—¿Y tú? Tienes miedo, de perder tu vocación—de convertirte en seglar—de faltar a la perseverancia. No—tu vocación es amar y sufrir y salvar almas y dando el paso cumplirás el deseo de Mi Corazón para ti. Vestirás con sencillas ropas indias o más bien como vistió Mi Madre—sencilla y pobre.—Tu hábito actual es santo porque es Mi símbolo. Tu sari llegará a ser santo porque será Mi símbolo.*»

Dame luz.—Envíame Tu propio Espíritu—quien me enseñará Tu propia Voluntad—quien me dará fuerzas para hacer las cosas que Te complacen. Jesús, Jesús mío, no me dejes ser engañada.—Si eres Tú quien desea esto, dame una prueba, si no, deja que abandone mi alma.—Confío en Ti ciegamente—¿dejarás Tú que mi alma se pierda? Tengo mucho miedo, Jesús—tengo muchísimo miedo—no me dejes ser engañada—tengo mucho miedo.—Este miedo me muestra cuánto me quiero a mí misma.—Tengo miedo del sufrimiento que vendrá—llevando esa vida india—vistiendo como ellos, comiendo como ellos, durmiendo como ellos—viviendo con ellos y no haciendo nunca nada a mi estilo. Cuánta comodidad ha tomado posesión de mi corazón.

«*Has estado siempre diciendo "haz conmigo lo que desees". Ahora quiero actuar, déjame hacerlo—Mi pequeña Esposa, Mi pequeñita.—No tengas miedo—estaré siempre contigo.—Sufrirás y sufres ahora—pero si eres Mi pequeña esposa—la esposa de Jesús crucificado—tendrás* que soportar estos tormentos en tu corazón.—Déjame actuar.—No Me rechaces.—Confía en Mí amorosamente—confía en Mí ciegamente.»

Jesús, Jesús mío—soy sólo Tuya—soy tan estúpida—no sé qué decir—pero haz conmigo lo que Tú desees—como Tú lo desees—durante todo el tiempo que Tú lo desees. Te amo no por lo que das, sino por lo que quitas Jesús—¿por qué no puedo ser una perfecta religiosa de Loreto— una verdadera víctima de Tu amor—aquí—por qué no puedo ser como cualquier otra? Mira los cientos de religiosas de Loreto—que Te han servido perfectamente, que ahora están contigo. ¿Por qué no puedo seguir el mismo camino y llegar a Ti?

«Quiero Religiosas indias, Misioneras de la Caridad, que serían Mi fuego de amor entre los pobres, los enfermos, los moribundos y los niños pequeños. Quiero que Me traigas los pobres y las Hermanas que ofrecerían sus vidas como víctimas de Mi amor—traerán esas almas a Mí. Sé que eres la persona más incapaz—débil y pecadora, pero precisamente porque lo eres—te quiero usar para Mi gloria. ¿Te negarás?

»Pequeñita, dame almas—Dame las almas de los Niños pequeños pobres de la calle.—Cómo duele, si tú sólo supieras, ver a estos niños pobres manchados de pecado.—Anhelo la pureza de su amor.—Si sólo respondieras y Me trajeses esas almas—apartándolas de las manos del maligno. Si sólo supieras cuántos pequeños caen en el pecado cada día. Hay muchas Religiosas cuidando a los ricos y pudientes—pero para Mis muy pobres, no hay absolutamente ninguna. Es a ellos a quien anhelo—les amo. ¿Te negarás?»

1947

«Pequeña mía—ven—ven—llévame a los agujeros de los pobres.—Ven, sé Mi luz.—No puedo ir solo—no Me co-

nocen—por eso no Me quieren. Tú ven—ve hacia ellos, llévame hasta ellos.—Cuánto anhelo entrar en sus agujeros—en sus oscuros e infelices hogares. Ven, sé su víctima.—En tu inmolación—en tu amor por Mí—ellos Me verán, Me conocerán, Me querrán. Ofrece más sacrificios—sonríe más tiernamente, reza más fervientemente y desaparecerán todas las dificultades.

»Tienes miedo. Cómo Me duele tu temor.—No temas. Soy Yo quien te está pidiendo que hagas esto por Mí. No temas.—Aunque el mundo entero esté en contra de ti, se ría de ti, aunque tus compañeras y Superioras te desprecien, no temas—Yo estoy en ti, contigo, por ti.

»Sufrirás—sufrirás muchísimo—pero recuerda que Yo estoy contigo.—Incluso si el mundo entero te rechaza—recuerda que tú eres Mía—y Yo soy sólo tuyo. No temas. Soy Yo.—Sólo obedece—obedece muy alegre y prontamente y sin ninguna pregunta—tan sólo obedece. Nunca te dejaré—si obedeces.»

1) Vi una gran muchedumbre—todo tipo de personas—muy pobres y también había niños. Todos ellos tenían sus manos alzadas hacia mí—yo estaba de pie y ellos alrededor. Gritaban «Ven, ven, sálvanos—llévanos a Jesús».

2) De nuevo esa gran muchedumbre—pude ver gran dolor y sufrimiento en sus rostros—yo estaba arrodillada cerca de Nuestra Señora, que estaba frente a ellos.— No vi su cara, pero oí que decía «Cuida de ellos—son míos.—Llévaselos a Jesús—traelos a Jesús.—No temas. Enséñales a rezar el Rosario—el Rosario en familia y todo irá bien.—No temas—Jesús y yo estaremos contigo y tus hijos».

3) La misma gran muchedumbre—estaban cubiertos en oscuridad. Sin embargo los podía ver. Nuestro Señor en la Cruz. Nuestra Señora, a poca distancia de la

Cruz—y yo como una niña pequeña en frente de ella. Su mano izquierda estaba sobre mi hombro izquierdo—y su mano derecha sostenía mi brazo derecho. Ambas estábamos frente a la Cruz. Nuestro Señor dijo—«*Te lo he pedido. Ellos te lo han pedido y ella, Mi Madre, te lo ha pedido. ¿Te negarás a hacer esto por Mí—cuidar de ellos, traérmelos?*»

Yo respondí—Tú sabes, Jesús, que estoy preparada para ir enseguida.

Desde entonces—no he oído nada ni he visto nada, pero sé que todo lo que he escrito—*es verdad.*—Como le dije, no me apoyo en esto—pero sé que es verdad. Si no hablara de esto—si intentara eliminar estos deseos en mi corazón—sería culpable ante Nuestro Señor.—¿Por qué todo esto me ha ocurrido a mí?—la más indigna de Sus criaturas—no lo sé—y muy a menudo he intentado persuadir a Nuestro Señor, para que vaya y busque otra alma, una más generosa—una más fuerte, pero parece que Él se complace en mi confusión, en mi debilidad.— Estos deseos de saciar el anhelo de Nuestro Señor por las almas de los pobres—por víctimas puras de Su amor—van en aumento con cada Misa y Sagrada Com. [Comunión]. En una palabra, todas mis oraciones y todo el día—están llenos de este deseo. Por favor, no lo retrase más. Pídale a Nuestra Señora que nos conceda esta gracia el día 8, día de su fiesta.*

Si hay otras cosas que le haya comentado pero que no recuerdo ahora, por favor, dígaselas también a Su Excelencia.—Le dije que sólo quería obedecer y hacer la Santa Voluntad de Dios.—Ahora no temo, me dejo completamente en Sus Manos.—Él puede disponer de mí como desee.

* El 8 de diciembre se celebra la fiesta de la Inmaculada Concepción de la Virgen María.

Por favor, háblele a Su Excelencia de las dos jóvenes yugoslavas en Roma. Además hay seis jóvenes bengalíes—la chica belga en el Sur—también la que usted conoce en Bélgica.—Vendrán vocaciones. Esto no me preocupa—aunque todos piensan que soy muy optimista, pero sé cuánto amor y generosidad hay en los corazones bengalíes si se les dan los medios para alcanzar lo más alto. La renuncia de uno mismo y la abnegación serán los medios para alcanzar nuestro fin.—Habrá decepciones—pero lo único que quiere el buen Dios es nuestro Amor y nuestra confianza en Él.

Por favor rece por mí durante su Santa Misa.

Sinceramente suya
en Nuestro Señor
M. Teresa[33]

P. D. Por favor, explique a Su Excelencia lo que quise decir cuando afirmé que no me apoyo ni creo en las visiones.—Quería decir que incluso si no se hubieran producido mis deseos serían igual de fuertes—y la disposición para realizar Su Santa Voluntad sería igual de ferviente.

Las visiones

Éste es el único lugar en la correspondencia donde Madre Teresa revela estas u otras visiones. Sus posteriores descripciones de Jesús en la Cruz dan una idea de lo intensas que habían sido las escenas. Las visiones se relacionaban unas con otras, cada una construida sobre la precedente.

En la primera visión, ella se encontraba en medio de una muchedumbre de «gente muy pobre y niños». La voz esta vez no era la de su amado Jesús, diciendo: «Ven—

ven—llévame a los agujeros de los pobres.—Ven, sé Mi Luz.» Más bien era la voz de una «gran muchedumbre» suplicante que clamaba: «Ven, ven, sálvanos—llévanos a Jesús.» Esta doble invitación de Jesús y la muchedumbre, «Ven», seguiría resonando en su corazón hasta el final de su vida.

En la segunda visión, ella penetró más profundamente en el «gran sufrimiento y dolor» de la «gran muchedumbre». No estaba sola; estaba en compañía de Nuestra Señora. Ahora era María que le suplicaba: «Llévaselos a Jesús—tráeles a Jesús.» María la animaba a responder a ambas súplicas, dándole un medio para que todo «fuera bien»—enseñando a los pobres a rezar el rosario como una familia y asegurándole que Ella estaría presente.

En la tercera visión, el sufrimiento de la gran muchedumbre aumentó: todos estaban «envueltos en oscuridad». Madre Teresa podía verlos, pero también podía ver a Jesús en la Cruz. El papel de María también se intensificó: ella era una madre detrás de su «pequeña niña», y la sostenía mientras que ambas estaban frente a Jesús en la Cruz. La voz era la de Jesús, recordando a Madre Teresa: «*Te lo he pedido. Ellos te lo han pedido y ella, Mi Madre, te lo ha pedido».* Le preguntó de nuevo: «*¿Te negarás a hacer esto por Mí?»*

Tras este triple recordatorio y la pregunta que hacía resonar su promesa secreta, ella respondió: «Tú sabes, Jesús, que estoy dispuesta a ir enseguida». La certeza de Madre Teresa de que había sido llamada por Dios y su deseo de hacer Su voluntad le dieron el valor para persistir. Ignorar o negar esta llamada la haría culpable ante Dios. Sin embargo antes de que pudiera actuar, ella todavía tenía que esperar la respuesta del arzobispo.

«*Puede ir adelante*»

Monseñor Périer había podido experimentar la fortaleza de carácter y la grandeza de corazón de Madre Teresa viendo su constancia. A través del anteproyecto y la primera regla de la nueva congregación, él había visto su claridad de ideas, la concreción de sus propuestas, y la firmeza de su determinación. Con sus sinceras respuestas a todas las objeciones, ella demostró que no era una idealista soñadora, sino una mujer «con los pies en la tierra» y completamente centrada en su elevado objetivo.

Precisamente porque el arzobispo se tomó a Madre Teresa y su propuesta muy en serio, permaneció firme en su propósito de completar un meticuloso proceso de discernimiento, a pesar de las frecuentes súplicas. Durante su viaje a Europa en el mes de junio anterior, había consultado el asunto con un experto teólogo de Roma. A su regreso a la India, pidió consejo a dos sacerdotes más, familiarizados con las condiciones locales. Estos teólogos consideraron el proyecto sin tener en cuenta las «supuestas exigencias de Nuestro Señor»[34] y «dejando a un lado las voces y las visiones».[35] Aconsejaron al arzobispo que podía «dar su permiso sin grave imprudencia».[36]

Finalmente, después de mucha oración y deliberación, el arzobispo se sintió libre para dar a madre Teresa permiso para dedicarse a su objetivo. «Estoy profundamente convencido», escribía más tarde a madre Gertrude, superiora general de Loreto, «que negando mi consentimiento, estaría obstaculizando el cumplimiento, a través de ella, de la voluntad de Dios. No creo que pudiera hacer nada más para tenerlo más claro».[37] Su decisión no se basaba en los fenómenos extraordinarios que Madre Teresa había experimentado, sino más bien en la profundidad de su vida de oración, su obediencia y celo, y su juicio de que su anteproyecto y sus reglas proponían una solución concreta a una necesidad crítica en la Iglesia. «Puede ir adelante» fueron sus tan esperadas palabras a Madre Teresa cuando se reunió con ella tras la Misa en el convento de Loreto. Era el 6 de enero de 1948, en el decimonoveno aniversario de su llegada a la India.

CAPÍTULO 6

HACIA LOS «AGUJEROS OSCUROS»
El sueño realizado

> Voy por mi libre elección
> con la bendición de la obediencia.
>
> MADRE TERESA

«Por la gloria de Su Nombre»

Con el consentimiento del arzobispo, Madre Teresa era ahora libre de dar el siguiente paso para llevar a cabo la llamada. Siguiendo las normas de la Iglesia, necesitaba el permiso de su superiora general de Loreto, Madre Gertrude Kennedy, para obtener la autorización del Papa y así dejar Loreto y comenzar su nueva misión. En su petición a la madre Gertrude, escrita sólo cuatro días después de recibir la bendición del arzobispo, no hizo mención de las locuciones y visiones, pero presentó una sinopsis de su nueva llamada, subrayando el objetivo espiritual de la futura congregación.

Convento de Loreto
Entally
10 de enero de 1948

Mi queridísima Madre General,

El asunto de esta carta es muy sagrado para mí, por ello, le ruego que guarde en secreto su contenido. Si usted desea ponerse en contacto sobre este tema con la Madre Provincial, le enviaré también a ella copia de esta carta, por lo demás no deseo que ninguna otra religiosa sepa nada de esto.

En septiembre de 1946 fui a Darjeeling para descansar un poco y allí también hice mi retiro de ocho días. A mi regreso a Calcuta informé a mi Padre espiritual de lo siguiente:

Que Dios quiere que me entregue completamente a Él en pobreza absoluta, que me identifique con las jóvenes indias en sus vidas de abnegación e inmolación atendiendo a los pobres en los barrios más miserables, los enfermos, los moribundos, los mendigos en sus sucios agujeros y los niños pequeños de la calle. En una palabra—darme sin reserva alguna a Dios en los pobres de las calles y de los barrios más miserables.

El Padre espiritual me dio largas.—Aunque vio que era de Dios, aun así me prohibió incluso pensar en ello. A menudo, muy a menudo, durante cuatro meses le pedí que me dejara hablar con Su Excelencia, pero siempre se negó, hasta el 8 de enero de 1947 cuando me dio permiso para plantear todo el asunto ante Su Excelencia. Lo hice en detalle. Su Excelencia lo consideró durante un año entero. Rezó mucho para ver la voluntad de Dios. El 6 de enero de 1948 vino aquí a decir Misa, al terminar me dijo: «Puede ir adelante.» Él me permitió que le escribiera a usted y que le hablara de la llamada.

Ahora, querida Madre General, deseo llevar a cabo el plan en el mejor modo posible, para la gloria de Su nombre. Me dirijo a usted, para que me ayude a cumplir Su santa Voluntad para mí.

Quiero dejar Loreto en cuanto la Sagrada Congregación me conceda la anulación de mis votos y el permiso de Secularización,* mediante este acto deseo estar libre para vivir la vida de una india en la India y trabajar en los barrios más miserables. Le pido su permiso para que me permita solicitar a la Sagrada Congregación ser liberada de mis votos. Ingresé en Loreto en octubre de 1928 e hice mis votos perpetuos en mayo de 1937.

Querida Madre General, estoy segura de que es la santa Voluntad de Dios para mí que me vaya a realizar esta obra. Por qué Él me llamó a mí, la más indigna y pecadora, tan llena de debilidad, de miseria y de pecado, no lo sé. No tengo ninguna respuesta—salvo que Su camino es un misterio para mí. He rezado mucho por este motivo, lo he mirado desde todos los ángulos y la respuesta sigue siendo la misma—dejarlo todo y seguirle todavía más profundamente, en esa vida de completa entrega e inmolación por Él y por Sus pobres. Sé que estará preocupada por mí—pero por favor no me separe del camino que Él quiere que recorra. Si usted estuviera en la India, si viera lo que yo he visto durante tantos años, su corazón también desearía intensamente que Nuestro Señor fuera más conocido por los pobres que sufren en la tierra terriblemente, y además después pasarán la eternidad en la oscuridad, porque no hay reli-

---

* Mediante la secularización, un religioso recibe una dispensa de sus votos religiosos, convirtiéndose de ese modo en laico. Sin embargo, mediante la exclaustración, el religioso permanece formalmente como miembro de su Instituto vinculado por votos religiosos, pero vive fuera de la casa religiosa: en estas condiciones, se suspenden muchos de sus derechos y obligaciones.

giosas que les tiendan una mano de ayuda en sus propios agujeros oscuros. Déjeme ir, querida Madre General. Sé que soy una de sus hijas más indignas, pero le confío a usted el don que Dios me ha confiado, y estoy segura de que me ayudará a hacer Su Voluntad. Por favor, no me impida darme a Él y a Sus pobres.

He previsto muchas de las privaciones y dificultades que me traerá esa vida—pero confío ciegamente en el buen Dios y sé que Él no me abandonará, incluso aunque cometa algún error.

Como le he dicho antes, Su Excelencia el Arzobispo de Calcuta lo sabe todo y para evitar cualquier rumor envío esta carta a través de él.

Rece por mí, querida Madre General, por favor rece por mí, y pídale a las queridas religiosas ancianas de la Abadía, que hagan lo mismo por mí.

Su afectuosa hija en J. C.
Mary Teresa Bojaxhiu[1]

«Ella está absolutamente segura»

Como había predicho Madre Teresa,[2] a partir de este momento, monseñor Périer se convirtió en su abogado más serio y guía principal. Ahora su misión era ayudarla a avanzar en el proceso de ser desligada de sus obligaciones como religiosa de Loreto.

Una cuestión importante era si Madre Teresa seguiría formando parte de la Congregación de Loreto o no, una vez que empezara a vivir fuera del convento. En su carta a la madre Gertrude, reveló su intención de solicitar la anulación de sus votos (la secularización). Al mismo tiempo, aunque estaba convencida de que era necesaria una completa separación de Loreto, estaba decidida a continuar consagrada a Jesús como religiosa, como había subrayado anteriormente:

> Nadie puede desligarme de Dios—estoy consagrada a Él y como tal deseo morir.—No sé lo que tiene que decir el Derecho Canónico sobre este tema—pero sé que Nuestro Señor nunca permitirá estar separado de mí.—Tampoco permitirá que nadie me separe de Él.[3]

Madre Teresa buscó la confirmación del arzobispo de que permanecería totalmente unida a Cristo:

> Quiero también asegurarme de que en el mismo instante en que sean anulados mis votos como religiosa de Loreto, usted me permitirá vincularme por aquellos que me mantendrán Suya desde ese mismo minuto. No deseo que pase ni siquiera un minuto sin que todo mi ser Le pertenezca.[4]

El padre Van Exem había recomendado la exclaustración, lo que le habría permitido mantener sus votos como religiosa de Loreto y regresar a su Congregación si la aventura no tenía éxito. Por su parte, Madre Teresa insistía en pedir la secularización. En cuanto a dejar la puerta abierta a Loreto, ella confiaba en que esta seguridad no sería necesaria: «Si la inspiración viene de Dios, y estoy convencida de que así es, no hay posibilidad de fracaso.»[5]

Monseñor Périer acudió en defensa de Madre Teresa. También él veía que podría ser más prudente la exclaustración. Sin embargo, después de tratar con ella durante el año precedente, él entendió y respetó su opinión: puesto que la inspiración venía de Dios, Él la cuidaría. Por eso, no quiso interferir en su elección:

Respecto a la cuestión de escoger entre exclaustración y secularización, usted [Padre Van Exem] puede que tenga razón al preferir lo primero. Sin embargo, debo admitir que esta buena persona [Madre Teresa] tiene su lógica cuando se aferra a la segunda. Si ella está absolutamente segura de que Nuestro Señor quiere que haga la obra para Él, no hay posibilidad de fallo, y por eso no hay posibilidad de regresar a su anterior orden. Eso puedo entenderlo bien, [y] por ese motivo no deseo influirla en un sentido u otro.[6]

Para asegurar la confidencialidad, monseñor Périer se encargó de la correspondencia de Madre Teresa con sus superioras de Loreto. Tras recibir del Padre Van Exem la carta de Madre Teresa a la madre Gertrude, el arzobispo, con su sabiduría llena de fe, señaló a su hermano jesuita: «Nuestro trabajo está ahora terminando. Era nuestra tarea examinar si podíamos permitirle que siguiera adelante. El resto es totalmente obra de Dios y participaremos sólo como instrumentos, y ése es nuestro lugar correcto en las obras de Dios *ad extra*.»[7]

Al día siguiente el arzobispo envió la carta de Madre Teresa a Dublín junto con su propio informe. En él destacaba su proceso de discernimiento durante el último año y expresaba su alta estima por la religiosa de Loreto que hacía esta inusual petición:

Debo añadir ahora que siempre he examinado a la Hermana, he escuchado las informaciones del padre espiritual y de otros. Soy consciente de que a Madre M. Teresa no siempre se la ha entendido bien y que, en opinión de algunos no merece gran consideración, quizá incluso se la considera de forma desfavorable, debido principalmente a su educación, diferente en muchos aspectos de la impartida en otros países de Europa: ella es yugoslava de nacionalidad.* La conozco desde hace varios años, desde que hizo su noviciado en la India. Sin exageración y sin revelar ningún tema de conciencia, puedo decir que, a pesar de indudables defectos exteriores, tiene un altísimo ideal de la vida religiosa, está íntimamente unida a Nuestro Señor, es humilde y sumisa, obediente y extremadamente celosa de los asuntos religiosos, totalmente olvidada de sí misma.[8]

«Usted es Su instrumento, nada más»

Madre Teresa esperaba impacientemente una respuesta de la madre Gertrude, y como pasadas tres semanas aún no había llegado, comenzó a preocuparse. No era realista esperar que su petición llegara, fuera considerada y respondida de modo tan rápido, pero ella ardía en deseos de poder comenzar. Habiendo hablado a la madre provincial (su más alta superiora en Calcuta) sobre su inspiración, a la espera de la decisión que debía llegar, urgió al arzobispo para que acelerara el proceso.

Convento de Loreto
Entally
28 de enero de 1948

Excelencia,

Quería escribirle, pero no he tenido tiempo. Sigo deseando firmemente mantener mi palabra a Dios. Quiero

* Puesto que había nacido en la ex Yugoslavia, el inglés no era su lengua materna; en consecuencia, no se la nombró para enseñar en inglés.

que pronto se haga realidad. Hasta ahora el retraso era necesario en un sentido—pero ahora que usted ha visto que el buen Dios quiere la obra, que las almas están esperando a las Misioneras de la Caridad, ¿por qué hacerme esperar tanto? Mis superioras saben ahora todo lo que tenían que saber. La reunión con la Madre Provincial fue muy bien. No me regañó, ni intentó hacerme cambiar, fue extremadamente amable y delicada—el resto se lo debe haber dicho el Padre Van Exem.—Hace ya más de tres semanas que escribí a la Madre General.* ¿Cuánto debo esperar? ¿Podría escribir otra vez o directamente a Roma? Cuando el asunto llegue a Roma, ya habrá bastante retraso.—¿Para qué retrasarlo más? Perdóneme que le escriba así, pero el deseo de ofrecerme a Dios en Sus pobres crece más y más.

La otra cosa es que—si usted lo aprueba—deseo seguir teniendo al Padre Van Exem como mi padre espiritual en las nuevas circunstancias sean las que fueren.— La razón es—que él me conoce bien, y sabe todo sobre la obra—pero si usted desea que sea de otra forma, obedeceré con mucho gusto.

Hay dos jóvenes de Yugoslavia en Roma, que iban a entrar en Loreto, pero se les dijo que esperaran ya que el Nov. [Noviciado] está cerrado en este momento. Ambas quieren ofrecerse completamente por Bengala. Una es enfermera capacitada y la otra maestra.—¿Puedo [escribirles] o pedirle al Padre Van Exem que les escriba sobre la obra en los barrios más miserables?**

Hay otra cuestión sobre la que le agradecería que me

---

* De hecho, fueron menos de tres semanas, porque su carta a la madre Gertrude fue escrita el 10 de enero y esta carta al arzobispo fue escrita el 28 de enero.

** Ninguna de estas dos jóvenes entraron en las Misioneras de la Caridad, pero esto muestra la confianza de Madre Teresa en que vendrían vocaciones.

dijese algo: es en relación con la pobreza absoluta, ¿en qué medida usted insistiría en disminuir o en hacer más fácil esa pobreza—que para nosotras tiene que ser el medio para alcanzar nuestro fin? Por pobreza absoluta me refiero a una pobreza real y completa—no pasar hambre—pero sí sentir la carencia—tener sólo lo que los verdaderos pobres tienen—estar realmente muerto para todo lo que el mundo reclama como suyo.—Hasta dónde intentará usted hacernos cambiar en esto. [...]

¿Cuántas debemos ser, para tener el Santísimo Sacramento entre nosotras?—La obra que tendremos que hacer será imposible sin Su continua gracia desde el sagrario.—Él tendrá que hacerlo todo.—Nosotras solamente tenemos que secundar.

Rece por mí, por favor, para que haga lo que a Él le agrada.

Su devota hija en J. C.
Mary Teresa[9]

Madre Teresa se mantuvo firme con el arzobispo sobre la observancia de la «pobreza absoluta» en su futura comunidad que, debido a la finalidad de la nueva congregación, sería mucho más estricta que en Loreto. Jesús había pedido «*Religiosas revestidas con Mi pobreza de la Cruz*».[10] Por eso, ella, hábilmente, trató de adelantarse a cualquier intento por parte del arzobispo de frenar la pobreza rigurosa que ella había previsto para sus hermanas.

El arzobispo, aunque la apoyaba, encontró a Madre Teresa demasiado apresurada y la animó para que fuese un instrumento dócil y esperara el momento de Dios.

Querida Madre M. Teresa,
P. C. [Pax Christi—La Paz de Cristo]

Acabo de recibir su carta del 28 del corriente. Su carta fue enviada el día 12 a Irlanda, por eso quiero que espere hasta el final de esa semana para dar la noticia en Calcuta. Sospecho que la Madre G. [General] haya podido recibir esa carta el 18 o el 19. Tener ahora su respuesta indicaría que no tiene otra cosa que hacer que escribirla a usted inmediatamente, sin reflexionar. Quizá estuviera enferma, o en visitas. Tómese un poco de tiempo. Si Nuestro Señor desea hacer milagros en este caso, ciertamente los puede hacer, pero no tenemos derecho a esperarlos y Él no hace milagros sin una buena razón. Sea paciente. Escribir ahora a Roma podría estropear todo el resultado de su petición. Quizá la M. [Muy] Rvda. [Reverenda] Madre General haya escrito ya. Limítese a esperar una respuesta. No apresure las cosas, y no espere tampoco que otros las apresuren. Entiendo perfectamente que la Reverenda Madre General quiera rezar para pedir luz, reflexionar antes de tomar una decisión. Usted ha escrito bajo su responsabilidad, yo he escrito bajo mi responsabilidad, es natural y debemos esperar que ella lo haga así. La Madre General tiene que dar por sentado todo lo que usted o yo hayamos podido escribirle. Me ha agradado mucho leer que la Rvda. Madre Prov. [Provincial] haya acogido su petición tan amablemente. Por supuesto que ella deseará también rezar para pedir luz, quizá para consultar sin nombrar a nadie. La respuesta llegará a su debido tiempo, permanezca tranquila. <u>Rece mucho y viva íntimamente con Nues-</u>

tro Señor J. C. [Jesucristo] pidiendo luz, fuerza, decisión; pero no anticipe <u>SU OBRA. No intente poner nada propio en todo esto. Usted es Su instrumento y nada más.</u> Yo también rezo, pero me decepcionaría si tal vez las cosas fuesen demasiado rápidas. Que cada uno haga su trabajo conscientemente y no con prisas. No es necesario demorarlo sin motivo, pero tampoco hay necesidad de precipitar las cosas sin motivo. Si Nuestro Señor quiere que se haga rápido Él puede hacerlo; entretanto, como seres humanos que somos, debemos actuar de acuerdo con nuestros medios. Dios la bendiga. Unidos en la oración.

Suyo
Devotamente
en Xto. [Cristo]
† F. Périer, S. J.[11]

El subrayado es de Madre Teresa, una prueba del impacto que le causaron estas palabras. Dio esta carta al padre Van Exem, con sus notas escritas en los márgenes:

> Por favor destruya—he copiado las partes que necesito. La carta es verdaderamente preciosa. Debe rezar por mí—para que aprenda a desprenderme de mí misma, y a vivir en intimidad con Él. Usted me enseñará cómo hacerlo, ¿verdad?
> Pida luz para que pueda ver y valentía para apartar todo lo que haya de mí en la obra. Debo desaparecer completamente—si quiero que todo sea de Dios.[12]

Cualquier posibilidad de echar a perder la obra de Dios era intolerable para ella, así que, una vez más, se sometió, obedeció, y esperó la respuesta.

«*Su deseo ... es nobilísimo y loable*»

Tres días después de que Madre Teresa escribiera al arzobispo, él recibió respuesta de Dublín. Dadas las circunstancias, lo que a Madre Teresa le parecía mucho tiempo,
fue inusualmente rápido. La madre Gertrude había tomado la decisión el día después de recibir su petición:

> Dándome cuenta de la larga consideración y la ferviente
> oración que Su Excelencia ha concedido al asunto, así
> como los puntos de vista de otros bien cualificados para
> juzgar en el caso de Madre M. Teresa, siento que no pue-
> do hacer otra cosa sino consentir, no vaya a fallar en so-
> meterme a la Voluntad de Dios.[13]

No sólo dio permiso a Madre Teresa sino que también
alabó el motivo por el que la Congregación de Loreto iba
a perder un valioso miembro.

25 de enero de 1948

Mi queridísima Madre M. Teresa,

Su deseo de inmolarse completamente al servicio de
los pobres de Dios es nobilísimo y digno de alabanza, y
aunque considero su cambio como una verdadera pérdida para nuestro Instituto, usted me da tantas razones
para creer que su llamada viene de Dios que no puedo
negarme a su petición.

Una cosa: me parece que sería más prudente obtener
por el momento un decreto de exclaustración y después,
si todo va bien, obtener la dispensa de sus votos.

No mencionaré el asunto a nadie ni siquiera a la Madre Provincial y usted tampoco tiene necesidad de hacerlo. Mi consentimiento es suficiente.

Dios la guíe y proteja siempre. La tendré presente en mis oraciones. Por favor, téngame en las suyas.

Suya muy afectuosamente
[en] J. C.
M. Gertrude (Superiora General) [14]

Con esta aprobación, se abría una puerta más para Madre Teresa. El paso final que necesitaba dar antes de poder salir a las calles de Calcuta era la petición a la Santa Sede. En una carta formal dirigida al cardenal prefecto de la Sagrada Congregación de Religiosos, Madre Teresa explicaba sus planes.

Convento de Loreto
Entally
Calcuta 15
India
7 de febrero de 1948

Para Su Eminencia

El Cardenal Prefecto de la S. C. [Sagrada Congregación] de Religiosos en Roma.

Eminencia,

Con el permiso y consentimiento de la Reverendísima Madre M. Gertrude, Superiora General del Instituto de la Bienaventurada Virgen María (Rathfarnham, Irlanda) humildemente me atrevo a dirigir esta petición a S.E. [Su Eminencia], con el fin de obtener el Indulto de secularización y así desligarme de los votos que me unen con el mencionado Instituto.

Desde septiembre de 1946, Dios Todopoderoso me llama para que me dedique totalmente a una pobreza completa, según el ejemplo del gran Santo de Asís y al servicio total de los Pobres en los barrios y callejuelas más miserables de la ciudad y en cualquier otro sitio, para cuidar a los enfermos y moribundos, para alejar del pecado y del mal a los niños pequeños de la calle, para ayudar a los mendigos y los hambrientos. Para poder realizar este tipo de trabajo, se necesita una vida de oración y abnegación: para acercarse a los más pobres entre los pobres uno debe convertirse en uno de ellos, para atraer a los pobres a Cristo, es esencial la pobreza completa.

Le he expuesto estos deseos míos y otros muchos a mi Padre espiritual. Durante mucho tiempo me hizo esperar; rezó y pidió oraciones para discernir si esa era la voluntad de Dios. Después de varios meses, al estar convencido de que yo no actuaba por ningún motivo humano sino movida por el deseo de responder a una vocación auténtica, me permitió exponerle todo esto a Su Excelencia el Arzobispo de Calcuta. Después de un año entero Su Excelencia me dio permiso para escribirle a nuestra Reverendísima Madre General y con su consentimiento envío ahora esta petición a S. E. Siento que si debo servir a los más pobres entre los indios es necesario vivir como una india entre los indios, y es por eso que no puedo seguir siendo miembro del Instituto de la Bienaventurada Virgen María. Nuestra Reverendísima Madre General al dar su consentimiento añade que en su opinión sería mejor para mí pedir a la S. C. de Religiosos una «exclaustración» y si las cosas van bien solicitar posteriormente una dispensa para la «secularización». Yo me inclinaba a pensar que si la inspiración viene de Dios, y estoy convencida de que así es, no hay posibilidad de fracaso y por eso solicité la inmediata secularización. Puedo estar equivocada en esta apreciación y como mi deseo no es otro que el de cumplir la Voluntad de Dios, me someto anticipadamente a lo que Su Eminencia decida sobre este asunto.

Entré en el Instituto de la Bienaventurada Virgen María en octubre de 1928, hice mis primeros votos en 1931 y mi profesión perpetua fue en 1937 en Darjeeling. He trabajado en la India (Bengala) desde 1931. Nací albanesa pero residí con mis padres en Yugoslavia.

Con toda sinceridad admito que no poseo ninguna virtud y que no tengo ningún mérito; es un misterio para mí cómo el Buen Dios quiere esto de una pobre como yo. En todos estos años de vida religiosa, he sido muy feliz como miembro del Instituto de la B. V. M. [Bienaventurada Virgen María] y el pensamiento de abandonarlo me rompe el corazón. ¿Por qué Dios Todopoderoso me llama ahora a esta nueva vida? No lo sé, pero quiero hacer únicamente Su Santa Voluntad, sin reserva alguna, a cualquier precio.

Quiero reunir a otras almas a mi alrededor para realizar el mismo trabajo y juntas servir, de entre los pobres, a los más humildes y más abatidos y despreciados. Hay millones en las ciudades y los pueblos de la India que viven en la ignorancia sobre Dios y sobre Cristo, en un abominable estado pecaminoso. Les llevaremos a Cristo y Cristo a ellos.

Eminencia, no soy más que una humilde religiosa y no sé expresarme como debiera. S. E. tendrá la bondad de perdonarme, estoy segura, y mientras considera mi petición, rezará y me bendecirá paternalmente.

De Su Eminencia
La humilde sierva en Cristo,
Hermana M. Teresa, IBVM
En el mundo
(Señorita) Gonxha Bojaxhiu[15]

Una carta del arzobispo acompañaba esta petición. Además de explicar su prolongado proceso de discernimiento, monseñor Périer confirmaba su alta estima hacia Madre Teresa.

A petición de la Hermana Mary Teresa [...] dirijo a Su Excelencia la carta adjunta. No me pertenece pronunciarme sobre este delicado asunto. Todo lo que puedo decir es que cuando el Padre espiritual de esta religiosa me habló de su deseo de dejar el Instituto anteriormente mencionado para consagrarse exclusivamente al cuidado de los más pobres entre los pobres, no manifesté ninguna prisa en darle una respuesta. Quería cerciorarme de que ese deseo era realmente serio [...]

Conozco personalmente a la Hermana Mary Teresa desde hace varios años, en realidad, desde su llegada a la India. Tiene muchos dones, siempre ha sido profundamente humilde y sumisa, y ha sido ejemplar por el verdadero espíritu religioso que siempre ha manifestado. Está muy unida al instituto al que pertenece y la separación será muy dolorosa para ella. Creo que es muy abnegada y muy generosa. En conjunto puedo decir que encuentro que tiene buen juicio. Es de raza eslava y en consecuencia temo que a veces sea un poco exagerada, quizá impulsiva. Pero esto es sólo una impresión personal y me sería difícil explicar el origen de esta impresión.

Así pues someto el caso a la consideración y decisión de Su Excelencia.[16]

«Qué duro es para mí esperar»

Aunque entendió que no se podía pretender una respuesta rápida de Roma, para Madre Teresa la espera era muy costosa, tal como lo admitió ante monseñor Périer:

Pronto hará dos meses que escribí a Roma y como usted sabe, todavía no ha llegado ninguna respuesta.—No quiero de ningún modo anticipar Su voluntad y su obra; sólo rece para que mi indignidad y pecaminosidad no sean la causa de Su retraso.

En su última carta escribía usted que le decepcionaría si las cosas fueran rápidas, posiblemente Nuestro Señor está haciendo esto para complacerle.—Pero si sólo usted supiera lo duro que es para mí esperar y continuar como si nada sucediera, le pediría a Nuestro Señor que viniera pronto y me llevara—a los barrios más miserables y a Sus pobres.[17]

Como los meses pasaban, el arzobispo acertadamente supuso que Madre Teresa intentaría acelerar los asuntos. En mayo llegó la esperada petición.

Convento de Loreto
Entally
13 de mayo de 1948

Excelencia,

¿No cree que ha llegado la hora de que hagamos una petición más fervorosa a Roma? Hace ya casi cuatro meses que usted envió mi carta.—¿Por qué no responden? ¿No cree que es falta de celo hacia Su obra que me limite a esperar? Es verdad que no quiero anticipar Su Santa Voluntad, ni siquiera un minuto, pero por favor, Excelencia, no me haga esperar sólo porque pensemos que ya hemos hecho lo suficiente. Yo le escribí muchas cartas antes de que me diera su consentimiento, posiblemente se necesite hacer lo mismo con Roma. No conocen la India. No saben lo mucho que Calcuta necesita a las Misioneras de la Caridad. Por favor, Excelencia, escriba otra vez, y si fuera necesario, que llegue al Santo

Padre. Él lo entenderá claramente, porque esto es exactamente lo que él quiere. Por favor, Excelencia, hagamos una solicitud más firme a Roma, ya que yo debo ir—y rápidamente. ¿Por qué tanta consideración por una persona tan pequeña, tan pecadora, tan débil? Por favor, no nos demoremos más—déjeme ir. Las almas se pierden en los barrios más miserables y en las calles, el Sagrado Corazón de Jesús sufre más y más—y yo estoy aquí esperando—tan solo por un «Sí» que estoy segura que el Santo Padre daría, si supiese de qué se trata.

Por favor, escriba por correo aéreo—de modo que la respuesta pueda llegar durante este mes de María* a quien pertenecerán las Misioneras de la Caridad—en cuerpo y alma.

Perdóneme, no sé qué más decirle, pero por favor déjeme ir pronto. Ponga todos los medios que el buen Dios le ha dado, y recurra a Roma con un celo mayor—o dígame lo que yo debería hacer.—Estoy dispuesta a hacerlo, pero esperar—no me diga. Con Su ayuda y gracia lo puedo soportar, pero es muy difícil, cuando la mente y el corazón de una están cautivados por deseos tan fuertes, continuar como si no pasara nada. Déjeme ir, Excelencia, por favor.

Le ruego rece por mi hermano, que está muy gravemente enfermo. [...]

Por favor, rece por mí.

Su devota hija en J. C.
Mary Teresa[18]

El arzobispo corrigió enseguida la creencia de Madre Teresa de que su persistencia había suscitado su consentimiento.

* El mes de mayo está dedicado tradicionalmente a la Virgen María.

Entiendo bastante bien, que de algún modo, usted se sienta algo intranquila debido a la tardanza entre su carta a la S. C. [Sagrada Congregación] de Religiosos y su respuesta. Antes de nada déjeme que corrija una idea equivocada que menciona usted en su carta, que el número de cartas que usted me escribió influyó en mi decisión de permitirle que escribiera a Roma. Me temo que el número de cartas no tuvo nada que ver y más de una vez le dije al P. v. E [Padre Van Exem] que quería tiempo para reflexionar y nada más.[19]

La tenacidad de Madre Teresa había desafiado la naturaleza reflexiva y meticulosa del arzobispo, sin embargo, no había afectado a su decisión. Por eso dudaba de que su insistencia pudiera tener algún efecto en las autoridades del Vaticano. «No creo que esto haga avanzar su caso ni siquiera un centímetro»,[20] le advirtió.

También afirmó que el proceso requiere tiempo y que por eso no había razón para preocuparse. Aún confirmándole que no carecía de celo por esperar pacientemente, le dio permiso para escribir de nuevo. Por el momento, Madre Teresa decidió no actuar. Sin embargo, en julio ambos convinieron en que debían ponerse en contacto una vez más con la Santa Sede; así, enviaron su petición de febrero con cartas adjuntas de ambos.

«Voy por mi libre elección»

El 8 de agosto de 1948, Madre Teresa recibió finalmente noticias de Roma: el papa Pío XII, a través de la Sagrada Congregación de Religiosos, le concedía permiso para dejar Loreto y comenzar su nueva misión. En lugar del solicitado indulto de secularización, se le concedía un indulto de exclaustración, autorizándola a permanecer fuera del convento de Loreto «durante un año o menos si un período más breve es suficiente»[21] y a mantener sus votos religiosos como religiosa de Loreto bajo la autoridad de monseñor Périer. De hecho, el indulto había sido firmado el 12 de abril de 1948,* pero por razones desconocidas, el documento no llegó a Calcuta hasta agosto.

Madre Teresa había anhelado una respuesta positiva; por fin tendría «la alegría de renunciar a todo, y llevar alegría al Corazón de Jesús».[22] Antes de recibir el permiso de Roma, había previsto que el paso no sería sin dolor: «La idea de abandonarlo [Loreto] me rompe el corazón»,[23] le había dicho al cardenal prefecto en febrero. Ahora había llegado el momento de llevar a cabo ese sacrificio heroico, abandonar la seguridad del convento y embarcarse en un impredecible futuro en los barrios más miserables. Sólo al arzobispo le reveló lo que le costaba el paso que estaba a punto de dar:

> Convento de Loreto
> Entally
> 15 de agosto de 1948

Excelencia,

Ante todo quiero darle las gracias por todo lo que ha hecho por mí—ayudarme a seguir esta nueva llamada. He sido causa de mucho trabajo adicional y de preocupaciones.—Espero que el buen Dios le pague a Su manera.

* En recuerdo de este importante día, Madre Teresa escogió esta fecha como día de la profesión final del primer grupo de Misioneras de la Caridad, así como para un buen número de grupos ulteriores.

El martes por la tarde partiré en el «Punjab mail»*—
Todo está muy oscuro—muchas lágrimas—pero voy por
mi libre elección porque quiero, con la bendición de la
obediencia.—Por favor rece por mí para que tenga la valentía de completar mi sacrificio como Él me ha dado la
inspiración y la gracia para comenzar [...]

Por favor rece.—Tengo muy poco valor—pero confío
ciegamente en Él, a pesar de todos los sentimientos.

Su devota hija en J. C.

Mary Teresa

P.D. En Patna, solamente seré «Mary Teresa».[24]

El 17 de agosto de 1948, vestida con un sari blanco
con borde azul, Madre Teresa—una religiosa europea,
sola en la recién independizada India—partía para comenzar su vida de Misionera de la Caridad. Su estilo de
vida sería tan innovador como el atuendo que llevaba.
Considerando la «pobreza absoluta» algo esencial para
su nueva misión, optó por irse con cinco rupias solamente. Éste era todo el capital de esta «mujer sola [...]
que vestía un simple sari [...] una religiosa que no lo parecía».[25] Pero su riqueza estaba en su corazón: una fe
inquebrantable en Dios y una confianza absoluta en la
promesa que Él le había hecho dos años antes «*No temas—estaré siempre contigo [...] confía en Mí amorosamente, confía en Mí ciegamente*».

* El tren correo «Punjab».

CAPÍTULO 7

«LA NOCHE OSCURA DEL NACIMIENTO DE LA CONGREGACIÓN»
El plan de Nuestro Señor se va cumpliendo

> Dios mío, dame valor ahora
> —en este momento para perseverar
> en seguir Tu llamada.
>
> MADRE TERESA

«Costó muchísimo»

Sólo Dios sabía cuánto sacrificio le costaba a Madre Teresa atravesar con paso firme el portón de su querido convento de Loreto. Su destino era el hospital de la Sagrada Familia de las Hermanas Misioneras Médicas en Patna, donde ella iba a aprender las nociones básicas de enfermería que se necesitaban para servir a los pobres. A pesar de lo decidida que estaba a seguir su nueva llamada, encontró «mucho más duro dejar Loreto que dejar a mi familia».[1] Después de llegar a Patna, Madre Teresa escribió a monseñor Périer:

El primer paso hacia los barrios más miserables ya está dado. Costó muchísimo, pero estoy agradecida a Dios por darme la gracia para hacerlo y también por mostrarme lo muy débil que soy.[2]

Su carta termina con una petición que refleja la aspiración de su corazón: «Por favor rece por mí para que siga mirándole con alegría.»[3]

La oración que copió en la primera página de su diario médico refleja también su dolor al dejar Loreto y empezar a adaptarse a su nuevo modo de vida:

Oh, Jesús, único amor de mi corazón, deseo sufrir lo que sufro y todo lo que Tú quieras que yo sufra por Tu amor puro, no por los méritos que pueda obtener, ni por las recompensas que Tú me has prometido; sino sólo para agradarte, alabarte, bendecirte tanto en las tristezas como en las alegrías.*

«Amigas para siempre»

La salida de Loreto de Madre Teresa tuvo un gran impacto sobre los que la conocían, especialmente sus hermanas religiosas. Durante sus veinte años en Loreto, había entablado relaciones intensas y cariñosas con ellas. Desde Calcuta y desde las ciudades circundantes, sus antiguas compañeras le escribieron notas y cartas de ánimo. En esos días de dolor, ella lo agradeció mucho.

* Esta oración, dictada por Jesús a la hermana de la Visitación Benigna Consolata Ferrero (1885-1916) fue copiada por Madre Teresa en la primera página de su cuaderno médico en Patna, fechado en 1948. En él, además de términos médicos, enfermedades y sus correspondientes tratamientos, escribió recetas de diversos dulces, nombres y direcciones de benefactores potenciales.

Mis más cordiales felicitaciones por su decisión y mis mejores deseos y oraciones por el éxito A. M. D. G. [Ad Majorem Dei Gloriam,* Para la mayor gloria de Dios] de su empresa. Estoy convencida de que tendrá campo libre para su celo en esta nueva vida que está comenzando y quiero que sepa que siempre podrá confiar en nosotras para ayudarla con nuestras oraciones. Y si hay algo más que podamos hacer por usted, por favor nunca dude en recurrir a nosotras.—Sé que Dios la está llamando a esta obra, así que no debe tener miedo del futuro y es de verdad con cierto sentimiento de alegría y confianza que la veo ir adelante en la realización de la obra de Cristo entre los pobres y los despreciados.[4]

Le deseaban lo mejor, le prometieron oraciones, y añadieron bromas ingeniosas que sólo los amigos entienden.

Mi querida MM [Madre Mary] Teresa
Mi pequeña (¡Apéndice!**) amiga de siempre.
Esta pequeña nota le lleva mi cariño y la garantía de mis oraciones. Que Dios esté con Usted en la nueva obra que Él le tiene reservada. Cuando lo oí, me quedé asombrada pero no <u>sorprendida</u>.
Dios quiere que utilice los Dones que Él le ha dado a Su manera. Por ejemplo, su facilidad para aprender la lengua del país—(y no el inglés). Su influencia sobre la gente nativa le ayudará a ir adelante y a conseguir una gran cosecha de Almas para el Cielo.—Me pregunto si San Pedro mirándonos a ambas en las Puertas Eternas dirá: ¿<u>quién es quién</u>? porque yo la habré ayudado con mis

* Lema de San Ignacio de Loyola.
** Término afectivo que encierra una broma que ambas entendían.

oraciones a lo largo de todo el camino.—Por favor recuérdeme también—necesito oraciones.

> Siempre su amiga en Deo—
> Mary Joseph
> IBVM[5]

Para la Madre Gabrielle, su amiga de la infancia de Skopje, la separación fue particularmente dolorosa:

Mi más querida Hermana,

Hoy es el día de su santo y he rezado mucho por usted; muchísimas gracias por su carta, me hizo muy feliz. Hermana mía, le escribí la pasada noche cuando me enteré de que nos había dejado. Ay, si usted supiera, cuando leí su carta lloré todo el día, y veo que es la voluntad de Dios. Todos los días rezo por usted y nunca dejará de estar en mis oraciones.

Si lo quiere saber, todas las hermanas han hablado bien de usted; ni una sola ha hablado mal. Todo el mundo la recuerda. Él, el Glorioso, quiere mostrar Su voluntad en usted.

Qué bendición para usted que Dios la haya escogido para hacer este gran sacrificio, porque de Él siempre ha recibido valor, por eso, Dios le ha dado este difícil camino; Él sabe que puede llevar Su Cruz [...]

Espero que no cambiará su nombre.

Mucho cariño y saludos y sepa que nunca la olvidaré.

> Su hermanita
> Mary Gabrielle[6]

«No se preocupe por haber tenido que decirme que no»

Aunque estaba sintiendo el dolor de la separación, Madre Teresa escribió al padre Van Exem desde Patna: «Mi alma en este momento está en perfecta paz y alegría.»[7] Práctica como siempre, ya estaba buscando un lugar donde vivir cuando volviese a Calcuta. El padre jesuita Julien Henry,* párroco de la Iglesia de St. Teresa en Calcuta, le había sugerido que fuese a Krishnagar como ayudante a cambio de alojamiento. Su primera reacción a esta propuesta fue que «sería la mejor medicina para quitarme hasta la última gota de orgullo; serviría para matar mis inclinaciones naturales».[8] Se alegraba con el pensamiento de vivir como los pobres: «Solamente una jhi**—. Esto me encantaría de verdad—y vivir con los pobres, haciendo su mismo trabajo, me ayudaría también a conocer su vida y sus dolores.»[9]

Aunque estaba dispuesta a afrontar la humillación de ir allí como una religiosa de Loreto exclaustrada y dispuesta a hacer el trabajo de una sirvienta, se dio cuenta de que el tratamiento especial que recibiría en un lugar donde la conocían, no le permitiría vivir en «pobreza absoluta».

---

* El padre Julian Henry, S. J., nació el 18 de agosto de 1901 en Dampremy (Bélgica). Entró en la Compañía de Jesús en 1918 y fue ordenado en 1931. En 1938, fue a la India y en 1940 empezó su apostolado en la parroquia de Santa Teresa. También atendió como padre espiritual a las niñas de la cofradía en Entally, Calcuta. Apoyó a Madre Teresa desde el principio en su obra entre los más pobres de los pobres y fue consejero y confesor de las M. C. desde 1949 hasta el final de su vida, en 1979.

** Palabra bengalí que significa sirvienta.

Krishnagar* no será bueno para esto, porque conozco a las Superioras y a la mayoría de las religiosas y profesoras. Tuve que hacer algo por ellas hace unos años, y por eso intentarán facilitarme la vida. Tendrá que encontrar un lugar donde no me conozcan en absoluto. ¿Qué tal Gobra?** Allí no conozco a nadie.—No les diga nada, sólo diga que una sirvienta está buscando trabajo y estaría encantada de conseguir cualquier cosa.—Tendría también la oportunidad de entrar en contacto con leprosos, que estoy segura que habrá entre los mendigos.[10]

Poniéndose totalmente en manos de la guía divina, escribió en la misma carta al padre Van Exem: «Si Gobra no necesita una *jhi*—pídale a Nuestra Señora que haga que necesiten una.—Se sorprenderán al ver una cara blanca, pero dígales que soy india desde hace un mes.»[11] La Providencia quiso que ninguno de estos lugares estuviera disponible, así que tuvo que continuar buscando.

Desde Patna, también había escrito preguntando si, a su regreso a Calcuta, podría quedarse en el edificio vacío de Loreto en Tengra. Después de las muy positivas reacciones de sus antiguas compañeras en la Congregación, a Madre Teresa le sorprendió que la nueva superiora general electa, Madre M. Pauline Dunne, I. B. V. M. denegara su petición:

* Pueblo en la India. Madre Teresa se refería a otro convento que había en ese barrio.
** Entonces un área pobre de Calcuta. Madre Teresa se refería a un convento de allí.

Abadía de Loreto,
Rathfarnham.
29 de octubre de 1948.

Queridísima M. M. Teresa,

Siento muchísimo que mi primera carta a usted le suponga una decepción, pero estoy segura que lo aceptará como la Voluntad de Dios.

Quizá ha olvidado que nuestras Constituciones prohíben la enajenación de propiedades, y que por ello Madre Dorothy no podía concederle el permiso que usted le pidió por carta. Por eso, tuve que remitir el asunto al Consejo General.

Mis Consejeras y yo le deseamos todas las bendiciones y todos los éxitos en la nueva obra por la salvación de las almas para la que se está preparando ahora en Patna. Sin embargo, nos gustaría que comprendiera que Loreto no está vinculada, ni es responsable de la nueva Orden que usted espera fundar. Tener otra Orden religiosa viviendo en una casa en los terrenos de cualquiera de nuestros Conventos sería totalmente contrario a las tradiciones y al espíritu de nuestro Instituto. Por eso no es posible concederle Tengra. Rezaremos fervorosamente para que pronto pueda encontrar una vivienda adecuada.

Yo era una de las consejeras de la Reverenda Madre Gertrude, y tenía la impresión de que usted quería vivir como una nativa entre los más pobres de los pobres de Calcuta, y de que con su ejemplo esperaba atraer a otras a unirse a usted.

Espero que se mantenga siempre tan bien, ya que debe encontrar la vida en Patna un cambio enorme. Recuerdo haberla visto aquí en la Abadía antes de su salida para la India. Estuvo aquí unas semanas, y me parece que no sabía inglés.

Con cariño y mis mejores deseos,

Suya afectuosamente en J. C.,
M. Pauline Dunne
Superiora General[12]

Dada la responsabilidad que las superioras de Loreto tenían de proteger a las religiosas de su Congregación para que no fuesen afectadas por esta empresa «experimental», la decisión era comprensible. Su respuesta exigió a Madre Teresa ser consecuente con el paso que había dado.

Aun así, fue una enorme decepción para ella. Su respuesta a Madre Pauline revela una vez más su prudencia y su sentido común, así como su confianza en Dios.

Hospital de la Sagrada Familia
Ciudad de Patna
9 de noviembre de 1948

Querida y Reverenda Madre General,

Muchas gracias por su carta del 29 de octubre. Por favor, no se preocupe por haber tenido que decirme que no, seguro que algo bueno saldrá de ello.

Temo que no fui lo suficientemente clara en mi carta a Madre Dorothy. Yo no le pedía el edificio como una residencia permanente—sino sólo hasta que encuentre un lugar más adecuado, y tampoco quise que me lo regalaran sino que me lo alquilaran.—Pero como usted dice, esto iría contra las tradiciones y el espíritu del Instituto, y yo tampoco querría tener el edificio.

Nunca pensé, ni pienso por un momento, que Loreto estuviera conectada con la nueva obra.—Sé que todavía soy una Religiosa de Loreto pero eso no quiere decir que la obra esté ligada a Loreto. De mis cartas quizá usted sacó la impresión de que yo quería aferrarme a Loreto— aunque sería natural que así fuera. No se puede romper con algo que has amado durante 20 años. Pero si usted desea que no escriba a ninguna de las Religiosas o que no mantenga mi interés por todo lo que hace Loreto, sólo tiene que decírmelo y lo haré.

Es cierto que pretendo vivir como una india y al mismo tiempo totalmente como una religiosa, con la gracia de Dios, pero eso no quiere decir que yo pueda traer a mis jóvenes compañeras para mandarlas a ciegas al duro trabajo, sin haberles ofrecido primero el objetivo de su obra de entrega. Para ellas pedí la casa donde podrían haber estado bien protegidas y así prepararse para el trabajo; pero no importa.—Cuando el Rey de Reyes y Su Bendita Madre buscaron un alojamiento «No había sitio en la posada».[13] ¿Por qué debería haber un lugar para nosotras? También nosotras encontraremos un establo y comenzaremos la obra por las almas.

Sí, hace muchos años estuve en la Abadía—aquellos fueron días felices, como lo han sido cada uno de los días de mis 20 años transcurridos en Loreto. Soy igualmente feliz ahora de hacer la Santa Voluntad de Dios. Cueste lo que cueste. Estaré muy probablemente aquí con las Hermanas hasta el día 13 de diciembre y después haré mi retiro de ocho días en Calcuta.

He podido conseguir mucha ayuda de las Hermanas, que me tratan como si fuera una de ellas. Estoy segura de que Dios las bendecirá por su caridad.

Todos los principios tienen muchas cruces, pero rece por mí y por las que se unirán, para que tengamos el valor de hacer esta obra por las almas. Estoy segura de que este modo de vida y de trabajo no tendrán la aprobación de muchos, aunque hasta ahora todas las personas que he encontrado han estado a favor. Pero la obra es Suya, no mía, e incluso si yo muero antes de que haya tenido [la] oportunidad de comenzar, con todo, sé que he respondido a la llamada y he dado el paso hacia Sus olvidados pobres y desamparados.—Éxito o fracaso, cualquiera que sea Su plan—el primero es Suyo—el segundo sería mío.—Lo será todo por Él.

Me gustaría seguir en contacto con usted—sólo por el hecho de obtener oraciones—pero si usted no lo desea, rece por mí igual.—Yo rezo por usted todos los días.

Cuando estuve en Asansol oí hablar mucho de usted a Madre Concepta. Ella es una Superiora excelente y tiene una comunidad ferviente.

Le ruego que transmita mis mejores deseos a las queridas Madre Gertrude y Madre Rozario.

Una muy feliz Navidad y Año Nuevo.

Su queridísima hija
[en] J. C.
M. Teresa[14]

En diciembre, gracias a la competente formación de las Hermanas Misioneras Médicas, Madre Teresa estaba preparada para comenzar su trabajo en los barrios más miserables. Regresó a Calcuta el día 9 y se alojó con las Hermanitas de los Pobres en el convento de San José. Antes de comenzar su misión, realizó un retiro de ocho días bajo la dirección del padre Van Exem.

«¡Qué sufrimiento, qué falta de Dios!»

Por fin, el 21 de diciembre Madre Teresa fue por primera vez a los barrios marginados como una Misionera de la Caridad. A través de los desafíos de los últimos dos años, había permanecido fiel a la llamada y por fin había alcanzado su objetivo: «los agujeros oscuros de los pobres». Una de sus primeras seguidoras comentó más tarde: «Verla tan pobremente vestida, con un simple y humilde sari, con un Rosario en la mano, era como ver el Evangelio hecho vida, haciendo presente a Jesús entre los más pobres. Se podía decir que una Luz había amanecido en la oscuridad de los barrios más míseros.»[15]

La Calcuta que afrontaba ahora Madre Teresa había sufrido las consecuencias de la segunda guerra mundial, la secuela del hambre de 1943, y los frecuentes disturbios en la ciudad. Inmediatamente después de la independencia de la India, la afluencia de gente a la capital de Bengala fue enorme. La ciudad famosa por sus palacios veía crecer sus barrios más miserables. Los pobres que podían permitirse alquilar pequeñas chabolas (hacinados con sus escasas pertenencias en sólo unos pocos metros cuadrados, a menudo sin ventanas) sobrevivían frecuentemente con un mínimo de alimentos y prácticamente sin ninguna ayuda médica. La escolarización de sus hijos estaba fuera de sus posibilidades. Cada vez era mayor el número de personas que vivían en la calle, que incluso carecían de ese mínimo, y estaban a merced de la enfermedad, el hambre, y la inanición.

Madre Teresa describe la dolorosa realidad que encontró en ese primer día:

A las 8.00 dejé St. Joseph [...] En St. Teresa [...] tomé a Verónica* conmigo y salimos.

Empezamos en Taltala y fuimos a visitar a cada familia católica.—La gente estaba contenta—pero había niños por todas partes—y qué suciedad y qué miseria—

* Verónica Gomes, miembro de la Sodalidad en Santa Teresa, trabajaba en la parroquia y era la guía de Madre Teresa en las áreas pobres de la ciudad.

qué pobreza y qué sufrimiento.—Hablé muy, muy poco, sólo lavé algunas heridas y [puse] vendajes, di medicinas a algunos.—Al anciano tendido en la calle—rechazado—totalmente solo, simplemente enfermo y moribundo—le di carbarsone y agua para beber y el anciano estaba tan extrañamente agradecido [...] Luego fuimos al bazar de Taltala, y allí había una mujer muy pobre, muriendo de hambre, creo, más que de tuberculosis. Qué pobreza. Qué sufrimiento real. Le di algo que la ayudara a dormir—pero esta mujer anhelaba tener algún cuidado. Me pregunto cuánto tiempo durará—tenía sólo 35.5 °C en ese momento. Pidió varias veces la confesión y la Sagrada Comunión.—Sentí allí también mi propia pobreza—ya que no tenía nada que dar a esa pobre mujer.—Hice todo lo que pude, pero si hubiera podido darle una taza de leche caliente o algo así, su cuerpo frío habría recibido un poco de vida.—Debo intentar estar en algún sitio cerca de la gente donde pueda acceder con facilidad a las cosas.[16]

Cada día en estos barrios suponía nuevos retos. Además de la pobreza, las dificultades y la inseguridad, Madre Teresa tenía que afrontar las críticas que había previsto. No todos entendían sus esfuerzos ni veían el provecho o beneficio de su trabajo entre los pobres. Esto no la alarmó. Su respuesta llena de confianza (presagio de otras futuras) muestra su determinación:

Creo que algunos se preguntan qué interés hay en trabajar entre los que están en lo más bajo—que los importantes—los instruidos y los ricos están dispuestos a venir [así que] es mejor dedicarles todas las energías a ellos. Sí, que lo hagan.—El Reino se debe predicar a todos.[17] Si los ricos hindúes y musulmanes pueden tener todo el servicio y toda la dedicación de tantas religiosas y sacerdotes, seguro que los más pobres entre los pobres y los que están en lo más bajo pueden tener el amor y la dedicación de nuestro pequeño grupo. Me llaman «la Hermana de los barrios miserables », y estoy contenta de ser precisamente eso por Su amor y por Su gloria.[18]

Con el tiempo, para seguir siendo «la hermana de los barrios miserables», Madre Teresa necesitaría una prórroga de su condición de religiosa exclaustrada. Aunque lo había considerado innecesario al principio, se dio cuenta de que el hecho de seguir siendo religiosa era providencial; así inspiraba confianza en la gente y en las jóvenes que pensaban unirse a ella. Por ello, en febrero de 1949, escribió a monseñor Périer:

Por mi libre elección deseo continuar trabajando por los pobres en los barrios más miserables y vivir su vida. Por ello, le ruego, Excelencia, que me permita pedir a la Sagrada Congregación que prolongue el Indulto de Exclaustración hasta que se aprueben la vida y las Constituciones de las Hermanas Misioneras de la Caridad.[19]

A pesar de los sufrimientos y de la constante tentación de volver a la seguridad de Loreto, Madre Teresa se mantuvo en el difícil camino que Dios le había preparado. La extraordinaria dificultad de su situación se pone de manifiesto en el relato que escribió el 16 de febrero:

Hoy aprendí una buena lección—la pobreza de los pobres debe ser a menudo tan dura para ellos. Cuando deambulé buscando casa—caminé y caminé hasta que me dolían las piernas y los brazos.—Pensé que a ellos también les debe doler el cuerpo y el alma cuando buscan un hogar—comida—ayuda.—Entonces la tentación se hizo fuerte—los edificios lujosos de Loreto vinieron rápidamente a mi mente—todas las cosas bonitas y las comodidades—la gente con la que se relacionan—en una palabra, todo.—«Basta que digas una palabra y todo eso será tuyo de nuevo»—continuó diciendo el tentador. Por [mi] libre elección, Mi Dios y por amor hacia a Ti—deseo permanecer y hacer cualquiera que sea Tu Santa Voluntad respecto a mí.—No dejé caer una sola lágrima.—Incluso si debo sufrir todavía más—aun así quiero hacer Tu Santa Voluntad.—Ésta es la noche oscura del nacimiento de la Congregación.—Dios Mío, dame valor ahora—en este momento—para perseverar en seguir Tu llamada.

Como Madre Teresa había previsto, esta nueva vida le estaba trayendo «sobre todo sufrimientos».[20] Sin embargo ella aceptó que debía ser así, ya que ésta era «la noche oscura del nacimiento de la Congregación». «La pobreza de los pobres» se estaba convirtiendo en suya. Al mismo tiempo, Dios le estaba proporcionando el valor necesario para perseverar, como ella había pedido en sus oraciones.

Después de dos largos meses de búsqueda, Dios respondió a su petición de un nuevo hogar. Los hermanos Gomes, dos de los cuales vivían en Bangladesh, le hicieron disponible el tercer piso de su casa en el número 14 de Creek Lane; éste se iba a convertir en «el primer hogar de las Misioneras de la Caridad».[21] Madre Teresa se trasladó allí a finales de febrero, sin embargo las pruebas continuaron:

Hoy—Dios mío—qué tormentos de soledad.—Me pregunto cuánto tiempo sufrirá esto mi corazón.—El Padre Bauwens, S. J., el párroco de St. Teresa, vino a bendecir la casa.—Las lágrimas caían y caían.—Todos ven mi debilidad. Dios Mío, dame valor ahora para luchar contra mí misma y contra el tentador. No permitas que me eche para atrás del sacrificio que he hecho libremente y con convicción.—Corazón Inmaculado de mi Madre, ten piedad de tu pobre hija. Por amor a ti quiero vivir y morir como una M. C.[22]

Era raro que Madre Teresa, normalmente dueña de sí misma, dejara ver a otros su sufrimiento. Sólo dos semanas antes, aunque presionada por diversas pruebas y tentaciones, no dejó «caer una sola lágrima».[23] Había llegado ahora al límite de su capacidad de soportar el dolor y la soledad. Convencida de no poder soportarlo con sus propias fuerzas, se dirigió a Dios en oración.

El crecimiento de la «pequeña semilla»

Con la sola ayuda de voluntarios, Madre Teresa estaba atendiendo un gran número de pobres en diversas partes de Calcuta. Al ver la enorme necesidad que había y siempre con la idea de hacer más, imploró a la Virgen María que le enviara seguidoras para promover su trabajo:

Continúo diciéndole: «No tengo hijas»—igual que hace muchos años ella le dijo a Jesús «No tienen vino».[24]— Pongo toda mi confianza en su Corazón [el de María]. Sin duda que Ella me dará a su manera.[25]

Su oración fue pronto respondida. Algunas de sus antiguas estudiantes de St. Mary estaban interesadas en su nueva misión. Las había impresionado como maestra, y ahora, en el ejemplo que estaba dando en esta nueva vida de servicio evangélico a los más necesitados, vieron un ideal por el que valía la pena dejarlo todo para seguirla. El 19 de marzo de 1949, Shubashini Das, la futura hermana Agnes, se unió a ella.[26] Durante los meses siguientes llegaron más candidatas. En junio de 1950, la comunidad contaba con doce.

En junio de 1949, Madre Teresa le confiaba a monseñor Périer:

> Cuanto más se extiende la obra, más claro se hace [que ésta es] Su Voluntad. Pronto se cumplirá un año [de su salida de Loreto]—y aunque ha habido mucho sufrimiento y muchas lágrimas, no ha habido ni un momento de arrepentimiento. Soy feliz de hacer la voluntad de Dios.[27]

Las autoridades del Vaticano en Roma todavía no habían respondido a la petición que había enviado en marzo para la renovación de su estatus como religiosa exclaustrada. Aunque ella estaba convencida de estar donde Dios quería que estuviese, su incertidumbre sobre el futuro era real. «La pobre hermana M. Teresa no entiende por qué no se le da una respuesta a su petición y se pregunta con angustia si tiene que abandonar todo este maravilloso trabajo y volver a su Instituto»,[28] escribía monseñor Périer a la Santa Sede, cuando estaba a punto de expirar el indulto de un año. Fue un gran alivio y motivo de gratitud que, unos días después de que el arzobispo enviase la carta a la Santa Sede, llegase el permiso para continuar como exclaustrada durante tres años más.

Los frutos del trabajo de Madre Teresa en poco más de un año fueron notables. Cuando en marzo de 1950 escribió al papa Pío XII pidiéndole la aprobación de la nueva Congregación como Instituto Diocesano, le presentó un informe impresionante sobre las actividades llevadas a cabo por su comunidad:

A mi regreso de Patna realicé un retiro de 8 días y el 21 de diciembre de 1948 comencé el trabajo. Estuve visitando y curando a gente en sus oscuros hogares y agujeros. Muchísimos niños pobres y descuidados me rodeaban por todas partes. Poco a poco, con algunos ayudantes laicos, reuní a los niños en dos barrios más miserables. En marzo se unió la primera joven Bengalí. Ahora somos siete. Trabajamos en cinco centros diferentes. Tenemos dispensarios donde los pobres reciben tratamiento y medicinas gratis de generosos médicos católicos e hindúes—quienes han ofrecido generosamente sus servicios gratis. Visitamos a las familias calle por calle. Los domingos llevamos a los niños pobres de los barrios más míseros a la Misa dominical. Empezamos la catequesis del domingo con 26 niños el pasado mes de mayo. Ahora tenemos más de 350 [...] A las personas abandonadas que a menudo encontramos en las calles las llevamos a los diferentes hospitales.[29]

En julio de 1950 Madre Teresa escribió a monseñor Périer, haciendo alusión al precio oculto de sus logros: «Eminencia, por favor rece por mí, para que haga la Santa Voluntad de Dios en todo a cualquier precio.»[30]

Malentendido con las religiosas de Loreto

Mientras tanto, en el convento de Loreto, la decisión de algunas alumnas de la escuela de Saint Mary de unirse a Madre Teresa había provocado preocupaciones y tensiones. El apoyo del que había disfrutado anteriormente por parte de sus compañeras de Loreto fue restringido por una advertencia de la superiora general. Madre Teresa le hizo una confidencia al arzobispo:

> La Madre General tiene miedo de que yo sea un gran peligro para las religiosas de Loreto—así que ha prohibido a todas tener algo que ver conmigo.—Utilizan todo tipo de medios para no prestarme ninguna ayuda—cada vez que viene una nueva [vocación] hay ansiedad en el Convento de Entally.—Por ese motivo he decidido que las Hermanas estudien en casa para secundaria e incluso los estudios para maestras.—A pesar de todos los esfuerzos para impedirles que se unan a mí, cada vez hay más jóvenes que quieren unirse. —Yo no hablo de Loreto a nadie, de modo que la M. Prov. [Madre Provincial] no podría encontrar nada de lo que quejarse.[31]

Los malentendidos, ocasionados por este supuesto «robo» o desvío de vocaciones, se añadían al peso de su sacrificio, sin embargo ella permaneció leal y caritativa hacia las religiosas de Loreto.

El nacimiento de la nueva congregación

Con el permiso de la Santa Sede, monseñor Périer estableció oficialmente la Congregación de las Misioneras de la Caridad en la archidiócesis de Calcuta el día 7 de octubre de 1950, fiesta de Nuestra Señora del Rosario. En presencia de los reunidos en la pequeña capilla, el arzobispo, ahora responsable de la nueva comunidad, proclamó solemnemente el decreto:

> Desde hace más de dos años, un pequeño grupo de mujeres jóvenes, bajo la guía de la Hermana M. Teresa,

religiosa legalmente exclaustrada del Instituto de la Bienaventurada Virgen María, se dedica con corazón generoso y muchísimo provecho para las almas, a ayudar a los pobres—los niños, los adultos y los ancianos, y también los enfermos en esta Ciudad Metropolitana nuestra.

Al pedirnos que erigiéramos su comunidad en Congregación religiosa, indagamos con gran cuidado su modo de vivir y de trabajar, y consideramos diligentemente el objetivo que ellas persiguen. Este serio examen Nos lleva a la conclusión de que ninguna otra Congregación ya existente responde al objetivo que se propone este nuevo Instituto; y que, consecuentemente, su constitución como Congregación religiosa, para el alivio de tantas personas y de tantas necesidades desesperadas, redundará en mayor Gloria de Dios y en provecho de la Fe Católica en Nuestra Archidiócesis.

En consecuencia, Nosotros, por el presente Decreto, para mayor Gloria de Dios y para la promoción en estos lugares del Reino de la Verdad, de la Justicia, de la Caridad y de la Paz de Cristo el Salvador, instituimos y erigimos la Congregación religiosa que tendrá por:

Nombre: Congregación de las Hermanas Misioneras de la Caridad;

Santa Patrona: El Corazón Inmaculado de la Bienaventurada Virgen María;

Finalidad: Saciar la sed de Nuestro Señor Jesucristo por la salvación de las almas, mediante la observancia de los tres votos de Pobreza, Castidad y Obediencia, y de un cuarto voto adicional de dedicarse con abnegación al cuidado de los pobres y los necesitados que, destrozados por la miseria y la indigencia, viven en condiciones impropias de la dignidad humana. En consecuencia, las que entran en este Instituto se comprometen a darse incansablemente en la búsqueda, en ciudades y pueblos, incluso entre los alrededores sórdidos, los más pobres, los abandonados, los enfermos, los inválidos, los moribundos; cuidándoles, ayudándoles, visitándoles asiduamente e instruyéndoles en la Doctrina Cristiana, esforzándose al máximo en su conversión y su santificación [...] Y llevando a cabo cualquier otro trabajo o servicio apostólico similar, por muy humilde y miserable que parezca.[32]

La llamada de Jesús que Madre Teresa escuchó el 10 de septiembre de 1946, era ahora reconocida y confirmada por la Iglesia. Ella sintió su pequeñez, viendo todo lo que Dios había hecho, tal y como le dijo al arzobispo en una carta:

El pensamiento de mi indignidad por todos Sus regalos a mí y a mis hijas se hace cada vez más profundo y más claro. En mis meditaciones y oraciones, que en estos días están tan llenas de distracciones—una cosa aparece muy clara—mi debilidad y Su Grandeza. Temo todo lo que procede de mi debilidad—pero confío ciegamente en Su Grandeza.[33]

Además de la estabilidad asegurada a su comunidad religiosa por la aprobación oficial de la Iglesia, aquel día Madre Teresa tenía otro motivo de alegría: el tan deseado permiso de tener el Santísimo Sacramento presente en la capilla del convento. Había escrito al arzobispo: «Pronto Nuestro Señor estará con nosotras.—Entonces todo será fácil—Él estará allí personalmente.»[34] Tenía ahora el consuelo de la presencia eucarística de Jesús en su pequeño convento. Por eso decidió tener la adoración eucarística todo el día como acción de gracias por este singular acontecimiento en la vida de la nueva Congregación.

Pagar el precio de las almas

La obra que Madre Teresa y sus jóvenes compañeras realizaban no carecía de dificultades. El trabajo en los barrios marginados era exigente: tenían que recorrer largas distancias a pie; su comida era mala, y a veces tenían que mendigarla. Al mismo tiempo, muchas de ellas tenían que continuar con sus estudios. «Tenemos que pagar el precio de las almas»[35] repetía continuamente la fundadora a sus jóvenes hermanas.

En su Explicación de las primeras Constituciones escribió:

> Jesús dice: «En verdad os digo, si el grano de trigo caído en la tierra no muere, permanecerá solo. Pero si muere dará mucho fruto.»[36] La misionera debe morir cada día, si quiere llevar almas a Dios. Debe estar dispuesta a pagar el precio que Él pagó por las almas, y recorrer el camino que Él recorrió en busca de almas.[37]

El fin del nuevo Instituto se estaba haciendo realidad, no a pesar de las dificultades y de los sufrimientos, sino precisamente a través de ellos. Madre Teresa no quería evitar los sacrificios o eliminarlos de su vida o de las vidas de sus seguidoras. «Aprovechen la oportunidad de ofrecer algo a Jesús», aconsejaría con insistencia a sus hermanas. Sabía que sus sufrimientos darían fruto. Cuando monseñor Périer objetó que la vida sería demasiado dura para las candidatas que no fueran indias, ella replicó:

> Me gustaría mucho tener unas cuantas [candidatas que no sean indias] porque será duro para ellas, y cuantos

más sacrificios haya en la Congregación, más pronto se cumplirá nuestro objetivo de saciar Su sed. Nuestra obra por las almas es grande, pero sin penitencia y muchos sacrificios será imposible.—Por la cercanía del pecado tenemos que hacer más penitencia incluso que las Carmelitas.[38]

Los retos no desalentaban a Madre Teresa. Al contrario, impresionaba a los que estaban a su alrededor con su alegría. Era una elección consciente; ella quería «continuar sonriendo a pesar de todo»[39] y «darle a Nuestro Señor siempre todo con una alegre sonrisa».[40] Superando su dolor, eligió repartir alegría, confirmando el propósito de su juventud de «beber el cáliz hasta la última gota».[41] Ahora expresaba su determinación de manera más radical en una carta al arzobispo:

Quiero llegar a ser una verdadera esclava de Nuestra Señora[42]—beber sólo de Su [de Jesús] cáliz de dolor y dar verdaderos santos a la Madre Iglesia. Sé que lo que quiero está por encima de mis fuerzas—pero Él, que me ha dado el deseo, me dará también la fuerza para hacer lo imposible [...] Excelencia, por favor rece por mí, para que le dé a Nuestro Señor todo lo que pida sin pensar por un momento en mí misma.[43]

La Santísima Virgen era su indispensable compañera y el rosario un instrumento sencillo pero poderoso para permanecer unida a ella:

Se nos enseña a amar y a rezar el Rosario con gran devoción; seamos muy fieles a este nuestro primer amor—ya que nos acercará a nuestra Madre Celestial. Nuestra regla nos pide que nunca vayamos a los barrios más miserables sin haber recitado primero las alabanzas de la

Madre; por eso tenemos que decir el Rosario en las calles y en los agujeros oscuros de los barrios pobres. Aférrense al Rosario como la enredadera se aferra al árbol—porque sin Nuestra Señora no podemos mantenernos.[44]

El 11 de abril de 1951 el primer grupo de hermanas comenzó su noviciado como Misioneras de la Caridad. Este paso importante, junto con su progreso espiritual, dio gran satisfacción a Madre Teresa, como dijo al arzobispo pocos meses más tarde:

Las Hermanas mantienen su buen espíritu.—Hay gran emulación en la virtud. Su único objetivo parece ser encontrar medios y maneras para saciar la sed ardiente de Jesús.—Cuando las veo, siento que el plan de Nuestro Señor se está cumpliendo.—Pero hay una parte que todavía falta y es que yo tendría que sufrir mucho.—A pesar de todo lo que ha sucedido estos últimos años, siempre ha habido una paz perfecta y alegría en mi corazón.—Nuestro Señor sabe que estoy a Su servicio. Él puede hacer conmigo todo lo que Él desee.[45]

Aunque parezca sorprendente, Madre Teresa temía que los numerosos y diversos sufrimientos que experimentaba ya no correspondían a la «promesa» que recibió en el momento de la inspiración: la de sufrir mucho. Una vez más, monseñor Périer ofreció su sabio consejo.

No es necesario que busque sufrimientos. Dios Todopoderoso los proporciona a diario: no siempre son lo que nosotros imaginamos, sufrimientos corporales y de ese tipo, sino sufrimientos interiores, contradicciones, fracasos en nuestro plan, inquietudes por la comunidad, por el trabajo, malentendidos en nuestras relaciones con otros religiosos, o familias; oposiciones a veces inesperadas, etc.[46]

Mientras tanto, entre las religiosas de Loreto y las Hijas de Santa Ana,[47] continuaron difundiéndose las acusaciones y los rumores contra ella. Madre Teresa confió al arzobispo esta nueva ola de sufrimientos:

> Ha habido una tormenta en Entally.—Las Hijas [de Santa Ana] se han enfadado mucho con la venida aquí de M. M. [Madre Mary] Bernard.—Me he convertido en algo terrible para Loreto. Me comparan con el demonio y la obra como su obra, etc. Algún día todo se aclarará. Le estoy agradecida a Dios por todo.—Ahora amo a Loreto tanto o más que durante todos estos años.—Rezo a menudo por ellas, y su «persecución» me hace amar más mi nueva vocación.[48]

Los comentarios de unas cuantas religiosas apenaban a Madre Teresa, no sólo porque procedían de sus antiguas compañeras, sino sobre todo porque al atribuir la obra de su incipiente Congregación al demonio, atacaban directamente el origen divino de su llamada. Eso minusvaloraba todo su esfuerzo y el tierno amor de Dios hacia Sus pobres. La convicción de que ella estaba llevando a cabo «la obra de Dios» era el ancla que la capacitaba para sobrellevar esta tormenta.

Para responder a estas falsedades, Madre Teresa decidió escribir una carta a la provincial de Loreto, Madre Francis Xavier Stapleton, «sólo como un deber por parte de nuestra propia Congregación».[49] Al darse cuenta de la seriedad de la situación y del daño causado por algunas de sus religiosas, la madre provincial respondió inmediatamente y le aseguró que tomaría cartas en el asunto:

«Usted ya conoce mi opinión sobre su obra que Dios está bendiciendo visiblemente [...] Lo siento si ha sido víctima de alguna animosidad y haré todo lo posible por corregirlo.»[50] Con el paso del tiempo, entre las dos congregaciones se estableció una buena comunicación y colaboración.

Llegar a ser y dar santos

Las necesidades de las hermanas y de los pobres se hacían cada vez más exigentes. Madre Teresa confió al arzobispo en febrero de 1952 que no tenía «ni un minuto»[51] para ella. Sin embargo, en medio de todas estas ocupaciones, tampoco perdió su objetivo ni el propósito de la pequeña Congregación. Una carta de abril de 1952 revela la motivación que la sostenía:

> Quiero llegar a ser santa, saciando la sed de Jesús de amor y de almas.—Y hay otro gran deseo—dar a la Madre Iglesia muchas santas de nuestra Congregación.—Éstas son las únicas dos cosas por las que rezo, trabajo y sufro. Por favor rece por mí, para que lleve a cabo Su deseo en lo que respecta a nuestra Congregación y a mí misma.[52]

El objetivo de las Misioneras de la Caridad y la búsqueda de santidad eran primordiales en su mente y en su corazón. Su búsqueda de santidad no era para su propia glorificación; más bien era la expresión de la profundidad de su relación con Dios. Se esforzó por inculcar estos mismos deseos en sus hermanas. El medio para lograr estos fines era el servicio de todo corazón y gratuito a los más pobres entre los pobres: «Es maravilloso ver en nuestras jóvenes Hermanas este deseo de saciar la sed de Jesús por las almas», escribió al arzobispo. «No encuentran nada demasiado duro o imposible, cuando se trata de las almas.»[53] La cantidad de trabajo realizado por apenas veinte hermanas reflejaba verdaderamente un celo excepcional.

La «Casa Tesoro» de la congregación

Mientras recorría la ciudad para responder a las necesidades de los pobres, a menudo, Madre Teresa se encontraba con gente a punto de morir en la calle. Como estas personas se consideraban «casos desahuciados», los hospitales no las aceptaban; estaban destinadas a enfrentarse al fin de su vida solas, despreciadas y abandonadas por todos. Madre Teresa buscó un hogar donde pudieran ser recibidas con amor y tratadas con dignidad, al menos en los últimos momentos de su vida. El municipio de Calcuta le proporcionó uno de los refugios para peregrinos en el templo de la diosa Kali, al que ella llamaría Nirmal Hriday, o sea «corazón puro» en bengalí, en honor al Corazón Inmaculado de María.* Allí, ella y sus hermanas llevarían a los moribundos de las calles para ofrecerles alojamiento, cuidados médicos básicos y sobre todo, tierno amor.

Dos meses después de su apertura el 22 de agosto de 1952, fiesta del Inmaculado Corazón de María, monseñor Périer visitó la casa. Habitualmente reservado en sus juicios, expresó sin embargo su admiración por la entrega que vio:

---

* Madre Teresa, en agradecimiento a la Virgen María, quiso que todas sus casas tuviesen el nombre de su Inmaculado Corazón.

Me agradó muchísimo haber ido ayer a visitar su hospital para desamparados y moribundos. No oculto que quedé profundamente impresionado y conmovido al ver tanta miseria pero también tanta generosidad de parte de su pequeño grupo de religiosas. Dios Todopoderoso debe mirarlas con amor y agrado. Grande, inmensamente grande será la recompensa de estas buenas hermanas en el cielo. Nuestro Señor la inspiró cuando le pidió este hospital y sus religiosas han sido inspiradas aceptándolo con tanta generosidad. Esperemos que sea ésta una lección permanente de caridad para todos. Los laicos que la ayudan son también admirables. ¡Dios les bendiga abundantemente! Es todo lo que puedo decir, ya que no hay recompensa en la tierra que les pueda pagar.[54]

Madre Teresa no era indiferente a su opinión. Al ser él su superior y, por consiguiente, el representante de Dios, su aprobación y elogio eran un signo más de la bendición de Dios sobre la obra. No pudo negar la satisfacción que le produjo, mientras atribuía los méritos a sus hermanas más que a ella misma:

Leí su carta a nuestras Hermanas y ellas han recibido un nuevo impulso para amar a Nuestro Señor con un amor más generoso.

Sí, Nuestro Señor me ha concedido gracias enormes al darme estas hijas espirituales [...] Algunas me hacen sentir vergüenza cuando veo el poco tiempo llevan al servicio del Maestro bueno y el progreso que han hecho en la vida espiritual—y aquí estoy yo con mis 24 años de vida religiosa.[55]

Madre Teresa consideraba Nirmal Hriday como la «Casa Tesoro» de su congregación. Los despreciados, rechazados, abandonados que acogía allí se asemejaban a Cristo sufriente—«Cristo en angustioso disfraz»* —y le permitía «poner su amor al servicio de la acción». Los grandes sufrimientos de los pobres y enfermos, especialmente sus sufrimientos interiores, estaban comenzando a ser los suyos, uniéndola con Cristo en Su Pasión y con los más pobres de los pobres en su dolor.

«Otro yo»

Madre Teresa estaba llena de iniciativas apostólicas. Las diversas dificultades y desafíos de la obra le proporcionaban frecuentes oportunidades de innovación. Tal fue el caso de Jacqueline de Decker, enfermera y trabajadora social belga que deseaba entrar a las Misioneras de la Caridad, pero que no podía hacerlo a causa de su precaria salud. Madre Teresa encontró la solución: como Jacqueline no podía trabajar con los pobres en Calcuta, compartiría el apostolado convirtiéndose en el «otro yo»[56] de Madre Teresa, una gemela espiritual que ofrecería a Dios sus oraciones y sufrimientos por ella y la fecundidad de su obra. Madre Teresa ofrecería a cambio sus oraciones y buenas obras por Jacqueline. Jacqueline y los que no podían participar directamente en la obra (los «colaboradores enfermos y sufrientes» como serían llamados más tarde) unirían sus esfuerzos con las hermanas respondiendo al objetivo común de saciar la sed de Jesús. Madre Teresa estaba convencida de que tener un motivo

---

* La expresión «angustioso disfraz» (distressing disguise) utilizada por Madre Teresa, se refiere a la realidad de la presencia oculta (disfraz) de Jesús entre los pobres más pobres (Mateo 25, 40); realidad que para ella era fuente de angustia.

para sus sufrimientos les daría un nuevo estímulo para sobrellevarlos: «El amor exige sacrificios. Pero si amamos hasta que duela, Dios nos dará Su paz y alegría [...] El sufrimiento en sí mismo no es nada; pero el sufrimiento compartido con la Pasión de Cristo es un don maravilloso.»[57]

Esta esperanza de extender la obra de su misión de amor a aquellos que en un principio parecían incapaces de participar en ella fue una fuente de alegría y de consuelo para Madre Teresa. Explicó a Jacqueline cómo entendía ella la vocación de las Misioneras de la Caridad:

Estoy muy contenta de que esté dispuesta a unirse a los miembros sufrientes de las Misioneras de la Caridad.— Ve lo que quiero decir—usted y los otros que se unirán, participarán en todas nuestras oraciones, nuestros trabajos y en todo lo que hacemos por las almas—y ustedes harán lo mismo con nosotras con sus oraciones y sufrimientos. Verá, el objetivo de nuestra Congregación es saciar la sed de Jesús en la Cruz de amor a las almas trabajando por la salvación y la santificación de los pobres en los barrios miserables.—¿Quién podría hacer esto mejor que usted y otros que sufren como usted? Sus sufrimientos y sus oraciones serán el cáliz en el que nosotras, los miembros activos, pondremos el amor de las almas que reunimos. Por eso, son ustedes tan importantes y necesarios para la realización de nuestro fin.—Para saciar Su Sed debemos tener un cáliz—y usted y los demás—hombres, mujeres, niños, ancianos y jóvenes, pobres y ricos—son todos bienvenidos para formar este cáliz. En realidad, pueden hacer mucho más en su lecho de dolor que yo corriendo con mis pies, pero usted y yo juntas podemos hacer todo en Él que nos fortalece.[58] [...]

Debemos tener en común el espíritu de nuestra Congregación—entrega total a Dios, confianza amorosa y alegría perfecta.—Por eso ustedes serán conocidos como Misioneros de la Caridad.

Todo el que desee convertirse en Misionero de la Caridad—un portador del amor de Dios—es bienvenido, pero quiero que se unan especialmente los paralíticos, los lisiados, los incurables, porque sé que ellos llevarán muchas almas a los pies de Jesús. Por nuestra parte, cada hermana tendrá a una hermana que rece, sufra, piense, le escriba, etc.—«otro yo». Ve usted, mi querida hermana, nuestro trabajo es muy difícil. Si está con nosotras—rezando y sufriendo por nosotras y por la obra—podremos hacer grandes cosas por amor a Él—gracias a usted. [...]

Personalmente me siento muy feliz y una nueva fuerza ha entrado en mi alma al pensar que usted y otras personas se unirán espiritualmente a la Congregación. Ahora, con usted y con los demás que colaboran en nuestro trabajo, ¿qué dejaremos de hacer? ¿Qué no podremos hacer por Él? En cuanto a usted, su vida es como una luz ardiente que se consume por las almas.[59]

La ayuda espiritual de sus colaboradores enfermos y sufrientes fue un gran consuelo en los momentos de prueba: «Cuando las cosas son difíciles, mi alma se anima al pensar que la tengo rezando y sufriendo por mí», escribió a Jacqueline. «Entonces lo encuentro fácil y la sonrisa para el buen Dios viene más deprisa.»[60]

La misión floreciente y su precio

A finales de 1952, el segundo piso de la casa familiar de los Gomes se había quedado pequeño para una comunidad de veintiséis religiosas. Madre Teresa se vio obligada a buscar una casa más grande donde acomodar al creciente número de hermanas. Después de bombardear el cielo con oraciones, encontró una casa en Lower Circular Road, que hoy sigue siendo la casa madre de las Misioneras de la Caridad. La comunidad se trasladó allí en febrero de 1953.

La inspiración de 1946 era ahora una «realidad viva»,[61] una comunidad floreciente al servicio de los más pobres entre los pobres de Calcuta. Los retos y los sufrimientos padecidos habían valido la pena. Pero no se habían terminado. Quedaba una prueba particular para la que Madre Teresa buscó apoyo espiritual con frecuencia. No sería hasta más adelante que ella revelaría esta dolorosa prueba interior, ahora ya profundamente asentada en su alma.

CAPÍTULO 8

LA SED DE JESÚS CRUCIFICADO
Una terrible oscuridad interior

> Quiero sonreír incluso a Jesús
> y ocultar así, si es posible,
> el dolor y la oscuridad
> de mi alma incluso a Él.
>
> MADRE TERESA

La oscuridad al descubierto

18-03-1953

Excelencia,

Por favor, rece especialmente por mí para que no estropee Su obra y para que Nuestro Señor se muestre a Sí Mismo—ya que hay una oscuridad tan terrible dentro de mí, como si todo estuviera muerto. Esto es así más o menos desde el tiempo en que comencé «la obra». Pídale a Nuestro Señor que me dé ánimo.

Por favor, bendíganos,

Su devota hija en J. C.
M. Teresa, M. C. [1]

Después de varios años de sufrimiento en silencio en los que sólo hizo ocasionales y vagas referencias a su estado interior, Madre Teresa finalmente reveló a monseñor Périer el dolor inmenso que atormentaba su alma desde el comienzo de su misión con los pobres. Parece, sin embargo, que el arzobispo no terminó de entender lo que ella estaba experimentando, quizá porque su descripción de los hechos, sincera pero breve, había sido poco explícita. Pensaba que se refería a las dificultades encontradas en la dirección de la nueva congregación. Sospechando que su tendencia a la «prisa» (causa de permanente tensión entre ellos) sería el motivo de sus sufrimientos, le aconsejó moderación.

> Dios la guía, querida Madre; no está usted en la oscuridad tanto como piensa. El camino a seguir no siempre se hace claro de forma inmediata. Rece para que haya luz; no decida con demasiada prisa, escuche lo que otros tienen que decir, considere sus razones. Siempre encontrará algo que la ayude. Usted tiene suficientes hechos exteriores para ver que Dios bendice su obra. Por lo tanto, Él está satisfecho. Guiada por la fe, la oración y la razón, con la rectitud de intención, usted tiene bastante. Los sentimientos no son necesarios y a menudo pueden ser engañosos.[2]

«He intentado no negar nada a Dios»

Un mes después de revelar su tormento interior al arzobispo, Madre Teresa hizo sus votos perpetuos como Misionera de la Caridad y las diez primeras hermanas hicieron sus primeros votos. Este acontecimiento alegre causó gran agradecimiento y humildad en ella, como escribió a monseñor Périer:

Cuando pienso en el 10 de septiembre de 1946—sólo doy gracias a Dios de todo corazón por todo lo que Él ha hecho. No me atribuyo nada de la «obra» puesto que era, es y siempre permanecerá Suya. Le pido que me señale mis defectos para que no estropeen Su obra. Sé que hay cosas que podrían haber ido mejor, pero con toda sinceridad he intentado no negar nada a Dios para responder a cada una de Sus llamadas.

Nuestro Señor había pedido «religiosas cubiertas con la pobreza de Su Cruz» [...]. Están las diez primeras. Han vivido esa vida generosa y alegremente [...]. Si yo hubiera sabido que esto era lo que me iba a dar Nuestro Señor, habría temido responder a la llamada, por mi indignidad para ser la Madre de estas religiosas. Hoy mi corazón rebosa de gratitud a Dios y a usted, por todo lo que ha hecho por nuestra Congregación, especialmente por asumir «la obra» bajo su cuidado y su amor personal. El único modo en que podemos mostrarle nuestra gratitud [es] llegando a ser verdaderas Misioneras de la Caridad [...].

Excelencia, por favor rece por mí para que me pueda dar completamente a Nuestro Señor.[3]

El arzobispo, impresionado por el testimonio de este grupo de fervorosas jóvenes religiosas, contestó a Madre Teresa el día de la profesión, expresando su decidido apoyo a la nueva comunidad:

Esa larga aspiración y la llamada de Dios, tras pocos años, se han convertido en una realidad, no sólo en una comunidad naciente, sino en una institución probada y confirmada, declarada capaz de vivir, dotada de una gran vitalidad y capaz de desarrollar un apostolado duradero y fecundo [...] Compartí su alegría esta mañana de todo corazón. Aleluya.[4]

Más tarde admitiría: «Estoy profundamente agradecido a Dios por haberme permitido ser Su instrumento para iniciar esta gran obra a través de usted y sus hermanas».[5]

«Muchas almas han sido devueltas a Dios»

Los frutos del trabajo de su Comunidad pronto suscitaron admiración y elogios a medida que comenzaron a publicarse artículos en la prensa local e internacional. Madre Teresa compartió su preocupación con el arzobispo:

> Temo que estamos obteniendo demasiada publicidad.—Unas cuantas cosas que he oído esta tarde me han dado escalofríos de miedo. Dios nos libre. Por favor rece por mí—para que yo no sea nada para el mundo y que el mundo no sea nada para mí.[6]

Frente a este peligro, su humildad bien establecida, las tinieblas persistentes y las numerosas exigencias de una obra en expansión contribuyeron a prevenir que el orgullo y el espíritu del mundo entraran en su corazón. El hecho de que ella y sus hermanas estuvieran en ocasiones en auténtico peligro físico les ayudó a mantenerse «con los pies en la tierra»:

> Hemos tenido problemas otra vez en Kalighat [Nirmal Hriday]—me dijeron muy fríamente que debo dar gracias a Dios de que todavía no haya recibido un tiro o una paliza, ya que todos los que han trabajado para ellos encontraron la muerte como recompensa. Les dije, con mucha tranquilidad, que estaba dispuesta a morir por

Dios. Vienen tiempos difíciles, recemos para que nuestra Congregación pase la prueba de la Caridad.[7]

En medio de todas estas pruebas, Madre Teresa, como lo describía al arzobispo, se apoyaba en el fervor de sus hermanas:

Hoy, nuestra Hermanita María Goretti ha ido a reunirse con Nuestro Señor. La alegría más grande de su vida era ser Misionera de la Caridad,* y tanto lo fue— que a menudo, cuando la veía o hablaba con ella, me alegraba de haber hecho el sacrificio de Loreto—para convertirme en la Madre de semejante criatura. Ahora ella está con Jesús—la primera M. C. en el cielo [...] Ahora con la Hermana en el cielo obtendremos muchas vocaciones.[8]

Aunque no sin dificultades, la obra de Madre Teresa con los pobres proseguía con notables resultados. Era consciente de que era «la obra de Dios»; ella era sólo un instrumento para llevar «las almas a Dios—y Dios a las almas».[9] Para semejante misión, la oración y el sacrificio eran esenciales: unidos al sufrimiento redentor de Jesús, fermentaban el trabajo por los pobres. Esta visión de fe la guió en la fundación de los «colaboradores enfermos y sufrientes», como explicó a monseñor Périer:

No sé si le he contado a usted, pero he empezado con los enfermos una relación espiritual. Cada hermana tiene su «otro yo»—que reza y sufre por ella—y las Hermanas

---

* Madre Teresa habría querido acceder a la petición de esta aspirante que deseaba pronunciar sus votos antes de morir, pero no era posible porque no era todavía novicia. Madre Teresa, aun así, la consideró como una Misionera de la Caridad, aunque formalmente no lo era.

compartirán sus buenas obras y sus oraciones con él.—
Espiritualmente son hijos de la Congregación—así tengo algunos en Inglaterra, en Bruselas, en Amberes, en Suiza, en Calcuta que se han unido, hombres, mujeres y niños.—Les gustaría decir algunas pequeñas oraciones en unión con nosotras. La señorita de Decker y Nicholas Gomes son mis «otros yo». Hay ahora 18 en la lista. ¿Podría bendecir, por favor, esta obra?—Son sus oraciones y sus sufrimientos los que están bendiciendo nuestro apostolado. Les hace muy felices tener que sufrir por alguien—ser Misioneros de la Caridad—aunque estén ciegos, cojos, tuberculosos, lisiados o cancerosos. Frecuentemente cuando encuentro que el trabajo es muy difícil, ofrezco el sufrimiento de estos hijos míos y me doy cuenta que la ayuda viene enseguida.—Creo que muchos de nuestros enfermos y de nuestros sufrientes serían santificados mucho más deprisa si sufrieran por saciar la sed de Jesús. Cuando venga usted se lo explicaré mejor. [...]

Llevo 25 años de religiosa—por favor dé gracias a Dios por todo lo que Él ha hecho por mí.[10]

Como su oscuridad interior se hacía cada vez más difícil de llevar, los aniversarios significativos le recordaban las «intervenciones» de Dios en la corta historia de la pequeña comunidad. En tales ocasiones, lo único que Madre Teresa podía hacer era reconocer los frutos de su «sí» a Dios y expresar su profunda gratitud:

El 21 de diciembre hará cinco años que empezó la obra en los barrios más miserables y quiero darle gracias a usted por todo el interés personal y el amor paternal que ha mostrado a la joven Congregación. Muchas almas han sido llevadas a Dios. Muchos moribundos han sido enviados a Dios, a muchos niños se les ha enseñado a amar a Dios, a muchas personas enfermas se les ha dado apoyo y se les ha enseñado a sufrir por amor a Dios, y sobre todo la vida generosa y llena de abnegación de nuestras jóvenes Hermanas ha debido causar mucha reparación al Sagrado Corazón.—Por todo esto, le pido que dé gracias a Dios conmigo.[11]

«Mi alma permanece en profundas tinieblas»

En medio de esta fecundidad evidente, casi un año después de su primera confidencia al arzobispo, Madre Teresa le comunicó otra vez: «mi alma permanece en profundas tinieblas y desolación. No, no me quejo—que haga conmigo todo lo que Él quiera».[12] Entregándose de nuevo, sacrificaba voluntariamente el consuelo de sentir la unión con Jesús por el reto de vivir sólo de fe. Esta experiencia la hizo aún más comprensiva y compasiva hacia los demás, capacitándola para ofrecer ánimo o apoyo y consejos prácticos:

> Cuando sea muy duro para usted—basta que se esconda en el Sagrado Corazón y allí mi corazón unido a usted encontrará toda la fuerza y el amor. Quiere sufrir en el amor puro—diga más bien en el amor que Él ha escogido para usted.—Tiene que ser una «hostia inmaculada».[13]

A pesar de la noche interior que atravesaba, Jesús era el único centro; Lo amaba y quería estar unida a Él, especialmente en Su Pasión. Un verdadero retrato de su alma, no movido por sentimientos sino firme en la fe, aparece en la explicación que dio a Jacqueline de Decker sobre la llamada de una Misionera de la Caridad.

L. D. M. (*Laus Deo Mariaeque?*
Gloria a Dios por María)*

Mi Hermana Jacqueline Theresa,**

Su carta del día 11 fue muy bienvenida, la recibí con gran alegría. Estaba impaciente de tener noticias suyas.

Cómo le quiere el buen Dios, querida hermanita mía, cuando le atrae tanto a Su Cruz.—Si usted no fuera mi «otro yo» creo que la envidiaría, pero así me regocijo porque es mi «otro yo». Sufre mucho y su alma está crucificada con dolor—pero, ¿no está Él viviendo Su vida en Su Jacqueline? Qué vocación tan hermosa la suya—una Misionera de la Caridad—una portadora del amor de Dios.—Llevamos en nuestro cuerpo y nuestra alma el amor de un Dios infinitamente sediento—y nosotros, usted y yo, y todas nuestras queridas Hermanas y los «otros yo» saciaremos esa sed ardiente—usted con sus sufrimientos indecibles, nosotras con nuestro trabajo duro. Pero, ¿no somos todos lo mismo?—¿uno?—«como Tú Padre en mí y yo en ti», dijo Jesús.[14]

Usted ha aprendido mucho. Ha probado el cáliz de Su agonía—y ¿cuál será su recompensa, mi querida hermana? Más sufrimiento y una semejanza más profunda con Él en la Cruz. Me siento indigna de ser su hermana, por ello cuando rece pida a Jesús que me acerque más a Él en la Cruz, que allí nosotras dos podamos ser una [...]

---

* Madre Teresa a menudo traducía erróneamente esta expresión latina como «Gloria a Dios por María» en vez de «Gloria a Dios y a María».

** Madre Teresa había añadido su nombre al de Jacqueline.

Querida Marguerite—qué duro debe ser estar totalmente ciega—pero puede ver mejor a Jesús—y esto [es] lo único que importa [...]

Por favor diga a nuestro querido Hermano Clement que él puede ser un verdadero Juan [el] Bautista[15]— ya que nuestra obra es sólo preparar el camino—después de nosotras otras religiosas y amigos entran para trabajar por las almas.

Estoy realmente orgullosa de usted—una verdadera Misionera de la Caridad.—Sea valiente y siga sonriendo.—Usted sabe que Él la ama con un tierno amor eterno [...]

Rece por mí—tengo mucho que hacer.

La quiere mucho, su Hermana en Jesús,

M. Teresa[16]

«Una portadora del amor de Dios», «el amor de un Dios infinitamente sediento»: éste era el concepto noble de Madre Teresa sobre una Misionera de la Caridad. Las hermanas se dedicaban a trabajos arduos y sus colaboradores que sufrían enfermedades e invalidez participaban en el propósito común de saciar la sed ardiente de Jesús en la Cruz.

«Esposa de Jesús Crucificado»

La oscuridad interior era el camino privilegiado de Madre Teresa para adentrarse en el misterio de la Cruz de Cristo. Sabía que el sufrimiento formaría parte de la llamada de una Misionera de la Caridad y así instruía a una de sus hijas:

Mi queridísima Hija,

Gracias por la carta preciosa y reconfortante del día 14. Mantenga sus ojos fijos en el Sagrado Corazón.—¿Por qué preocuparse si es tuberculosis o no?—Usted es Suya y es Su regalo para usted, Su esposa. ¿No fue Madre quien le enseñó a decir para la profesión «deseo llegar a ser la Esposa de Jesús Crucificado»?—No es Jesús glorificado o en la cuna, sino en la Cruz—solo—desnudo—sangrando—sufriendo—muriendo en la Cruz. Si es la primera de la Congregación a quien Él elige para estar sola en el lecho de la Cruz, hija mía, debemos dar gracias a Dios por todo—por éste, Su amor especial por usted, por mí y por la Congregación. Usted todavía es sólo una niña, y la vida es hermosa—pero el camino que Él ha escogido para usted es el verdadero camino.—Entonces sonría—sonría a la Mano que le golpea—bese la Mano que le clava a la Cruz.—No creo, igual que usted, que tenga tuberculosis—pero déjeles hacer todo lo que quieran con usted.—Sea como un corderito—sonría a todos. No se preocupe, mendigaré el dinero e iré a verla en cuanto tenga noticias más concretas de la Hermana.

«Que alcen la mirada y vean sólo a Jesús.»* He prometido a Nuestra Señora 25.000 Memorares[17] por su curación y los diremos en los próximos 9 días. Por favor agradezca a M. Rose su amabilidad con usted. Soy muy feliz con cualquier cosa que Dios haga con ustedes—son todas Suyas.

Ame a Jesús y conserve el corazón sonriente para Él.—Todos estos pensamientos turbadores vienen del demonio—ignórelos todos. Dios la bendiga, hija mía.

Madre[18]

* De la oración «Irradiar a Cristo», rezada diariamente por las Misioneras de la Caridad después de la Misa.

«*Una soledad tan profunda en mi corazón*»

En enero de 1955, poco menos de un año después de la última mención de la oscuridad a monseñor Périer, Madre Teresa sintió un nuevo elemento en su experiencia: una profunda soledad. Esta soledad, su «compañera de viaje» a partir de entonces, resultaba de su aparente separación de Dios y de aquellos en los que ella confiaba más. Este sentido de aislamiento hizo que su cruz fuera aún más dura de llevar.

Excelencia,

Le estoy muy agradecida por su visita—después de haber estado con usted siempre siento la carga un poco más ligera.—No sé, pero hay una soledad tan profunda en mi corazón que no lo puedo expresar.—Hace meses que no he sido capaz de hablar con Padre Van Exem y cada vez me resulta más difícil hacerlo. ¿Cuánto tiempo estará lejos Nuestro Señor?
Por favor rece por mí.

Su agradecida hija en J. C.
M. Teresa, M. C.[19]

En esta angustia, ella deseaba intensamente el regreso de Jesús, pero parecía como si Él se hubiera ido de ella.

El arzobispo respondió con una extensa carta, animándola y ofreciendo posibles explicaciones sobre su estado interior. Sugirió que la experiencia podría ser una prueba temporal: «Parece que Dios se esconde por un tiempo. Puede ser doloroso y si dura mucho se convierte en un martirio. Santa Teresita pasó por ello, como lo hizo la gran Santa Teresa* y podríamos decir lo mismo de la mayoría de los santos, si no de todos.»[20] Le advertía, también, que podría ser una tentación del demonio para desanimarla en el buen trabajo que estaba haciendo. monseñor Périer, con su habitual precaución y prudencia, insinuó, una vez más, que podría ser su tendencia a «precipitarse». Sin captar la profundidad de su aflicción, el arzobispo sugirió incluso que su estado podría ser el resultado de estar sobrecargada de trabajo o agotada físicamente. Aunque ella dijo que encontraba sus consejos «de mucha ayuda»,[21] en realidad no llegaban a las raíces de su dificultad o sufrimiento.

«Ofrecerse mutuamente a Cristo por las almas»

Madre Teresa continuó alegre y entusiasta. Su alegría no era simplemente superficial, sino profundamente espiritual. Explicó las razones en una carta de aliento a sus colaboradores enfermos y sufrientes:

Mis muy queridos Hermanas y Hermanos,**

Hace mucho tiempo que quiero escribir y cada vez sale el correo sin que lo haya hecho. Pero estén seguros de que cada una de nosotras reclama su amor ante el trono de Dios y que allí cada día les ofrecemos a ustedes o mejor aún nos ofrecemos mutuamente a Cristo por las almas. Nosotros, Misioneros de la Caridad, qué agrade-

* Santa Teresa de Jesús (1515-1582). Doctora de la Iglesia, carmelita española reformadora, mística y escritora.
** Éste es el modo en que Madre Teresa se dirige a los colaboradores enfermos y sufrientes en esta carta.

cidos debemos estar—ustedes de sufrir y nosotras de trabajar.—Completamos uno en otro lo que falta en Cristo.[22] Qué hermosa vocación la nuestra, ser portadores del amor de Cristo en los barrios más miserables.— Su vida de sacrificio es el cáliz, o más bien nuestros votos son el cáliz y sus sufrimientos y nuestro trabajo son el vino—la hostia inmaculada. Juntos permanecemos sosteniendo el mismo cáliz y así con los Ángeles adoradores saciamos Su Sed ardiente por las almas.

Mis muy queridos hijos—amemos a Jesús con todo nuestro corazón y con toda nuestra alma. Llevémosle muchas almas.—Sigan sonriendo. Sonrían a Jesús en sus sufrimientos—pues para ser verdaderos M. C. deben ser víctimas alegres.—Qué feliz soy de tenerlos a todos [ustedes].—Ustedes me pertenecen tanto como cada Hermana aquí me pertenece, y a menudo cuando el trabajo es muy duro pienso en cada uno de ustedes—y le digo a Dios—mira a mis hijos sufrientes y por su amor bendice esta obra, y eso funciona inmediatamente. Como ustedes ven, son nuestro tesoro—la fuente de energía de las M. C. [...]

Recen por mí, mis «otros yo», y sigan sonriendo por Jesús y por mí.[23]

El dolor interior de Madre Teresa no disminuyó. Deseaba intensamente desahogar su alma con alguien de confianza, pero no lo hacía. Cada vez era más difícil comunicarse con su director espiritual, el padre Van Exem. Debido a su gran reverencia por la acción de Dios en su alma, especialmente las experiencias místicas relacionadas con su llamada, era reacia a abrir su alma a otros. Por tanto prefirió sufrir esta prueba interior en silencio, en lugar de revelar el secreto de «mi amor por Jesús—y Su tierno amor hacia mí».[24] Escribir a monseñor Périer era su último recurso.

Hoy hemos terminado nuestro sexto día.* Cuanto más rezo más claro veo que Cristo desea que tenga «una íntima semejanza con Él» —a través de un amor más maternal, de un afecto y de un apego a cada una de las Hermanas—con dulzura y bondad incluso en el tono de voz con todos—especialmente cuando hago una advertencia o tengo que decir no a los pobres.

Este año he sido a menudo impaciente e incluso a veces severa en mis reprimendas—y he notado que cada vez he ayudado menos a las Hermanas—siempre obtuve más de ellas cuando fui amable.—Una cosa me preocupa—a veces cuando me he enfrentado a dificultades con algunas Hermanas, he tenido que hablarlo con el P. Van Exem o con el P. Cordeiro. ¿En qué medida va esto contra la caridad? ¿Puedo guardar silencio? Si he hablado con el P. Van Exem [ha sido] porque él es su representante—si lo he hecho con el P. Cordeiro, ha sido para solicitar ayuda mediante su instrucción y, además, sus consejos siempre han sido muy sabios—y tengo mucha necesidad de aprender. Cada vez que he hablado con alguno de ellos, he ido a confesarme.— ¿Qué debería hacer? Para mí ese comportamiento no es caritativo y aún tengo que encontrar respuesta a las dificultades que a veces se derivan de las diferentes personalidades de las Hermanas, etc. Y aun así, Excelencia, cómo tenemos que dar gracias a Dios por nuestras buenas Hermanas—a pesar de todos sus defectos son muy fervorosas y generosas.—Dios debe estar muy complacido con la gran cantidad de sacrificios que hacen estas jóvenes Hermanas cada día. Que Dios las conserve así. [...]

Antes la dirección espiritual me ayudaba y consolaba mucho—desde que la obra ha empezado—nada.—In-

* El sexto día de su retiro.

cluso yo misma no tengo nada que decir—eso parece. Me gustaría muchísimo tener alguna vez una buena conversación—pero la idea de tener que contar todo lo relacionado con la Llamada me echa para atrás—y por eso no hablo con nadie.—Le pido perdón por escribir todo esto—usted tiene mucho que hacer.

Por favor rece por mí, para que Le responda a Él con generosidad.[25]

«Sólo la fe ciega que me sostiene»

Como monseñor Périer era su superior, Madre Teresa debía enviarle, al menos una vez al mes, un informe sobre su vida espiritual, los asuntos de su comunidad, y su apostolado. Además, ella buscaba su consejo o su permiso sobre ciertos puntos. En esta correspondencia compartía con él muchos pequeños detalles de la vida cotidiana, pero en ocasiones le habló de su oscuridad. Estas referencias, en apariencia sin mayor importancia, nos permiten entrever la profundidad de su prueba interior y la magnanimidad de su respuesta.

15 de diciembre de 1955

Excelencia,

En 1956 se cumplirán los diez primeros años desde que Jesús habló de la «obra».

¿Podríamos vivir el año que viene como un «Año Eucarístico» para nuestra Congregación? Intentaremos extender por los barrios más miserables el amor y la devoción verdadera al Santísimo Sacramento en acción de gracias por nuestra Congregación.

El día 12 fue muy bonito.—Gracias por venir.—130

pequeños—verdaderamente las palabras de Nuestro Señor se están cumpliendo: «los ciegos—los cojos—los enfermos—los pobres, los quiero».[26] De Shishu Bhavan* tuvimos 12.

Adjunto el trabajo de las Hermanas para 1956. He anotado todo lo que hacen—para que tenga una visión más clara de este trabajo.

Dios ha sido maravilloso al usar estos pobres instrumentos para Su obra. Con todo mi corazón puedo decir —no me atribuyo absolutamente nada de todo esto, tan sólo que las Hermanas y yo hemos dejado que Dios nos use totalmente.

Me daría mucha alegría que usted les escribiera una carta a todas las Hermanas. Les ayudaría mucho. Más que cualquier otra Congregación tenemos el derecho de su amor y su cuidado porque somos suyas. Gracias a usted existimos.

El año próximo parece ser que habrá 10 o 12 vocaciones.—Cuando escriban oficialmente le escribiré a usted.

Las Hermanas se comportan todas muy bien.—Incluso la Hermana M. [...] ha cambiado por completo. Realmente tengo mucho que agradecer a Dios.

Estoy escribiendo antes de Navidad porque durante esos días usted tiene mucho que hacer.

¿Podrá venir a la Santa Misa el día 28? ¿Puedo llevar a las Hermanas a Bandel el 31 de diciembre?

Celebraremos nuestra fiesta de Navidad en la Iglesia de St. Laurence.—Tendremos mucho que hacer para preparar para 2.400 personas y encontrar transporte para todos. Dios ha provisto, Él proveerá otra vez. Las señoras de la Asociación Mariana han comprado ropa nueva para 1.212 niños católicos de los barrios más mí-

---

* Casa para niños atendida por las Misioneras de la Caridad.

seros. A los hindúes les daremos en septiembre durante las Pujas y a los niños musulmanes en Eid.*

Tenemos un nuevo armonio.—¿Puedo enviarle el viejo—para algún lugar de misión?—Estaba en buen estado pero el Rvdo. P. Bauwens lo tuvo mucho tiempo en St. Teresa—ahora no está tan bien.

Hay un maravilloso espíritu de sacrificio entre las Hermanas—el pesebre está casi lleno de paja. En Navidad le enviaremos un poco para su pesebre.**

El Capt. [Capitán] Cheshire me dio una reliquia de primera clase de Santa Teresita que le dio Céline. A cambio le di mi Rosario. Su trabajo y nuestro trabajo se complementarán. Le impresionó mucho Nirmal Hriday.

Rece por mí—pues en mi interior hay un frío glacial.—Sólo la fe ciega me sostiene, ya que en realidad para mí todo está en tinieblas. Mientras Nuestro Señor reciba todo el deleite—la verdad es que yo no cuento.

Solicito la renovación de mis permisos generales—para dar —recibir—gastar—para las Hermanas y la Congregación—para nuestros pobres y todos aquellos que necesitan nuestra ayuda y dependen de nosotras. ¿Puedo tener también el permiso para otorgar los permisos requeridos a las Hermanas?—y le ruego me reprenda por todas mis faltas.

Su devota hija en J. C.
M. Teresa, M. C.[27]

---

* Madre Teresa se refiere a las celebraciones religiosas de los hindúes y musulmanes.

** Durante el adviento se ponía un pesebre vacío y un cestillo lleno de paja en la capilla, al lado del altar. Las hermanas ponían una brizna de paja del cestillo en el pesebre por cada uno de los sacrificios hechos como preparación para la venida de Jesús en Navidad.

«Saciaré Tu Sed de Almas»

Por fin, en febrero de 1956, Madre Teresa ofreció a monseñor Périer una descripción más detallada de su experiencia espiritual, proporcionando una imagen más completa de una aflicción íntima que ninguna ayuda humana parecía poder remediar.

Excelencia,

Quiero decirle a usted algo—pero no sé cómo expresarlo. Anhelo—con dolor ser toda para Dios—ser santa de tal modo que Jesús pueda vivir plenamente Su vida en mí.—Cuanto más Le quiero—menos me quiere.— Quiero amarle como nunca ha sido amado—y sin embargo hay esa separación—ese terrible vacío, ese sentimiento de ausencia de Dios.—Desde hace más de cuatro años no encuentro ninguna ayuda en la dirección del Rvdo. P. C. Van Exem. Aunque le obedezco ciegamente. A menudo he ido al confesionario con la esperanza de hablar y sin embargo no sale nada.—En el transcurso del año pasado hablé con el Padre acerca de esto—y me dijo que se lo expusiera a usted.—No me quejo.—Yo sólo quiero ir hasta el fin con Cristo. No le escribo como a Su Excelencia—sino como al padre de mi alma—ya que nunca le he ocultado nada. Dígame lo que su hija debería hacer—quiero obedecer a cualquier precio—y si usted me dice que continúe así hasta el final de mi vida estoy dispuesta a obedecer con alegría […].

Por favor, Excelencia, rece por mí—para que me acerque mucho a Dios.

Su devota hija en J. C.

M. Teresa, M. C.[28]

A esta revelación de su alma, el arzobispo contestó con un breve resumen de las enseñanzas de San Juan de la Cruz sobre la «noche oscura», sin referirse directamente a ésta:

En lo que usted revela, no hay nada que no sea conocido en la vida mística. Es una gracia que Dios le concede, el deseo fuerte de ser toda Suya sin recibir nada a cambio para sí o a para los otros, vivir por Él y en Él, pero ese anhelo que viene de Dios nunca puede ser satisfecho en este mundo, sencillamente porque Él es infinito y nosotros somos finitos.[29]

Él indicó de nuevo el gran éxito de la misión como un signo de la presencia de Dios. «La bendición de Dios está en su obra, dele las gracias por ello»,[30] escribió, recomendándole que rezara así: "HAZ conmigo lo que Tú quieras" [...] y no Le niegue nada.»[31]

Sin saberlo, el arzobispo se hacía eco del voto privado que ella había pronunciado catorce años antes, de no negar nada a Dios bajo pena de pecado mortal: sin darse cuenta, él estaba tocando el compromiso secreto que estaba en la base de toda la vida espiritual de Madre Teresa. ¿Percibió ella en esta exhortación la mano de Dios que la animaba a perseverar en el camino que Él había escogido para ella?

Como su atroz tormento persistía, ella esperaba tener unos días de descanso durante el próximo retiro. En su respuesta al arzobispo, mostró su determinación de dejar a Jesús las manos libres y aceptar todo lo que Él permitiera para saciar así Su sed de almas.

Por favor, rece por mí para que Dios quiera levantar estas tinieblas de mi alma sólo durante unos días. Pues a veces la agonía de la desolación es tan grande y al mismo tiempo el anhelo por el "Ausente" tan profundo, que la única oración que aún puedo decir es—Sagrado Corazón de Jesús en Vos confío—saciaré Tu sed de almas.[32]

«Sonreír a Dios»

El retiro predicado por el Padre jesuita Lawrence Trevor Picachy* en abril de 1956 no transmitió el alivio esperado, pero fue la ocasión de un encuentro decisivo. Sólo más tarde Madre Teresa reveló su significado al Padre Picachy:

> Hace unos años cuando usted predicó el retiro a las novicias—y yo lo hice con ellas—Nuestro Señor me obligó a hablar con usted y a abrirle mi alma y entonces como para aprobar mi sacrificio, le hizo a usted nuestro confesor.[33]

Aunque habría sido legítimo bajo estas circunstancias buscar ayuda o alivio, Madre Teresa subrayó en varios momentos que fue únicamente por la insistencia de Dios que ella había dado a conocer su estado espiritual al padre Picachy. «No sé por qué», escribió más tarde, «Él

---

* El padre Lawrence Trevor Picachy, S. J., nació en Lebong, India, distrito de Darjeeling, el día 8 de julio de 1916. Entró en la Compañía de Jesús en el año 1934 y fue ordenado en el año 1947. Fue rector de St. Xavier en Calcuta desde el año 1954 hasta el 1960, párroco en Basanti desde 1960 a 1962; recibió la ordenación episcopal en Golmuri, Jamshedpur, el día 9 de septiembre de 1962; llegó a ser arzobispo de Calcuta el día 10 de julio de 1969; el año 1976 fue nombrado Cardenal. A comienzos de 1979 fue uno de los presidentes del Sínodo de Obispos sobre la Familia en Roma. Dejó su cargo en el año 1986 y murió en Calcuta el día 29 de noviembre de 1992.

quiere que le abra a usted mi alma—lo hago porque no me puedo "negar"».[34]

Relató al arzobispo el alivio que el retiro le había proporcionado: «Fui feliz al ser como una de las postulantes otra vez y tener muchas horas de oración».[35] Los propósitos que hizo durante estos días de oración abarcaban aspectos importantes de su vida: su actitud al ser humillada, su caridad hacia los demás, y su «sonrisa», como la expresión de su disposición amorosa hacia Dios, a pesar de sus sentimientos.

Mi resolución—primero es seguir a Jesús más de cerca en las humillaciones.

Con las Hermanas—amable—muy amable—pero firme en la obediencia.

Con los pobres—mansa y atenta.

Con los enfermos—extremadamente amable.

Segundo Sonreír a Dios.

Rece por mí para que por la primera y la segunda resolución, yo dé gloria a Dios.[36]

Su correspondencia muestra que sus sufrimientos, lejos de endurecerla, la hacían más cordial. Animaba a otros a sonreír en el sufrimiento como hacía ella:

Mi querida Jacqueline Teresa,

Me imagino lo decepcionada que debe estar con mi silencio—pero le ruego que me perdone—ya que no paro en todo el día.—Por favor agradezca en mi nombre

[...] a todos los que [han] colaborado tan generosamente.—Utilicé el dinero para el convento.

Le alegrará saber que hemos conseguido una nueva casa para las Profesas.—Era un edificio muy miserable—ahora está realmente bonito. Allí también está nuestra capilla.—Espero que un día vendrá a la India y verá nuestra preciosa capilla. A los sacerdotes les encanta venir aquí para celebrar la Santa Misa. [...]

¿Cómo está usted, hermanita mía? No sabe lo mucho que cuento con usted, con su amor a Jesús y a las almas. Parece que la descuido—pero creo que no pasa un solo día sin que yo me una a usted.—Así pues qué importa si escribo o no—usted sabe que en el Sagrado Corazón de Jesús somos una.—Por tanto sonría y tenga esa entrega total, esa confianza amorosa y esa alegría perfecta que son el espíritu de nuestra Congregación—y llevemos muchas, muchas almas a Cristo.

Ame a Jesús—viva con Jesús para que pueda vivir para Jesús.

M. Teresa[37]

Monseñor Périer continuó aconsejando a Madre Teresa a propósito de la oscuridad: en esta época la interpretó como una purificación y una protección contra el orgullo ante la fecundidad considerable de su obra.

En cuanto al sentimiento de soledad, de abandono, de rechazo, de oscuridad del alma, es un estado bien conocido por los escritores espirituales y directores de conciencia. Esto es querido por Dios para que nos apeguemos sólo a Él, como un antídoto contra nuestras actividades externas, y también, como cualquier tentación, como un modo de mantenernos humildes en medio de los aplausos, de la publicidad, de los elogios, de los aprecios, etc. y del éxito. Sentir que no somos nada, que no podemos hacer nada, es comprobar una realidad. Lo sabemos, lo decimos, algunos lo sentimos. Por eso agárrese a Dios y como escribió la pequeña Bernardette* al terminar su último retiro: Sólo Dios, Dios en todas partes, Dios en todos y en todo, Dios siempre.

Con San Ignacio** puede añadir: Mi única aspiración y deseo, la única cosa que humildemente ansío tener, es la gracia de amar a Dios, de amarle sólo a Él. No pido nada más.

Les deseo a todas una feliz fiesta de San Ignacio. Dios las bendiga a usted y a todas.[38]

Madre Teresa tomó en serio su consejo, pero entrevió otro fin para sus sufrimientos: era el precio que ella pagaba para que otros se acercaran a Dios. Algunos meses más tarde, le pidió al arzobispo: «Por favor rece por mí, ya que hoy más que nunca entiendo hasta qué punto debo acercarme a Dios si deseo llevarle almas.»[39]

«Los agujeros oscuros—allí Nuestro Señor está siempre realmente presente»

Desde que las tinieblas se habían asentado en su alma y el sentimiento de la presencia de Jesús había desaparecido, Madre Teresa Le reconocía sin embargo bajo el «angustioso disfraz» de los pobres: «Cuando camino por los barrios más miserables o entro en los agujeros oscuros—allí Nuestro Señor está siempre realmente presente.»[40] Los «agujeros oscuros» se habían convertido en lugares

---

* Santa Bernardette Soubirous (1844-1879), a la que Nuestra Señora se le apareció en Lourdes, Francia, en el año 1858.
** San Ignacio de Loyola (1491-1556), fundador de la Compañía de Jesús.

privilegiados de encuentro con Él. Era allí donde ella quería amarle hasta el fin:

> En cuanto a mí—hay sólo un deseo—amar a Dios como nunca ha sido amado—con un profundo amor personal.—En mi corazón parece que no hay otra cosa excepto Él—ningún otro amor sino el Suyo: las calles, Kalighat, los barrios más miserables y las Hermanas se han convertido en lugares donde Él vive plenamente Su propia vida de amor por completo. Rece por mí Excelencia, para que «sólo Jesús» esté realmente en mí.[41]

Dos meses más tarde, en su primera carta al padre Picachy, Madre Teresa intentó poner por escrito lo que estaba sufriendo:

> Hoy—nosotras las profesas tuvimos un precioso día de oración. Me hizo bien ver a mis hijas rezar con tanto fervor.—Tenemos mucho que agradecer a Dios por estos corazones jóvenes. Si sólo usted supiera lo que estoy pasando—Él está destruyendo todo en mí.—Pero como no me atribuyo nada a mí misma—Él es libre de hacer lo que quiera. Rece por mí para que siga sonriéndole.[42]

Consciente de que Dios, cuya presencia no sentía, era «responsable» de su dolor, ella se entregó a Su obra con toda el alma. Apreciaba sin embargo esta nueva oportunidad de compartir sus pensamientos más íntimos con alguien de confianza; era un alivio.

«Feliz de no ser nadie, ni siquiera para Dios»

Aunque el padre Picachy era ahora el confesor de Madre Teresa, ella continuó confiando en monseñor Périer con una transparencia impresionante.

Excelencia,

¿Por qué todos son tan buenos con nosotras?—No tengo otra respuesta sino una profunda gratitud. [...]

Hay tanta contradicción en mi alma.—Un deseo tan profundo de Dios—tan profundo que es doloroso—un sufrimiento continuo—y sin embargo no soy querida por Dios—rechazada—vacía—ni fe—ni amor—ni fervor.—Las almas no me atraen—el Cielo no significa nada—me parece un lugar vacío—la idea del Cielo no significa nada para mí y sin embargo este atormentador anhelo de Dios.—Rece por mí por favor para que continúe sonriéndole a pesar de todo. Pues soy sólo Suya—de modo Él tiene todo derecho sobre mí. Soy perfectamente feliz de no ser nadie ni siquiera para Dios [...]

> Su devota hija en J. C.
> M. Teresa, M. C.[43]

Sentir que los mismos pilares de su vida—la fe, la esperanza, el amor—habían desaparecido, era angustioso. Las tinieblas habían debilitado la certeza del amor de Dios hacia ella y la realidad del cielo. El celo ardiente por la salvación de las almas que la había llevado a la India aparentemente se había desvanecido. Al mismo tiempo, paradójicamente, se agarraba con todas sus fuerzas a la fe que profesaba y, sin ningún consuelo, trabajó de todo corazón en su servicio diario a los más pobres de los pobres.

Madre Teresa confesó que era «perfectamente feliz de no ser nadie ni siquiera para Dios». En 1947, escribió a monseñor Périer, «Por naturaleza soy sensible, me gustan las cosas bonitas y agradables, la comodidad y todo lo que puede dar la comodidad—ser amada y amar».[44] Habitualmente ella guardaba silencio ante todas las faltas de amor, aunque las sintiera profundamente.[45] Cuánto más sensible debió ser a las señales del amor de Dios—o su aparente ausencia. El ansia de sentir Su cercanía hizo que la oscuridad fuera mucho más desgarradora. Había alcanzado sin embargo una madurez espiritual que la ayudaba a ocupar el último sitio con humildad y generosidad y ser «nadie, ni siquiera para Dios» con alegría.

«Convertirse en apóstol de la Alegría»

Durante sus retiros anuales, Madre Teresa revisaba su vida y renovaba su compromiso de esforzarse por alcanzar la santidad—y ella era muy exigente consigo misma. En abril de 1957, compartió con monseñor Périer su determinación de arrancar los defectos de su fuerte carácter. Continuando su propósito del año anterior, se esforzaría en superar sus deficiencias mediante la mansedumbre y la humildad.

> Éstas son mis faltas. A veces he utilizado un tono excesivo y severo al llamar la atención a las Hermanas. En ocasiones he sido incluso impaciente con la gente—por éstas y por todas las faltas humildemente pido perdón y penitencia—y pido la renovación de mis permisos generales (de dar, recibir, comprar, vender, prestar, pedir prestado, destruir, dar estos permisos a las Hermanas en especie y en dinero) para las Hermanas y todas las obras de la Congregación, y le pido que me reprenda por todas mis faltas.* Quiero ser santa según Su Corazón manso y

---

* Madre Teresa se refiere a la práctica habitual en la vida religiosa según la cual una hermana habla con su superiora sobre las propias faltas y pide renovar mensualmente los permisos generales.

humilde,[46] por eso me esforzaré todo lo posible en estas dos virtudes de Jesús.

Mi segundo propósito es llegar a ser un apóstol de la Alegría—para consolar al Sagrado Corazón de Jesús mediante la alegría.

Por favor, pídale a Nuestra Señora que me dé su corazón—de modo que pueda cumplir más fácilmente Su deseo para mí. Quiero sonreír incluso a Jesús y así, si es posible, esconderle incluso a Él el dolor y la oscuridad de mi alma.

Las Hermanas están haciendo un retiro muy fervoroso.—Tenemos mucho que agradecer a Dios, por darnos Hermanas tan generosas.[47]

Comprometerse a llegar a ser «un apóstol de la Alegría», cuando personalmente se sentía quizá al borde de la desesperación, era realmente heroico. Pudo hacerlo porque su alegría estaba enraizada en la certeza de la bondad última del plan amoroso que Dios tenía con ella. Y aunque su fe en esta verdad no le proporcionaba ningún consuelo, se arriesgó a afrontar los retos de la vida con una sonrisa. Su único punto de apoyo era la confianza ciega en Dios.

El deseo magnánimo de esconder su dolor incluso a Jesús era una expresión de su gran y delicado amor. Hacía todo lo posible para no cargar a otros con sus sufrimientos; deseaba aún menos que éstos fueran una carga para su esposo, Jesús. Su dolor no le parecía significativo comparado con los sufrimientos de Él y los de Sus pobres. Ella aspiraba a consolar Su Corazón mediante la alegría. Para esto contaba con el apoyo de María.

«*Ofrecí [...] incluso pasar la eternidad en este terrible sufrimiento*»

En sus cartas a monseñor Périer, Madre Teresa había llegado a poder describir su dolor interior con mayor profundidad. Ahora comparaba su sentimiento de total separación de Dios con las torturas del infierno.

> Rece por mí, rece para que pueda tener el valor de seguir sonriendo a Jesús.—Entiendo un poco las torturas del infierno—sin Dios. No tengo ninguna palabra para expresar lo que quiero decir, y sin embargo el pasado Primer Viernes*—consciente y voluntariamente ofrecí al Sagrado Corazón incluso pasar la eternidad en este terrible sufrimiento, si esto Le daba ahora un poco más de felicidad—o el amor de una sola alma. Quiero hablar—sin embargo no sale nada—no encuentro ninguna palabra para expresar este abismo de tinieblas. Pero, a pesar de todo—soy Su pequeña—y Le amo—no por lo que da—sino por lo que toma [...].[48]

Diez años antes, al pedir permiso para dejar Loreto y comenzar su misión en los barrios más miserables, Madre Teresa había hablado de «los pobres que sufren terriblemente y además después pasarán la eternidad en la oscuridad, porque no hay religiosas que les tiendan una mano de ayuda en sus propios agujeros oscuros».[49] Sostenía entonces que valía «la pena pasar cualquier sufrimiento por una sola alma»[50] y «ofrecerlo todo—por esa

* Tradicionalmente el Sagrado Corazón de Jesús es honrado de manera particular el primer viernes de cada mes.

sola—porque eso daría gran alegría al Corazón de Jesús».[51] Ahora que soportaba «las torturas del infierno», su voluntad de ir más allá en su amor confirmaba que sus afirmaciones anteriores no habían sido el fruto de un momentáneo exceso de celo. De forma «consciente y voluntaria» se ofrecía a pasar incluso la eternidad en esta oscuridad terriblemente dolorosa si agradaba a Jesús y si llevaba una sola persona a amarle. Su amor a Dios fue de la mano de su amor al prójimo.

En la misma carta descubría otro profundo sufrimiento de su corazón:

> Recibí una larga carta de mi anciana madre. Por fin recibieron noticias mías—y no ha sido hasta ahora que ella ha conocido la existencia de las Misioneras de la Caridad. En 1948 supo que dejaba Loreto—y luego nada— de modo que me creía muerta.
>
> Por favor rece por mí.[52]

Cuando Drana, la madre de Madre Teresa, supo que su hija intentaba comenzar su nueva misión entre los pobres, le ofreció todo su apoyo y todo su aliento. Debido a la situación política de Albania, habían pasado once años sin que hubiera un intercambio de cartas. Esto fue un sufrimiento atroz para ambas, pero Madre Teresa guardó silencio.

«La oscuridad se está haciendo más grande»

Los esfuerzos de Madre Teresa por ayudar a los más necesitados continuaban atrayendo la atención y el reconocimiento en la prensa local:

Es inútil presentar a Madre Teresa a Calcuta. Su celo y su compasión han llegado hasta el último rincón de la ciudad. Se ha encontrado con oposición y la exasperante indiferencia ante nuestro enorme problema de sufrimiento humano, con un desafío que desmiente su fragilidad. Madre de innumerables niños abandonados, compañera de los moribundos y de los indigentes, socorro de los enfermos, lleva la batalla contra el sufrimiento a campos hasta ahora nunca considerados y apenas conocidos.[53]

Al mismo tiempo, compartió con monseñor Périer su creciente lucha interior:

Por favor rece por mí—el anhelo por Dios es terriblemente doloroso y la oscuridad se está haciendo todavía más grande. Qué contradicción hay en mi alma.—El dolor interior es tan fuerte—que realmente no siento nada con toda la publicidad y lo que habla la gente. Por favor pídale a Nuestra Señora que sea mi Madre en esta oscuridad.[54]

A pesar de las tinieblas, Madre Teresa era capaz de reconocer y apreciar inmediatamente la gracia divina que recibía, compartiéndola, a veces, con sus confesores:

Cuando fui a su capilla para dar gracias a Jesús—allí recibí inmensa gracia. Se la contaré el próximo jueves. Por favor agradezca a Jesús lo que Él dio.[55]

En junio de 1958, en una carta al padre Picachy, ella reconocía otra gracia divina:

Usted debe haber rezado mucho por mí—he encontrado felicidad real en el sufrimiento, pero el dolor a veces es insoportable.—No sabe usted lo miserable y lo nada que soy.[56]

Madre Teresa no disfrutaba sufriendo sólo por el hecho de sufrir; más aún, lo encontraba casi insoportable. Pero ella apreciaba muchísimo la oportunidad de estar unida a Jesús en la Cruz y demostrarle su amor. Los «locos deseos» que había sentido cuando estaba en la cumbre del consuelo, en los meses que siguieron la inspiración en 1946, ardían todavía en su corazón: «Rece para que ame a Dios con un amor con el que Él nunca ha sido amado.—¡Qué absurdo deseo!»[57]

«*La sonrisa es un gran manto*»

Estos «locos deseos» junto con la convicción de que «la obra es Suya», le daban a Madre Teresa la fuerza para ir adelante. Durante casi diez años había observado la acción de Dios en su joven Congregación. Agradecida por todo lo que Él realizaba a través de ella, utilizó cada oportunidad para continuar «Su obra» entre los pobres. En 1958, esperaba abrir un centro para leprosos llamado Shanti Nagar, «Ciudad de Paz». Inmersa en el dolor del rechazo, sintonizaba profundamente con la experiencia de los leprosos, rechazados, despreciados y no amados.

Excelencia,

Como sabía lo ocupado que está no he escrito. [...]

El otro día envié las «Cuentas Sagradas»* a Monse-

* Las Cuentas Sagradas eran las estadísticas de las actividades religiosas que cada año se presentaban al obispo o a su vicario general por parte de los párrocos o superiores religiosos.

ñor Barber. No pude hacer otra cosa que ponerme de rodillas y dar gracias a Dios por todo. Hace diez años «la llamada» no era sino un gran deseo—hoy es una realidad viva. La Congregación vive con Su vida—trabaja con Su poder.—Amo la Congregación con todas las fuerzas de mi alma—sin embargo la convicción de que es totalmente Suya me mantiene en el espíritu y el sentimiento de que soy Su pequeño instrumento—Su pequeña nada. Que es Él y no yo quien trabaja.

Las condiciones en las que viven las familias de los leprosos son terribles.—Me gustaría darles mejores hogares—alzarles cerca del Sagrado Corazón—hacerles saber que también ellos son los hijos amados de Dios y darles así un motivo para vivir [...] Quiero construir poco a poco un pequeño pueblo para ellos, donde nuestros leprosos puedan vivir una vida normal [...]

Si Nuestra Señora lo quiere realmente—Ella se ocupará.—Me gustaría llamarlo «Shanti Nagar» (Ciudad de la paz). Todo esto si usted lo aprueba, Excelencia.

Si sólo usted supiera lo que hay dentro de mi corazón.—A veces el dolor es tan grande que siento como si todo se fuese a romper. La sonrisa es un gran manto que cubre una multitud de dolores.

Rece por mí, por favor.

Suya en Jesús
M. Teresa, M. C.[58]

La sonrisa que cubría «una multitud de dolores» no era una máscara hipócrita. Ella intentaba esconder sus sufrimientos—¡incluso a Dios!—para que los demás, especialmente los pobres, no sufriesen. Cuando prometió «un poco más de oración y de sonrisa»[59] para una de sus amigas, aludió a un agudo sacrificio, doloroso y costoso: rezar cuando la oración era tan difícil y sonreír cuando su dolor interior era agonizante.

Mientras continuaba su prueba interior, sus Hermanas le daban fuerzas. «Las nuevas Hermanas están progresando en santidad.—Todas ellas son tal alegría para mí.—Sólo con verlas soy capaz de hacer el doble del trabajo»,[60] escribió a una amiga.

Un oasis en el desierto

En octubre de 1958, inesperadamente, Madre Teresa recibió una gran gracia divina con ocasión de la misa de réquiem por el papa Pío XII,* tal como relató a monseñor Périer:

> Le alegrará saber que el día que usted ofreció su Santa Misa en la Catedral por el alma de nuestro Santo Padre—le pedí a él una prueba de que Dios está contento con la Congregación. Allí en ese momento desaparecieron las largas tinieblas, ese dolor de pérdida—de soledad—ese extraño sufrimiento de diez años. Hoy mi alma está llena de amor, con una alegría indecible—con una unión de amor inquebrantable o intacto. Por favor dé las gracias a Dios conmigo y por mí.[61]

Esta experiencia era como un oasis en el desierto. No sólo era una confirmación tangible de que «Dios estaba contento con la Congregación», sino que era un alivio para su alma fatigada. Reafirmaba su creencia de que Dios era el último responsable de su condición interior y eso le proporcionaba una confianza aún mayor.

Sin embargo, esta consolación duró poco, como relató al arzobispo:

* El papa Pío XII murió el día 9 de octubre de 1958.

Nuestro Señor pensó que era mejor para mí estar en el túnel—así Él se fue de nuevo—dejándome sola.—Le estoy agradecida por el mes de amor que me dio. Por favor, pídale a Nuestra Señora que me mantenga cerca de Ella para que no pierda el camino en la oscuridad.[62]

Como había entrado plenamente en el núcleo de su vocación, el misterio de la sed de Jesús Crucificado, Madre Teresa aceptó voluntariamente estar otra vez en «el túnel», envuelta en tinieblas insondables. Lo que le importaba era amar a Dios, independientemente de que Él le concediera el consuelo y alegría de sentir Su presencia o no. Y Cristo prefirió unirla, como Él hizo con Su Madre dolorosa, a Su «sed terrible» en la Cruz. Ella iba a personificar ese amor sediento de Jesús por los pobres y por los sufrientes a quienes ella servía. Ignorando cuándo aparecería de nuevo la luz, se asió a María, segura, gracias a su ayuda, de no perderse en el camino.

CAPÍTULO 9

«DIOS MÍO, ¡QUÉ DOLOROSO ES ESTE DOLOR DESCONOCIDO!»
Una huella de la Pasión

> ¿Qué le estás haciendo, Dios mío,
> a una tan pequeña?
>
> MADRE TERESA

«Mi secreto más profundo»

Madre Teresa había revelado su estado espiritual al padre Picachy durante el retiro que él predicó a su comunidad en abril de 1956. Además de la sorprendente franqueza que caracterizó sus relaciones con todos sus directores espirituales, en la relación y correspondencia con el padre Picachy había una notable espontaneidad al compartir su dolor. Estaba mostrando su alma a alguien en quien confiaba no sólo como director espiritual, sino como amigo.

15 de agosto de 1957

Querido Padre:

Quiero expresarle mi agradecimiento—no por lo que dio sino por el modo en que lo hizo [...]

Perdóneme por preguntarle—¿No desea Nuestro Señor que usted hable a mi alma? Sus ánimos en mis confesiones me han ayudado—pero estoy gustosamente dispuesta a renunciar incluso a esto—por las almas.

Ningún sacerdote*, excepto el Padre Van Exem y usted ha conocido mis tinieblas.—Si usted piensa que el silencio Le agradará más, soy muy feliz de guardarlo durante toda mi vida. Rece por mí.

Suya en Jesús,
M. Teresa M. C.[1]

Había confiado su «secreto más profundo» al padre Picachy al tiempo que le insistía en que debía proteger su carácter sagrado:

Usted posee mi secreto más profundo—por favor, por amor de Dios, considere todo lo que lee como asunto de conciencia. He confiado en usted ciegamente. Quería darle hoy algo hermoso—así éste era mi regalo para usted. Guárdelo para Jesús.[2]

A pesar de su confianza en el padre Picachy, en su comunicación seguía habiendo una distancia que aparentemente ella no lograba reducir. Cuando él se dio cuenta de esto, le aconsejó que describiera su experiencia inte-

* Madre Teresa no incluyó aquí al monseñor Périer, ya que él era el obispo y su superior religioso.

rior. Su objetivo no era sólo familiarizarse con su estado espiritual para poder guiarla mejor, sino sobre todo ayudarla a soportar ese terrible sufrimiento. Gracias a que se ha conservado la correspondencia entre ellos, se comprende mejor la intensidad del sufrimiento de Madre Teresa:

> Aquí están las tres cartas.* Por favor léalas—y si las encuentra estúpidas—destrúyalas. Por favor perdóneme—que no pudiera contarle lo que yo quería que usted supiera. Tengo el corazón demasiado lleno —no sabía que el amor pudiera hacer sufrir tanto.—Aquél era sufrimiento de pérdida—éste es de deseo, deseo ardiente—de dolor humano pero causado por lo divino. Rece por mí—ahora más que nunca.[3]

Madre Teresa se daba cuenta de que la causa de un sufrimiento tan agudo era el amor. La ausencia de su Amado se había convertido en un dolorosísimo anhelo de Él. Estaba desgarrada entre el sentimiento de haber perdido a Dios y el insaciable deseo de alcanzarle. Era un verdadero martirio de deseo.

Aunque se sentía consternada, no estaba desorientada por estas tinieblas interiores. Más bien, las convirtió en una bendición ofreciendo su dolor por los pobres a los que servía.

> Nuestra amiga, la joven punjabi** sufre terriblemente.—Cuando la vi lloraba a gritos. Me fui cuando llegó su madre. Recemos mucho por ella. Desearía poder sufrir más espiritualmente—si esto pudiera aliviarla.—Qué contraste entre los ricos y los pobres.—Mi gente o mis

---

* No se han conservado estas cartas.
** De Punjab, estado al noroeste de la India.

pobres en Kalighat son mártires vivientes y sin embargo ni una palabra.—Un muchacho que sufría horriblemente—en los últimos momentos de su vida dijo—le daba pena morir—porque acababa de aprender a sufrir por amor a Dios.[4]

Sólo poseyendo un amor firme y ardiente, el mismo amor que ella sentía haber perdido, podía elegir sufrir por aquellos que amaba, los pobres. Su dedicación a ellos la impulsaba a una mayor generosidad en la ofrenda de sus propios sufrimientos. Como ellos, aceptaba en silencio su «martirio» interior, incluso escondiéndolo de quienes tenía más cerca, y ofreciéndolo por amor a Dios y por la gente que ella consideraba suya.

«Dios llenará lo que Él ha vaciado»

Durante diez años, excepto por aquel intervalo de un mes, las tinieblas habían tenido su alma sobrecogida. A veces, una idea surgida de sus lecturas espirituales encendía la esperanza de que la oscuridad llegaría a su fin, como le confió al padre Picachy: «Leí algo muy hermoso en la vida del hermano Benito S. J.—"Vendrá un tiempo en que Dios llenará lo que había vaciado".»[5] A Madre Teresa le debió parecer que el estado de total desolación en que se encontraba el alma del hermano Benito durante la etapa final de su vida, tal como se describe en su biografía, era muy semejante al suyo:

Incluso Dios parecía eludirlo. Como antes, en sus días de noviciado, cuando Dios se escondía tras Su don de frustración y de vacío. ¿Dios era hostil también? [...] Imposible. Dios era justo, fuesen cuales fuesen sus designios para las almas desoladas. Vendría un tiempo en que Dios llenaría lo que había vaciado, de esto Benito estaba seguro aun cuando no pudo ver la esperanza de ello. Cuando llegara el tiempo, la oscuridad de la noche sería disipada por destellos de la misericordia de Dios.[6]

Ésta era también la esperanza de Madre Teresa.

El padre Picachy era consciente de todo lo que exigía de ella la responsabilidad hacia su comunidad floreciente y su apostolado, y conocía su sufrimiento interior, de modo que le aconsejó que hiciera un largo retiro, esperando que fuera un respiro y un descanso. Inicialmente, ella rechazó esta posible fuente de consuelo, la caridad hacia sus Hermanas estaba antes que sobre su propio bienestar.

> He rezado y pensado bien.—Aunque sería un verdadero placer para mí hacer este largo retiro—aun así, no pienso que para mí esté bien de hacerlo.—Mi lugar está con las novicias.—Siempre hago mi retiro con ellas—ellas me necesitan mucho más que las hermanas de tercer año de probación.* Como hago siempre—participaré en la mayoría de las instrucciones y de las meditaciones para poder ayudar a las Hermanas—[...] Rece por mí mucho y a menudo.[7]

Dispuesta a hacer nuevos sacrificios, con el fin de obtener gracias para otros, no dudó en privarse del consuelo que le proporcionaban el consejo y el apoyo del padre Picachy: «Parece que está siguiendo la táctica de Je-

---

* Tercer año de probación. Las Hermanas que entonces se encontraban en este período de formación, eran las diez del primer grupo. Este retiro sería el inmediatamente previo a sus votos perpetuos.

sús.—Estoy muy feliz de que ese pequeño consuelo humano también falte—China necesita cada gota».[8] [...]

«Puedo tomar una parte de Su sufrimiento»

El largo retiro predicado por el padre Picachy a las hermanas en tercera probación tuvo lugar del 29 de marzo al 12 de abril de 1959. Madre Teresa cambio de opinión y decidió hacer el retiro. Sin embargo, temía que sería un tiempo de mayor soledad y dolor más profundo, en que sentiría más intensamente la aparente ausencia de Dios y el anhelo del «Ausente» sería más hiriente:

> Mi corazón está tan vacío.—Temo que el retiro será un largo sufrimiento—pero mejor no lo pensemos.—Quiero hacer un retiro fervoroso.[9]

Pocos días antes del retiro, escribió a monseñor Périer: «Creo que el Padre T. Picachy va a predicar un retiro muy fervoroso a las Hermanas.» Y añadió: «Por favor, rece por mí durante este tiempo Santo*— mi corazón está lleno de oscuridad y soledad y en continuo dolor.»[10]

Cada día del retiro, el padre Picachy dio a las hermanas unas notas mecanografiadas para ayudarlas con sus meditaciones y exámenes de conciencia. En estos papeles, Madre Teresa anotaba sus respuestas.** Éstas ofrecen una viva y honesta imagen de su alma, y realzan su

---

* «Tiempo Santo» en esta carta se refiere a la Semana Santa, no al tiempo del retiro. Madre Teresa escribió esta carta el sábado 21 de marzo de 1959, día previo al domingo de Ramos y comienzo de la Semana Santa.

** Cf. Apéndice 2, notas del retiro de Madre Teresa. Sus respuestas aparecen en cursiva.

humildad y santidad. Sus respuestas directas y sin pretensiones también reflejan cómo percibía ella su vida espiritual. Constituyen una sorprendente profesión de fe de alguien que sentía que había perdido de vista su fe.

Después de varios días de retiro, Madre Teresa escribió a monseñor Périer: «El retiro que el Rvdo. P. T. Picachy está predicando a las Hermanas como preparación para los votos perpetuos—es el más práctico que nunca he oído en los 30 años de mi vida religiosa, y sin embargo sigue estrictamente los ejercicios espirituales de San Ignacio.»[11]

Aunque le suponía un gran sacrificio, enseñaba sus notas al padre Picachy. El tercer día de retiro escribió: «Darle estos papeles es uno de los sacrificios más grandes del retiro, mi regalo para las Hermanas.» Sin embargo era una oportunidad más para «aprovechar la ocasión», como solía decir a sus hermanas, y ofrecer este costoso sacrificio para su provecho espiritual.

«Entrega absoluta a la Santa Voluntad de Dios»

Este retiro culminó en la ceremonia de la profesión perpetua del primer grupo de hermanas, el 12 de abril de 1959. Conmovida hasta las lágrimas por las bendiciones de que había sido testigo, Madre Teresa escribió a monseñor Périer después de la ceremonia:

Mi corazón está lleno de gratitud a Dios Todopoderoso por llamarme a mí y a las Hermanas a esta obra—a la Iglesia por aceptar nuestro ofrecimiento perpetuo y a usted nuestro Padre y amigo por todo lo que ha hecho, está haciendo y está dispuesto a hacer [...] Acabo de llorar de alegría pues Dios ha hecho muchísimo por nosotras.—Mis pensamientos y mi corazón están llenos de gratitud.[12]

Durante el retiro había escrito al arzobispo. Le preocupaba que su sucesor no entendiera o respetara como él el carisma de las Misioneras de la Caridad. Debido a la avanzada edad y delicado estado de salud del arzobispo, ella sugirió que la congregación obtuviese su propio gobierno como estaba previsto en las Constituciones, aunque permaneciera bajo la guía del arzobispo. Él consintió y nombró a Madre Teresa superiora general. Ella aceptó humildemente esta nueva responsabilidad:

A través de ti, oh Madre de Dios, ahora me entrego totalmente a la Santa Voluntad de Dios aceptando este nombramiento con fe, amor y alegría.—Haz conmigo lo que quieras—estoy a tu disposición—tu instrumento bien dispuesto.[13]

El arzobispo también había aprobado la propuesta de Madre Teresa de empezar fundaciones fuera de Calcuta. Como resultado ese año se abrieron dos nuevas misiones en Ranchi y en Delhi. Con estas fundaciones «la pequeña semilla» estaba creciendo como un árbol fecundo. El deseo de Madre Teresa de propagar el fuego del amor de Dios entre los pobres, los enfermos, los moribundos y los niños pequeños se estaba realizando. Con gratitud y asombro, reconocía este notable crecimiento y afirmaba su deseo de hacer incluso más:

Esta carta le llevará los mejores deseos y oraciones de todos—las 85 Hermanas y las 15 que vendrán, la gente y los niños, los enfermos y los moribundos y nuestros leprosos en nuestros 52 centros en Calcuta.

Lo que debemos a Su Excelencia—sólo en el Cielo lo podemos pagar.—Hace diez años en esta fecha éramos sólo 3. Es usted quien confió tan ciegamente en la pequeña semilla.—Hoy cuando se van nuestras Hermanas—hay en mi corazón una confianza ciega en el Sagrado Corazón.—Ofrezco cada unas de ellas sólo a Él.—Espero que un día Él nos ayude a encender el fuego de la caridad en todas las ciudades de la India—donde hay pobres viviendo en los barrios más miserables.

Una persona caritativa llevó todas nuestras cosas a Ranchi en un camión. La compañía del ferrocarril nos hizo un 50 % de descuento.—Para asegurarse de que volvería, me hicieron también para el regreso. Qué maravilloso es Dios en Su simple—infinito amor. Obtendré todos los papeles como le ha dicho el Rvdo. P. V. E. [Reverendo Padre Van Exem].[14]

En lugar de ahogar su impulso misionero, la oscuridad parecía que lo fortalecía. Madre Teresa entendía la angustia del alma humana que siente la ausencia de Dios, y ansiaba encender la luz del amor de Cristo en el «agujero oscuro» de cada corazón sepultado bajo la indigencia, la soledad o el rechazo. Reconocía que, cualquiera que fuera su estado interior, el tierno cuidado de Dios siempre estaba presente, manifestado a través de los pequeños favores que otros hacían por ella o de facilidades inesperadas que acompañaban sus empresas.

Uno de los frutos de su retiro con el padre Picachy fue una mayor aceptación de su misterioso sufrimiento interior. La entrega se estaba convirtiendo en una de las virtudes clave de su vida.

Por favor Padre, rece mucho por mí, para que no estropee Su obra [de Dios].

Rece para que me olvide completamente de mí en esta entrega absoluta a la Santa Voluntad de Dios.—Utilizo el propósito del retiro como una oración.—No sé hasta dónde llegará esta prueba—cuánto dolor y sufrimiento me traerá.—Esto ya no me importa más. Lo dejo a la voluntad de Él como dejo todo lo demás. Quiero llegar a ser una santa según el Corazón de Jesús—mansa y humilde. Esto es todo lo que realmente me importa ahora.

La Hermana M. [Mary] Agnes trabaja muy bien—y todas han aceptado muy bien el nombramiento.* Gracias a Dios. Es una muchacha santa. Dios hará grandes cosas a través de ella.

Las Hermanas hicieron un retiro muy fervoroso—ahora está llegando el fruto.—Una virtud que se desarrolla mucho—desde el retiro—es la humildad. Gracias Padre, por todo lo que usted ha hecho.—El único medio que tengo para mostrarle mi gratitud es ofrecer todo lo que hay en mí por sus intenciones. La oscuridad—la soledad y el dolor—la pérdida y el vacío—de fe—de amor—de confianza —es todo lo que tengo y con toda sencillez lo ofrezco a Dios por su intención como señal de mi gratitud.

Rece por mí—para que no «rechace a Dios»—que acepte todo, sea lo que sea, en absoluta entrega a la Santa Voluntad de Dios—ahora—y de por vida.

Por favor destruya todas las cartas o todo lo que yo he escrito.—Dios quiere que le abra a usted mi corazón.—No me he negado. No trato de buscar la razón—sólo le suplico que destruya todo.

No se tome la molestia de escribir.[15]

---

* La hermana Agnes llegó a ser asistente general y superiora local de la casa madre.

«¿Quién soy yo para que Tú me abandones?»

En su carta del 3 de julio de 1959 al padre Picachy, Madre Teresa insistía de nuevo en que era por obediencia a la inspiración divina que ella le estaba revelando su estado interior:

> Incluyo también este folio. Los pensamientos puestos en el papel dan un breve alivio. Por qué quiere Él que le cuente a usted todas estas cosas, no lo sé.—Me gustaría poder negarme.—Me negaría alegremente.[16]

El folio al que ella se refiere aquí,[17] escrito como una oración y enviado al padre Picachy, es una de las descripciones más detalladas y largas de su experiencia de oscuridad:

> Asunto de confesión
> En las tinieblas [...]
> Señor, Dios mío, ¿quién soy yo para que Tú me abandones? La niña de Tu amor—y ahora convertida en la más odiada—la que Tú has desechado como despreciada—no amada. Llamo, me aferro, yo quiero—y no hay Nadie que conteste—no hay Nadie a Quien yo me pueda aferrar—no, Nadie.—Sola. La oscuridad es tan oscura—y yo estoy sola.—Despreciada, abandonada.—La soledad del corazón que quiere el amor es insoportable.—¿Dónde está mi fe?—Incluso en lo más profundo, todo dentro, no hay nada sino vacío y oscuridad.—Dios mío—qué doloroso es este dolor desconocido. Duele sin cesar.—No tengo fe.—No me atrevo a pronunciar las palabras y pensamientos que se agolpan en mi corazón—y me hacen sufrir una agonía indecible. Tantas preguntas

sin respuesta viven dentro de mí— me da miedo descubrirlas—a causa de la blasfemia.—Si Dios existe, por favor perdóname.—Confío en que todo esto terminará en el Cielo con Jesús.—Cuando intento elevar mis pensamientos al Cielo—hay un vacío tan acusador que esos mismos pensamientos regresan como cuchillos afilados e hieren mi alma. —Amor—la palabra—no trae nada.— Se me dice que Dios me ama—y sin embargo la realidad de la oscuridad y de la frialdad y del vacío es tan grande que nada mueve mi alma. Antes de que comenzara la obra—había tanta unión—amor—fe—confianza—oración—sacrificio.—¿Me equivoqué al entregarme ciegamente a la llamada del Sagrado Corazón? La obra no es una duda—porque estoy convencida de que es Suya y no mía.—No siento—en mi corazón no hay el más mínimo pensamiento o tentación de atribuirme algo de la obra.

Todo el tiempo sonriendo.—Las Hermanas y la gente hacen comentarios de este tipo.—Ellos piensan que mi fe, mi confianza y mi amor llenan todo mi ser y que la intimidad con Dios y la unión a Su voluntad impregnan mi corazón.—Si supiesen—cómo mi alegría es el manto bajo el que cubro el vacío y la miseria.

A pesar de todo—esta oscuridad y este vacío no son tan dolorosos como el anhelo de Dios.—Esta contradicción, lo temo, va a desequilibrarme.—¿Qué estás haciendo Dios mío con una tan pequeña? Cuando pediste imprimir Tu Pasión en mi corazón—¿ésta es la respuesta?

Si esto Te trae gloria, si Tú obtienes de esto una gota de alegría—si esto Te lleva almas— si mi sufrimiento sacia Tu Sed—aquí estoy Señor, con alegría acepto todo hasta el final de la vida—y sonreiré a Tu Rostro Oculto— siempre.[18]

El temor de Madre Teresa a que este sufrimiento interior la desequilibrara no ocurrió. Según una de sus primeras hermanas, «Madre era una persona muy equilibrada y estaba alegre cuando todo iba bien; pero incluso cuando las cosas iban mal, no mostraba ni depresión ni mal humor. Estaba alegre en todas las circunstancias».[19] Después de su muerte, una mujer que había colaborado con ella durante muchos años observó: «Creo que el equilibrio era una de las características más sobresalientes de la Madre. También era muy constante [...] Nunca dejaba que las heridas y los sufrimientos interfirieran con su amor a Jesús. Ese amor le dio a ella mucha alegría. Era capaz de soportarlo todo.»

Su cercanía a Dios, que ella misma no podía percibir, era la raíz de esta serenidad que otros admiraban en ella. El vigor, la alegría y el entusiasmo con los cuales desempeñaba sus responsabilidades influían poderosamente en aquellos que entraban en contacto con ella, especialmente sus hermanas y los pobres que servía. Sin embargo, su sonrisa radiante escondía un abismo de dolor; cubría el Calvario de su alma.

«Cuando pediste imprimir Tu Pasión en mi corazón—¿ésta es la respuesta?»[20] Su angustiosa pregunta a Jesús permaneció sin respuesta. Debía limitarse a aceptar vivir silenciosamente el misterio de la Cruz que Cristo la estaba llamando a compartir.

La cumbre de esta «confesión» fue un nuevo y magnánimo ofrecimiento de amor y de entrega. Dando un paso más, aparentemente más allá de sus propias fuerzas, prometió sonreír a Su Rostro Oculto en medio de estos tormentos hasta el final de su vida. La fe, la esperanza y el amor que no percibía dentro de sí misma estaban muy activos en su alma. Las agobiantes tinieblas le habían ocultado a Él, aunque no oscurecieron la realidad de su identidad: ella era ahora, más que nunca, «la hija de Su Amor».

Parecía que la relación con Jesús estaba llenando de consuelo a Madre Teresa. En realidad, era la fuerza de la gracia divina, así como la determinación implacable y la fortaleza de carácter de Madre Teresa lo que le dio la energía para superarse a sí misma y vivir la alegría que no sentía. Animaba a sus hermanas a afrontar las pruebas del mismo modo:

Queridísima Hermana,

Me quedé muy triste viéndola esta mañana tan decaída y apesadumbrada. Usted sabe lo mucho que Jesús la ama.—Sabe cómo le mostró Su amor a través de Madre—cuánto y con qué cuidado Madre la ayudó a amar a Jesús. Sea buena, sea santa—recupérese. No deje que el demonio se lleve lo mejor de usted. Sabe lo que Jesús y Madre esperan de usted.—Sólo esté alegre.—Irradie a Cristo en el hospital.—Por favor tenga cuidado de cómo y qué cosas dice a los que están a su alrededor.

Le envío la Santa Faz—mire al Rostro de Aquel que le ama.

Dios la bendiga
Madre[21]

¿Por qué?

A pesar de estar tan resignada ante esta prueba interior, Madre Teresa no pudo evitar preguntar al padre Picachy:

Dígame, Padre, ¿por qué hay tanto dolor y oscuridad en mi alma? A veces me encuentro diciendo: «No puedo soportarlo más» y con el mismo aliento digo: «lo siento, haz conmigo lo que Tú desees».[22]

Así como luchaba para continuar entregándose a la oscuridad que la invadía, tenía que reafirmar constantemente su resolución de seguir el camino que Él le trazaba. Por eso la batalla continuaba entre la tentación de rehusar y la determinación de aceptar. Algunas semanas más tarde, Madre Teresa escribió de nuevo: «Rece por mí—para que no rechace a Dios.—Llega hasta el punto de ruptura y sin embargo no se rompe.—Me gustaría poder decir o escribir lo que ansío decir—pero no encuentro palabras.»[23]

Mientras estaba inmersa en la oscuridad, incapaz de entender su motivo, tentada de rechazar, y bajo la impresión de que no podía expresar adecuadamente por lo que estaba pasando, Madre Teresa reafirmó con fuerza su fe y su obediencia ciega a la voluntad de Dios. Había habido un malentendido entre ella y monseñor Périer, quien, una vez más lo achacaba a las «prisas» de Madre Teresa. Al escribir para aclarar su posición, ella le reveló el voto secreto que motivaba todas sus acciones. Omitía sus preguntas sobre el motivo de su dolor y de su oscuridad como un acto de suprema obediencia a la voluntad de Dios.

1 de septiembre de 1959

Excelencia,

La última vez que hablé con Su Excelencia—entendí—que Usted piensa que he actuado por mi cuenta.—Sinceramente le puedo decir que mi conciencia no me culpa—ya que estoy segura de que desde el 17 de agosto de 1948 he intentado obedecer, no sólo obedecer de modo ordinario o por simple obediencia sino con toda mi mente y mi juicio.* Si Usted me hubiera escrito como me habló el otro día—yo no habría dado un solo paso. Usted aprobó todo.—Usted bendijo todo.—Usted estaba complacido con cada paso que tomé.—Tengo sus cartas que me han animado y ayudado cuando la cruz era tan pesada.

Nunca le he contado, Excelencia, la causa de mi voluntad de actuar enseguida.—En 1942—quería darle a Jesús algo sin reserva.—Con el permiso de mi Confesor hice un Voto a Dios—vinculándome bajo Pecado Mortal—de dar a Dios todo lo que Él me pudiera pedir.— «No negarle nada.» Durante estos 17 años, lo he intentado—y ésta es la razón por la que quiero actuar enseguida. Toca a Su Excelencia impedírmelo—y cuando usted dice «No» estoy segura de que mi Voto está bien—ya que entonces no le niego a Dios mi sumisión.— He pasado y todavía estoy pasando duras pruebas espirituales—pero en este punto—nunca ha habido una duda en mi alma—puesto que siempre las he puesto ante usted y ante el P. C. Van Exem—y cada vez su—«Sí» o su «No» me ha satisfecho—como la voluntad de Dios. Podemos esperar mucho más de su parte—ya que para las otras Congregaciones—usted es su Ordinario—para nosotras usted es nuestro Padre—puesto que Dios lo ha usado como Su instrumento para dar la vida a ésta Su más pequeña Congregación.—El cambio exterior que hizo el pasado abril Usted—no ha modificado mi comportamiento o mis sentimientos.—Para mí y pienso, para cada Hermana en la congregación, Su Excelencia sigue siendo la cabeza—[el] padre de la Congregación— como lo ha sido desde el 10 de septiembre de 1946.—To-

---

* Es decir, conformando su mente y juicio con el de sus superiores, no sólo realizando exteriormente sus mandatos.

dos estos años he querido sólo una cosa—conocer y hacer la Voluntad de Dios. Y ahora incluso en esta penosa y profunda oscuridad—sigo queriendo sólo eso. Todo lo demás lo ha tomado Él—y pienso que Él ha destruido todo en mí.—La única cosa que me mantiene en la superficie—es la obediencia.

Por favor, Excelencia, no se disguste conmigo, los errores que cometo no son intencionados—se deben a mi ignorancia.—Tengo que aprender muchas cosas y esto lleva tiempo.—Desde mi infancia siempre he sido guiada por mi madre o por mi confesor—ahora tengo que guiar a tantas personas. [...]

El 10 de septiembre por favor rece por mí.

Su devota hija en J. C.
M. Teresa, M. C.[24]

«No Te preocupes por mis sentimientos»

Además de la constante lucha por permanecer fiel a su voto, estaba atormentada por su incapacidad de expresarse, incluso a aquéllos en quien más confiaba. Esto contribuía a su sensación de aislamiento, sin embargo lo aceptó como parte del sufrimiento que Dios quería de ella. En septiembre de 1959, escribió al padre Picachy:

Usted me ha pedido que escriba.—Simplemente no puedo expresar nada.—No sé por qué es así.—Quiero contar—y sin embargo no encuentro palabras para expresar mi dolor. No me deje que le engañe.—Déjeme—sola.—Dios debe querer esta «soledad» para mí. Rece por mí.—A pesar de todo—quiero amar a Dios por lo que Él se lleva.—Ha destruido todo en mí. Rece por mí. Trataré de hablar en confesión o después—si usted no teme ser engañado.[25]

En cambio, cuando hablaba con Jesús, es decir en la oración, se expresaba con facilidad. Cumpliendo la petición de su confesor, junto con su carta del 3 de septiembre de 1959, le envió una carta dirigida a Jesús:

Parte de mi confesión de hoy

Jesús mío,

Desde mi infancia Tú me has llamado y me has guardado para Ti—y ahora cuando ambos hemos tomado el mismo camino—ahora Jesús—yo voy por el camino equivocado.

Dicen que la gente en el infierno sufre un dolor eterno por la pérdida de Dios—resistirían todo ese sufrimiento si solamente tuviesen un poco de esperanza de poseer a Dios.—En mi alma siento precisamente ese dolor terrible de pérdida—de que Dios no me quiere— de que Dios no es Dios—de que Dios realmente no existe (Jesús, por favor, perdona mis blasfemias—se me ha dicho que lo escriba todo). Esa oscuridad que me rodea por todas partes—no puedo elevar mi alma a Dios—no entra luz alguna ni inspiración en mi alma.—Hablo del amor a las almas—del amor tierno a Dios—las palabras pasan a través de mis palabras [*sic*, labios]—y anhelo con un profundo deseo creer en ellas.—¿Para qué trabajo tanto? Si no hay Dios—no puede haber alma.—Si no hay alma entonces Jesús—Tú tampoco eres verdadero.—Cielo, qué vacío—ni un solo pensamiento del Cielo entra en mi mente—pues no hay esperanza.—Tengo miedo de escribir todas las cosas terribles que pasan en mi alma.—Te deben herir.

En mi corazón no hay fe—ni amor—ni confianza— hay tantísimo dolor—el dolor del anhelo, el dolor de no ser querida.—Quiero a Dios con todas las fuerzas de mi alma—y sin embargo allí entre nosotros—hay una terrible separación.—Ya no rezo más—pronuncio las palabras de las oraciones comunitarias—y hago todo lo posible por sacar de cada palabra la dulzura que tiene que dar.—Pero mi oración de unión ya no está ahí.—Ya no rezo.—Mi alma no es una Contigo—y sin embargo cuando estoy sola en las calles—Te hablo durante horas—de mi anhelo por Ti.—Qué íntimas son aquellas palabras—y sin embargo tan vacías, porque me dejan lejos de Ti.—

La obra no contiene alegría, ni atracción, ni celo. Recuerdo que le dije a la Madre Provincial, que dejaba Loreto—por las almas—por una sola alma—y ella no podía entender mis palabras.—Hago todo lo que puedo.—Me desvivo—pero estoy más que convencida de que la obra no es mía. No dudo que fuiste Tú quien me llamó, con muchísimo amor y fuerza.—Fuiste Tú—lo sé.—Es por esto que la obra es Tuya y eres Tú incluso ahora—pero no tengo fe—no creo.—Jesús, no permitas que mi alma sea engañada—ni me dejes engañar a nadie.

En la llamada Tú dijiste que tendría que sufrir mucho.—Diez años—Jesús mío, Tú has hecho conmigo según Tu voluntad—y Jesús oye mi oración—si esto Te complace—si mi dolor y mi sufrimiento—mi oscuridad y mi separación Te da una gota de consuelo—Jesús mío, haz conmigo lo que Tú desees—el tiempo que Tú desees, sin una sola mirada a mis sentimientos y dolor. Te pertenezco.—Imprime en mi alma y mi vida los sufrimientos de Tu Corazón. No Te preocupes por mis sentimientos.—No Te preocupes ni siquiera, por mi dolor. Si mi separación de Ti—lleva a otros a Ti y en su amor y su compañía encuentras alegría y placer—entonces Jesús, estoy dispuesta con todo mi corazón a sufrir lo que sufro—no sólo ahora—sino por toda la eternidad—si esto fuera posible. Tu felicidad es lo único que quiero.—Por lo demás—por favor no Te molestes—incluso si me ves desmayar de dolor.—Es mi voluntad—quiero saciar Tu Sed con cada gota de sangre que Tú puedas encontrar en mí.—No me permitas que Te haga daño de ninguna manera—quítame el poder de herirte.—De corazón y con toda el alma, trabajaré para las Hermanas—porque son Tuyas. Todas y cada una—son Tuyas.

Te suplico sólo una cosa—por favor no te preocupes por volver pronto.—Estoy dispuesta a esperarte toda la eternidad.

Tu pequeña[26]

Junto con esta carta a Jesús, envió una nota solicitando los consejos del padre Picachy sobre lo que había escrito:

Le envío lo que me pidió [...] Puede escribirme o hablarme sobre ello si lo desea [...].

No fue tan difícil escribir.—Si desea explicarme algo—estoy en la casa toda la tarde.

[...] No olvide rezar por mí el 10 de septiembre.[27]

La profundidad del amor de Madre Teresa por Jesús está realzado en este contraste entre el dolor que ella sentía y el modo que escogió para actuar, guiada por fe pura. Era reacia a hablar de sus tinieblas, que ella comparaba con los sufrimientos del infierno, porque temía que lo que pensaba o escribía heriría a Jesús.* Paradójicamen-

* Como su santa, Santa Teresita de Lisieux durante su prueba de fe en los últimos dieciocho meses de su vida, Madre Teresa temió que sus pensamientos fueran blasfemos. Santa Teresita raras veces hablaba sobre su prueba de fe, excepto con su hermana Pauline (la madre Agnes de Jesús), porque temía que sus palabras pudieran ser causa de escándalo o tentación para otros.

te, cuanto más despojada de fe se sentía, más crecía su reverencia y amor hacia Dios.

Madre Teresa siempre había mantenido ocultas las acciones más profundas de la gracia de Dios en su vida: su voto privado, los detalles de la Inspiración, y ahora su oscuridad interior; todo por su delicado respeto hacia su relación con Dios y Su obra en su alma, que ella trataba como algo sagrado y que sólo revelaba a los guías espirituales en quienes confiaba.

Su carta a Jesús es una oración llena de ternura, de transparencia y de simplicidad infantil. Se dirigía a Jesús de la misma manera que lo había hecho en el momento de la Inspiración, cuando estaba en la cima del consuelo: «Jesús mío»; y en lugar de su nombre firmaba: «Tu pequeña.» La intimidad de la relación se había hecho más profunda, a pesar de que ahora la aridez que acompañaba su oración había sustituido a la dulzura de antaño. Todo lo que ella ansiaba era Su felicidad; quería saciar Su sed con cada gota de su sangre. Y esperaría, si fuese necesario, toda la eternidad, a Aquél en quien creía aunque sentía que no existía, a Aquél que amaba aunque no percibía Su amor.

En abril de 1959, durante el retiro, había afirmado con total franqueza:

Le he amado ciegamente, totalmente, solamente.

Uso todas mis fuerzas—a pesar de mis sentimientos para que Él sea amado personalmente por las Hermanas y por la gente.

Dejaré que Él tenga Mano libre conmigo y en mí.[28]

Redactadas en un periodo en que las tinieblas eran tan densas que no las podía traspasar para «elevar» su alma a

Dios, y que incluso sentía que no existía Dios, estas declaraciones constituyen un extraordinario acto de fe. Sólo con semejante fe podía saber Madre Teresa que Jesús estaba presente pero guardando silencio. Sin embargo, esta fe no aliviaba ni el sentimiento de constante soledad ni la abrumadora oscuridad en la que estaba sumida. En esta agonía espiritual, echaba de menos las palabras de aliento de su director espiritual y no dudaba en reconocer que «Esperaba unas cuantas líneas suyas.—También usted como Él se mantiene en el camino del silencio».[29]

Mejor «errores en la amabilidad» que «milagros en la dureza»

Pocas semanas después de darle a su director espiritual estos escritos reveladores, en su primera carta general a sus hermanas, Madre Teresa las exhortaba a crecer en las virtudes hacia las cuales las tinieblas la habían hecho más atenta:

> Sean amables unas con otras.—Prefiero que cometan errores en la amabilidad—a que hagan milagros en la dureza. Sean amables en sus palabras.—Vean lo que la amabilidad de Nuestra Señora le trajo, vean cómo hablaba.—Pudo fácilmente haberle dicho a San José el mensaje del Ángel[30]—sin embargo nunca profirió una palabra.—Y entonces intervino el propio Dios.[31] Ella guardó todas estas [cosas] en su corazón.[32]—Ojalá que nosotras pudiéramos guardar todas nuestras palabras en el corazón de ella.—Tanto sufrimiento—tantos malentendidos, ¿para qué? Sólo por una palabra— una mirada— una acción precipitada—y la oscuridad llena el corazón de su Hermana. Pidan a Nuestra Señora durante esta novena que llene su corazón de dulzura.[33]

Madre Teresa se esforzaba por tener siempre pronta una sonrisa, una palabra amable, un gesto de bienvenida para cada uno porque se negaba a permitir que sus sufrimientos interiores fueran una excusa para faltar a la caridad. Ella esperaba lo mismo de sus hermanas.

La segunda virtud en la que insistía era el silencio. Envolver en el silencio la obra de Dios dentro de su alma, como lo hizo María en la Anunciación, era para Madre Teresa una expresión de reverencia y confianza. María, que «guardó todas estas cosas en su corazón»,[34] era su modelo y, como en el caso de María, ella esperaba que Dios interviniera a Su debido tiempo y a Su manera.

Madre Teresa no sólo guardaba un sagrado silencio para encubrir sus tormentos interiores, sino que sintió que Dios hacía lo mismo. Creía que el hecho de conceder tantas gracias para su obra ¡era Su manera de disfrazar el secreto de ella! «Estoy mucho mejor y partiré para Delhi el viernes—con un billete de 3/*— con un buen sitio arriba para dormir todo el camino», escribió al padre Picachy. «Mire cómo Dios me mima exteriormente y así eso distrae la mirada de la gente.»[35]

Temerosa de negarle algo a Dios

Mientras continuaba guiando a sus hermanas con fuerza y sabiduría, ella buscaba la ayuda de su padre espiritual, aunque seguía dispuesta a renunciar a ese apoyo, a pesar del dolor que pudiera ocasionar:

* Era un billete que costaba tres rupias: o bien le hicieron un descuento o alguien le dio un donativo.

Puedo pedirle que haga una sola cosa por mí.—Por favor ponga por escrito todo lo que usted me dice—de modo que lo pueda releer.—Escriba como yo escribí—a Jesús—y no necesita firmar tampoco. Creo que me ayudará—pero si usted piensa que a Él no le gustará—no lo haga. Sé que usted reza por mí.[36]

Ella apreciaba enormemente la asistencia que le proporcionaba el padre Picachy:

Le estoy muy agradecida por toda la amabilidad y la ayuda que usted da a mis Hermanas y a mí. Mi oración, aunque miserablemente seca y helada, es ofrecida a menudo por usted y su trabajo por las almas. El conflicto en mi alma está creciendo—qué indecible dolor— Rece por mí[37] […]

Uno de los motivos de este conflicto era el temor de que su dolor pudiera condicionar su respuesta a Dios y que, en un momento de debilidad, sin quererlo realmente, pudiera echarse atrás de su promesa de no negarle nunca nada. Escribió al padre Picachy:

Rece por mí, Padre—dentro de mí hay muchísimo sufrimiento. —Rece por mí para que no niegue nada a Dios en esta hora.—No quiero hacerlo, pero temo que lo pueda hacer.[38]

Madre Teresa siguió desempeñando su apostolado con gran interés y celo, y aunque no obtuvo ningún consuelo de ello, se alegraba en la alegría de los demás, tal como le escribía al padre Picachy:

Gracias a Dios estuvo todo bien ayer, las Hermanas, los niños, los leprosos, los enfermos y nuestras familias pobres han estado muy felices y satisfechos este año. Una verdadera Navidad.—Aun así dentro de mí—nada excepto las tinieblas, el conflicto, una soledad tan terrible. Estoy perfectamente feliz pasando así hasta el final de la vida.[39]

«*Él me quita otra ayuda humana*»

En abril de 1960, el padre Picachy fue trasladado del colegio St. Xavier de Calcuta a Basanti* y Madre Teresa perdía a su director espiritual. Del mismo modo que Dios le había impulsado a abrir su corazón al padre Picachy, ahora comprendió que Él la desafiaba a prescindir de este importante apoyo. En su carta de despedida a su confesor, admitía que el traslado del padre Picachy representaba un verdadero sacrificio. No obstante, lo aceptó con gentileza, con serenidad y gratitud por toda su ayuda.

Querido Rvdo. Padre,

Hace algunos años cuando usted dio el retiro a las novicias—y yo lo hice con ellas, Nuestro Señor me forzó a hablar con usted y a abrirme a usted, y después, como para aprobar mi sacrificio le hizo nuestro confesor.—Le he abierto mi alma con todas sus pruebas y su oscuridad—y la obra de Dios como usted dice.—Cada confesión y cada escrito o conversación con usted han sido un gran sacrificio—aunque estaba segura de que no podía negarme.—Le he hablado—y ahora, sólo quiero darle las gracias por toda su amabilidad hacia mí—y su paciencia—por haber aguantado todas mis pruebas—repi-

---

* Pueblo a unos ochenta kilómetros al sur de Calcuta.

tiéndome cada vez—y sin embargo usted nunca pareció cansado de todo ello.

Guarde mi alma con toda su oscuridad y soledad, su deseo ardiente y su torturante dolor, cerca del altar.—Rece por mí—mucho y con frecuencia—porque ahora parece que Él me quita otra ayuda humana, y me deja sola—para caminar sola en las tinieblas. Rece por mí—para que pueda mantener la sonrisa de dar sin reserva.—Rece para que encuentre valor para caminar con valentía y con una sonrisa. Pídale a Jesús que no me permita negarle nada, por pequeño que sea. Preferiría morir.

Le pido una cosa, por favor destruya todo lo que yo le he escrito.—Escribí todas estas cosas porque tenía que hacerlo—pero ahora ya no son necesarias. Por favor Padre, destrúyalas.

Pedirle a usted que venga—no creo que lo haga, pero si Jesús se lo pide—por favor venga, estaré agradecida.

Gracias por todo el bien que usted ha hecho a las Hermanas—y el maravilloso modo en que las ha guiado siempre con sus ojos fijos en Jesús y en nuestras reglas.

Mi oración por usted será diaria para que llegue a ser más y más como Jesús—y Le lleve muchas almas.

Dios le bendiga, Padre.

Suya en Jesús.
M. Teresa M. C. [40]

«Los sacrificios son sólo un medio para probar su Amor»

Antes de marchar a su nueva misión, el padre Picachy enfermó y se retrasó su partida. Esto dio a Madre Teresa una oportunidad para escribirle nuevamente.

Querido Rvdo. Padre,

Qué feliz debe estar con el don de San Ignacio. Sin embargo, en Basanti, le esperan muchos sacrificios.— Pero para usted—que ama a Jesús y a las almas—los sacrificios son sólo un medio para probar su amor.

Usted empieza bien su vida misionera, siendo primero un paciente. Espero sinceramente que esté mejor—y que encuentren pronto los medios para curarle. En todas las casas las Hermanas están rezando por usted y yo sólo sigo «sonriendo» por usted.—Pronto será el día de su santo*—las Hermanas y yo le enviamos nuestros mejores deseos y nuestras oraciones y que San Lorenzo** le proporcione las gracias que usted pide.

En mí el sol de la oscuridad es radiante. Rece por mí.

Si puede—las Hermanas estarían contentas si usted viniera el día 13. Ese día empezamos la novena por nuestra Congregación—por favor únase a nosotras.

He buscado una estampa para el día de su santo,—y ésta es la única que tengo aquí.—Él me ha ayudado mucho—hará lo mismo por usted.—Las palabras de la parte superior—eran mi programa para el año 1960. Córtelas.

Rece por las Hermanas con frecuencia—son todavía muy jóvenes—en la vida espiritual y en todo.—Rece por mí para que las pueda ayudar a buscar y a encontrar sólo a Jesús.

Espero que pronto esté bien.

> Dios esté con usted.
> Suya en Jesús,
> M. Teresa M. C. [41]

* La fiesta de San Lorenzo, el santo del padre Picachy, se celebra el 10 de agosto.

** Diácono de Roma del siglo III, mártir.

Igual que al Padre Picachy, también a Madre Teresa le esperaban «muchos sacrificios» en las décadas venideras. Tenía cincuenta años y estaba a punto de empezar la expansión de su misión de amor que la llevaría a hacer numerosos viajes por todo el mundo. «El amor se prueba con los hechos; cuanto más nos cuestan, más grande es la prueba de nuestro amor.»[42] Estos viajes le costarían mucho tiempo, fatigas y comparecencias públicas y todo eran nuevas pruebas de su amor.

Primer viaje al extranjero

En julio de 1960 los Servicios Sociales Católicos de Nueva York invitaron a Madre Teresa, en nombre del Consejo Nacional de Mujeres Católicas, a su congreso nacional en Las Vegas. En un primer momento rechazó la invitación:

> Siento tener que decir—«Gracias, no podré ir». No estoy hecha para reuniones y congresos. Hablar en público no es lo mío.—Mi amiga Miss E. Egan lo hará mucho mejor—en mi lugar.[43]

Algunos días más tarde, después de haber recibido una segunda y luego una tercera invitación, pidió consejo a monseñor Périer. Ella «rezaba para que dijera que no»,[44] pero tuvo que cambiar su decisión, como le explicó a su amiga Eileen Egan:*

* Eileen Egan (1911-2001) se encontró por primera vez con Madre Teresa durante una misión de los Servicios Sociales Católicos en Calcuta en 1955. Viajó frecuentemente con Madre Teresa durante más de treinta años y se hizo colaboradora de Madre Teresa en América en 1971. Es la autora de *Such a Vision of the Street: Mother Teresa, the Spirit and the Work.*

Le pregunté a Su Excelencia—y me dijo que debería ir—por lo tanto [...] iré al congreso. Gracias a Dios tengo mucho que hacer—si no, a partir de ahora estaría aterrorizada de ese público numeroso.[45]

«He estado a punto de decir—No»

Pocos días antes de partir para Las Vegas, Madre Teresa escribió al padre Picachy:

Me marcho sola con Jesús y por Jesús—el 25 de octubre a las 6 de la mañana estaré en Los Ángeles—el 26. Miss Bracken estará allí para recibirme. A mi regreso haré escala en Inglaterra, en Alemania y en Italia.

Rece por mí [...]

Sonreí cuando leí que usted hizo uso de mi propósito.—¿Quién lo hace y quién lo cumple? Qué feliz es usted de estar tanto con Jesús—y tan cerca de Él. He estado a punto de decir—No. Ha sido realmente muy duro. Ese terrible anhelo continúa creciendo—y siento que un día algo se romperá dentro de mí—y además esas tinieblas, esa soledad, ese sentimiento de terrible aislamiento. El Cielo está cerrado por todos sus lados.—Incluso las almas que me atrajeron desde casa, desde Loreto, es como si ya no existieran—ha desaparecido el amor por todo y por todos—y sin embargo—anhelo a Dios. Anhelo amarle con cada gota de mi vida—quiero amarle con un amor profundo y personal.—No puedo decir que estoy distraída—mi mente y mi corazón están habitualmente con Dios.—Esto le debe parecer ridículo, ya que parece una contradicción.—Para mi meditación medito la Pasión de Jesús.—Me temo que no hago meditación—sólo contemplo a Jesús sufrir—y sigo repitiendo—«¡Déjame compartir contigo Su dolor!».*

Cuando vaya a Jesús—haga un acto ferviente de amor por mí—ya que yo no lo puedo hacer por mí misma.

Las palabras no vienen. No tengo nada más que escribir—aunque me hubiera gustado escribir más—no viene nada.[46]

En las tinieblas más profundas, cuando el anhelo de Dios era casi insoportable y se encontró al borde de decir «No», Madre Teresa afirmó que estaba constantemente unida con Dios. Sin este recogimiento habitual, no habría podido vivir estos años de oscuridad. No sólo era una condición previa para esta participación mística en la Cruz de Cristo; era también una confirmación del verdadero origen de esta terrible experiencia[47].

«El acto de obediencia más duro»

El 25 de octubre de 1960, «sola con Jesús y por Jesús»,[48] Madre Teresa salió de la India por primera vez desde su desembarco en Calcuta en enero de 1929. En Las Vegas, más de tres mil mujeres esperaban con impaciencia ver a la «misionera sencilla, pequeña y desconocida»,[49] esta «pobre y pequeña Misionera, sin ningún atractivo natural»,[50] como se describía Madre Teresa a sí misma. «Ima-

---

* Madre Teresa eligió a María, la madre de Jesús, como compañera y apoyo en sus horas oscuras. En su meditación, que, sin darse ella cuenta era una oración de unión con Jesús en la agonía, se dirigió a María con una línea del «Stabat Mater» (himno medieval que contempla los sentimientos de la Virgen al pie de la Cruz): «Déjame compartir contigo Su dolor.»

gíneme en Estados Unidos frente a miles de personas importantes. Me moriré de miedo y vergüenza»,[51] había escrito antes de su viaje. Sin embargo, una vez allí, pronunció un largo discurso sobre «su gente» y su trabajo en los barrios más pobres y terminó invitando a todos a participar en las «obras de amor»:

Nunca he hablado en público. Ésta es la primera vez, y estar aquí con ustedes y poder contarles la historia de amor de la misericordia de Dios con los más pobres de los pobres, es una gracia de Dios [...] Estoy contenta de decir que con todo mi corazón les ofrezco participar en estas obras de Amor».[52]

Desde Estados Unidos, Madre Teresa fue a Inglaterra, Alemania, Suiza y, finalmente a Italia. En Roma, compartió con una amiga su gran deseo de ver a sus hermanas:

Estoy simplemente contando las horas que me separan de ver sus rostros sonrientes.—Este viaje fue largo y muy útil, pero estoy contenta de poder volver a mi vida sencilla de Misionera de la Caridad.[53]

A su regreso a Calcuta el 1 de diciembre de 1960, confió a monseñor Périer: «Mi viaje a Estados Unidos—fue el acto de obediencia más duro que jamás haya tenido que dar a Dios».[54] También envió un informe a su amiga Eileen Egan:

Mi querida Eileen,

Tuve un viaje estupendo. Llegamos a Cal. [Calcuta] hacia las 15.30. Miss Mailey y 3 Hermanas me estaban esperando.—No puedo decirle lo felices que estaban las Hermanas cuando llegué a casa.—Creo que todo Cal. oiría sus gritos. Gracias a Dios aquí todo está bien. [...]

Espero que esté mejor de su resfriado—y que se esté cuidando. Los comentarios de las Hermanas son muchos: «de tez clara, más joven, etc., etc.—pero sobre todo su propia querida Madre». Puede imaginarse las cosas que hicieron—no podía sino sentir la plenitud de su amor.—Les dije que en todo [el] gran mundo—aunque tan hermoso y tan grande, no hay un lugar como 54A [...]*

Voy a pedirle un gran sacrificio.—En el libro que está escribiendo—por favor omita cualquier cosa personal sobre mí.—Puede contar todo sobre las Hermanas y la obra.—No quiero que hable ni de mí ni de mi familia.** Empiece desde 1948—será una hermosa historia del tierno amor de Dios hacia Sus hijos.—Eileen yo sé que esto estropeará el libro.—Prefiero esto a que una sola alma fije sus ojos en mí más que en la maravillosa obra de Dios. [...] Si usted es mi «otro Yo» entonces debe sentir exactamente lo que yo siento por la obra de Dios—un amor y un respeto profundo—algo muy santo.

Esto será un sacrifico para Su Excelencia—uno muy grande.

Los mejores deseos y oraciones para todos en casa y para Howard. (¿Se escribe así su nombre?)

Dios la ama.
M. Teresa, M. C.[55]

* Referencia a la casa madre de las hermanas M. C. situada en 54 A Lower Circular Road, Calcuta.

** Esta petición fue una expresión más de su reverencia hacia «la maravillosa obra de Dios». Ella era solamente un instrumento y no quería atraer la atención hacia su persona, sólo perjudicaría a la obra. «El tierno amor de Dios hacia Sus hijos» era la única historia que quería ella contar.

«A punto de negarle» otra vez

Desde su regreso a Calcuta, Madre Teresa reemprendió sus visitas regulares a sus misiones.* En esta época, tenía comunidades en Delhi, Jhansi y Ranchi. A su ya pesada cruz numerosas responsabilidades se sumaban ahora la fatiga y la enfermedad. Compartía sus dificultades con el padre Picachy, que durante su ausencia había ido a Calcuta:

> Muchas gracias por su carta del día 12. Estoy contenta de estar de vuelta. Qué experiencia.—Gracias a Dios que ya terminó—y que cada momento fue sólo por Él [...].
>
> Siento no haber podido verle. —Tenía que ir a visitar a las Hermanas en las otras casas—y la semana de Delhi, Jhansi y Ranchi me ha cansado más que los 35 días fuera.—En Ranchi cogí un resfriado muy fuerte—pero como la fiesta de Navidad de los niños está cerca—tengo que estar en movimiento todo el tiempo. Así que usted puede imaginarse el resto.
>
> Muchas veces he estado a punto de «negarle». Si sólo supiera lo duro que es.—Quiero escribir y sin embargo no tengo nada que decir.—Rece por mí.
>
> Feliz Navidad y Año Nuevo.[56]

Podía tener ganas de «negarle», pero conseguía no negar a nadie más que a sí misma, poniendo a Dios, a Su

---

* Para estas visitas viajaba una noche de tren (sin reserva de litera), para no perder tiempo, y dedicaba el día siguiente a estar con las hermanas, sin descanso extra, como si no hubiera viajado. Tras unos días, regresaba a Calcuta, normalmente de nuevo en tren, y continuaba con su horario habitual.

obra, a las hermanas y a la gente antes que ella. Fue esta absoluta disponibilidad para Dios y para Su obra entre los pobres, el espíritu que quiso inculcar a sus hermanas, más que las penitencias extraordinarias. Le pidió al padre Picachy que la ayudara:

Insista [al instruir a las hermanas] en que en la Congregación Nuestro Señor no quiere que utilicemos nuestras energías para hacer penitencias—de ayunos, etc. por nuestros pecados sino que nos desvivamos por dar a Cristo a los pobres y para ello necesitamos Hermanas fuertes de cuerpo y mente.—Si Dios envía enfermedad—es Su decisión—pero no creo que tengamos el derecho de quebrantar nuestra salud—y sentirnos miserables por la debilidad cuando lleguemos a los pobres.— Es mejor comer bien y tener mucha energía para sonreír bien a los pobres y trabajar para ellos.[57]

«No sé qué placer puede obtener Él de esta oscuridad»

El padre Picachy, ahora en Basanti, iba de vez en cuando a Calcuta. Sin embargo, cuando tenía la oportunidad de hablar con él, Madre Teresa no era capaz de hacerlo. Después de uno de esos encuentros, le escribió pidiendo oraciones para permanecer alegre:

Querido Padre Picachy,

Tenía ganas de verle—y nada.—Nuestro Señor me ha quitado hasta el habla. No sé qué placer puede obtener Él de esta oscuridad—pero como dijo usted—Le dejaré libre.—No sé qué decir—pero quiero querer esto como quiera Él. Sólo rece para que exteriormente mantenga la alegría. Engaño a la gente con esta arma—incluso a mis Hermanas. Por qué me sinceré con usted—es un misterio para mí—pero sé que no podía negarme.

Usted tiene sus dificultades.—No quiero que las mías sean una carga—así que no haga más que rezar mucho por mí—y cuando venga la próxima vez espero poder contarle algo—y no sólo no decir nada [...].

Mi mesa está llena de cartas por responder.—Rece por mí—que yo sea Jesús para las almas [...]

Rece por mí mucho y a menudo. Si tiene tiempo, escriba—de lo contrario por favor no se tome la molestia.

Suya en Jesús,
M. Teresa, M. C.[58]

Aunque estaba decidida a dejar a Dios mano libre no podía dejar de preguntarse «¿Qué placer puede obtener Él de esta oscuridad?» El significado y objetivo de esta prueba interior, que ella había aceptado con una entrega total, aún tenía que ser descubierto.

CAPÍTULO 10

«HE LLEGADO A AMAR LA OSCURIDAD»
El lado espiritual de la obra

> Por primera vez en estos once años
> —he llegado a amar la oscuridad—
> pues creo ahora que es una parte,
> una muy, muy pequeña parte de la oscuridad
> y del dolor de Jesús en la tierra.
> Usted me ha enseñado a aceptarla
> como un «lado espiritual de "su obra"»,
> como usted escribió.
>
> MADRE TERESA

«Si mi oscuridad es luz para alguna alma»

En 1957 el padre jesuita Joseph Neuner* escribió un artículo en una revista misionera alemana, *Die Katholischen Missionen*, sobre Madre Teresa y su trabajo. Poco

---

* El Padre Joseph Neuner nació el 19 de agosto de 1908 en Feldkirch, Austria. Entró en la Compañía de Jesús en el año 1926, fue or-

después, ella buscó su ayuda para responder a las cartas de sus lectores. Su contacto personal tomó un nuevo rumbo algunos años más tarde. El Padre Neuner, que enseñaba teología en Pune, India, venía a Calcuta para enseñar en el Morning Star College* y predicar retiros espirituales. En abril de 1961 fue invitado a predicar un retiro a las Misioneras de la Caridad en Calcuta. Madre Teresa asistió y habló con él privadamente. El padre Neuner recuerda el encuentro:

En nuestros encuentros, Madre Teresa empezó a hablar sobre las pruebas de su vida interior y su incapacidad para desvelarlas a nadie. Así, le pedí que escribiera sus experiencias, ella lo hizo más explícitamente de lo que yo esperaba. Me dio los folios con la petición explícita de quemarlos apenas los hubiera leído. Me impresionaron profundamente la sinceridad y la simplicidad de su relato, y la profunda ansiedad que atravesaba en completa oscuridad: ¿Estaba ella en el camino recto o se había hecho víctima de una red de ilusiones? ¿Por qué la había abandonado Dios totalmente? ¿Por qué esta oscu-

---

denado en 1936 en Múnich, Alemania, y marchó a la India en 1938 para enseñar teología en el recién establecido De Nobili College en Pune. Durante la guerra estuvo recluido en India. Desde 1948 a 1950 consiguió su doctorado en Teología en la Universidad Gregoriana de Roma y regresó a la India en el año 1950 continuando con la enseñanza de teología en Jnana Deepa Vidyapeeth en Pune. Participó en el Concilio Vaticano II como teólogo al servicio de la comisión sobre la formación sacerdotal, la actividad misionera y la relación de la Iglesia con las religiones no cristianas. A partir de 1960 pronunció numerosas conferencias en el Morning Star College en Calcuta, y mantuvo contacto con Madre Teresa. Su correspondencia continuó hasta 1980.

* El Morning Star College es un seminario de la archidiócesis de Calcuta.

ridad cuando antes había estado tan cerca de Dios? Tenía que guiar a sus Hermanas, iniciarlas en el amor de Dios y en una vida de oración, de la que ella misma era privada ahora que vivía en un vacío total: ¿Se había convertido en una infame hipócrita que hablaba a otros sobre los misterios divinos que habían desaparecido totalmente de su propio corazón?—Todo está contenido en este documento, no necesito explicarlo más.[1]

Este documento, que el padre Neuner consideró preferible conservar en su mayor parte,* reconstruye concisamente los puntos fuertes de su itinerario espiritual hasta ese momento:

En Loreto, Padre, yo era muy feliz.—Creo que era la religiosa más feliz.—Luego vino la llamada.—Nuestro Señor me pidió directamente—la voz era clara y llena de convicción.—Una y otra vez Él pidió en 1946.—Yo sabía que era Él. Miedo y terribles sentimientos—miedo de ser engañada.—Pero como yo siempre he vivido en obediencia—presenté todo a mi padre espiritual—esperando todo el tiempo que diría—que todo era un engaño del demonio, pero no—como la voz—él dijo—es Jesús quien le está pidiendo—y entonces usted sabe cómo se desenvolvió todo.—Mis Superioras me enviaron a Asansol [en] 1947—y allí fue como si Nuestro Señor se me diera Él mismo—totalmente. La dulzura, la consolación y la unión de aquellos 6 meses—pasaron demasiado rápido.

Después empezó la obra—en diciembre de 1948.—Hacia 1950, a medida que creció el número de las Hermanas —creció la obra.

* El padre Neuner eliminó las pocas cosas que consideró irrelevantes.

Ahora, Padre—desde 1949 o 1950 este terrible sentido de pérdida—esta indecible oscuridad—esta soledad—este continuo deseo de Dios—que me produce ese dolor tan profundo en mi corazón.—Las tinieblas son tan profundas que realmente no veo—ni con mi mente ni con mi razón.—El lugar de Dios en mi alma está vacío.—No hay Dios en mí.—Cuando el dolor de esta ansia es tan grande—yo simplemente deseo y deseo a Dios—y entonces es cuando siento—Él no me quiere—no está allí.—El Cielo—las almas —son sólo palabras—que no significan nada para mí.—Mi propia vida parece tan contradictoria. Ayudo a las almas—¿para ir adónde?—¿Por qué todo esto? ¿Dónde está mi alma en mi ser? Dios no me quiere.—A veces—sólo escucho mi corazón gritar—«Dios mío» y no viene nada más.—No puedo explicar la tortura y el dolor.—Desde mi infancia he tenido el amor más tierno a Jesús en el Santísimo Sacramento—pero esto también se ha ido.—No siento nada ante Jesús—y sin embargo por nada perdería una Santa Com. [Comunión].

Ve usted, Padre, la contradicción en mi vida. Anhelo a Dios—quiero amarle—amarle mucho—vivir sólo por amor a Él—sólo amar—y sin embargo sólo hay dolor—anhelo y no amor.—Años atrás—hace ahora unos 17 años*—yo quería darle a Dios algo muy hermoso.—Me comprometí bajo pena de pecado mortal a no negarle nada.—Desde entonces he mantenido esta promesa—y cuando a veces la oscuridad es muy oscura—y estoy a punto de decir «No a Dios» el pensamiento de aquella promesa me anima.

Quiero sólo a Dios en mi vida.—«La obra» es sólo

* En su correspondencia previa, Madre Teresa afirma claramente que hizo su voto privado en 1942. Por lo tanto su afirmación aquí «hace ahora unos 17 años» es aproximada.

Suya realmente.—Él pidió—Él me dijo qué hacer—Él guió cada paso—dirige cada movimiento que tomo—pone las palabras en mi boca, hace que enseñe el camino a las Hermanas.—Todo esto y todo en mí es Él.—Por este motivo, cuando el mundo me alaba—en realidad no me toca—ni siquiera la superficie—de mi alma. Sobre la obra, estoy convencida, de que es toda Suya.

Antes podía pasar horas ante Nuestro Señor—amándole—hablándole—y ahora—ni siquiera la meditación discurre adecuadamente—nada sino «Dios Mío»—incluso eso a veces no viene.—Sin embargo en algún lugar en lo profundo de mi corazón, ese anhelo de Dios sigue abriéndose paso en la oscuridad. Cuando estoy fuera—en el trabajo—o estoy ocupada en encontrar a la gente—hay una presencia—de alguien viviendo* muy cerca—en mí.—No sé lo que es—pero muy a menudo, incluso a diario—ese amor en mí hacia Dios se hace más real.—Me encuentro a mí misma haciéndole inconscientemente a Jesús las más extrañas declaraciones de amor.

Padre, le he abierto mi corazón a usted.—Enséñeme a amar a Dios—enséñeme a amarle mucho. No soy instruida—no sé muchas cosas sobre las cosas de Dios.—Quiero amar a Dios cómo y para lo que Él es para mí—«Mi Padre».

Muy a menudo deseo alimentarme con lo que doy a mis Hermanas**—pero nunca lo puedo hacer—lo mismo sobre los libros espirituales.

Todo esto era tan natural para mí antes—hasta que Nuestro Señor vino totalmente a mi vida—amaba a Dios

* El padre Neuner comenta que «parece que escribió primero "amando" [*loving*] y luego lo cambió por "viviendo" [*living*]».

** Madre Teresa se refiere a las instrucciones que daba a las hermanas, normalmente a diario.

con todas las fuerzas del corazón de una hija. Él era el centro de todo lo que yo hacía y decía.—Ahora, Padre— [es] tan oscuro, tan diferente y sin embargo todo en mí es Suyo—a pesar de que Él no me quiera, como si no cuidara de mí.

Cuando empezó la obra—sabía todo lo que significaría.—Pero con todo mi corazón acepté todo entonces.— Sólo hice una oración—que me concediera la gracia de dar santos a la Iglesia.

Mis Hermanas, Padre, son el regalo de Dios para mí, son sagradas para mí—cada una de ellas.—Por eso las amo—más que a mí misma.—Son una grandísima parte de mi vida.

Mi corazón, mi alma y mi cuerpo sólo pertenecen a Dios—Él ha tirado, como despreciada, a la hija de Su Amor.—Y para esto, Padre, he hecho este propósito en este retiro:

Estar a Su disposición.

Dejar que haga conmigo todo lo que Él quiera, como quiera, tanto tiempo como quiera. Si mi oscuridad es luz para alguna alma—incluso si no es nada para nadie—soy perfectamente feliz—de ser una flor del campo de Dios.[2]

Este resumen de su llamada es el único lugar donde Madre Teresa reveló algo de la inspiración de 1946 a alguien distinto de monseñor Périer y del padre Van Exem. Considerando la riqueza de las experiencias espirituales que vivió durante los meses que siguieron al 10 de septiembre de 1946, Madre Teresa podría haber desvelado mucho más sobre sí misma, pero con su humildad habitual, compartió sólo lo suficiente con el padre Neuner que estaba asumiendo el papel de su director espiritual, compartió sólo lo necesario para que comprendiera su camino interior y pudiese ayudarla.

Lo que ella reveló es significativo y muy personal: su conmovedor relato de la «indecible oscuridad» que había soportado desde el principio de la obra, su voto privado y el impacto que había tenido en su vida, y su recuerdo de la época en que podía pasar horas con Él, amándole.

La realidad de su relación con Jesús era verdaderamente una paradoja. Él vivía en ella y a través de ella sin que ella pudiera saborear la dulzura de Su presencia. En la oración, se dirigía a Jesús y expresaba su anhelo doloroso de Él. Pero sólo cuando estaba con los pobres percibía vivamente Su presencia. Allí sentía que Él estaba muy vivo y muy real.

Dándose cuenta de que el padre Neuner estaba captando el modo de acción de Dios en su alma, Madre Teresa le reveló detalles sobre su infancia que no había compartido con sus directores espirituales anteriores, tales como su temprano amor hacia la Eucaristía. Aunque ya no sentía la presencia de Jesús, ella «por nada perdería una Santa Com. [Comunión]». Una hermana que entró en los primeros años de la Congregación, testigo diario de las acciones de Madre Teresa, testificó sobre esta gran fe en la Eucaristía:

Madre recibía la Sagrada Comunión diariamente con una devoción tremenda. Cuando algunos días se celebraba una segunda Misa en la Casa Madre, trataba siempre de asistir, aunque estuviese muy ocupada. En semejantes ocasiones la solía oír decir: «Qué hermoso haber recibido a Jesús dos veces hoy.» La profundísima reverencia de la Madre hacia el Santísimo Sacramento era un signo de su profunda fe en la Presencia Real de Jesús bajo las apariencias de pan y vino. Su actitud de adoración, gestos tales como las genuflexiones, incluso con ambas rodillas en la presencia del Santísimo Sacramento expuesto, y esto hasta bien entrada en años, su manera de arrodillarse y juntar las manos, su preferencia por recibir la Sagrada Comunión en la lengua, todo ello testimoniaba su fe en la Eucaristía.

Con nostalgia, Madre Teresa recordaba el amor y unión que ella había conocido. Al mismo tiempo, sabía que su percepción de su estado espiritual, con su oscuridad, no era toda la realidad. Podía captar un rayo de su amor a Dios: se estaba haciendo más real y «las más extrañas declaraciones de amor» surgieron espontáneamente en su conciencia. Y mientras ella sentía «como si» Dios no se preocupaba por ella, sin embargo, sabía que era «hija de su Amor».

Años más tarde, el padre Neuner resumió su reacción ante estas notas en las que Madre Teresa se desvelaba:

Mi respuesta a la confesión contenida en estas páginas fue simple: no había ninguna indicación de una falta grave por su parte que pudiera explicar la sequedad espiritual. Era simplemente la noche oscura que conocen todos los maestros de la vida espiritual, aunque yo nunca la encontré tan profundamente, y durante tantos años como en ella. No hay remedio humano para esto. Puede ser soportada sólo con la seguridad de la presencia oculta de Dios y en unión con Jesús, quien, en su Pasión, tuvo que soportar la carga y oscuridad de un mundo pecador por nuestra salvación. El signo seguro de la presencia oculta de Dios en esta oscuridad es la sed de Dios, el ansia de al menos un rayo de Su luz. Nadie puede anhelar a Dios a menos que Dios esté presente en su corazón. En consecuencia, la única respuesta a esta prueba es la entrega total a Dios y la aceptación de la oscuridad en unión con Jesús.[3]

«He llegado a amar la oscuridad»

El Padre Neuner supo trasmitir a Madre Teresa una inestimable visión de la prueba, que ella agradeció grandemente.

Querido Padre,

No puedo expresar con palabras—la gratitud que le debo por su amabilidad conmigo.—Por primera vez en estos once años—he llegado a amar la oscuridad.—Pues ahora creo que es una parte, una muy, muy pequeña parte de la oscuridad y del dolor de Jesús en la tierra. Usted me ha enseñado a aceptarla como un «lado espiritual de "su obra"», como usted escribió.—Hoy sentí realmente una profunda alegría—porque Jesús ya no puede sufrir de nuevo la agonía—sino que Él quiere sufrirla en mí.—Más que nunca me entrego a Él.—Sí—más que nunca estaré a Su disposición.

Sus instrucciones y sus meditaciones han sido una gran fuerza para mí.—Porque aunque mis instrucciones a las Hermanas no sean tan hermosas y completas como las suyas—es sin embargo el mismo alimento—el del amor y la confianza—el del amor personal a Cristo.—Ahora siento que es Él y no yo el que ayuda a esas Hermanas.—Sí, son mi tesoro—mi fortaleza y el regalo de Dios para mí.—Son Suyas.

Gracias una vez más por su disponibilidad para ayudarme.—No creo, Padre, en ese continuo indagar en la propia vida espiritual—mediante largas y frecuentes visitas y conversaciones. La ayuda que usted me ha prestado—me sostendrá durante un largo tiempo.—Nuestra vida espiritual debe permanecer simple—de tal modo que podamos entender la mente de nuestros pobres.

Debe haber sido muy difícil para usted ponerse a nuestro nivel—y hacer que las cosas sean tan hermosamente sencillas de entender para nosotras.—Dios se lo pague.

Querido Rvdo. Padre Neuner—no sé cuáles son las reglas respecto de sus gastos—pero por favor acepte esto para su viaje en tren.

Mis Hermanas y yo nos unimos dándole las gracias por todo el bien que nos ha hecho.

Rece por mí.

Suya en Jesús,
M. Teresa, M. C.

Me gustaría ir a confesarme—antes de empezar a ver a las Hermanas.—Todavía hay un gran grupo esperando. Cada una quiere la bendición de la obediencia en sus propósitos—y por eso tengo que tomar parte en sus alegrías y tristezas.[4]

Gracias al padre Neuner, Madre Teresa profundizó considerablemente la comprensión de su estado interior: llegó a darse cuenta de que sus tinieblas eran el lado espiritual de su obra, una participación en el sufrimiento redentor de Cristo. A pesar de lo que ella había podido entender, esta prueba de fe, esperanza y amor no era una purificación de los defectos característicos de los principiantes en la vida espiritual, ni siquiera de esos defectos comunes de los avanzados en el camino de la unión con Dios. En el tiempo de la inspiración, había afirmado francamente a monseñor Périer que «no me he buscado a mí misma desde hace ya tiempo».[5] Más aún, en los meses anteriores a la inspiración del 10 de septiembre, ella estaba, según su confesor, cercana al estado de éxtasis.

Su oscuridad era una identificación con aquellos a los que servía: fue atraída místicamente hacia el dolor profundo que experimentaban como resultado de sentirse despreciados, rechazados y, sobre todo, por vivir sin fe en Dios. Años antes, habría querido ofrecerse a sí misma como víctima, incluso por una sola alma. Ahora era llamada a unirse en el dolor no sólo con un alma, sino con una multitud de almas que sufrían en estas terribles tinieblas.

El Padre Neuner explicó más tarde la transformación que tuvo lugar en su alma:

> Fue la experiencia redentora de su vida cuando se dio cuenta de que la noche de su corazón era su participación especial en la Pasión de Jesús. [...] Por eso vemos que la oscuridad era verdaderamente el vínculo misterioso que la unía a Jesús. Es el contacto del deseo íntimo de Dios. Ninguna otra cosa puede llenar su mente. Semejante deseo es posible sólo mediante la presencia oculta del mismo Dios. No podemos anhelar algo que no esté íntimamente cercano a nosotros. La sed es algo más que ausencia de agua. No la experimentan las piedras, sino sólo los seres vivos que dependen del agua. ¿Quién conoce más sobre el agua viva, la persona que abre la llave del agua diariamente sin pensarlo o el viajante torturado por la sed en el desierto y en busca de una fuente?[6]

Así, Madre Teresa comenzó a amar la oscuridad como parte integrante de su llamada. Había estado rezando, «Déjame que comparta contigo Su dolor», y se daba cuenta ahora de que esta oración había sido respondida. Jesús la dejaba revivir Su agonía y, porque era Suya, ella estaba feliz de tomarla sobre sí.

Parece que el padre Neuner, para asistirla mejor, había sugerido tener encuentros más frecuentes. Satisfecha con lo que había recibido, ella rehusó. Ni siquiera para la dirección espiritual se permitió a sí misma separarse de la pobreza de los pobres. La ayuda sencilla que Dios ponía a su alcance le bastaría para sostenerla. Esta completa confianza en la divina providencia para todo, incluso para sus necesidades espirituales, fue una constante en su vida.

En su segunda carta (en realidad una nota breve) al padre Neuner, escrita durante el mismo retiro, mencionó una gracia que había recibido. También reafirmó su abandono total a los planes del buen Dios.

Querido Rvdo. P. Neuner,

Gracias por su oración. No tengo que esforzarme en ser feliz o mantener una cara sonriente para los demás.—Soy muy feliz pues el buen Dios me ha dado una gran gracia—me he entregado completamente—estoy a su disposición.

«Un "sí" de todo corazón a Dios y una gran sonrisa para todos.»*

Rece para que esté a la altura de Su deseo—iré y hablaré con usted—tan pronto como termine con las Hermanas.

Suya en Jesús,
M. Teresa[7]

Pocas semanas más tarde, escribió una afectuosa carta a dos colaboradores en Inglaterra:

He recibido dos o tres paquetes de Revistas Cat. [Católicas]—y hoy ha llegado vuestro libro de San Juan de la

* El propósito de este retiro fue el mismo que hizo durante el retiro del año anterior.

Cruz.—Precisamente estoy leyendo sus obras. Qué maravillosamente escribe sobre Dios [...]

Tuvimos un retiro estupendo—Rvdo. P. Neuner sólo habló de Dios, de Su amor—de nuestro amor—y de los Pobres de Dios. Todo estaba tan hermosamente unido— que ahora no parece realmente tan duro—amar a Dios con todo nuestro corazón.

Saben—a menudo rezo por ustedes y siempre pido lo mismo—hazles santos. El resto, pienso, lo dará a ustedes Él si tienen Su santidad—Su amor. [...]

Sigan sonriendo—[...] Recen juntos—y Jesús llenará siempre sus corazones con Su amor—los unos por los otros.[8]

Aunque había escrito al padre Neuner que a ella no le influían nada los libros espirituales, pudo impresionarle algo de las obras de San Juan de la Cruz. Curiosamente, no fue la magistral descripción de la purificación interior durante la «noche oscura» lo que llamó su atención, sino más bien todo lo que el místico español había escrito sobre Dios. Aunque familiarizada con el pensamiento del santo carmelita, ella no clasificó su propio sufrimiento como una «noche oscura». Ella tenía la intuición, confirmada ahora por su director espiritual de que, aunque los sufrimientos fueran parecidos, su finalidad era diferente.[9] Sus amigos no sabrían a qué se refería cuando evocaba el cambio que ocurrió en su interior: «Ahora no parece realmente tan duro.»

«Un "Sí" de todo corazón a Dios y una gran "Sonrisa" para todos»

La oscuridad no disminuyó, el dolor no se alivió, pero se hizo evidente que existía más paz y una aceptación más serena en el alma de Madre Teresa. El padre Neuner la había guiado a un momento crucial en su comprensión y su manera de vivir la oscuridad. Si monseñor Périer y el padre Picachy también la habían ayudado, sus consejos habían sido más un apoyo y un aliento que una luz sobre su estado interior. A pesar de todo, echaba de menos esa ayuda, tal como escribió al padre Picachy:

> No he podido verle ninguna de las veces que usted ha estado en Calcuta—pero el Señor debe quererlo así.—Él quiere asegurarse de que desaparece hasta la última gota de mí misma.—También se ha llevado estas ayudas semanales, de modo que la oscuridad es tan oscura y el dolor tan grande, pero a pesar de todo ello—la resolución de mi retiro fue la misma.
>
> Un «Sí» de todo corazón a Dios.
>
> Una gran «Sonrisa» para todos.
>
> Y me parece que estas dos palabras son las únicas que hacen que siga adelante.
>
> [...] La próxima vez que venga a Calcuta espero estar allí [...]
>
> Rece por mí, Padre, para que pueda simplemente ser fiel a estas dos palabras «Sí» y «Sonrisa».
>
> Usted sabe que rezo por usted cada día.[10]

Durante casi veinte años, Madre Teresa permaneció fiel a su voto privado de no negar nada a Dios, aspirando a estar completamente a la disposición de Dios. Era muy consciente de la implicación de su «"Sí" de todo corazón a Dios»: no sólo confirmaba su promesa a Él, expresaba también su resolución de responder incluso más generosamente y de todo corazón a su voluntad en cada detalle de su vida.

«Una gran sonrisa para todos» no significaba que Madre Teresa estaba de acuerdo con todos. Aunque acogedora y cariñosa, a veces podía ser firme y exigente con sus hermanas y amigos. No quería que sus energías o sus esfuerzos se «perdieran» en cosas menos importantes que Dios mismo. Él era todo para ella: Su amor, Sus intereses, Sus planes, Su voluntad eran de importancia suprema para ella y deseaba que fuera igual para quienes ella amaba.

Parte de la Redención

Con la asistencia del padre Neuner, Madre Teresa había alcanzado el punto en el que podía gozarse de su sufrimiento y repetir las palabras de San Pablo: «Ahora me alegro por los padecimientos que soporto por vosotros, y completo en mi carne lo que falta a las tribulaciones de Cristo, en favor de su Cuerpo, que es la Iglesia.»[11] La nueva comprensión de su oculta prueba como participación en la misión redentora de Jesús y parte integrante de su misión para los pobres surge claramente en el consejo que dio a sus hermanas en la carta general de julio de 1961.

> Intenten [...] aumentar su conocimiento de este Misterio de la Redención.—Este conocimiento las guiará hacia el amor—y mediante sus sacrificios el amor las hará participar en la Pasión de Cristo.
>
> Mis queridas hijas—sin nuestro sufrimiento, nuestra

obra sólo sería un trabajo social, muy bueno y eficaz, pero no sería la obra de Jesucristo, ni parte de la redención.—Jesús quiso ayudarnos compartiendo nuestra vida, nuestra soledad, nuestra agonía y nuestra muerte. Todo eso, lo ha tomado sobre Sí y lo ha llevado a la noche más oscura. Sólo siendo uno con nosotros Él nos ha redimido. Tenemos la posibilidad de hacer lo mismo: toda la desolación de la gente pobre, no sólo su pobreza material, sino su miseria espiritual debe ser redimida, y debemos participar de ello.—Recen así cuando lo encuentren difícil—«Deseo vivir en este mundo que está tan lejos de Dios, que se ha desviado tanto de la luz de Jesús para ayudarles—tomar sobre mí algo de su sufrimiento».—Sí, mis queridas hijas—compartamos los sufrimientos—de nuestros pobres—porque sólo siendo una con ellos—podemos redimirles, es decir, llevar a Dios a sus vidas y llevarles a ellos a Dios.[12]

Aunque tenía alguna noción mucho antes, necesitó más de una década para llegar a entender el significado de su prueba. Hasta qué punto le ayudó el abandono y la confianza provocada por esta nueva comprensión se refleja también en su correspondencia con el padre Picachy:

Para mí—lo que se nos ha dicho, gracias a Dios, es que siguiéramos a Cristo.—Como no tengo que ir delante de Él, el camino es seguro, incluso en la oscuridad.

Cuando algunos días son particularmente difíciles—me quedo simplemente como un niño muy pequeño y espero pacientemente que la tormenta se aleje [...]

Rece por mí.[13]

Incluso en la oscuridad el camino era seguro: no había ninguna necesidad de «encontrar el camino», sino más bien de «seguir el camino» que Jesús ya había recorrido. Ella trasmitió esta convicción a sus hermanas:

> Una vez vi a una Hermana yendo al trabajo apostólico con cara triste, entonces la llamé a mi habitación y le pregunté: «¿Qué dijo Jesús, llevar la cruz delante de Él o seguirle?»[14] Con una gran sonrisa me miró y dijo, «Seguirle». Entonces le pregunté: «¿Por qué intentas ir delante de Él?» Dejó mi cuarto sonriendo. Había entendido el significado de seguir a Jesús.[15]

«Cuanto más oscura la oscuridad, más dulce será mi sonrisa a Dios»

Como Madre Teresa siguió a Jesús en la oscuridad, Él proporcionó la ayuda y el apoyo necesario. Ella estaba atenta a los signos de Su amor durante el camino, tal como relató al padre Neuner:

> Su carta fue una respuesta a un deseo que yo había expresado—«Desearía que escribiera el Padre puesto que no tengo tiempo—» y aquí [esa carta] era una pequeña señal de Su amabilidad [...]
>
> El Internuncio* y nuestro Arzobispo quieren que vaya a Bombay para la reunión de Superioras. Es realmente un acto de obediencia ciega para mí, es un sacrificio muy grande [...] Sería maravilloso que pudiera verle.
>
> Respecto a mí, Padre—no tengo nada que decir—ya que la oscuridad es tan oscura, el dolor es tan doloroso.

---

* Representante diplomático nombrado por el Papa para dirigir las relaciones de la Santa Sede con la Iglesia en ese lugar y con las autoridades civiles de ese país.

A veces la violencia del dolor es tan grande—que puedo oír mi propia voz que grita—Dios mío, ayúdame. Cuando ayudo a mis Hermanas a estar muy cerca de Jesús—cuando las enseño a amarle con un amor profundo—devoto—personal—anhelo poder hacer yo lo mismo.—Delante de mis propios ojos, veo a las Hermanas amar a Dios—vienen muy cerca de Él—cada día se asemejan más a Él—y yo, Padre—estoy totalmente «sola»—vacía—excluida—totalmente despreciada. Y sin embargo con toda la sinceridad de mi corazón—soy feliz al verle amado—al ver a las Hermanas parecerse más a Él. Soy feliz de amarle a través de ellas.—El Rvdo. P. Van Exem estuvo aquí 8 días dando un retiro a las Superioras—no dije ni una palabra.—Me duele—porque nunca le he escondido nada.—Pero ahora realmente no tengo nada que decir.—Y sin embargo es muy doloroso estar sola para Dios. Guardo fielmente el propósito de mi retiro.—Cuanto más grande sea el dolor y más oscura la oscuridad, más dulce será mi sonrisa para Dios.—Rece para que ame a Jesús.

Por favor pida a sus teólogos* que recen por sus Misioneras de la Caridad. Las Hermanas se alegraron mucho de recibir su carta.[16]

La soledad continuaba atormentándola y no podía hacer nada para aliviarla. Su incapacidad de comunicarse incluso con el padre Van Exem, para quien ella había sido un «libro abierto», todavía la hería profundamente. Ella comprendía muy bien a los que se encontraban en situaciones semejantes: «Debe ser una terrible tortura para él**—querer hablar y no poder hacerlo»,[17] escribió

---

* Por «teólogos» se refiere aquí a los seminaristas que estudiaban teología como preparación para la ordenación sacerdotal.

** Un amigo de Eileen Egan.

Madre Teresa a su amiga Eileen. Ella también estaba pasando por esta «tortura terrible». El distanciamiento de Dios y de los demás era su destino cotidiano.

Al decidir que «cuanto más grande sea el dolor y más oscura la oscuridad, más dulce será mi sonrisa a Dios»,[18] estaba imitando a su patrona Santa Teresa de Lisieux.[19] Como ella, Madre Teresa siempre encontraba un camino para dar a Dios todavía más.

«Gracias a Dios que Él se rebaja tomar de mí»

En el primer capítulo general en octubre de 1961, Madre Teresa fue elegida superiora general. Este título era sólo una confirmación del profundo vínculo espiritual que la unía a sus hermanas. Ella era su líder y su modelo pero, sobre todo era su «madre». Ella, por su parte, no aspiraba a ningún otro papel, como queda claro en su carta al Padre Neuner:

Querido Padre J. Neuner:

Muchas gracias por su carta. Me alegro de que le gustaran nuestras noticias impresas.—Me felicita por haber sido elegida Madre General.—Usted es el primero— y espero el último.—Para las Hermanas y para mí es sólo un título para los documentos oficiales, que no marca ninguna diferencia entre nosotras.—Quiero ser para ellas lo que María fue para Jesús—su madre.

Estoy esperando con impaciencia mi visita a Bombay. Las reuniones tienen un terrible efecto sobre mí, me ponen enferma.—Es un verdadero sacrificio y un acto de obediencia ciega para mí.—Iría con gusto a Pune para pedir a esos 400 teólogos que recen por mí y por nuestras Hermanas, pero su propuesta para que yo les hable me da escalofríos.—Usted escribió que no diga NO antes de pensarlo bien. El resultado de mi reflexión—es preguntar a Su Excelencia cuál es su deseo.—Si usted dice SÍ—yo haré lo que usted quiera—iré a hablarles y contarles la hermosa obra de Dios.

No, Padre, no estoy sola.—Tengo Su oscuridad—tengo Su dolor—tengo el terrible anhelo de Dios—amar y no ser amada. Sé que tengo a Jesús—en esa unión inquebrantable—ya que en mi voluntad, mi mente está fija en Él y sólo en Él.

En caso de que no vaya a Pune—por favor no se tome la molestia de venir a Bombay, porque no vale la pena su viaje—si usted viene y no tengo nada que decir. En estos días Él también ha tomado esto. Así que Le devuelvo una gran sonrisa. Gracias a Dios que Él se rebaja a tomar de mí.

Le enviaré una postal si Su Excelencia dice sí.

Rece por mí.

Suya en Jesús
M. Teresa, M. C.[20]

En respuesta a una observación del padre Neuner sobre su sensación de soledad, Madre Teresa dio una de sus más explícitas afirmaciones de fe sobre la oscuridad. La oscuridad no sólo era «su» oscuridad: era «*Su* oscuridad» [de Jesús]; ella estaba participando en «*Su* dolor» [de Jesús]. La pura fe le daba la certeza de una «unión inquebrantable» con Él porque mantenía sus pensamientos fijos sólo en Él [...] Estaba firmemente unida a Jesús en su voluntad, aunque sus sentimientos le dijesen lo contrario. El continuo dolor le recordaba a ella que Jesús estaba allí, aunque en «esa unión inquebrantable» lo único que sentía era Su agonía, Su Cruz.

De acuerdo con su propósito, aceptaba con una gran

sonrisa su incapacidad para hablar de sus tinieblas. Agradecía que Dios la considerase digna de atención, aunque esto significase la privación de algo precioso; en este caso, el apoyo de su director espiritual era un pequeño regalo más que ella podía ofrecerle.

Acepto todo lo que Tú me des

Después de recibir esta carta, el padre Neuner propuso a Madre Teresa encontrarse en Bombay. Pero ella objetó:

> No tengo absolutamente ningún compromiso, porque no conozco a nadie en Bombay.—Sólo estoy pensando en esos 3 días eternos—sentada durante horas en estas reuniones.—De todas maneras esto también puede ser para la M. G. D. [Mayor Gloria de Dios].
>
> No venga—no tengo nada que decirle. Sólo rece por mí, por favor. Soy feliz. Hoy he hecho una nueva oración—Jesús acepto todo lo que Tú me des—y Te doy todo lo que tomes de mí. Mis palabras no significan nada, pero estoy segura de que Él entenderá.—Si usted me escribe—será suficiente— pero por favor no venga.[21]

Esta oración, una de las favoritas de Madre Teresa, se forjó en las profundidades de la oscuridad. Era el fruto de su experiencia, un acto de su voluntad que iba en contra de sus sentimientos. Más tarde, la transformó en esta reiterada exhortación: «Toma todo lo que Él te dé y dale todo lo que Él tome con una gran sonrisa.»[22] Esta oración, que expresaba el espíritu de su congregación, entrega total, confianza amorosa, y alegría, resumía su manera de vivir en medio de las tinieblas. Expresaba el mismo propósito en otro de sus frecuentes consejos:

«dale a Jesús mano libre y déjale que te use sin consultarte».[23]

A Madre Teresa le dolía rechazar la visita del padre Neuner. Pero puesto que ella se sentía como un «bloque de hielo», consideró inapropiado aprovecharse de su disponibilidad para después hacerle perder el tiempo. Sin embargo, le agradeció su carta:

Acabo de recibir su carta—y me ha hecho muy feliz.

Gracias a Dios, Padre, no tengo que hablar. Siento compasión hacia las Religiosas y los Padres que tienen que hablar ante mucha gente.—Pero gracias a Dios lo llevan todo escrito—así que no será tan difícil.

Lamento haberle tenido que decir que no viniera—pero realmente no merece la pena porque mi alma es como [un] bloque de hielo—no tengo nada que decirle.—Usted dice que Él está «tan cercano que no puede verle ni oírle, ni siquiera saborear Su presencia». No entiendo eso, Padre—y sin embargo me gustaría poder entenderlo. No sé lo que me está pasando realmente—incluso ahora cuando estoy rodeada de tantas religiosas y personas, con cosas que me podrían preocupar completamente—Padre, mi mente—mi corazón—mis pensamientos y sentimientos parecen estar tan lejos—tan lejos que no sé dónde están, pero al concentrarme los encuentro con Dios.

Usted dice que tuvo la «sensación de un encuentro en medio del desierto». Debe haber sido doloroso para usted que está tanto con Jesús, en su amor personal a Él.—Que usted ame tanto a Dios me ha ayudado.—Me alegró encontrar a alguien que ama a Dios tanto como yo deseo amarle—pero no puedo hacerlo [...]

El Rvdo. Padre Miranda le contará lo que dije.—Hablé como si mi corazón estuviera enamorado de Dios—con un amor tierno, personal.—Si usted estuviera en el lugar del P. Miranda—habría podido decir—qué hipocresía. Muchas de las religiosas me agradecieron que hablara.—Realmente lo hice porque usted me escribió que lo hiciera.—No sabe lo amables que fueron todas estas Hermanas.—Qué cariño he recibido en el colegio St. Sophia—y todo porque pertenezco a Dios.

Disculpe mi caligrafía, estoy escribiendo en el tren en marcha.[24]

Madre Teresa continúo maravillándose ante la paradoja de su vida: ¿Cómo podía Dios estar tan cerca, tal como le decía el padre Neuner, cuando sus sentimientos indicaban lo contrario? Sin embargo, mientras sus sentimientos continuaban en este engañoso «juego», ella no podía negar que todo su ser estaba fijo en Él. Otros estaban atraídos por ella precisamente porque percibían su cercanía a Dios. Y aunque temía ser una hipócrita, estaba dando testimonio de una fe firme y una auténtica caridad, frutos de una íntima unión con Dios que ella no podía sentir. Juzgándose a sí misma incapaz de «llegar» a Dios, aun así, se alegraba de ayudar a otros a acercarse a Él.

«La alegría de no tener nada»

En este periodo, la correspondencia de Madre Teresa con el padre Neuner contenía escasas observaciones sobre su agonía interior. Aparte de ser incapaz de decir más, ella sabía que pocas líneas bastarían para recordarle su constante dolor y su necesidad de oraciones:

Esta [carta] le llevará los mejores deseos de todas en la Congregación—y de nuestros pobres.—Rezaremos todos por usted.—Rece por nosotros, Padre—para que nuestros corazones puedan ser el pesebre que escoja Nuestra Señora para Su Bebé. [...] Por mí—sólo rece—ahora quiero que sea sólo eso—porque Jesús así lo quiere.[25]

Más que centrarse en su propio sufrimiento, ella se alegraba compartiendo el imparable crecimiento de su Comunidad, constante recordatorio de la obra de Dios y de Su cuidado:

Querido Padre Neuner,

El pasado enero tuvimos 13 nuevas postulantes y ya todas parecen llenas de la alegría de sufrir por los pobres de Dios.—Tendremos un grupo bonito para mayo, si Dios quiere.—Me limito a mirar y a maravillarme. No entra nada. Me di cuenta de algo estos días. Puesto que Dios quiere que me abstenga de la alegría de las riquezas de la vida espiritual—doy todo mi corazón y mi alma para ayudar a mis Hermanas a que hagan pleno uso de ello. Las veo crecer día a día en santidad—las veo crecer en el amor a Dios—y esta visión me hace feliz. En lo que a mí respecta, sólo tengo la alegría de no tener nada—ni siquiera la realidad de la Presencia de Dios.—No oración, ni amor, ni fe—nada, sino un continuo dolor de deseo ardiente de Dios.—Estos días sé que Jesús ha dado a las Hermanas explicaciones tan maravillosas.—Después de las Instrucciones hice todo lo posible para recoger esos mismos pensamientos y palabras que pasaban por mí—pero no pude recordar un solo pensamiento. Quiero escribir—pero no tengo nada más que decir—sino pedirle que rece por mí.—Con todo mi corazón quiero que sea sencillamente así—porque Él lo quiere.

Suya en Jesús,
M. Teresa, M. C.[26]

En este momento de su vida, Madre Teresa obtenía una alegría espiritual de su prueba interior: era «la alegría de no tener nada», de la «pobreza absoluta», de la «pobreza de la Cruz», a lo que aspiraba desde el principio.

Las recién llegadas a la vida de las Misioneras de la Caridad tenían muchas oportunidades para el sacrificio: las dificultades de vivir en un edificio lleno de gente, la falta de privacidad, comida sencilla y trabajo manual duro al servicio de los pobres eran algunos de los numerosos retos. Madre Teresa era feliz viendo que sus seguidoras participaban en su «alegría de sufrir por los pobres de Dios». Como su aridez espiritual se prolongaba, aceptó de buen grado ser privada de consolaciones mientras ayudaba a sus hermanas a «gozar de ellas». Dios la estaba usando como un instrumento para derramar Su amor sobre Sus hijos.

«Sólo quiero ser una verdadera Misionera de la Caridad»

Pocos días después de escribir al padre Neuner, confirmó a su amiga Eileen su actitud ante los reconocimientos y otros honores:

Estoy segura de que estará muy contenta de que el Gobierno de la India me haya dado, y a través de mí a la Congregación, el título Padma Shri* por el trabajo que estamos haciendo. Estoy convencida de que esto es muy

* El Padma Shri es un premio que se da a algunos ciudadanos de la India por sus destacados servicios en los diversos campos sociales. Madre Teresa se refiere al anuncio del premio; en realidad fue presentado el 28 de abril de 1962 en Nueva Delhi.

bueno para la Iglesia—aunque para mí personalmente no significa nada. Sólo quiero ser una verdadera Misionera de la Caridad como lo fue Nuestra Señora.[27]

El Padma Shri fue el primer premio importante recibido por Madre Teresa. Este honor no la llenaba de orgullo; ella había superado tal peligro, como lo explicaba el padre Neuner:

> [Su unión con Jesús] le dio tal libertad que la hizo independiente tanto de los elogios como de las críticas. Cuando se le concedían honores por todo el mundo, no le afectaba en absoluto. Ella había abandonado todo a Dios, todo su ser. Ésta era la íntima fuente de su espiritualidad, la cual, pensé, debe ser preservada por sus Hermanas.[28]
>
> Aceptó este reconocimiento, como aceptaría los futuros, con gratitud, en el nombre de sus pobres y por ellos. Todo lo que ella esperaba conseguir era ser siempre una verdadera Misionera de la Caridad como lo fue María, a la que llamaba «la primera Misionera de la Caridad». «Como [Nuestra Señora] estemos llenas de celo para ir con prontitud a dar a Jesús a los demás»,[29] exhortaba a sus hermanas.

«Si alguna vez llego a ser santa—seguramente seré una santa de la "oscuridad"»

Después de guiarla durante casi un año, fue el padre Neuner quien se quedó sin palabras ante su prueba espiritual. Esto no la entristeció: ambos tenían la misma actitud frente al misterioso trabajo de Dios en su alma.

Esta [carta] le traerá los mejores deseos de todas al 54A*—para una muy feliz y santa Fiesta. Durante todo el día nuestras oraciones, nuestros sacrificios y nuestro trabajo serán por usted.

Esperaba de usted—no que me consolara—sino que me ayudara—y estoy muy contenta de saber que realmente usted no tiene [nada] que decir. El día que escribí—sentía que ya no podía resistir más.—Pero San Pablo me ha dado la respuesta en su epístola del domingo de Sexuagésima** y también su carta—por eso soy feliz de sufrir todavía más y también con una gran sonrisa.— Si alguna vez llego a ser santa—seguramente seré una santa de la «oscuridad». Estaré continuamente ausente del Cielo—para encender la luz de aquellos que en la tierra están en la oscuridad.—Tenga presente en sus oraciones Kanpur, Amravati, Raigarh, Bhagalpur.—Estas pueden ser nuestras próximas misiones. Rece mucho por mí, rece a menudo—para que haga lo que le agrada a Él, que me ha llamado.[30]

En un día particularmente difícil, Madre Teresa había encontrado luz en la lectura de la segunda carta a los Corintios (11, 19-23; 12, 1-9). Le hubiera gustado que su oscuridad, el aguijón en su vida, desapareciera, pero, como San Pablo, ella comprendió que podía aceptarla descansando en la promesa del Señor, «Te basta Mi gracia».[31]

En el mismo momento en que creía haber alcanzado los límites de sus fuerzas, formulaba lo que podría ser considerado como la declaración de su misión: «Si algu-

* Referencia a la dirección de la Casa Madre de las Misioneras de la Caridad en 54 A Lower Circular Road, Calcuta.

** En el calendario litúrgico de la Iglesia Católica previo al Concilio Vaticano II, el segundo domingo antes de Cuaresma (o el octavo domingo antes de Pascua) se llamaba domingo de Sexuagésima.

na vez llego a ser santa—seguramente seré una santa de la "oscuridad". Estaré continuamente ausente del Cielo—para encender la luz de aquellos que en la tierra están en oscuridad.» En lugar de anhelar sus alegrías, concebía el cielo como una nueva oportunidad de amar, de alcanzar cada «agujero oscuro» y encender en cada uno de ellos la luz del amor de Dios. Su celo no había disminuido. Forjada en el crisol del sufrimiento, estaba dispuesta a continuar su misión hasta el fin del tiempo.

«¿Vemos realmente sólo a Jesús en nosotros?»

La bendición de Dios sobre sus esfuerzos era una continua confirmación de Su presencia y Su guía a través de su desierto interior. A su amiga Eileen escribió: «Dios es maravilloso al bendecir Sus propias obras de tantas maneras. Ahora más que nunca no sólo siento, sino que sé con seguridad—que esta obra es realmente Suya».[32] Era gracias a este conocimiento y esta convicción que, confiada, podía animar a sus colaboradores a vivir en unión con Él:

Los Amados de Cristo

Eileen me ha pedido que escriba—parece que todos han votado para tener algunas palabras mías en su reunión de marzo. Debe haber algo equivocado en esa votación.—De todos modos, me da alegría volver otra vez a ustedes y pienso que todavía puedo ver ese deseo ardiente por la santidad que vi en sus caras cuando estuve con ustedes.* Que Dios lo mantenga ardiente. Cada día

* Madre Teresa se refiere a la reunión con los colaboradores que tuvo lugar después de su estancia en Las Vegas.

rezamos: «Que alcen la mirada y vean sólo a Jesús»; pero, ¿cuántas veces miramos dentro y vemos en nosotros sólo a Jesús? ¿Le vemos usando nuestros ojos, nuestra mente y nuestro corazón, como si fuesen Suyos? ¿Estamos tan entregados a Él—que encontramos Sus ojos que miran a través de los nuestros, Su lengua que habla, Sus manos que trabajan, Sus pies que caminan, Su corazón que ama? ¿Vemos realmente sólo a Jesús en nosotros?

Ustedes tienen que estar en el mundo y sin embargo no ser del mundo.[33] La luz que dan debe ser tan pura, el amor con el que aman debe ser tan ardiente—la fe con la que creen debe ser tan convincente—para que, al verles a ustedes, realmente vean sólo a Jesús. Su apostolado es tan hermoso, dar a Jesús. Pueden darle—sólo si se han entregado totalmente a Él.— A menudo, muy a menudo, rezo por ustedes—para que sean el fruto del amor de Cristo en el mundo—para que crezcan en santidad—de modo que en ustedes la alegría de Cristo sea completa. En nuestra Congregación decimos con frecuencia a Nuestra Señora que es la Causa de nuestra Alegría—porque ella nos dio a Jesús.—Podremos llegar a ser la causa de su alegría—porque llevamos a Jesús a los demás.

Manténganse cerca de Jesús con un rostro sonriente.[34]

«Despreciados, no amados, desamparados»

Al continuar Madre Teresa su misión de extender el amor de Dios entre los pobres, la imagen diaria de sus aflicciones implantada en su mente, le parecía la única manera adecuada para describir el estado de su alma. Varias semanas después de su carta a los colaboradores, escribió al padre Neuner:

Qué amabilidad la suya—de rezar por mí—y escribir [...]

He estado leyendo *The Nun* de Margaret Trouncer[35] sobre Santa Margarita María* y el Sagrado Corazón.— Su amor a Jesús me dio un deseo muy doloroso, de amar como ella Le amaba. Qué frío—qué vacío—qué dolorido está mi corazón.—La Santa Comunión—la Santa Misa—todas las cosas santas de la vida espiritual—de la vida de Cristo en mí están todas tan vacías—tan frías— tan despreciadas. La situación física de mis pobres dejados en la calle despreciados, no amados, desamparados— es la verdadera imagen de mi vida espiritual, de mi amor a Jesús, y sin embargo, nunca he deseado que este terrible dolor fuese diverso.—Al contrario, quiero que esto sea así tanto tiempo como Él lo quiera.

Quizá en junio iré a Bombay. Si Nirmala todavía quiere verme—tendré muchísimo gusto en ir a Pune o que venga al convento a Bombay.—Ello le daría también la oportunidad de ver la obra. Rece por mí—para que llena de bondad y alegría, continúe haciendo el bien.[36]

Suya en Jesús,
M. Teresa, M. C.[37]

La condición de los pobres en las calles de Calcuta, rechazados por todos y abandonados a su dolor, era, como ella declaraba, «la verdadera imagen de mi propia vida espiritual». Había alcanzado una identificación completa con «su gente», con su miseria, su soledad y su rechazo.

También se sentía despreciada, no por la gente que la necesitaba, sino por Aquel que significaba para ella más

* Santa Margarita María (1647-1690) fue una religiosa de la Orden de la Visitación en Paray-le-Monial (Francia). Fue apóstol de la devoción al Sagrado Corazón de Jesús.

que la vida, su Dios. Tampoco se sintió amada, no por la multitud que se aglomeraba alrededor de ella, sino por Dios, a quien amaba con todas las fuerzas de su alma. También se sintió desamparada, no por los pobres, que encontraban en ella una madre, sino por Dios, cuyo amor reivindicaba como hija suya.

Su oscuridad interior le dio la capacidad de comprender los sentimientos de los pobres. «El mayor mal es la falta de amor y de caridad, esta terrible indiferencia hacia el prójimo que vive al borde de la carretera agredido por la explotación, la corrupción, la pobreza y la enfermedad»,[38] diría ella más tarde.

Y ella hizo su parte, entregándose totalmente para que las tremendas condiciones de los pobres pudiesen cambiar. No sólo fue al encuentro de sus necesidades materiales; ofreció más, ya que sabía que «la gente hoy tiene hambre de amor, de este amor comprensivo, que es mucho mayor y que es la única respuesta a la soledad y a la gran pobreza».[39] Aquellos a los que servía sabían que les amaba, que les entendía, que sufría con ellos. Ellos sentían que para ella, en ese momento, eran la única persona en el mundo. No sólo era la ayuda material, sino especialmente su amor lo que marcaba la diferencia.

Ella explicaba con insistencia a sus hermanas que no entenderían a los pobres a menos que experimentaran ellas mismas la pobreza:

Jesús fue enviado por su Padre a los pobres[40] y para poder entender a los pobres, Jesús tenía que conocer y experimentar la pobreza en Su Cuerpo y Su Alma. También nosotras debemos experimentar la pobreza si queremos ser verdaderas portadoras del amor de Dios. Para poder proclamar la Buena Noticia a los pobres, debemos saber lo que es la pobreza.[41]

Sin sus tinieblas interiores, sin conocer semejante anhelo de amor y el dolor de no ser amada, sin esta identificación radical con los pobres, Madre Teresa no habría ganado su confianza y sus corazones.

El sufrimiento de Madre Teresa estaba en el nivel más profundo posible: el de su relación con Dios. Y, en su celo por la salvación de otros, abrazaba voluntariamente la totalidad de este sufrimiento para que los pobres a los que amaba, experimentaran la totalidad del amor de Dios. Como consecuencia, sus tinieblas se convirtieron en su más grande bendición; su «secreto más profundo» era verdaderamente su mayor don.

CAPÍTULO 11

«A SU DISPOSICIÓN»
Sea usted ese alguien

Estoy dispuesta a aceptar con una gran sonrisa
todo lo que Él me dé y a darle todo lo que Él tome.

MADRE TERESA

«*Quiero lo que Él quiere con todo mi corazón* »

A mediados de 1962, Madre Teresa entró en un período
de su vida en el que la única ayuda que recibiría serían
unas cartas de sus guías espirituales y algunos encuentros con ellos. Continuó escribiéndose con el padre Neuner y el padre Picachy. Sus cartas no son detalladas, sino
más bien, recuerdos de lo que ellos ya sabían; estas cartas expresan más su resignación que su dolor.

Puesto que consideraba al padre Picachy como un
amigo, cuando él le confió las dificultades de su misión en Basanti en mayo de 1962, ella las tomó como
propias:

Sus dificultades y las mías—las ofreceremos a Jesús por las almas.—Estoy segura de que usted, como yo, se pregunta— ¿cuánto tiempo durará todo esto? Sé que quiero con todo mi corazón lo que Él quiere, como Él quiera y hasta que quiera. Sin embargo, Padre—esta «soledad» es dura. Lo único que me queda es la convicción profunda y fuerte de que la obra es Suya.—Con todas estas cosas que han pasado en Delhi*—no he tenido un solo pensamiento de autocomplacencia.—Fue otro doloroso sacrificio que ofrecer. Las cosas de Basanti deben ser muy dolorosas para usted—y a menudo rezo para que todo pase pronto.

Me gustaría escribir—pero hay tanto por hacer—tantas cartas que contestar—cosas que yo debo anteponer a mí misma.[1]

Incluso en momentos de intenso sufrimiento, no faltaba su sentido del humor, y manifestaba con simpatía su manera de seguir a Jesús en la oscuridad. «Sólo puedo hacer una cosa, como un perrito seguir de cerca las huellas de su Amo. Rece para que sea un perrito alegre»,[2] escribió al padre Picachy poco más tarde.

En julio de 1962, supo que el padre Picachy iba a ser ordenado obispo. Madre Teresa estaba feliz por su nombramiento, pero sintió que la separación se hacía cada vez mayor. «Será difícil para mí llamarle "Excelencia"»[3] le escribió, «— pero tendré que hacerlo [...]. En su nueva vida no se olvide de rezar por mí».[4]

«¿Por qué Él da todas esas cosas y no se da a Sí mismo?»

La obra de las Misioneras de la Caridad llevaba a Madre Teresa a estar cada vez más en el centro de la atención

---

* Se refería al premio Padma Shri, recibido el 28 de abril de 1962.

pública. Se dio cuenta de que también esto era la voluntad de Dios para ella. La separación de sus hermanas y de sus pobres ocasionada por su necesidad de viajar más acentuó su sentido de aislamiento. Sola entre extranjeros, lo sentía agudamente, como escribió a su amiga Eileen:

Aquí estoy sola—cómo me gustaría que usted estuviera aquí.—No se puede tener todo.

Esta tarde vuelo a Manila donde estaré con las Hijas de la Caridad.—Personalmente preferiría estar con mi gente—pero el Señor tiene sus propios planes.—Y como quiero que Él tenga total libertad para utilizarme como a Él Le plazca, soy tan feliz aquí como allá. El Padma Shri y ahora el Magsaysay* han ayudado a muchos, especialmente en el Gob. [Gobierno], a comprender el amor de la Iglesia por la India y que los misioneros son el mejor regalo que la Iglesia puede dar a un país.[5]

Los honores otorgados a ella y a su trabajo acentuaban su ausencia de intimidad con Jesús, intimidad que tanto anhelaba. Al padre Neuner le confió:

Por favor, rece por mí. Ojalá le pudiera contar—pero eso está también vacío—y me parece que no tengo nada que contarle.—Me pregunto qué es lo que Él obtiene de todo esto—cuando no hay nada en mí.

Tuve que ir a Manila para recibir el premio Magsaysay. Fue un gran sacrificio. ¿Por qué da Él todas esas cosas, y no se da a Sí mismo? Le quiero a Él, no a Sus dones o criaturas.

* Madre Teresa recibió el Premio Ramón Magsaysay por el Entendimiento Internacional el 31 de agosto de 1962 en Manila, Filipinas.

No debo escribir así—ya que quita la alegría de dejar a Dios libre conmigo.—No sólo estoy dispuesta, sino también feliz de estar a Su disposición. Que Él tome todo, incluso a Sí mismo—si esto aumenta Su complacencia.—A cambio, le pido que haga santas a mis Hermanas.

Rece por mí.[6]

Cuando el angustiado «por qué» que inquietaba su corazón se escapaba de su pluma, ella lo retiraba tan pronto como lo había escrito, por temor de que flaqueara su propósito de darle su «sí» a Dios y «una gran sonrisa para todos». Así permaneció felizmente a Su disposición, incluso cuando parecía que estaba privada de Dios.

«Le doy todo lo que Él toma»

En septiembre de 1962, en una carta al ahora monseñor Picachy, Madre Teresa le manifestaba la oscuridad de su estado interior. En el momento más crítico, cuando estaba a punto de decir «No», María, a quien a menudo se refería tiernamente como su «madre», acudió en su ayuda:

Excelencia,

Mis pensamientos, oraciones y sacrificios le acompañaron durante todo el día 9. Me hubiera gustado estar allí—pero el Señor tiene Sus propios planes. Gracias por la estampa.[...]

A menudo me pregunto qué es lo que Dios saca de mí realmente en esta situación—no fe, no amor—ni siquiera en los sentimientos. No puede imaginarse lo mal que me sentí el otro día.—Hubo un momento en el que casi dije que no.—Tomé el Rosario deliberadamente y muy despacio, sin casi meditar o pensar—lo dije lenta y calmadamente. El momento pasó—pero la oscuridad es tan oscura y el dolor tan doloroso.—Sin embargo acepto todo lo que Él me dé y le doy todo lo que Él tome. Las personas dicen que—al ver mi gran fe, se sienten más cerca de Dios.—¿No es esto engañar a la gente? Cada vez que he querido decir la verdad—«que no tengo fe»—las palabras simplemente no me vienen—mi boca permanece cerrada.—Y sin embargo continúo sonriendo siempre a Dios y a todos.

Ahora que usted es Obispo—debo mantenerme alejada—porque tiene otros muchos trabajos más importantes que hacer.—Le agradezco querido Padre—por toda la ayuda que me ha dado durante todos estos años y rece por mí—incluso aunque deba mantenerme alejada.[7]

Sintiendo la falta de fe, Madre Teresa tenía que luchar contra el miedo de engañar a los demás. Sin embargo, cuando quería exponer su aparente falta de fe, era incapaz de hacerlo. Esto también era la obra de Dios en su vida: Él no permitiría que dijera algo que no era cierto. Ella tenía fe, una fe bíblica, una fe ciega, una fe firme, que había sido puesta a prueba en el crisol del sufrimiento, y que trazaba el camino hacia Él a través de las tinieblas. Sin dejarse intimidar por los sentimientos, continuaba viviendo en la fe que a ella le parecía haber perdido.

Madre Teresa vivió su compromiso de total obediencia en todas las situaciones de su vida, incluso cuando tenía la difícil tarea de hablar en público. Mientras que le resultaba fácil instruir a sus hermanas, se sentía intimidada e inadecuada para dirigirse a otros. Declinando nuevamente la invitación del padre Neuner para hablar a los seminaristas, escribió en enero de 1963:

El Señor está jugando Su propio juego—le doy lo que Él tome. Parece que Él no quiere que yo tenga la consolación humana de hablar con usted.—Estoy contenta con todo lo que a Él más Le agrade. Acepto todo lo que me da.

No tengo nada que decir—tampoco tengo la habilidad o el conocimiento necesarios para hablar a futuros sacerdotes. Mis Hermanas, son yo—por eso no necesito buscar palabras eruditas.—Sencillamente abro mi corazón—y Él habla.

Si lo desea, puede preguntarle a Mons. D'Souza* lo que piensa él. Si él me dice que lo haga—no tengo nada que decir—lo haré.[8]

Monseñor Picachy le había asegurado que podía contar con su ayuda. Ella le agradeció este importante apoyo:

Qué amable de su parte escribirme y acordarse de rezar por mí. Pensaba que ahora que usted es obispo con una diócesis grande—se olvidaría.—Gracias a Dios no se olvidó y reza por mí.

Siento no haber podido verle—porque me hubiera gustado tener la oportunidad de ir a confesarme. Casi cada dos semanas me confieso con un sacerdote diferente—y nunca puedo hablar—y tampoco tengo nada que decir.—¿Hasta cuándo actuará de esta manera el buen Dios? no lo sé—y soy feliz de que Él lo sepa. Esta es la única cosa que hago ahora—«Dejar Su mano libre». Él puede hacer lo que quiera y como quiera.—Rece por mí.[9]

---

* Su Excelencia Albert Vincent D'Souza (1904-1977) fue arzobispo de Calcuta desde el 8 de agosto de 1962 hasta el 29 de mayo de 1969.

«La fragancia de la alegría de Cristo»

La idea de que sus imperfecciones pudieran ser la causa de este largo sufrimiento nunca la abandonó totalmente. «He debido estar muy llena de mí misma todos estos años—ya que Dios se está tomando tanto tiempo en vaciarme.—Espero que un día, cuanto esté completamente vacía, Él venga»,[10] escribió a monseñor Picachy en febrero de 1963.

Como tenía la impresión de que Dios la estaba vaciando, la imagen de San Juan Bautista[11] vino muy claramente a su mente; la alegría de él sería también la suya, como escribió después de uno de sus encuentros con el padre Neuner:

Anoche intenté recordar todo lo que usted me dijo y sólo pude recordar una cosa—que pertenezco únicamente a Dios.—Le he hecho gastar tanto tiempo y no he sacado ningún provecho. Estoy más decidida que nunca, a repartir alegría dondequiera que vaya—la fragancia de la alegría de Cristo. Como ellas [las hermanas] no son mías—seré un San Juan Bautista para Jesús.—Me alegraré porque el Esposo tiene a Su esposa.[12] Jesús tiene el amor de mis Hermanas y pronto, si Dios quiere, tendrá también el amor de los Hermanos.—Padre, si puede ponga alguna vez por escrito las cosas que dice—quiero [ser] sólo para Dios [...]

Por favor continúe recordándoles a sus futuros sacerdotes que recen por mí y por la Congregación—y también que cuanto más santos sean, más santas harán a nuestras Hermanas cuando lleguen a ser sus guías espirituales. Dígales muy especialmente que recen por el día 25 de marzo.

Le agradezco que haya hecho posible mi viaje a Pune y haya podido ver su gran obra—y que sea tan paciente conmigo.

Dios esté con usted.[13]

Los Hermanos Misioneros de la Caridad, la primera rama masculina de la familia de los Misioneros de la Caridad, nació el 25 de marzo de 1963, solemnidad de la Anunciación del Señor. Madre Teresa había puesto todo su corazón en esta fundación y era feliz de informar a monseñor Picachy de esta ampliación de su servicio a los pobres. Como había asociado sus luchas interiores con el rápido crecimiento y éxito de sus hermanas, se planteó cuál sería «el precio» de sus hermanos. Estaba dispuesta a dar aún más.

Le agradará saber que el 25 de marzo se ofrecerá—a Nuestra Señora— la primera ofrenda de los Hermanos Misioneros de la Caridad. Así que, por favor, rece para que todo sea sólo para Jesús.

Me pregunto qué tomará Jesús de mí para ellos, ya que ha tomado todo para las Hermanas. Estoy dispuesta a aceptar con una gran sonrisa todo lo que Él me dé y a darle todo lo que Él tome.[14]

Aunque sentía no poder hablar con su director espiritual «oficial», Madre Teresa se dirigió a su antiguo confidente y guía espiritual, monseñor Picachy, para pedir ayuda:

Querido Mons. Picachy,

El Padre Van Exem ha sido mi padre espiritual desde 1944.—Pienso—todavía lo es—pero siento que necesito alguien con quien hablar de vez en cuando. Desde hace algunos años me ha sido difícil hacer esto con él.—No sé por qué.

¿Puedo pedirle que me ayude—tanto tiempo como Dios lo quiera como padre esp. [espiritual]? Puesto que usted ya conoce casi todo. Si necesita algo más—intentaré decírselo.

Rece por mí.

Suya en Jesús,
M. Teresa, M. C.[15]

«*Hazme compartir contigo Tu dolor*»

Dejar que Jesús «tuviera mano libre»[16] con ella siguió siendo la medida para darse a sí misma: «Era muy feliz de ir a confesarme—pero como de costumbre, nada que decir. Rece por mí—para que yo permanezca a Su disposición»,[17] escribió a monseñor Picachy. Esta constante entrega trajo consigo una continua participación en el dolor de Jesús. En abril de 1963 escribió al padre Neuner:

Qué amable ha sido al escribirme. Sí, Padre, la Cuaresma casi ha terminado.—La Pasión de Jesús ha pasado—sin tocar mi alma siquiera. Mis meditaciones, como todo lo demás—carecen completamente de sentido.—Día tras día—repito lo mismo—Quizá sólo con mis labios—«Hazme sentir lo que Tú has sentido. Hazme compartir contigo Tu dolor.»* Quiero estar a Su disposición.

* Cita de la oración «Stabat Mater», dirigida precisamente a la Bienaventurada Virgen María. Aquí parece que Madre Teresa la está dirigiendo a Jesús.

La inauguración fue muy hermosa.—Tenemos un hermano—el segundo viene el domingo de Pascua. Es maravilloso ver y oír las reacciones de los sacerdotes aquí. —Extraño—pero todos parecen contentos y esperaban que esto ocurriera algún día. Estoy rezando por Nirmala—Jesús la cuidará porque ella Le ama en el angustioso disfraz [de] Sus Pobres. Ella podría volver algún día a Pune como M. C. y hacer grandes cosas por Dios—con su generoso carácter.

Me alegra que esté de vacaciones.—Nosotras comenzamos nuestras vacaciones espirituales—el retiro, el día 15 para las novicias y el 16 para las profesas y las Superioras. Yo no haré el mío esta vez.—Me gustaría poder ir a solas a algún lugar—para estar a solas con Dios, aunque Él no quiera estar a solas conmigo [...]

Gracias a Dios que se encuentra bien.—Mi garganta me ha dado y sigue dándome problemas.—Lo mejor es que no me duele cuando hablo—sólo cuando bebo—así que sigo hablando—a veces 3, 4 o 5 instrucciones al día.—Las Hermanas estaban encantadas con las consideraciones que les hice sobre la castidad. No sé de dónde vino todo—pero han hecho que el voto de castidad—sea el voto más agradable y más natural que una religiosa puede hacer. Si sólo pudiera sentir lo que ellas sienten.—No importa—estoy muy contenta y mantengo una gran sonrisa para todos.

Rece por mí—y pida a los teólogos que recen por mí.[18]

A lo largo de la Cuaresma, y a lo largo de su vida como Misionera de la Caridad, la oración de Madre Teresa, «Hazme sentir lo que Tú has sentido. Hazme compartir contigo Tu dolor» fue escuchada. ¿No estaba experimentando ella la agonía de Jesús y también la agonía de sus pobres?

Mientras vivía este tormento, hecho cada vez más intenso por su ardiente anhelo de Dios, ella desempeñaba todas sus obligaciones con su habitual fidelidad y alegría, y exhortaba a su amiga Eileen a hacer lo mismo: «Viva su vida de amor a Jesús con una gran alegría—porque todo lo que tiene es don Suyo—úselo todo para la mayor gloria de Su nombre [...] Permanezca siempre cerca de Jesús con una cara sonriente—de modo—que pueda aceptar lo que le dé y dar lo que Él tome.»[19]

«*Él sigue jugando Su juego*»

En septiembre de 1963, fue enviada a Roma la petición de reconocimiento de su Congregación por el Papa. No pudo esconder su satisfacción al padre Neuner:

Muchísimas gracias por su amable carta.

Me alegra mucho que vaya a Roma* y que rece por mí y por las Hermanas y los Hermanos. Le alegrará saber que algo más irá a Roma—la petición de nuestro Arzobispo, las cartas de todos los Obispos [de las diócesis] donde están las Hermanas, mi petición y el informe sobre la vida y trabajo de la Congregación. Es la petición para obtener la aprobación pontificia para la Congregación. Padre, ¿no le da alegría? La pequeña semilla de Dios está creciendo lentamente—y además todo es Suyo.—La única cosa que me empuja a continuar—es la convicción de que la obra—las Hermanas, la Congrega-

* El padre Neuner iba a Roma para participar en el Concilio Vaticano II como teólogo, en las comisiones para la formación sacerdotal, la actividad misionera y las relaciones de la Iglesia con las religiones no cristianas.

ción—todo es Suyo—sólo Suyo—no reivindico nada [...] Todos están bien y se portan lo mejor que pueden. Rece para que [Él pueda] vaciar mi vacío.—Él sigue jugando Su juego—y yo sigo sonriendo mientras juega.[20]

«Mis sentimientos son muy traicioneros»

La inauguración de la comunidad de las Misioneras de la Caridad en Jamshedpur, en la diócesis de monseñor Picachy, fue una oportunidad para que Madre Teresa se encontrara con él y pudiese exponerle sus persistentes tormentos. En un tiempo en el que ya le era difícil hablar, confiar su lucha interior a un nuevo director espiritual habría sido un gran reto.

En mi camino a casa*
8-1-64

Excelencia,

No puedo agradecerle lo suficiente a usted y a su gente la amabilidad y el afecto que han mostrado a nuestras jóvenes Hermanas.—Espero que ellas sean una causa real de alegría para usted—y que lleven muchas almas a Jesús.—Nuestras Hermanas son jóvenes—cuídelas, ya que son Suyas. Guíelas hacia el fervor y la santidad—y cuanto más santas sean más podrán irradiar el amor de Dios entre Sus pobres. Estoy muy agradecida a Dios—de que me haya dado la oportunidad de trabajar con usted en su joven diócesis.

Debe haber rezado por mí fervorosamente—porque desde hace un mes hay en mi corazón una unión muy profunda con la voluntad de Dios. Acepto, no en mis

* En el tren, de vuelta a casa desde Jamshedpur.

sentimientos—sino con mi voluntad, la Voluntad de Dios.—Acepto Su voluntad—no sólo temporalmente, sino para siempre.—En mi alma—no tengo palabras—qué oscura está, qué dolor, qué terrible.—Mis sentimientos son tan traicioneros.—Me siento como «rechazando a Dios» y, al mismo tiempo, lo más grande y más duro de soportar—es este terrible anhelo de Dios.—Rece por mí, para que en esta dolorosa oscuridad no me convierta en un Judas[21] para Jesús. Tenía muchas ganas de hablar con usted. —Sólo deseo hablar—y esta capacidad parece que Él me la ha quitado.—No me quejaré.—Acepto Su Santa Voluntad tal como me viene. Si tiene tiempo, por favor escriba y no se preocupe de mi incapacidad para hablarle—porque quise hablar—pero no pude [...]

Por favor perdone el papel y la caligrafía. Gracias por toda su amabilidad conmigo y con las mías.[22]

Es difícil imaginar que Madre Teresa pudiera entregarse más a Dios, pero, según sus propias palabras, su conformidad con la voluntad de Dios había llegado a ser aún más completa. Estaba dispuesta a aceptar permanecer en las tinieblas incluso para toda la eternidad, aunque temía que pudiera convertirse en un «Judas para Jesús». Y eso que las tinieblas no eran lo más doloroso.

«Lo más grande y más duro de soportar», insistía Madre Teresa, era «este terrible anhelo de Dios». Más doloroso que la misma oscuridad, era esta sed de Dios. Estaba compartiendo una parte de la experiencia de la sed de Jesús en la Cruz, la misma sed con la que ella se encontró el 10 de septiembre de 1946. A medida que aumentaba la oscuridad, se intensificaba su sed de Aquél a quien la oscuridad ocultaba y su ansia «de irradiar el amor de Dios entre Sus pobres». Su «terrible» sed de Dios se expresaba en su ardiente sed por las almas, especialmente por los más pobres entre los pobres. Estaba encarnando el carisma que había recibido.

El creciente celo de Madre Teresa por las almas se reflejaba en la rápida expansión de su misión. A su amiga Eileen relató con felicidad cómo aumentaba el número de fundaciones: «Si contamos el Cielo donde tenemos 4 Hermanas—ahora tenemos 15 casas—y una de Hermanos con 9 Hermanos.»[23] Esta pasión la ayudó a pasar por alto sus propias necesidades y sus sufrimientos y unirlos a los sufrimientos de los pobres a quienes servía. «No se preocupe por mí», añadía en la misma carta a Eileen. «Mi garganta está mejor—y está bien tener algo [por lo que sufrir]—de manera que pueda compartir un poco el dolor de mis pobres en Nirmal Hriday [...] Deseo ardientemente encender la luz del amor en el corazón de cada criatura de Dios.»[24]

«Qué terrible es este mundo sin el Amor de Cristo»

El deseo de Madre Teresa de sembrar amor se puso especialmente de manifiesto en los momentos de dificultad. Cuanto mayor era el sufrimiento de los pobres, mayor su compasión. Durante los enfrentamientos en Calcuta en 1964, en los que hubo más de cien muertos y cuatrocientos heridos, ella sólo veía el terrible efecto del pecado:

Se le partiría el corazón al ver a miles de personas que han perdido sus hogares—de la noche a la mañana. Ha habido problemas entre los hindúes y los musulmanes. Rece por nuestra gente [...] Qué daño puede causar el pecado. Qué terrible es este mundo—sin el amor de

Cristo. No puedo comprender porque lo hicieron. ¿Por qué causar tanto dolor a los pobres? Rece por ellos.[25]

«Terrible es el odio cuando llega a dañar a los seres humanos»[26] escribió a monseñor Picachy. A medida que la violencia de la guerra cosechaba sus víctimas, ella veía el odio en acción y se afanaba en buscar medios para sustituirlo con amor. De nuevo compartió sus sentimientos con Eileen:

Rece por nuestra gente.—India está atravesando un momento muy difícil.—Necesitamos muchas oraciones y sacrificios por parte de ustedes que viven en otras tierras [...].

Sé que esto la entristecerá mucho—ya que su corazón está lleno del deseo de obrar por la paz—pero mi querida Eileen—ofrezca todo y rece mucho para que seamos capaces de extinguir esta llama de odio—que se está extendiendo [...][27]

«Sólo Dios puede pedir sacrificios como éste»

Ser instrumento de la paz divina y difundir Su amor mediante la expansión de su misión exigió numerosos sacrificios por parte de Madre Teresa. Al regreso de la apertura de una casa en Carambolin, confió al padre Neuner un sacrificio particularmente exigente:

Las Hermanas están en Carambolin y ya han empezado a trabajar entre los pobres de Dios. Rece por ellas para que lo hagan bien y lleven muchas almas a Dios. Son increíblemente valientes. Soy feliz de abrir todas las casas que quiera el buen Dios y encender el fuego de amor en otras tantas ciudades—pero cada vez que dejo a las Hermanas—es como si me quitasen una parte de mí y me causa un gran sufrimiento.—Sólo Dios puede pedir sacrificios como éste [...].

Rece por mí—ya que la vida interior es más dura de vivir. Estar enamorada y sin embargo no amar, vivir de la fe y sin embargo no creer. Consumirme y estar, sin embargo, en las tinieblas absolutas.—Rece por mí.[28]

Dejar a sus hermanas era doloroso, pero los reencuentros ocasionales le daban gran alegría:

Tuve conmigo a todas las Superioras en Cal. [Calcuta] para el retiro.—Fue maravilloso tenerlas—a todas juntas. Yo no sé lo que sienten otros—pero amo a mis Hermanas como amo a Jesús—con todo mi corazón, mi alma, mi mente y mi fuerza [...]. Continúe rezando por mí—como yo rezo por usted.—Amemos a Jesús con todo nuestro corazón, toda nuestra alma y toda nuestra mente.[29]

Madre Teresa reconocía que su oscuridad era el precio para encender «el fuego del amor». Aceptaba de buen grado pagarlo y exhortaba a las superioras de sus comunidades a que hicieran lo mismo, sin manifestar que les estaba trasmitiendo su propia experiencia:

Están allí para sus Hermanas—las Hermanas no están allí para ustedes. Deben estar dispuestas para todos los sacrificios—como si dijéramos, ser consumidas por sus Hermanas. A veces pueden sentir una gran soledad— pero éste es uno de los sacrificios que pueden hacer por sus Hermanas. A menudo sucede que aquellos que pasan su tiempo dando luz a otros, permanecen ellos mismos en oscuridad.[30]

«El buen Dios llamó y yo dije "Sí"»

Cuando la Santa Sede examinó su petición para el reconocimiento pontificio, se le pidió que reconstruyese brevemente el origen y el desarrollo del instituto. Madre Teresa, que había sido especialmente cuidadosa en guardar el secreto sobre el inicio de su congregación, tenía ahora que decidir qué revelar. Presentó un extenso informe sobre el desarrollo y las actividades actuales de su comunidad pero, en relación con la llamada, sólo escribió: «Respecto al origen—fue muy simple—el buen Dios llamó y yo dije "Sí"».[31]

Fiel a su «sí» a Dios, permaneció abierta a Su voluntad hasta en el más pequeño detalle y constantemente se sometía a todo lo que Él pedía. A menudo era un sacrificio personal. «Me hubiera encantado venir—ya que tenía tantas ganas de hablar con usted», escribió a su guía espiritual en quien ella confiaba, «pero el Señor lo quiere a Su manera».[32]

«Qué terrible es estar sin Dios»

Aunque había llegado a aceptar lo que significaban sus continuas tinieblas interiores, no era tarea fácil. Dios la estaba despojando de todo apoyo natural y sobrenatural: su aislamiento era tan absoluto que sólo lo pudo comparar con el infierno. Después de más de quince años de oscuridad, presentó al padre Neuner esta descripción:

En cuanto a mí—¿qué decir? No tengo nada—puesto que no le tengo a Él—a Quien mi corazón y mi alma anhelan poseer. La soledad es inmensa.—Dentro y fuera no encuentro a quién dirigirme.—Él no sólo me ha quitado la ayuda espiritual—sino también la humana. No puedo hablar con nadie e incluso, si lo hago—nada entra en mi alma.—Estaba deseando hablar con usted en Bombay—pero ni siquiera lo intenté.—Si existe el infierno—éste debe ser uno. Qué terrible es estar sin Dios—ni oración—ni fe—ni amor.—La única cosa que queda—es la convicción de que la obra es Suya—de que las Hermanas y los Hermanos son Suyos.—Y yo me aferro a esto como el que no teniendo nada, se aferra a una paja—antes de ahogarse.—Sin embargo, Padre—a pesar de todo esto—quiero serle fiel—consumirme por Él, amarle no por lo que Él da, sino por lo que toma—estar a Su disposición.—No Le pido que cambie Su actitud hacia mí o Sus planes para mí.—Sólo Le pido que me utilice—para enseñar a mis Hermanas y a mis Hermanos y a nuestros Pobres a amarle y ayudarles en esto, ya que yo no podría amarle.—Qué hermoso es cómo aman a Dios las Hermanas y los Hermanos.—¡Cómo se esforzarán, en sus vidas, por corresponder en todo lo que Él les da a través de mí![33]

«Qué terrible es estar sin Dios», escribió Madre Teresa. Para ella era aún más terrible haber perdido todo sentido de Su presencia, después de haber estado tan cerca de Él. Por voluntad divina vivió la tremenda experiencia de una vida sin Dios, que ella comparaba con el infierno, consecuencia del último rechazo de Su amor y de Su misericordia. Esta experiencia avivó su insaciable sed de salvar almas ayudando a cada persona a conocer a Dios y Su amor, y a responderle con amor. Junto con el servicio de todo corazón a los pobres, ofrecía a Dios su oculta agonía para que otros pudieran acercarse más a Él. Al compartir con las hermanas su interpretación de los sentimientos de Jesús, también estaba reflejando la profundidad con que aceptaba la Cruz de Jesús:

> En la Encarnación, Jesús se hizo igual a nosotros en todo menos en el pecado; pero, en el momento de la Pasión, se hizo pecado.[34]—Él hizo suyos nuestros pecados y, por eso fue rechazado por el Padre. Creo que éste fue el mayor de todos los sufrimientos que tuvo que soportar y lo que más temía durante Su agonía en el Huerto.[35] Sus palabras en la Cruz[36] expresaron la profundidad de Su soledad y de Su Pasión—el que, incluso su propio Padre no lo reconociera como Hijo. Que, a pesar de todos Sus sufrimientos y Su angustia, Su Padre no le reconociera como Su amado Hijo tal como había hecho en Su Bautismo por San Juan Bautista[37] y también en la Transfiguración.[38] Se preguntarán ¿por qué? Porque Dios no puede aceptar el pecado y Jesús había hecho suyo el pecado—Se había convertido en pecado. ¿Relacionan sus votos con la Pasión de Jesús? ¿Se dan cuenta de que cuando hacen los votos aceptan el mismo destino que Jesús?[39]

Con su vida de servicio consagrada a los pobres, Madre Teresa había abrazado el mismo destino que Jesús. Así como otros santos eran llamados a ayudar a los que servían a acercarse más a Dios, ella estaba llamada a compartir las condiciones de los pobres. En cierto sentido, tenía que combatir sus tentaciones y resistirlas de modo que pudieran salir victoriosos.[40] La batalla era intensa. Su afirmación: «Si existe el infierno—éste debe ser uno», no era dudar sobre la existencia del infierno sino, más bien, la afirmación de «qué oscura» era su oscuridad. Ella creía firmemente que la posibilidad de ir al infierno era una realidad terrible. En 1946 deseó intensamente dejar Loreto para hacer «que Nuestro Señor fuera más conocido por los pobres que sufren en la tierra terriblemente, y además después pasarán la eternidad en la oscuridad». Ahora ella se había hecho una con la «gran muchedumbre [...] cubiert[a] de oscuridad» que ella había contemplado en las visiones al comienzo de su nueva vocación, la multitud que le gritaba: «Ven, ven, sálvanos—llévanos a Jesús».[41] Al abrazar la oscuridad de los pobres, les estaba llevando a la luz—Jesús.

Incluso el consuelo de ver a sus hermanas y hermanos acercarse a Dios se mezclaba con cierta decepción. La dureza de su vida y su trabajo con los pobres exigía mucha fuerza y dedicación y no todos perseveraban. En abril de 1965, cuando dos hermanas dejaron la congregación, escribió a monseñor Picachy: «Nunca he sentido un dolor como éste, pero ha sido una gran lección para todas nosotras. Rece por ellas».[42]

«*Él me quita hasta la última gota de consuelo*»

El 1 de febrero de 1965, las Misioneras de la Caridad recibieron el tan esperado reconocimiento pontificio (el *Decretum Laudis*), por el cual la congregación pasaba a depender directamente de la autoridad del Papa en lugar del obispo diocesano. Éste fue un paso decisivo en la vida de la «joven Congregación». Esta señal del favor de Dios movió a Madre Teresa a pensar en San Juan Bautista. Sus palabras «Es preciso que Él crezca y que yo disminuya»[43] constituían tanto su inspiración como su aspiración, ya que quería que toda la atención se centrara en Jesús y no en Su instrumento. Así expresó su alegría sobre el reconocimiento pontificio en una carta al padre Neuner:

Gracias por su amable carta.—Dios tiene Su propio camino en todas las cosas.—Lentamente aprendo a aceptar todo tal como Él lo da. Su ausencia de Goa fue uno de esos actos—pero estoy contenta de que Él actuase así—todavía tengo muchas, muchas cosas que aprender.

Tuvimos un día estupendo el 2 de mayo. Nuestro día de acción de gracias por todas las gracias divinas que había recibido nuestra pequeña Congregación—especialmente el *Decretum Laudis*.—Y ahora somos una Congregación Pontificia.—Vea lo que hace Nuestro Señor.—Él Se derrama sobre la pequeña Congregación—y además, me quita hasta la última gota de consuelo.—Estoy contenta de que sea [así]—porque sólo quiero que en la Congregación Jesús sea más y más y yo sea menos y menos.

El Internuncio viajó desde Delhi sólo para eso—y habló hermosamente.—Resumió la Congregación en 3 palabras—Dependencia, Desprendimiento y Dedicación. Rece para que vivamos a la altura de esto.[44]

Puesto que el internuncio, el arzobispo James Robert Knox, era el representante oficial del Papa, Madre Teresa aprovechó la ocasión de su venida para revelarle la existencia de sus tinieblas, el eje de su unión con Jesús.

En Ceilán me dijo que usted representaba a nuestro Santo Padre.—Yo amo al Santo Padre.—Quizá éste sea el motivo de que me sienta mejor por haberle hablado.—Y porque quiero creer, yo acepto estas tinieblas de la fe con mayor alegría y confianza. Gracias por haberme enseñado esto. Rece por mí.[45]

Puesto que monseñor Knox ocupaba el lugar del Papa, sus consejos eran aún más preciosos que los de sus confesores o directores espirituales.

Con su sentido del humor habitual, jugaría con las palabras al referirse a su sufrimiento. En la misma carta al internuncio, escribió: «El calor aquí es simplemente abrasador.—Un gran consuelo para mí—como no puedo arder con el amor de Dios—al menos que arda con el calor de Dios—y así disfruto el calor.»[46]

Con monseñor Knox compartió también su gozo de abrir su primera fundación fuera de la India, en Venezuela. Este evento fue un gran paso en la vida de la nueva congregación. Aunque estaba contenta de que se hiciese realidad este viejo deseo, concluyó la carta pidiendo su apoyo en la oración: «Rece por mí—por favor—necesito a Nuestro Señor.»[47] A monseñor Picachy, le escribió una nota dejando entrever nuevamente su dolor: «Estoy tratando de ser muy valiente y alegre—a pesar de lo que hay dentro de mí. Rece por mí mucho y a menudo.»[48]

«Rece por mí—para que yo también sea valiente»

En sus cartas a monseñor Knox, Madre Teresa continuó informándole sobre el crecimiento de su joven instituto, y con frecuencia añadía una línea aludiendo a su sufrimiento: «Deseaba tanto hablar con usted en el aeropuerto—pero no salieron las palabras—guardo conmigo la pequeña nota que me dio—la leo a menudo—sé que usted reza.»[49] Tras una semana, escribió desde la casa recién abierta en Venezuela, urgiéndole de nuevo: «Rece por mí—para que yo también sea valiente —* tendré muchas cosas que contarle a mi regreso.»[50]

---

* Madre Teresa se refería a la valentía de las hermanas en la nueva fundación en Cocorote, Venezuela.

Compartía con monseñor Knox su alegría de poder ayudar a sus hermanas a amar a Dios (¡y a la vez decía que ella no era capaz de hacerlo!), así como conmovedores incidentes de su vida con los pobres:

Siento no haber podido estar en el [Colegio] Mater Dei para la reunión. Unas 60 Hermanas estaban de retiro—de modo que tuvieron la oportunidad de hablar con Madre.* Es muy consolador ayudar a otros a amar a Dios—ya que yo misma no puedo hacerlo.—Qué profunda y humilde gratitud debo a Dios por los tesoros que me ha dado en mis hijas [...].

Hace tres días recogimos a dos personas que los gusanos se habían comido vivas. La agonía de la Cruz estaba en sus rostros.—Qué terrible es la pobreza, si uno no es amado—Después de ponerles cómodos—usted debería haber visto el cambio. El anciano pidió un cigarrillo y qué bueno es Dios—en mi bolsa había dos paquetes de los mejores cigarrillos. Un hombre rico me los dio esa mañana en la calle. Dios pensaba en el deseo de ese anciano.

¿Por qué le escribo todas estas tonterías—cuando usted tiene tantas otras cosas importantes de las que ocuparse?—Porque es el primer artículo del credo de nuestros pobres.[51]

El «primer artículo del credo de nuestros pobres» era la evidencia del tierno amor de Dios hacia cada uno de ellos, manifestado en los más pequeños detalles. Ella lo palpaba diariamente y no podía dejar de maravillarse ante eso.

* Madre Teresa a menudo se refería a sí misma en tercera persona, no sólo en sus cartas generales a las hermanas o en sus enseñanzas, sino también cuando escribía a otros.

«*No tenemos ninguna razón para estar tristes*»

La conciencia que tenía Madre Teresa de la Providencia de Dios en su ministerio y en su propia vida espiritual, la ayudaba en las pruebas. «Gracias a Dios, no servimos a Dios con nuestros sentimientos, porque si no, no sé dónde estaría.—Rece por mí»,[52] escribió a monseñor Picachy. Sin embargo, se resistía a la tentación de apiadarse de sí misma. En una carta al padre Neuner, mostró esta misma ecuanimidad:

Querido Padre Neuner,

Mucho me alegró recibir su carta—y ver que, a pesar de tantas cosas importantes que usted tiene que hacer por la Iglesia de Dios—todavía me recuerda. Usted está triste por mí—pero realmente no tenemos ninguna razón para estar tristes. Él es el Maestro.—Él puede disponer de mí como Le plazca a Él solo.—Yo ya no cuento.—Y sin embargo duele mucho.—Hoy leí algo en Dom Marmion, *Sufriendo con Cristo*: «Cuando este fuego (del amor de Dios) se pone en contacto con la imperfección, produce sufrimiento.» Debe haber mucho vacío en mí y por eso este fuego causa tanto dolor [...].
Rece por mí.[53]

En su humildad, Madre Teresa continuó pensando que todavía necesitaba ser purificada de sus imperfecciones. En realidad, su agonizante e interminable oscuridad era más reparadora que purgativa. Era una participación en la misión de la salvación de las almas; estaba siguiendo el ejemplo de Jesús su Maestro, y de su Santísima Madre, que sufrieron inmensamente, no para ser purificados del pecado, sino para salvar a los pecadores.[54]

En su correspondencia con monseñor Knox, más que describir la oscuridad, Madre Teresa expresaba su determinación en la lucha implacable: «Rece por mí—para que pueda besar con amor y alegría "la mano" que golpea.»[55]— Al mismo tiempo, agradecía el apoyo del arzobispo: «Su carta fue de gran ayuda. Ojalá mi corazón estuviera tan caliente como el calor hace fuera. Rece por mí».[56]

En su correspondencia a monseñor Picachy, continuó aludiendo a su agonía interior: «Rece por mí—para que pueda continuar dando con alegría.»[57] A menudo sólo pedía oraciones o reafirmaba su «sí» a Dios: «En lo que a mí respecta, tengo muy pocas cosas que contarle. Quiero hacer Su Santa Voluntad—eso es todo. Aunque apenas la entiendo.»[58]

Junto con la oscuridad, la preciosa memoria del origen de su llamada también encontró lugar en esta correspondencia confidencial. A monseñor Knox, por ejemplo, pidió oraciones en el día del vigésimo aniversario de la inspiración: «Por favor, rece por mí el 10 de septiembre, "el día de la Inspiración", como lo llaman las Hermanas—20 años de Gracia, trabajo duro y amor.»[59]

«Sé que esto son sólo sentimientos»

Como Madre Teresa estaba cada vez más ocupada, su deseo de ver a sus directores espirituales no siempre se veía cumplido. «Deseaba haber podido venir a verle aunque fueran sólo unas horas—pero el Señor tiene Sus planes y debo aceptar Su voluntad—como usted dijo. Rece mucho por mí.»[60] Como era habitual en esta época, se quedaba sin palabras cuando se encontraba tanto con mon señor Knox, como con monseñor Picachy o con el padre Neuner.

L. D. M.   Tren a Bombay
                                                    24-7-67

Querido Padre,

Fue muy amable por su parte venir y dedicarme tanto tiempo—puesto que usted tiene muchas más almas más dignas de su cuidado y su amor que la mía, que es tan pequeña y tan vacía y tan débil.

Perdóneme por pedirle que viniera y luego no contarle nada.—Esto le muestra lo terriblemente vacía que está mi alma—pero no tengo miedo.—Él ha hecho maravillas por mí—Santo es Su nombre.[61]—Rece por mí para que en estas tinieblas yo no encienda mi propia luz—ni llene este vacío con mi yo.—No quiero más que a Jesús con toda mi voluntad.

Padre, quería decirle—cuánto anhela mi alma a Dios—sólo a Él, qué doloroso es estar sin Él—hasta qué punto mis pensamientos son sólo para las Hermanas y los Pobres.—¿Es esto distracción [o] son estos pensamientos la causa de mi oración?— Son mi oración, son mi misma vida.—Los amo como amo a Jesús—y ahora como no amo a Jesús—tampoco los amo. Sé que esto son sólo sentimientos—ya que mi voluntad está ligada firmemente a Jesús y de este modo a las Hermanas y a los Pobres.

Usted habló del «Padre» en su instrucción.—Habría podido estar sentada allí durante largo, largo tiempo y solamente [escuchar].—Aunque me quede muy poco dentro—aunque sólo fuera por ese momento.

Soy muy feliz de que las Hermanas estén en Pune—porque recibirán mucha ayuda espiritual y también porque cada vez que yo vaya podré verle.—«Motivo egoísta». Hay un trabajo muy bonito que hacer en Pune—y creo que se hará mucho bien tanto a los ricos como a los pobres.

Estaré agradecida si me sugiere algunos buenos libros.—Cuando veo nuestra biblioteca—me resulta difícil escoger el libro que necesito.

Padre, ¿puede explicarme—cuando tenga tiempo—cómo crecer en la «unión profunda y personal del corazón humano con el Corazón de Cristo»? Desde la infancia el Corazón de Jesús ha sido mi primer amor.—Para mí cada viernes es la fiesta del Sagrado Corazón. Amo la Misa del S.C. [Sagrado Corazón]—ya que en las palabras del ofertorio resuenan las palabras del 10 de septiembre: «*¿Harás esto por Mí?*» Las M. C. [Misioneras de la Caridad] son sólo obra Suya. Sólo acepté hacerlo por Él.—He tratado de seguir Su plan para la Obra—hasta la última palabra. Cada fundación es otro 10 de septiembre, ya que es Su obra. Por esto pienso que todo lo que se dice* no queda dentro de mi alma—por Él.—Por favor, recuerde «Su Obra» el 10 de septiembre.—Estoy segura de que vendrá una vez más—antes de mi muerte—y oiré Su voz.

Nuestras Hermanas en Pune tienen un confesor santo. No temo por ellas. Harán un gran trabajo si tienen la guía adecuada.

Iré a Amravati el 26 por la noche y de allí a Bhopal, Jhansi, Agra, Delhi, Ambala y regresaré a casa.—Rece por mí—para que dondequiera que vaya dé a Jesús.—Si escribe, por favor escriba a Cal. [Calcuta] porque espero estar allí a más tardar el 10 de agosto [...]

Por favor, rece por mí.

Suya en Jesús,
M. Teresa, M. C.[62]

---

* Todos los elogios a ella y a su obra.

Al disculparse de nuevo por no haber sido capaz de hablar debido al «vacío» interior, también reveló su conciencia de que Dios, en cierto modo, estaba obrando a través de las «maravillas» que había hecho por ella. Como María en su Magnificat,* alababa a Dios por sus dones. No temía el vacío en sí, pero le preocupaba que pudiera llevarla a encerrarse en sí misma e incitarla a llenarlo con otra cosa que no fuese Dios.

Su sed de Jesús la empujaba a buscar ayuda para crecer en la «unión profunda y personal del corazón humano con el Corazón de Cristo».[63] Su petición de aprender más sobre esta «unión» adquiere un significado mayor a la luz de su afirmación de que «desde la infancia el Corazón de Jesús ha sido mi primer amor».[64] Jesús era el primer y único amor de Madre Teresa, en una relación que se intensificaba en cada etapa de su vida. Su corazón sería atraído con singular intensidad al Corazón de Cristo hasta el mismo día de su muerte.** Una de las mejores descripciones de Madre Teresa es que era una mujer «total, apasionada y locamente enamorada de Jesús».

«*Nunca tuve duda*»

«*¿Harás esto por Mí?*» eran las palabras que Jesús le dirigió en el tren a Darjeeling el 10 de septiembre de 1946. En este encuentro con Cristo, Madre Teresa recibió la llamada y el carisma de las Misioneras de la Caridad. La certeza de que esto venía directamente de Jesús y de que

* Cántico de alabanza que María pronunció cuando visitó a su pariente Isabel (Lucas 1, 46-55).

** Madre Teresa murió un primer viernes del mes de septiembre, día tradicionalmente dedicado al Sagrado Corazón.

su obra «era solamente de Él», la ayudó a seguir adelante en sus años de oscuridad. Incluso cuando se sintió como si hubiera perdido la fe en Dios, no podía cuestionar la autenticidad de esa experiencia.

Un periodista que indagaba persistentemente en la extraordinaria experiencia de «alguien a quien Dios había hablado personalmente», le preguntó: «¿No dudó ni por un segundo? Después de todo, incluso Jesús tuvo momentos de duda. En Getsemaní.»[65] Madre Teresa respondió con convicción:

No. No había duda. Fue sólo por un instante que Él se sintió inseguro. Él era un ser humano. Eso era natural. En el momento en que uno acepta, uno se da por entero, llega la convicción. Pero eso puede suponer la muerte. Esta convicción viene en el momento de la entrega. Entonces no hay duda. Cuando Jesús dijo, «Padre, estoy a Tu disposición, hágase Tu voluntad», Él había aceptado. Ésa era Su agonía. Sintió todo lo que usted y yo sentiríamos como seres humanos. Por eso Él era igual a nosotros en todo, excepto en el pecado.

[Si permanece la incertidumbre] es el momento de ponerse de rodillas, ¿eh? [...] En esa oración, Dios no puede engañarle porque esa oración viene del interior. Es el momento en que más se Le desea. Una vez que tiene a Dios dentro, es para toda la vida. No hay duda. Puede tener otras dudas, seguro, pero ésa en particular nunca volverá. No, nunca tuve duda [...] Pero estoy convencida de que es Él y no yo. Que es Su obra, y no mi obra. Yo sólo estoy a Su disposición. Sin Él no puedo hacer nada. Pero el propio Dios no podría hacer nada por alguien que ya está lleno. Ha de estar completamente vacío para dejarle que entre y haga Su voluntad. Ésta es la parte más hermosa de Dios, ¿eh? Es Todopoderoso y sin embargo no Se impone a nadie.[66]

«*Sea usted quien sacie Su sed*»

«El oprobio me ha roto el corazón y desfallezco. Espero compasión, y no la hay; consoladores y no encuentro ninguno» se lee en el Ofertorio* de la Misa de la Fiesta del Sagrado Corazón y de las misas votivas del Sagrado Corazón fuera del tiempo Pascual. Este versículo (Sal. 69, 21) recordaba a Madre Teresa su encuentro crucial con Jesús en el tren y era un reto permanente ser ella quien llevase la consolación. Años más tarde, en una estampa del *Ecce homo*** con las palabras impresas, «Busqué quien me consolara y no encontré a nadie», ella escribiría: «Sea usted ese alguien». Le gustaba mirar esta estampa, recuerdo de su llamada, y dar copias a sus hermanas para motivarlas a continuar su misión.

Solía exhortar así a sus hermanas:

> Díganle a Jesús: «Yo seré quien sacie Su sed.» Yo Le consolaré, Le alentaré y Le amaré [...] Estén con Jesús. Él rezó y rezó, y después fue en busca de consuelo, pero no lo había [...] Yo siempre escribo esa frase: «Busqué quien que me consolara, pero no encontré a nadie.» Después escribo: «Sea usted ese alguien.» Entonces ahora sean ustedes «ese alguien». Traten de ser quien puede compartir con Él, confortarle, consolarle. Y pidámosle a Nuestra Señora que nos ayude a comprender.[67]

Una de las hermanas recordaba otra exhortación similar:

---

* Traducción usada en los libros litúrgicos.
** Imagen de Jesús tras la flagelación y coronación de espinas. Juan 19, 5.

Sea usted ese alguien [...] Sea usted quien sacie la Sed. En lugar de decir: «Tengo Sed», diga «*Sea usted quien sacie la sed*». [...] Hagan todo lo que crean que Dios les pide para *ser ese alguien* que Le sacie.

Como cada nueva fundación era para Madre Teresa otro 10 de septiembre, la pregunta «*¿Harás esto por Mí?*», no cesó de resonar en su corazón. ¿Cómo habría podido negarse? El recuerdo de las palabras de Jesús le dio la fuerza para superarse a sí misma y consolarle, y para esforzarse por encender el fuego del amor de Dios en el corazón de cada persona, a pesar de sus terribles tinieblas interiores. Ansiaba el regreso de Jesús y quería que la encontrara «siendo ese alguien», confortándole en los más pobres de sus hermanos, puesto que era en sus vidas donde ella veía revivida Su Pasión, tal como lo explicó a su amiga Eileen:

Gracias por su carta del 25 de agosto.—Su carta es tan hermosa.—Sí, si simplemente volviéramos al espíritu de Cristo—si simplemente reviviéramos la vida Eucarística, si sólo nos diéramos cuenta de lo que es el Cuerpo de Cristo—no habría tanto sufrimiento—tanto de lo que hoy tenemos.—La Pasión de Cristo está siendo revivida en toda su realidad.—Debemos rezar mucho por la Iglesia—la Iglesia en el mundo—y el mundo en la Iglesia.—Aquí en la India todavía estamos luchando contra el hambre y a eso se suman los días difíciles de escasez de alimentos o las inundaciones que se han extendido por tantos lugares.—Hay tanto sufrimiento—tanta incomprensión—que conlleva tanto odio y todo lo que el odio puede traer y dar.—Gracias a Dios nuestro Santo Padre que declaró este año un año de la fe.—Nunca hemos necesitado tanta fe como ahora.

Si todo va bien partiré para África el 17 de septiembre, pero tal y como están las cosas aquí, no sé si seré capaz de estar fuera de casa en estos momentos. No se debe preocupar por Jim.—Él está con Dios.—Estamos aquí para ir allá—a la casa de Dios—y allá no hay infelicidad, sino sólo *shanti*, una auténtica *shanti nagar**. Por eso, ¿por qué deberías estar triste?—si ahora *shanti* es su compañera [...]

Gracias a Dios estamos en las manos de Dios. Él nos cuidará—nosotros ahora sólo tenemos que confiar ciegamente en Él.[68]

«*Un profundo deseo de Dios y de la muerte*»

Confiando en que la Providencia de Dios puede sacar algo bueno de cualquier circunstancia, Madre Teresa reconocía en cada sufrimiento una oportunidad de crecimiento espiritual. Escribió a algunos amigos:

> Su sobrino, como tantos en este tiempo duro y triste de lucha por la fe—está pasando por su purificación.—Si él se aferra solamente a Cristo vivo—la Eucaristía—volverá de esta oscuridad radiante con una nueva luz—Cristo [...]
>
> Ahora deben rezar mucho—ya que nuestra pequeña Congregación sigue creciendo—y debemos ser más y más Su Luz—Su camino—Su vida—Su amor en los barrios más miserables.[69]

Ella apreciaba las ocasiones que se le presentaban para hablar con el Padre Neuner, a pesar de no tener nada

---

* *Shanti* significa paz, y *nagar* significa ciudad; por tanto, ciudad de paz.

nuevo que comunicarle, excepto su determinación cada vez más fuerte de seguir adelante, a cualquier precio.

Agradecí mucho a Dios que me diera la oportunidad de hablar con usted—y realmente, me siento mucho mejor.—Sé que Él nunca romperá Su promesa si me mantengo fiel a la palabra que Le he dado. Quiero amarle como nunca antes ha sido amado—con un amor tierno, personal, íntimo. Rece por mí.[70]

Como su amor por Dios era cada vez más ardiente, el dolor de ser separada de Él se hacía más agudo. En esta tensión constante, sentía la necesidad de Dios y de apoyo humano. Le recordó a monseñor Picachy:

No es habitual que usted no escriba por Navidad—como tampoco lo es que no responda la correspondencia.— Quizá no estaba en Jamshedpur cuando llegaron mis cartas [...] Espero que venga a Calcuta y entonces pueda yo tener una buena conversación. Tengo un profundo deseo de Dios y de la muerte [...] Rece por mí para que pueda servirme de la alegría del Señor como mi fortaleza.[71]

El profundo deseo de Dios y el profundo deseo de la muerte eran dos caras de la misma moneda. Para ella, morir era «ir a la casa de Dios». Ahora que su anhelo de Él era casi insoportable y que todavía no veía la luz al final del túnel, deseaba la eternidad, no para dar fin a sus sufrimientos sino para reunirse con Él.

«Sean felices pues compartimos la Pasión de Cristo»

Más de veinte años habían pasado desde que Madre Teresa comenzara su misión entre los pobres. En esta etapa, hablaba muy poco de su oscuridad interior, pero nunca dejó de relacionar la realidad del sufrimiento humano, al que ella se enfrentaba, con los sufrimientos de Jesús. Su corazón era "uno" con el Suyo. Las llagas de él estaban tan grabadas en su alma que las había hecho suyas. Sufría intensamente viendo los sufrimientos de los que amaba, pero continuó poniendo de manifiesto el valor y el significado del sufrimiento humano como medio para participar la Pasión de Jesús. En agosto de 1969 escribió:

> Mantengan la luz de la fe siempre ardiendo—porque sólo Jesús es el camino que lleva al Padre. Él solo es la vida que habita en nuestros corazones. Él solo es la luz[72] que ilumina la oscuridad.[73] No tengan miedo—Cristo no nos engañará [...]
>
> No se preocupen por mí.—La cabeza* no me da problemas en absoluto.—Sólo por las mañanas me siento cansada—pero esto no es nada si vieran todo lo que sufren nuestros pobres sin ningún alivio. [...]
>
> Mi corazón está lleno de pena por todo lo que ustedes, tan queridos para mí y para el Corazón de Jesús tienen que sufrir, pero sean felices pues participamos en la Pasión de Cristo y mediante nuestra participación, damos al mundo otra prueba de que Cristo es el mismo ayer—hoy—y mañana[74] en Su Iglesia.[75]

Las palabras de Jesús en el Evangelio de San Mateo, «Cuanto hicisteis a unos de estos hermanos Míos más pequeños [...] a Mí Me lo hicisteis», eran la roca sobre la que fundaba sus convicciones. Convencida de que Jesús no la podía engañar, se aferró a Sus Palabras; Su presen-

---

* Alusión muy probable a sus dolores crónicos de cabeza.

cia en la persona de los pobres fue siempre un faro en su noche. Escribió a su amiga Eileen:

> Escribe tan poco de sí misma—y sin embargo, su corazón debe estar lleno.—Pero sabe—tanto como yo—Cristo no puede engañar.—Por eso cualquier cosa que hagamos a los más pequeños—se la hacemos a Él.[76]—Que la alegría del Señor sea su fortaleza.[77]—Porque Él sólo es el camino[78] digno de ser seguido, la luz[79] digna de ser encendida—la vida digna de ser vivida[80]—y el amor[81] digno de ser amado. Tengo muchas ganas de verla—me parece que hace un siglo que no la veo. [...]
>
> Si nos sentimos así—me pregunto lo que Jesús pudo haber sentido durante Su agonía, cuando sufrió aquellas indecibles y ocultas heridas. [...]
>
> Si sólo supiera cuánto deseo encender el fuego del amor y de la paz por todo el mundo.—Rece por mí—para que Él me utilice completamente.[82]

Ella había encontrado su camino

Una carta escrita por Madre Teresa al padre Neuner en noviembre de 1969 indica que no había nada nuevo en su alma:

> Muchas gracias por tener la amabilidad de acordarse de mí.—Su carta con las palabras de San Juan era preciosa.—Estoy segura de que usted se sorprenderá de que las obras de San Juan de la Cruz sean libros que puedo entender un poco y con los que a veces disfruto.—Sus escritos me hacen suspirar por Dios—y luego hacen sentirme «despreciada» por Él.[83]

Como no había nada más que compartir sobre su estado interior, Madre Teresa podía continuar su camino sin el apoyo de sus guías espirituales. Durante este tiempo, su correspondencia con el padre Neuner casi desapareció. Cuando se comunicaba con él, escribía sobre su congregación, pero casi nada sobre sí misma. El padre Neuner se dio cuenta de lo que estaba pasando, como recordaría más tarde:

> Así acompañé a M. Teresa desde lejos durante muchos años, encontrándola ocasionalmente en Calcuta. En sus cartas, frecuentemente se refería a las tinieblas interiores que continuaban. Pero sentí que había encontrado su camino y que ya no necesitaba mi apoyo. Así que la correspondencia llegó a su fin—pero las cartas las guardé, pues reflejaban una parte de su vida interior durante esos años.[84]

A monseñor Picachy, ahora arzobispo de Calcuta,* también dejó de mencionarle su oscuridad; sus cartas en este tiempo trataban sobre todo de asuntos prácticos. Pero en una carta escrita el 21 de diciembre de 1969, ella le recordaba una importante fecha en su vida: «Hoy en 1948—fui por primera vez a los barrios más miserables—mi primer encuentro con Cristo en Su angustioso disfraz. Rece por mí.»[85]

Qué diferencia entre ese primer día, cuando trabajaba como una religiosa solitaria en los barrios más marginados, y ahora, que tenía una comunidad religiosa floreciente con dos ramas. Al comienzo, sólo podía agarrarse a la promesa de Dios; veintiún años más tarde te-

---

* Mons. Picachy fue nombrado arzobispo de Calcuta en mayo de 1969.

nía casi trescientas hermanas en treinta y tres comunidades repartidas por casi todo el mundo. Sabía que esto
era obra de Dios. Aunque parecía que Cristo la había rechazado y olvidado, ella estaba sirviéndole fielmente y
con amor en Su angustioso disfraz entre los más pobres
de los pobres. Y mediante sus sufrimientos Él les estaba
trayendo la luz de Su amor.

Capítulo 12

«DIOS UTILIZA LA NADA PARA MOSTRAR SU GRANDEZA»
Un instrumento en sus manos

Me maravillo ante Su gran humildad
y mi pequeñez—mi nada.
—Creo—que es ahí donde Jesús
y yo nos encontramos.
—Él es todo para mí—y yo—Su pequeñita
—tan débil—tan vacía—tan pequeña.

MADRE TERESA

En 1975 las Misioneras de la Caridad, que eran más de mil hermanas en ochenta y cinco fundaciones repartidas en quince países, celebraron el XXV aniversario de su fundación. Los años siguientes estarían marcados por una rápida expansión de la congregación por todo el mundo y un creciente interés de los medios de comunicación por Madre Teresa y la obra que había empezado en la oscuridad de los barrios más miserables de Calcuta. Aunque no lo mencionaba en los últimos seis años, las tinieblas todavía agarrotaban su alma.

Fue en esta época cuando Madre Teresa conoció al padre Michael Van der Peet, miembro de los Sacerdotes del Sagrado Corazón.* En octubre de 1975, mientras caminaba por la calle en Roma, vio a Madre Teresa que esperaba el autobús junto con otra hermana. «Mi primer impulso fue ir hacia ella, pero luego me dije: "Mejor dejarla tranquila. Todo el mundo está siempre mirándola". Continué caminando, el corazón palpitando, pero de repente pensé: "Es una santa y yo soy un pecador; más vale que el pecador vaya a la santa y le pida que rece por mí".»[1] Así que volvió sobre sus pasos. Después de un breve saludo, Madre Teresa le invitó, como de costumbre, a que diera una charla sobre oración a sus novicias dos días más tarde. Terminada la charla que dio en el convento que tienen las hermanas a las afueras de Roma, el padre Van der Peet aceptó la invitación para predicar un retiro a su comunidad en noviembre.

«Recuerde mi rostro ante Jesús»

La primera carta de Madre Teresa al padre Van der Peet fue, de hecho, una nota escrita durante ese retiro. Ella le confesaba su vacío y su pequeñez, y se cuestionaba la utilidad de una ayuda espiritual en esas circunstancias. Le pidió oraciones y aludió al voto privado que la había sostenido durante toda esta tremenda batalla.

* El padre Michael Van der Peet, S. C. J., nació en Alkmaar, Holanda, en 1924. En 1953 fue ordenado sacerdote en la Congregación de Sacerdotes del Sagrado Corazón (S. C. J). Desde 1955 hasta 1970 enseñó en los seminarios de su congregación en Estados Unidos. Desde 1970 hasta 1986 se dedicó a predicar ejercicios espirituales.

Querido Padre Michael,

Que Dios le ame por todo el amor que usted ha dado a cada una de nosotras.

Mantenga esta alegría de dar sólo a Jesús a quienes se pongan en contacto con usted.

Le estaría agradecida si pudiera contar con usted para una ayuda espiritual, pero soy excesivamente pequeña y estoy demasiado vacía.—Sólo Jesús puede rebajarse tanto para enamorarse de una como yo.

Rece por mí para que la palabra «No» nunca pase ni por mi corazón y ni por mis labios—cuando Jesús me pida algo.

Suya en Jesús,
M. Teresa M. C.[2]

Las impresiones del padre Van der Peet, de este encuentro y de los siguientes no dejan lugar a dudas sobre la santidad y la unión con Dios que ella irradiaba:

Cada vez que me encontraba con Madre me olvidaba completamente de mí mismo. Me sentía inmediatamente a gusto: ella irradiaba paz y alegría, aunque compartiera conmigo las tinieblas de su vida espiritual. A menudo me sorprendía de que alguien que vivía cara a cara con la gente que sufre, y que atravesaba personalmente una noche tan oscura, pudiera sonreír y hacerte sentir feliz [...] Creo que puedo decir que realmente me sentía en la presencia de Dios, en la presencia de la verdad y del amor.

No podía dejar de pensar: he aquí una persona con la que Dios sueña en el Paraíso, verdaderamente una obra de Dios. Pero tengo que decir que era una de las personas que más tenía los pies en la tierra que jamás he conocido.

Este espíritu práctico destacó de manera especial en el modo en que dirigió su congregación y en cómo se las arreglaba para responder a todas las necesidades del momento, constantemente interpelada por muchas personas, dentro y fuera de su familia religiosa. A pesar de todas sus actividades, los viajes para visitar las casas, cada vez más numerosas, las necesidades en aumento de los pobres, de las que era testigo diariamente, y las persistentes tinieblas interiores que la afligían, su fidelidad a la oración era categórica:

Querido Padre Michael,

Su carta de Navidad y ésta del 26-2 [26 de febrero], me llenaron de alegría—por el don que usted continúa haciéndome—rezando por mí. Creo que hago lo mismo por usted.

Discúlpeme por el retraso, simplemente no hubo manera.—Durante todo el mes de enero estuve viajando por el Sur [de la India].—Todo el mes de febrero en Calcuta y sus alrededores y ahora de nuevo vuelvo al Sur durante dos semanas para terminar [de visitar] las casas que faltan.

Hago mi hora santa [de adoración eucarística] con Jesús inmediatamente después de la Misa—de modo que puedo tener 2 horas con Jesús antes de que la gente y las Hermanas empiecen a ocuparme.—Dejo que Él me ocupe primero.

Usted ha escrito cosas muy bonitas sobre la nada, nosotros—y la plenitud—Dios.—Y pensar que esas dos [realidades] están tan separadas—y sin embargo la humildad de Dios las ha hecho una—Jesús [...]

Mantenga para usted y para mí la alegría de amar sólo a Jesús.

Suya en Jesús,
M. Teresa M. C.[3]

La fidelidad incondicional de Madre Teresa a la oración era una virtud que sus hermanas habían observado desde que estaba en Loreto. Las primeras seguidoras también estaban impresionadas por esto. Continuó asombrando a generaciones de Misioneras de la Caridad y, en los últimos años, a los numerosos visitantes de la capilla de la casa madre. «La gente se sentía fascinada sólo de ver a Madre rezar. Se sentaban allí y mientras la miraban se sentían realmente inmersos en este misterio», observó uno de los padres M. C. Oír su voz alta y clara en la oración o ver su penetrante mirada fija en el sagrario, dejaba una impresión de gran intimidad con Dios. No sabían que durante décadas ella no había disfrutado de los frutos de esa intimidad.

Uno de los retos de la oscuridad era esta ausencia de una percepción viva de la presencia de Dios en la oración; era algo que ella todavía anhelaba. En septiembre de 1959, había escrito a Jesús, a petición del Padre Picachy:

Ya no rezo más—pronuncio las palabras de las oraciones comunitarias—y hago todo lo posible por sacar de cada palabra la dulzura que tiene que dar.—Pero mi oración de unión ha desaparecido.—Ya no rezo.—Mi alma no es una Contigo.[4]

En esa época su oración, que ella calificaba como «miserablemente seca y helada»,[5] era eficaz y obtenía muchas gracias para otros. Una carta suya revela uno de sus modos de orar durante estos años de impenetrable oscuridad: «a menudo, durante la Adoración—pasan por mi cabeza las caras de las personas que conozco y los recuerdo ante Jesús.—Haga esto por mí, como yo lo hago por usted—recuerde mi rostro ante Jesús».[6]

«*Tan débil—tan vacía—tan pequeña*»

Las cartas de Madre Teresa al padre Van der Peet no detallaban sus tormentos interiores como las escritas a sus anteriores directores espirituales. Estas cartas, que se centraban más en el trabajo de su comunidad, contenían sin embargo cortas alusiones, y éstas fueron reveladoras, como él recordó más tarde:

> [Sus cartas] reflejaban muchas cosas bonitas, pero también mencionaban ese vacío, esas tinieblas. No estaba en todas las cartas, pero ciertamente era algo muy presente.[7]

El misterio de la grandeza de Dios y su nada se había convertido en un tema recurrente, tanto en sus conversaciones como en sus escritos. Su pequeñez, elemento esencial de la relación que tenía con Dios y con los demás, había moldeado su manera de orar y de actuar, su propia vida. Acogía incluso la creciente fama como venida de Su mano, ya que en su pequeñez, ella no reclamaba nada, ni deseaba poner obstáculos a Su acción en cualquier cosa.

Querido Padre Michael,

Gracias por su carta del 23-5 [23 de mayo]. Fue muy bueno usted al escribir. Quiero escribir—pero no tengo nada que decir, salvo que me maravillo ante Su gran humildad y mi pequeñez—mi nada—creo que es aquí donde Jesús y yo nos encontramos.—Él lo es todo para mí—y yo—Su pequeñita—tan débil—tan vacía—tan pequeña. Soy tan pequeña, que todas estas cosas [elogios] que la gente sigue volcando sobre mí y mi entorno—no consiguen penetrar en mi interior. Quizá no veo por la oscuridad.—Quizá Él simplemente quiere que sea así. Dejo que Él lo haga a Su manera.—Sonrío a la caja de cartón* que se está llenando con todo tipo de cosas—grandes cosas, la mayoría de las cuales no comprendo. Pero yo sé que soy un instrumento—sólo—por y para que ellos proclamen la presencia de los pobres—y su preocupación por los pobres, y así yo acepto todo con una sonrisa en nombre de los pobres.

Saldré para Roma el día 3 y podré hacer mi retiro con las Nov. [novicias]—y estar allí para la profesión el día 14.—Volveré a N.Y. [Nueva York] hacia el 17 para poder participar en el triduo** en preparación de la fiesta del Sagrado Corazón, en la que esperamos poder inaugurar una nueva rama de la congregación «Las Hermanas de la Palabra».*** Rece mucho por ello. Sería maravilloso si usted pudiera estar [...] Estoy impaciente por regresar a la India—pero sé que es aquí donde Él me quiere ahora—por lo cual lo acepto con una gran sonrisa.

Me habría gustado escribirle una carta realmente espiritual—pero no me sale más que esto.

Rezo por usted para que se deje usar por Jesús sin que lo consulte. Haga lo mismo por mí.

Suya en Jesús,
M. Teresa, M. C.[8]

* Esta «caja de cartón» era la caja donde guardaba sus premios, grados académicos honoríficos y otros títulos. Los premios eran instrumentos para proclamar la presencia de los pobres y estaba convencida de que pertenecían a los pobres.

** Tres días de oración.

*** La rama contemplativa de las hermanas Misioneras de la Caridad. Al año siguiente se cambió el nombre: Misioneras de la Caridad Contemplativas.

Madre Teresa había llegado a un momento de su vida en el que ya no se aventuraba a penetrar o a preguntarse sobre el misterio de su constante oscuridad. La aceptaba, como hacía con todo lo que Dios deseaba o permitía, «con una gran sonrisa». Aunque el dolor crecía a medida que pasaban los años, se hizo amiga suya y llegó incluso a amarla.[9]

Aspiraba a estar completamente a disposición de Dios y se maravillaba de Su humildad al utilizar su «nada». Su pobreza era el punto de encuentro con Dios. Estaba convencida de que Él Se servía de esta pobreza para llegar a otros:

> Sus caminos son muy hermosos.—Pensar que tenemos un Dios Todopoderoso que se rebaja incluso a amarnos a usted y a mí, y a utilizarnos—y hacernos sentir que Él verdaderamente nos necesita.—Con el paso de los años, mi admiración por Su humildad crece más y más, y Le amo no por lo que Él da sino por lo que Él es—el Pan de Vida—el «Hambriento».[10]

«Quiero que Él [...] no se preocupe siquiera de la oscuridad que Le rodea en mí»

Madre Teresa estaba ya tan vacía de sí misma que, en sus cartas, el foco de atención pasaba espontáneamente de sí misma a Jesús, a Su trabajo entre los pobres o a su Comunidad. Esta actitud era evidente no sólo en su correspondencia, sino también en su conversación. Sus hermanas fueron las primeras en darse cuenta:

> Ella hizo siempre lo que decía: «Tenemos que conservarle [a Jesús] continuamente en nuestros corazones y

en nuestras mentes.» Me parece que en todas partes y en todo, ella lo hacía muy conscientemente, quizá sin mucha ostentación, pero sí muy conscientemente, para convertirse en un puente entre Dios y la gente, para llevarles la salvación de Dios y llevarles hacia Dios. Así, hasta en las pequeñas cosas que hacía, ella quería hablar de [Jesús]; la gente decía: «Dentro de dos minutos, ella hablará de Jesús.» Ésta era su constante, diría yo, el hilo conductor a lo largo de su vida.

Ser absorbida por Jesús requería olvidarse de sí misma, tal y como lo explicaba a sus hermanas:

Sólo cuando nos damos cuenta de nuestra nada, de nuestro vacío, Dios puede llenarnos consigo mismo. Cuando lleguemos a estar llenas de Dios, podremos dar a Dios a los demás, ya que de la plenitud del corazón habla la boca.[11]

La correspondencia entre Madre Teresa y el padre Van der Peet reflejaba el deseo de su corazón: amar a Jesús más profundamente a pesar de la pobreza y pequeñez que sentía.

Querido Padre Michael,

Espero que todo le vaya bien y que su amor por Jesús siga creciendo y dando mucho fruto [...]

Usted debe rezar mucho por esto, para que la Congregación esté totalmente a disposición de la Iglesia. Le adjunto la oración a Jesús que he escrito para nuestras Hermanas.—Están intentando ponerle música.—Tal vez usted pueda ayudarlas cuando vaya en agosto.

Mi amor por Jesús es cada vez más sencillo y creo que más personal.—Como nuestros Pobres, trato de aceptar mi pobreza, el hecho de ser pequeña, indefensa, incapaz de gran amor. Pero quiero amar a Jesús con el amor de María, y a Su Padre, con el amor de Jesús.—Sé que está rezando por mí.—Quiero que Él se sienta a gusto conmigo—que Él no se preocupe de mis sentimientos —que se sienta bien—que no se preocupe siquiera de la oscuridad que Le rodea en mí—pues a pesar de todo, Jesús lo es todo para mí, y yo no amo a nadie más que a Jesús.—Rece el día 25.

Suya en Jesús
M. Teresa M. C.[12]

A finales de los años setenta del siglo xx, los angustiosos pensamientos que la habían desconcertado a principios de los cincuenta y que la atormentaron en los sesenta habían dado paso a la serenidad y a la paz. En su relación con Jesús, ella quería que Él estuviera a gusto con ella y que no se preocupara ni siquiera de sus sentimientos. Mientras la dolorosa oscuridad persistía, una profunda alegría impregnaba sus palabras y acciones. Era capaz de comunicar su comprensión hacia los demás y de animarles a entregarse completamente, como se ve en esta carta escrita a un sacerdote, casi dos años antes:

Querido Colaborador de Cristo,

Usted ha dicho «Sí» a Jesús—y Él le ha tomado la palabra.—La Palabra de Dios se hizo Hombre[13]—Pobre.— Su palabra dada a Dios—se hizo Jesús—pobre y de ahí este terrible vacío que experimenta usted. Dios no puede llenar lo que está lleno.—Puede llenar sólo el vacío— pobreza profunda—y su «Sí» es el comienzo de estar o llegar a estar vacío. Lo importante no es cuánto «tenemos» realmente para dar—sino lo vacíos que estamos—

para recibirle plenamente en nuestra vida y dejar que Él viva Su vida en nosotros.

En usted hoy—Él quiere revivir Su completa sumisión a Su Padre—permítale que lo haga. No importa lo que usted sienta—si Él se siente bien en usted. Aparte sus ojos de usted mismo y alégrese de no tener nada—de no ser nada—de no poder hacer nada. Dele a Jesús una gran sonrisa—cada vez que su nada le asuste.

Ésta es la pobreza de Jesús. Usted y yo tenemos que dejarle que viva en nosotros, y a través de nosotros, en el mundo.

Aférrese a Nuestra Señora—pues ella también—antes de que pudiera estar llena de gracia—llena de Jesús—tuvo que pasar por esa oscuridad. «¿Cómo pudo ser esto?»—Pero en el momento en que dijo «Sí», ella sintió la necesidad de ir inmediatamente a llevar a Jesús a Juan y a su familia.[14]

Continúe llevando a Jesús a sus hermanos, no con palabras, sino con su ejemplo—estando enamorado de Jesús—irradiando Su santidad y esparciendo Su fragancia de amor dondequiera que vaya.

Tenga solamente la alegría de Jesús como su fuerza.—Esté feliz y en Paz.—Acepte todo lo que Él le dé—y dele todo lo que Él tome con una gran sonrisa.—Usted le pertenece a Él—dígale yo soy Tuyo y si me cortas en pedazos, cada pedacito será sólo Tuyo.

Permítale a Jesús ser la víctima y el sacerdote en usted.

He empezado a visitar nuestras casas de la India—por eso en el tren tengo un tiempo estupendo para estar a solas con Jesús.

Rece por mí, como yo lo hago por usted.

Suya en Jesús
M. Teresa M. C.[15]

Estas palabras dejan entrever la manera en que Madre Teresa vivió durante estos largos años de oscuridad: la entrega incondicional a este doloroso despojo de sí misma, el esfuerzo por dejar que Dios viviera Su vida en ella y el olvido de sí misma esparciendo Su amor a los demás.

«Conserve la luz, que Jesús arde»

«Rece por mí—para que mantenga mi mano en Su mano y camine sola con Él hasta el final»,[16] escribió Madre Teresa al cardenal Picachy en junio de 1976. Tras casi cincuenta años, las últimas palabras de su madre, seguían exhortándola a una fidelidad amorosa a Jesús. A través de la densa oscuridad, ella había sostenido sin flaquear la mano de Jesús y caminado a solas con Él, resistiéndose a la tentación de encender su propia luz. Rechazando con valor la tentación de ceder a sus sentimientos, siguió la senda que Dios había trazado para ella y animó a otros a hacer lo mismo:

> Conserve la luz, Jesús arde en usted con el aceite de su vida. El dolor de su espalda—la pobreza que siente son gotas de aceite que mantienen la luz, Jesús, ardiendo y disipando las tinieblas del pecado por dondequiera que vaya. No haga nada que incremente el dolor—acepte simplemente con una gran sonrisa lo que Él le dé, con mucho amor.[17]

Su larga experiencia de tinieblas, su sentido de rechazo, su soledad, el terrible e insatisfecho anhelo de Dios, cada sacrificio y cada dolor se habían convertido para ella en una «gota de aceite» que ofrecía de buena gana a

Dios para mantener encendida la lámpara, la vida de Jesús dentro de ella, para que ardiese e irradiase Su amor hacia los demás y disipase así la oscuridad.

«*Su tierna preocupación por mí y mi nada*»

El padre Van der Peet se alegraba del privilegio de este continuo intercambio epistolar con Madre Teresa. «Fue un regalo de Dios por el que estoy muy agradecido», admitió posteriormente:

> Tenía la impresión de estar frente a una mujer que, de algún modo, veía a Dios y sentía a Dios en la aflicción de los pobres, una mujer que, tanto en la luz como en la oscuridad, tenía una fe increíble. Ella veía el sufrimiento de Cristo, pero no transportada en éxtasis o algo así, eso no fue parte de su vida, aunque la gente pudiera pensarlo [...] Realmente creo que si Madre Teresa tuvo que pasar por tanta oscuridad en su vida, era para alcanzar una mayor identificación con los pobres.[18]

La oscuridad como medio de «mayor identificación con los pobres» era un concepto que Madre Teresa había ya adquirido gracias a los consejos del padre Neuner. El padre Van der Peet se inclinaba en la misma dirección, ayudando así a Madre Teresa a tener confianza en él. Su relación con él fue también un don de Dios, que le ofrecía una prueba más de Su tierno amor, una confirmación de Su cuidado en medio de su persistente prueba interior.

L. D. M

En mi camino a India
26-11-76

Querido Padre Michael,

Habrá recibido la nota y el libro que le envié.—Después he tenido que venir a Roma para algunos trabajos urgentes [...]

Se pregunta por qué Jesús quiso que se encontrara usted conmigo ese día en Roma.—Hemos recibido mucho por aceptar el encuentro—sin ser consultados ni preparados. No sé cómo actúa Él con usted—pero conmigo siempre lo hace así—solamente para que me dé cuenta de Su tierna solicitud por mí y mi nada—Su plenitud y mi vacío—Su infinito amor y mi amor de niña. No deje que su infidelidad [a los ejercicios espirituales y a los deberes religiosos diarios] y su indecisión, como usted dice, le preocupen—acepte todo lo que Él da, y dé todo lo que Él tome con una gran sonrisa. Porque esto es la santidad—hacer Su voluntad con una gran sonrisa.

Me alegro mucho de que visitara a las Hermanas en Union Avenue.*—Siento que Jesús se servirá de ellas para mayor gloria de Su Padre.—Es bueno que la cruz nos lleve hasta el Calvario y no a un salón.—La Cruz—el Calvario ha sido muy real desde hace algún tiempo. Ya no me duelen las ofensas, pero lo que me duele es el daño que se inflige a sí misma la persona al hacerlo. Entiendo mejor lo que Jesús dijo a Santa Margarita María sobre el dolor que Él sentía a causa de los Suyos [...]

Los días en Estados Unidos, especialmente en Fila-

---

* 1070 Union Avenue, Bronx, New York, domicilio de las hermanas Contemplativas M.C.

delfia,* estuvieron tan llenos de sacrificios. Estuve viviendo realmente «la Misa».—Todo fue un acto de obediencia ciega.—Empecé a entender con más profundidad las Estaciones del Vía Crucis. La policía, las multitudes, todo me parecía como si el Calvario [estuviera] aconteciendo hoy de nuevo.—Jesús me dio una gracia divina muy grande—aceptar todo con una gran sonrisa.

El otro día, un sacerdote joven habló de cómo las M. C. son los testigos de la existencia de Dios—y que si Él no existiera, nuestro trabajo no tendría ningún significado, y cómo las M. C. habían hecho que su fe fuera viva y fecunda.

La próxima vez que escriba, envíe por favor la oración a Jesús y la música ya que no la tenemos en la Casa Madre.—Más y más empiezo a aprender porqué Jesús quiere que aprendamos de Él a ser mansos y humildes de corazón. Pues sin mansedumbre nunca podremos aceptar y amar a los demás como Él nos ama.—Y así, antes de que aprendamos la humildad, sin la cual no podemos amar a Dios—tenemos que aprender a amarnos mutuamente.—Necesitamos la mansedumbre y la humildad para poder comer el Pan de vida.—Necesitamos la mansedumbre y la humildad si queremos darle de comer en la persona del Hambriento. Me alegraría si usted escribiera sobre el hambre del hombre y el Pan de vida, el hambre de Dios y el Hambriento en el angustioso disfraz de los Pobres.

En la Casa Madre, como tenemos 10 grupos de Hermanas, 8 de novicias y 2 de profesas, tenemos 10 horas de Adoración en dos capillas. Aquí radican nuestra fuerza y nuestra alegría [...]

No le pediré que rece por mí porque sé que lo hace.—

---

* Madre Teresa asistió al 41.º Congreso eucarístico en Filadelfia el 6 de agosto de 1976.

Pero le pido que le diga a Jesús—cuando por su palabra el Pan se convierta en Su Cuerpo y el vino se convierta en Su Sangre[19]—que cambie mi corazón—que me dé Su propio Corazón—para que pueda amarle como Él me ama. Felices y Santas Navidades—en el caso de que yo no pueda escribir antes.

Suya en Jesús
M. Teresa M. C.[20]

Madre Teresa no mencionó su oscuridad en esta carta, pero los frutos de esta experiencia eran evidentes. La «mansedumbre y humildad del Corazón de Jesús»[21] que se estaba esforzando en imitar durante años, se transparentaban en su manera de vivir. El tierno amor y la solicitud de Dios que la conmovían cada vez como si fuera la primera habían suavizado su voluntad de hierro sin disminuir su determinación, pero enriqueciéndola con ternura. Ella era como una niña en su amor y en su vida. Pocos años antes había escrito a Malcolm Muggeridge, animándolo en su lucha espiritual:

Creo que le entiendo mejor ahora.—Temo que yo no podría responder a su profundo sufrimiento— [...] No sé por qué, pero usted es para mí como Nicodemo[22] y estoy segura de que la respuesta es la misma—«A menos que se haga como un niño pequeño».[23] Estoy segura de que usted lo comprenderá todo maravillosamente—si tan sólo «se hace» un niño pequeño en las manos de Dios.

Su anhelo de Dios es tan profundo y sin embargo Él se mantiene lejos de usted.—Él tiene que forzarse a Sí Mismo para hacer esto—porque Él le ama tanto—hasta entregar a Jesús a la muerte por usted y por mí.—Cristo desea profundamente ser su Alimento.* Rodeado de la

---

* Madre Teresa se refiere a Jesús como Pan de Vida en la Eucaristía.

plenitud del alimento vivo, usted se deja morir de hambre.—El amor personal que Cristo tiene hacia usted es infinito.—La pequeña dificultad que usted tiene respecto a Su Iglesia es finita.—Supere lo finito con lo infinito.—Cristo le ha creado porque Él le quería. Sé lo que siente—un terrible anhelo—con un oscuro vacío—y sin embargo, Él es el que está enamorado de usted.[24]

Madre Teresa conocía bien ese «terrible anhelo—con un oscuro vacío». Mientras deseaba ser inflamada con amor, todo lo que sentía era una helada oscuridad. Aún así, había abrazado su estado con la simplicidad y confianza de una niña. Fue esta misma inocencia la que la ayudó a animar al padre Van der Peet para que no estuviera preocupado por sus infidelidades y sus indecisiones.

Ser una figura pública era un verdadero sufrimiento, un «Calvario», para Madre Teresa y ella luchó enormemente para vencer sus sentimientos naturales. Sin embargo, su sonrisa, un «manto» que cubría ese dolor, impedía que otros notaran lo que le costaba ser el centro de atención. Sonreír requería un gran esfuerzo, como explicó durante una alocución en 1977 con el humor que la caracterizaba:

Recuerdo que hace algún tiempo vino un grupo muy grande de profesores de Estados Unidos y me pidieron: «Díganos algo que nos ayude.» Yo les dije: «Sonrían unos a los otros.» Debí hablar en un tono muy serio, supongo, y uno de ellos me preguntó: «¿Está usted casada?» Y dije: «Sí, y a veces encuentro muy difícil sonreírle a Jesús, porque Él es capaz de ser muy exigente.»[25]

La gente se agolpaba en torno a ella, atraída por su bondad y su sencillez; para todos tenía tiempo, una palabra, una sonrisa. Era capaz de consolar a todos, porque era Jesús a quien ella quería dar a todos:

Rece—debo ser capaz de dar al mundo sólo a Jesús. La gente tiene hambre de Dios. Qué pobre encuentro tendríamos con nuestro prójimo si sólo le diéramos a nosotros mismos.[26]

Tristeza, sufrimiento y soledad son «un beso de Jesús»

Un modo importante en el que Madre Teresa ayudó a que la gente encontrara a Dios fue ayudándoles a descubrir Su presencia en medio de sus sufrimientos. Con su amiga Eileen Egan compartió un significado del sufrimiento que ella había sacado de sus lecturas: [27]

> La pena, el sufrimiento, Eileen, no son sino un beso de Jesús—un signo de que se ha llegado tan cerca de Jesús, que Él puede besarle.—Creo que ésta es la definición más hermosa del sufrimiento.—Así que seamos felices cuando Jesús se inclina para besarnos.—Espero que estemos suficientemente cerca para que Él lo pueda hacer.[28]

> Con palabras semejantes animó también a una de sus hermanas:

> El sufrimiento, el dolor—el fracaso—no son sino un beso de Jesús, un signo de que se ha llegado tan cerca de Jesús en la Cruz que Él puede besarla.—Así, hija mía, sea feliz [...] No se desanime [...] sonríale a cambio [...] Para usted es una oportunidad muy hermosa de llegar a ser plena y totalmente toda para Jesús.[29]

A sus hermanas, les explicó además: «Sus padres les habrán besado como un verdadero signo de amor. Si soy la esposa de Jesús crucificado, Él tiene que besarme. Naturalmente los clavos me herirán. Si me acerco a la corona de espinas, me herirá.»[30]

Tratando de emplear todos los medios para llevar el amor de Jesús a todos y construir así un mundo más feliz, aconsejaba incluso a los enfermos que tomaran parte en este esfuerzo: «Sé que ya no puede viajar, pero siga adelante dondequiera que esté—y use su pluma siempre que pueda.—Debemos llenar el mundo con [el] amor y la compasión de Jesús y vencer todo odio y toda oscuridad.»[31]

«Deje que la gente le coma»

Mientras animaba a otros en sus esfuerzos, Madre Teresa sintió también la necesidad de buscar ayuda y oraciones para ella. En junio de 1977 escribió al padre Van der Peet: «Mi oración está muy cerca de usted.—En verdad espero que me tenga cerca en su oración—y que ame a Jesús por mí—por todas las veces que mi corazón está frío y vacío.»[32] Algunos meses más tarde, después de que el padre Michael le informara sobre su próximo retiro, ella aprovechó la oportunidad para escribir de nuevo:

Querido Padre Michael,

Cuando le llegue esta carta—quizá estará «a solas con Jesús» [de retiro]. Es muy suyo haber pedido pasar 3 meses a solas con Jesús.—Pero si durante ese tiempo, el hambre de Jesús en el corazón de Su gente es mayor que el suyo por Jesús, usted no debería permanecer a solas con Jesús durante todo el tiempo. Debe permitir que Jesús le haga pan para que coman los que entrarán en contacto con usted. Deje que la gente le coma.—Por la Palabra y la presencia, usted proclama a Jesús.

Estaré en St. Louis el 21 de abril para los encuentros sobre «La Vida Religiosa».—Me gustaría que usted estuviese allí. Quizá podríamos tener adoración [eucarística] cada día y así llevar y entretejer nuestras vidas con el Pan de Vida. —Ni siquiera Dios podría ofrecer un amor más grande que dándose Él mismo como Pan de Vida— para ser partido, para ser comido a fin de que usted y yo podamos comer y vivir—podamos comer y satisfacer así nuestra hambre de amor.—Y aún así Él no parecía satisfecho porque Él también estuvo hambriento de amor.— Así que Él se hizo a Sí mismo el Hambriento, el Sediento, el Desnudo, el Sin Hogar y no cesó de decir—tuve hambre, estaba desnudo, sin hogar. A Mí Me lo hicisteis.[33] El Pan de vida y el Hambriento—pero un único amor—sólo Jesús. Su humildad es tan maravillosa. Puedo entender Su majestad, Su grandeza porque Él es Dios—pero Su humildad sobrepasa mi comprensión, porque Él Se hace Pan de Vida, de modo que incluso alguien tan pequeño como yo puede comerle y vivir.—Días atrás—cuando daba la Santa Comunión a nuestras Hermanas en la Casa Madre, de repente me di cuenta de que tenía a Dios entre mis 2 dedos. La grandeza de [la] humildad de Dios. Realmente no hay un amor más grande—no hay amor más grande que el amor de Cristo.[34]— Usted debe sentirse a menudo así, estoy segura, cuando por su palabra, en sus manos—el pan se convierte en el Cuerpo de Cristo, el vino se convierte en la Sangre de Cristo.—Qué grande debe ser su amor a Cristo.—No hay amor más grande—que el amor del sacerdote por Cristo su Señor y Dios.

Acabo de regresar de Manila donde he abierto un noviciado [...] A partir de la noche del 2 de febrero tuvimos un retiro de cinco días.—El sacerdote limpió nuestras almas de todo pecado—y después dio sólo a Jesús.—El día de la confesión dije todos mis pecados—y Jesús tomó todos mis pecados.—Después de la confesión, oí que mi corazón cantaba.—Gracias Jesús, por tomar mis pecados. Realmente Él se los llevó absolutamente todos. En el nuevo noviciado hay un espíritu tan maravilloso.—Quizá algún día pueda usted darles un retiro y espero estar allí, para hacerlo con ellas [...]

Vuelvo a Calcuta para el retiro de 8 días que empezamos el 19 por la tarde [...] así que tendré unos cuantos días a solas con Jesús y así compartiré su alegría.—Estoy a Su disposición. Él puede hacer conmigo como Le plazca, sin siquiera pensar en consultarme. Solamente quiero ser Su pequeñita—si Él así lo quiere, en todo caso seré feliz siendo simplemente nada y Él todo.

Rece por mí.

Suya en Jesús
M. Teresa M. C.[35]

Con estas palabras, Madre Teresa estaba atestiguando la realidad de la presencia de Dios dentro de ella. En medio de sus tinieblas, irradiaba luz. No podía dejar de maravillarse ante las acciones de Dios y de ser cautivada por Su amor. Ya no le importaba si Dios se preocupaba por ella o si daba la impresión de ignorarla.

Aunque no sentía la presencia de Jesús en su corazón ni en la Eucaristía, ella se aferraba a Él en la fe con todas sus fuerzas. Se maravillaba ante «la grandeza de [la] humildad de Dios» no sólo por hacerse Él «Pan de Vida» para satisfacer su hambre por Su amor, sino también por hacerse presente en el angustioso disfraz de los más pobres entre los pobres. Sirviéndoles, alimentándoles, ella podía a su vez servirle, alimentarle, y expresar así su amor.

Su espiritualidad profundamente eucarística era tan mística como práctica. Creía que «nuestra vida [debía] estar entretejida con la Eucaristía». Al darse cuenta de que Dios se da totalmente al hombre en la Eucaristía, brotó su deseo de darse totalmente a Él sirviendo a los demás. Se impuso una exigencia radical a sí misma y a sus hermanas: «No tenemos derecho a negar nuestras vidas a otros en quienes nosotros encontramos a Cristo.»[36] E insistía:

> Dejen que la gente y los pobres se las coman [...] Que la gente «muerda» su sonrisa, su tiempo. A veces preferirían no mirar a alguien siquiera, si han tenido algún malentendido. Entonces, no sólo miren, sonrían también [...] Aprendan que deben dejar que la gente se las coma.[37]

Sus hermanas observaron hasta qué punto ella vivía su propia enseñanza. Una de ellas recordaba: «Nunca pensaba en sí misma, sólo en los demás. Su mala salud no impedía que estuviera disponible para los pobres. "Que la gente les coma". Madre vivió esta frase plenamente hasta el fin de su vida».

«No vivo yo, sino que es Cristo quien vive en mí»

La correspondencia de Madre Teresa con sus guías espirituales durante estos años refleja la auténtica sencillez y el olvido de sí misma al que había llegado. Seguía centrándose sólo en Jesús y Su obra:

> Gracias por su comprensivo amor.—Creo que su venida trajo este don. Gracias por explicar vitalmente la pobreza de Jesús—el misterio del amor de Dios. Sí, quiero ser pobre como Jesús—el cual siendo rico se hizo pobre por amor a nosotros.[38] Gracias por explicarlo con tanta sen-

cillez—No vivo yo sino que es Cristo quien vive en mí.[39]
Gracias por rezar por mí.—Necesito rezar—quiero rezar—intento rezar. El amor de Dios hacia la Congregación ha sido tan maravilloso.—Este año hemos puesto en marcha 11 nuevas fundaciones.—Qué grande es Su humildad al permitir ser utilizado de tal modo. Tantos sagrarios nuevos—tantas horas de Adoración diaria.[40]

«Con Cristo estoy crucificado: y no vivo yo, sino que es Cristo quien vive en mí; la vida que vivo al presente en la carne, la vivo en la fe del Hijo de Dios que me amó y se entregó por mí»,[41] explicaba San Pablo. Estas palabras describen bien la realidad de la unión de Madre Teresa con Dios: Cristo estaba viviendo y actuando verdaderamente a través de ella, difundiendo Su amor en el mundo. A menudo afirmaba: «Dios sigue amando hoy al mundo a través de ustedes y de mí»,[42] y ella Le deja hacerlo.

En cada nuevo «sagrario», tal y como ella llamaba a cada nueva fundación, vio «un gran don de Dios al mundo, que está muriendo por Dios y por Su amor—y aun así no quiere a Dios».[43] Cada convento era un santuario más donde las hermanas, alimentadas con el «Pan de Vida», eran animadas a ir a la búsqueda del «Cristo hambriento» escondido en los más pobres de los pobres y prestarle humildes servicios. La oración y el servicio fluían de la contemplación de la presencia de Jesús bajo estas dos apariencias. Por eso Madre Teresa nunca se cansaba de repetir: «No somos trabajadoras sociales. Somos contemplativas en el corazón del mundo. Estamos 24 horas al día con Jesús.»[44]

María era el modelo de Madre Teresa no sólo en la oración y el servicio, sino también en todos los aspectos de su vida. Una nota de agradecimiento al cardenal Picachy nos hace vislumbrar su relación con la Santísima Virgen:

La fidelidad al Rosario llevará muchas almas hacia Dios. [La estatua de] Nuestra Señora de Fátima es para su mesa.—Sé lo mucho que ama a Nuestra Señora. A menudo le rezo por usted—y el pequeño pajarito* —le recordará que rece por mí—Ahí es donde yo quiero estar—a sus pies.

Gracias por todo el amor y el cuidado que siempre ha mostrado hacia nuestra joven Congregación—por la guía espiritual que me ha dado durante tantos años.— Rece conmigo y por mí—para que llegue a ser sólo toda de Jesús.[45]

«Impotente y sin embargo audaz»

Con la modestia que caracterizaba a Madre Teresa, ella consideraba que todavía estaba lejos de la unión con Jesús que desearía alcanzar. Sus cartas al padre Van der Peet revelaban más su humildad que sus sufrimientos:

Querido P. Michael,

Perdone este largo silencio. He recibido sus 3 cartas. Su amor por Jesús es tan maravilloso, tan lleno del amor puro de María. Le doy gracias a Dios y especialmente a Nuestra Señora de amar a Jesús en usted y, a través de usted, a toda la gente con la que se encuentra durante sus retiros. El año pasado celebramos el jubileo de plata de Jesús[46] dándole 25 sagrarios. Beirut fue la XXV fun-

* Madre Teresa se refiere a la pequeña paloma que está a los pies de María, en la base de la estatua de Nuestra Señora de Fátima.

dación. Entiendo cada vez menos y menos la humildad de Dios hecho hombre por amor a nosotros [...]

Sé que reza mucho por mí—necesito el amor de Jesús.

Oremos.

Dios le bendiga,
M. Teresa M. C.[47]

Varios meses más tarde, escribía de nuevo:

Querido P. Michael,

Su carta del 28 de mayo me estaba esperando y creo que alguien le ha contestado ya [...]

Rece por favor al Padre Leo Dehon* por nuestra Congregación—especialmente durante los próximos días en que nos estamos preparando para nuestro Capítulo. Tendremos el Cap. Gen. [Capítulo General] el día 21 de noviembre. Pídale a Nuestra Señora que cuide de nuestra Congregación—que nació por Su súplica y creció bajo Su amparo.—Me gustaría ser solamente una sencilla hermana más.—No pediré.—Dejaré que Jesús haga lo que quiera sin consultarme, ya que Le pertenezco.

Me sentí muy mal el día de la profesión al tener que dejarle a usted y a los demás.—Realmente fue un acto de obediencia perfecta tener que ir con el Cardenal a la reunión sobre los *boat people*.** El mar se ha convertido en

---

* Padre Leo Dehon (1843-1925), sacerdote francés fundador de la Congregación de Sacerdotes del Sagrado Corazón (Dehonianos).

** Se refiere a los refugiados que huyen de sus países en barco, para escapar de la opresión política o de la pobreza. El término fue utilizado por primera vez en referencia a los miles de vietnamitas en los años setenta después de la guerra y el colapso del gobierno del sur de Vietnam, mucho de los cuales murieron en el mar, por deshidratación, hambre, ahogamiento y en las manos de los piratas.

un Calvario abierto donde se revive la Pasión de Cristo. No hemos podido recoger a ninguno de ellos en la India. En Manila en nuestra casa para enfermos y moribundos había personas con mucho sufrimiento.—Es asombroso cómo la gente puede sufrir tanto y no abatirse. Mirándolos siento un dolor físico en el corazón.—La profesión [de las hermanas] fue algo hermoso para Dios—y ahora tenemos una Comunidad de M. C. Contemplativas—un don de Dios.

Qué feliz debe ser usted al tener este maravilloso don de dar a Jesús a las almas a través de sus retiros. Qué buenos han sido sus Sup. [Superiores] que le han dado permiso para hacerlo.

Jesús tiene un amor muy especial por usted—ya que usted es tan totalmente Suyo que no vive usted— sino que es Jesús quien vive en usted y a través de usted Él muestra Su amor al mundo. En cuanto a mí se refiere— el silencio y el vacío son tan grandes que miro y no veo, escucho y no oigo.—Mi lengua se mueve pero no habla.—Impotente y sin embargo audaz.—Quiero que rece por mí—para que yo Le deje las manos libres—e incluso si Él elige cortarme en trocitos, que cada trozo, por muy pequeño que sea, sea solamente Suyo.

En la C. M. [Casa Madre] tenemos más de 300 novicias tan estupendas, tan llenas de alegría.—Se alegra uno sólo con verlas y disfrutar del don de Dios, su amor.—Yo sé que reza por mí.—Pídale a Nuestra Señora que cuide de mí como cuidó de Jesús.

Dios le bendiga.
M. Teresa M. C.[48]

Al ver a la gente sufriendo tan terriblemente día tras día, Madre Teresa reflexionaba: ¿Cómo pueden sufrir tanto y no abatirse?

La misma pregunta se le podía hacer a ella: ¿Cómo pudo sufrir tanto y no abatirse? Miraba y escuchaba pero no veía ni oía al Único que buscaba. Sólo había oscuridad y silencio, que hacían dolorosa y temible su soledad. Sin embargo, aunque se sentía «impotente» era verdaderamente «audaz», ya que estaba decidida más que nunca a «dejarle las manos libres» con ella.

Lejos de sentirse abatida, se mostraba feliz en el sufrimiento. Lo que ahora se conoce de su estado interior, su alegría habitual, resulta aún más extraordinario, como observó una hermana de las primeras:

Madre siempre nos dijo: «Dios ama al que da con alegría.»[49] Si no van a la gente con un rostro alegre, sólo aumentarán sus tinieblas, sus miserias y sus penas. Así, Madre tenía esta alegría espiritual [...] Es conmovedor para nosotras saber que Madre pudo mantener ese semblante cordial y aferrarse con tal tenacidad a Jesús, su solo y único amor, sin que nunca nos revelara por lo que estaba pasando.[50]

Porque soportó en silencio y con paz sus propios sufrimientos y sus propios dolores, podía de manera convincente animar a otros a recorrer el mismo camino. Fuesen los que fuesen los fracasos o decepciones que ella u otros afrontaban, siempre los vio con los ojos de Dios y supo sacar algo bueno de ellos.

Sé lo que siente—éste [es] realmente el significado pleno de la pobreza de Jesús. Él siendo rico se hizo pobre.[51] Él renunció a las riquezas de la compañía de Su Padre, haciéndose hombre en todo igual que nosotros, excepto en el pecado.[52]—También usted está haciendo la experiencia de esa «renuncia» por amor a Él. No tema.—Todo irá bien.—El grano tiene que morir—para dar fruto.[53] —No tengo duda de que Jesús quiere que los M.W. [Missionnary Brothers of the Word, Hermanos Misioneros de la Palabra] existan—y esta soledad es el principio de un gran amor. No está solo.—«Jesús y usted». [El] Sagrario es el signo más hermoso que pueda mirar cuando se sienta solo. No tema.—Él está allí—a pesar de la oscuridad y el fracaso.—Es lo que le sucedió a Jesús en el Huerto [de los Olivos].—«¿No habéis podido velar una hora?»[54] Se sintió tan solo esa noche. No tema. Ponga su mano en la mano de Nuestra Señora y camine con ella.[55]

Madre Teresa aceptaba sin vacilar ser privada de «las riquezas de la compañía» de Jesús para que otros conocieran su deleite. Gracias a su propia experiencia de soledad, de decepción, de oscuridad y de pobreza, podía explicar a sus hermanas la presencia de Cristo en medio de los sufrimientos:

La Voluntad del Padre era esa terrible soledad en el Huerto [de Getsemaní], en la Cruz.—Él estaba completamente solo. Si somos verdaderas discípulas de Jesús, también nosotras debemos experimentar la soledad de Cristo.—Él sudó sangre.[56]—Para Él fue muy difícil sufrir la humillación de Su Pasión.[57]

«A Mí Me lo hicisteis»

En noviembre de 1979, en el cuarto capítulo general de las Misioneras de la Caridad, Madre Teresa fue elegida superiora general de nuevo. A pesar de que había deseado con todo su corazón ser una «simple hermana en la comunidad», aceptó esta decisión como la voluntad de Dios.

Poco después, el 11 de diciembre de 1979, Madre Teresa recibió el Premio Nobel de la Paz. Ya había aprendido que «Calcuta está en todas partes». Como en las tres visiones que había tenido en 1947, había comprendido progresivamente los diferentes niveles de pobreza —material, social y espiritual; así, en su misión entre los pobres, fue conducida progresivamente a identificar y combatir no sólo la pobreza material, sino las formas de pobreza que existen también entre los ricos de los países desarrollados.

Sus pobres fueron el tema del discurso que dirigió a una atenta audiencia durante la entrega del Premio Nobel, desafiando a cada persona presente a que buscase a los que viven la angustiosa pobreza del rechazo, de la falta de amor y de cuidado por parte de sus seres cercanos. Si empezaban por su propia casa, amando a cada uno y cuidando a cada uno, todos podrían ser «Misioneros de la Caridad», dijo ella. A través de un amor y un servicio humilde, podrían descubrir el rostro de Jesús bajo el angustioso disfraz de los necesitados.

[Jesús] Se convierte en el hambriento, el desnudo, el sin hogar, el enfermo, el prisionero, el solitario, el despreciado, y dice: «A Mí Me lo hicisteis.»[58] Está hambriento de nuestro amor, y ésta es el hambre de nuestros pobres. Ésta es el hambre que ustedes y yo debemos encontrar, quizá en nuestro propio hogar [...]

[Visité] [...] una casa [geriátrico] en la que estaban todos esos padres ancianos [...] Vi que en esa casa tenían de todo [...] pero todos miraban hacia la puerta [...] Me volví a la hermana y le pregunté: [...] «¿Cómo es que esta gente, que tiene de todo, mira hacia la puerta? ¿Por qué no sonríen?» Estoy tan acostumbrada a la sonrisa de nuestra gente, incluso los moribundos sonríen. Ella me respondió: «Es así casi todos los días. [...] Están esperando que un hijo o una hija venga a visitarles. Sufren porque han sido olvidados.» [...] Aquí es donde entra el amor [...] Quizá en nuestra propia familia tenemos a alguien que se siente solo, enfermo, preocupado [...] ¿Estamos ahí para recibirles? [...]

Fui sorprendida al ver en Occidente tantos chicos y chicas jóvenes entregados a la droga y traté de descubrir por qué [...] «Porque no hay nadie en su familia que los reciba.» Tanto el padre como la madre están tan ocupados que no tienen tiempo [...] El hijo vuelve a la calle y se deja involucrar en algo [...] Éstas son las cosas que rompen la paz.

Pero pienso que hoy día el más grande destructor de la paz es el aborto, porque es una guerra directa, una matanza directa, un asesinato directo hecho por la misma madre. Y leemos en la Escritura que Dios dice muy claramente: «Aunque una madre llegase a olvidar a su hijo, Yo no te olvidaré. Grabado te llevo en la palma de Mi mano.» [...] Ese niño no nacido ha sido grabado en la mano de Dios. [...]

Mucha gente está muy, muy preocupada por los niños de la India, por los niños de África donde muchos mueren, quizá de malnutrición, de hambre, etc., pero millones están muriendo por la voluntad deliberada de la madre. Éste es hoy en día el mayor destructor de la paz. Porque si una madre puede matar a su propio hijo, ¿quién me impide que yo te mate o que tú me mates? No hay ningún obstáculo [...] Asegurémonos este año de que todo niño sin excepción, nacido o no nacido, sea querido [...] ¿Hemos hecho realmente que los niños sean queridos? [...]

Recogimos [a un hombre] de las alcantarillas, medio devorado por los gusanos, y le llevamos a casa: «He vivido como un animal en la calle, pero voy a morir como un ángel, querido y cuidado.» Era tan maravilloso ver la grandeza de ese hombre capaz de hablar así, de morir así, sin culpar a nadie, sin maldecir a nadie, sin hacer comparaciones. Como un ángel—ésta es la grandeza de nuestra gente.

Y por eso creemos en lo que dijo Jesús: «Tuve hambre, estaba desnudo, estaba sin hogar, estaba despreciado, rechazado, abandonado—y a Mí Me lo hicisteis.»[59]

Madre Teresa tenía gran compasión por aquellos que se sentían rechazados y despreciados: los padres abandonados en una casa para ancianos; los jóvenes solos, porque sus familias no se ocupan de ellos; y de manera muy especial el niño no nacido. «Encuentro que el niño no nacido es el más pobre entre los pobres hoy en día—el menos amado—el más despreciado, el desecho de nuestra sociedad.»[60] Luchó para defender el precioso don de la vida y éste se convirtió en un tema recurrente en sus discursos.

Pero ¿qué nos dice Dios? Dice: «Aunque una madre llegase a olvidar a su hijo, Yo no te olvidaré. Grabado te llevo en la palma de Mi mano.» Estamos grabados en la palma de Su mano; ese niño no nacido ha sido grabado en la mano de Dios desde su concepción y está llamado por Dios para amar y ser amado, no sólo ahora en esta vida, sino para siempre. Dios nunca nos puede olvidar.[61]

Madre Teresa se dio cuenta de que el Premio Nobel de la Paz había «ayudado a mucha gente a encontrar el camino hacia los pobres»[62] y esto la empujó a pedir oraciones para que hubiera más amor y más celo al servicio de los pobres. «Sigan rezando para que no estropeemos la obra de Dios—sino que a través de nosotros y en nosotros—y con nosotros y nuestros pobres, sea proclamado el amor y la compasión de Dios»,[63] escribió al padre Neuner. Hablando a sus propias hermanas, explicó: «La obra es la obra de Dios y no nuestra obra, por eso debemos hacerla bien. Con frecuencia estropeamos la obra de Dios e intentamos obtener gloria para nosotras mismas.»[64] Esta posibilidad le aterraba y rezaba constantemente para ser protegida contra esta presunción. En este reto, la conciencia de su nada la protegía, como más tarde testimoniaría el padre Van der Peet:

Me sentía suficientemente en confianza con Madre Teresa para preguntarle algunas cosas personales como: «Dondequiera que usted vaya, la gente la sigue como a una estrella de cine. Usted ha recibido todos esos premios prestigiosos. El Santo Padre la valora; usted ha conocido a Indira Gandhi, a la reina Isabel, al presidente y Nancy Reagan [...] ¿Cómo asimila esa admiración?» En diversas conversaciones tuvo diferentes respuestas. La más bella que yo recuerdo fue: «Padre, Jesús me ha concedido una gran gracia y es ésta: la convicción más profunda de mi nada absoluta. Si Él hubiera podido encontrar una mujer más pobre a través de la cual llevar a cabo Su obra, no me hubiera escogido a mí, habría escogido a esa otra.» En otra ocasión (y frecuentemente sonreía cuando decía esas cosas) respondió: «Soy demasiado pequeña para comprenderlo todo» o «Padre, por aquí me entra (y señalaba a sus oídos) y por aquí me sale; me pasa sin hacer mella»; Otra reacción [...] ante toda la admiración de la gente: «Es una verdadera crucifixión.»

«Una enfermedad mucho mayor es sentirse despreciado, no amado»

En octubre de 1980, invitaron a Madre Teresa al Sínodo de los Obispos. Desde Roma, escribió al padre Van der Peet:

Querido Padre Michael,

Su carta ha viajado conmigo hasta el Sínodo.—Gracias.—Dios le ama.—Perdóneme por esta tardanza en escribirle. Un obispo me dijo que pasaré mi purgatorio escribiendo cartas—porque soy tan mala contestándolas.—A pesar de lo largo que pueda ser mi purgatorio—está la bella esperanza de ver un día a Jesús.

Usted debe de estar ahora a solas con Él [de retiro] en Canadá—y estoy segura de que estará rezando por mí—porque ¿puede usted imaginarme en el Sínodo rodeada de toda esa gente importante de la Iglesia? Tuve que hablar—y le pedí al Santo Padre que nos diera sacerdotes santos si él quería que las familias fueran santas. Muchos de los obispos dijeron «Gracias». Jesús, lo hizo una vez más—a Su manera.

Su hermosa carta llena de Jesús ha sido un don de Jesús para mí. El amor de Cristo es más fuerte que todo lo que tenemos o somos. Crezcamos más y más en la semejanza con Cristo—de modo que todos los que encontremos—cuando nos miren, vean sólo a Jesús en nosotros y a través de nosotros.

Encuentro esta pequeña oración de gran ayuda, «Jesús en mi corazón, yo creo en Tu amor fiel hacia mí. Yo Te amo» o «En unión con todas las Misas ofrecidas por todo el mundo, yo Te ofrezco mi corazón. Hazlo manso y humilde como el Tuyo». Rece esta oración por mí de vez en cuando—porque yo sólo pido esto—que mi corazón sea como el Suyo, manso y humilde [...].

Rece mucho por mí—como yo lo hago por usted.

Mantengamos la alegría de amar a Jesús en nuestros corazones y compartamos esta alegría con todo aquél que nos encontremos.

Suya en Jesús,
M. Teresa, M. C.[65]

La seguridad de que «El amor de Cristo es más fuerte que todo lo que tenemos o somos» había ayudado a Madre Teresa a no sucumbir a las tinieblas interiores y al dolor de su vacío interior. Fue en este estado, cuando le parecía que en su corazón «no [había] fe—ni amor—ni confianza»[66] cuando formuló la oración: «Jesús en mi corazón, yo creo en Tu amor fiel hacia mí. Yo Te amo.» Más tarde, alteraría la oración poniendo «tierno» en lugar de «fiel».

Aunque Madre Teresa se sintiera incómoda al dirigirse a la «gente importante» del Sínodo, estaba convencida de que Jesús Se servía de ella para proclamar el gran amor de Dios hacia Sus pobres. Su sencillo pero elocuente mensaje fue un resumen de lo que había vivido durante los últimos treinta años. A través de sus tinieblas interiores, estaba familiarizada con el sentimiento de ser rechazada, despreciada, desatendida; y sabía que este profundo dolor era mucho peor que cualquier enfermedad física. En su discurso, incluyó particularmente la soledad como una nueva forma de pobreza:

Hace poco, un hombre vino a mí en la calle. Me preguntó: «¿Es usted Madre Teresa?» «Sí» le contesté. Me dijo: «Por favor envíe a alguien a mi casa. Mi mujer está medio loca y yo soy medio ciego. Pero estamos deseando intensamente escuchar el sonido cariñoso de una voz humana.» Era gente acomodada. Tenían de todo en su casa. Sin embargo, estaban muriendo de soledad, muriendo por escuchar una voz cariñosa.

¿Cómo podemos saber que no hay alguien así viviendo en la casa de al lado? ¿Sabemos quiénes son, dónde están? Busquémosles, y cuando les encontremos, amémosles. Al amarles, les estaremos sirviendo.

Hoy Dios ama tanto al mundo que Él les da a ustedes, me da a mí, para amar al mundo, para ser Su amor, Su compasión. Es un pensamiento tan hermoso para nosotros—y una convicción—que ustedes y yo podemos ser ese amor y esa compasión.

¿Sabemos quiénes son nuestros propios pobres? ¿Conocemos a nuestro vecino, a los pobres de nuestro barrio? Es tan fácil para nosotros hablar y hablar sobre los pobres de otros países. Muy a menudo tenemos a personas sufrientes, solas o abandonadas, personas— ancianas, despreciadas, que se sienten miserables—y que están cerca de nosotros y ni siquiera los conocemos. No tenemos tiempo ni para sonreírles.

La tuberculosis y el cáncer no son las peores enfermedades. Yo creo que una enfermedad mucho mayor es sentirse despreciado, no amado. El sufrimiento de esas personas es muy difícil de entender, de penetrar. Pienso que es esto lo que nuestros pobres de todo el mundo están viviendo, en cada familia, en cada hogar.

Este sufrimiento se está repitiendo en cada hombre, mujer y niño. Yo pienso que Cristo está reviviendo de nuevo Su Pasión. Y somos nosotros, usted y yo los llamados a ayudarles—ser Verónica,* ser Simón** para ellos.

---

* Según la tradición, Verónica enjugó el rostro de Jesús con su velo en el camino del Calvario.

** Simón de Cirene ayudó a Jesús a cargar Su Cruz en el camino del Calvario (Cf. Lucas 23,26).

Nuestros pobres son gente maravillosa, muy simpática. No necesitan nuestra lástima ni nuestra compasión. Sólo necesitan nuestro amor comprensivo y nuestro respeto. Tenemos que decir al pobre que él es alguien para nosotros, que él también ha sido creado por la misma mano amorosa de Dios, para amar y ser amado.[67]

En este sufrimiento, el suyo propio y el de sus pobres Madre Teresa reconocía a Cristo que estaba reviviendo una vez más Su Pasión bajo Su angustioso disfraz. En los inicios de su trabajo entre los más pobres de los pobres, exhortó a su pequeño grupo de hermanas a «encontrar a Jesús en los oscuros agujeros en los barrios más miserables, en las miserias más lamentables de los pobres».[68] Ahora Le encontraba también en la soledad de la gente acomodada.

«¿Qué sed es más grande, la Suya o la mía por Él?»

Con una fe que atravesaba la oscuridad del sufrimiento, Madre Teresa podía llegar más allá de las apariencias y percibir el rostro de Dios. Esta contemplación de la Pasión de Jesús, revivida en los pobres y en su propio corazón, la llevó a una mejor comprensión y una experiencia más intensa de Su sed. En diciembre de 1980, escribió al padre Neuner:

Soy verdaderamente feliz de saber que usted está cerca de mí en su oración. Pienso que ésta es la fuerza que continuamente necesito.—Durante este año he tenido muchas oportunidades de saciar la Sed de amor de Jesús—Su sed de almas. Ha sido un año lleno de [la] Pasión de Cristo.—No sé qué Sed es más grande, ¿la Suya o la mía por Él?[69]

En 1980, debido al gran número de comunidades de Misioneras de la Caridad esparcidas por todo el mundo, se decidió dividir las casas en doce regiones. Se nombró una superiora regional para ayudar a Madre Teresa en el gobierno de la Congregación. La obra por los pobres estaba floreciendo y se abrieron doce fundaciones más ese año. Sin embargo, escribió al Padre Neuner: «Ha sido un año lleno de [la] Pasión de Cristo.»[70]

El padre Neuner probablemente hubiera interpretado que su afirmación se refería principalmente a su oscuridad. Aparte de su aflicción interior, sin embargo, ella se refería al doloroso descubrimiento de que no todas sus Hermanas vivían plenamente el ideal de su vocación. Jesús no estaba amado y servido en los pobres de la manera ardiente que ella hubiera deseado. Además, había imperfecciones en el amor de las hermanas entre sí. Todas estas deficiencias la herían profundamente, pero no hizo la menor alusión a este dolor en su carta al padre Neuner. A sus hermanas, en cambio, carta tras carta les transmitía el mismo mensaje:

Mis queridísimas hijas,

Esta [carta] les lleva el amor y la bendición de Madre—pero especialmente la alegría de la certeza que Jesús las ama, y todo lo que les pido es que se amen unas a las otras como Jesús ama a cada una—ya que al amarse unas a otras aman sólo a Jesús[71] [...]

O de nuevo:

Esta [carta] lleva el amor, la bendición y las oraciones de Madre a cada una de ustedes, para que puedan crecer más y más a semejanza de Cristo, mediante la mansedumbre y la humildad, de modo que sus Hermanas en la comunidad y los pobres a los que sirven, sientan Su presencia y Su amor en ustedes y a través de ustedes y aprendan de ustedes cómo amar a Jesús en los demás.[72]

Puesto que sus viajes eran más frecuentes y exigentes, Madre Teresa tenía la impresión que no estaba dedicando suficiente tiempo a sus hermanas cuando más la necesitaban. Por ese motivo, le pidió al Papa permiso para ser eximida de los compromisos públicos. Así comunicó la respuesta a sus hermanas:

Después de que el Santo Padre pronunciara un gran discurso, le dije: «Santo Padre, quiero verle cinco minutos.» Él se sentó allí; yo me senté a sus pies. Tenía los brazos cruzados con la cabeza en los brazos así, mirándome hacia abajo. Dijo: «Tiene problemas.» Yo respondí: «Santo Padre, lo encuentro muy difícil. Tengo muchas Hermanas, 342 ahora en la Casa Madre en la India, me necesitan y yo las necesito a ellas, y ahora esta llamada continua.* Es su voluntad, lo sé, y haré todo lo que me diga, pero ¿qué quiere usted que haga?» Él dijo: «Continúe haciendo lo que está haciendo. No se niegue a Jesús. Usted nunca Le ha rechazado antes, no Le rechace ahora. Rezaré por usted y le daré una respuesta la próxima vez que la vea.» Así de sencillo como un niño. Las palabras del Santo Padre para mí, «No se niegue a Jesús».[73]

El Santo Padre le envió finalmente una nota: «Conceda el necesario cuidado a las hermanas y cuidado amoroso a los pobres y a la gente.» Madre Teresa subrayó:

* Madre Teresa hacía referencia al constante flujo de peticiones requiriendo su presencia en una amplia variedad de eventos públicos.

«Ven ustedes, Hermanas, para Madre esto no es fácil.» Y realmente no era fácil dedicarles menos tiempo a sus hermanas para ir al encuentro del mundo. Sin embargo, ella escogió «no negarse a Jesús» que le había desafiado, esta vez a través de Su representante en la tierra. Se trataba de una «verdadera obediencia ciega», afirmó. Envió una petición especial al cardenal Picachy: «Cuando vea al Santo Padre—pídale que rece por mí—ya que en este momento, la obediencia es un Sacrificio.»[74]

Con la bendición de la obediencia, Madre Teresa continuó su misión de servicio a los pobres del mundo. Ella, un dócil instrumento en las manos de Dios, estaba dejando que Él se sirviese de su nada para mostrar Su grandeza. Estaba personificando la oración[75] que para ella expresaba el fin de las Misioneras de la Caridad, esparcir su fragancia dondequiera que fuera, ser Su resplandor, Su luz y ser «sólo Jesús» para cada persona con la que se encontrara. En todo esto, estaba saciando Su sed de amor y de almas.

CAPÍTULO 13

IRRADIANDO A CRISTO
No más yo, solamente Jesús

La alegría de amar a Jesús procede
de la alegría de compartir Sus sufrimientos.
Por eso no te permitas estar preocupado ni angustiado,
cree en la alegría de la Resurrección.
En todas nuestras vidas, como en la vida de Jesús,
la Resurrección tiene que venir,
la alegría de la Pascua tiene que amanecer.

MADRE TERESA

A pesar del empeoramiento de su salud, las dos últimas décadas de la vida de Madre Teresa fueron de intensa actividad. Dotada de una extraordinaria energía, recorrió el mundo proclamando la buena nueva del amor de Dios y de Su presencia entre los pobres más pobres. Su amor y su celo por Dios y por las almas eran ilimitados y la empujaron a establecer numerosas fundaciones por todo el mundo. Su presencia y sus palabras tenían tal influencia que, en 1985, el secretario general de las Naciones Unidas, Javier Pérez de Cuéllar, la consideró la mujer más poderosa del mundo. Aun así, la terrible oscuridad no la abandonaba.

«Jesús es [...] la luz que yo enciendo»

Nada podía impedirle que esparciera la luz del amor de Dios en los lugares con más problemas del mundo. En agosto de 1982, se aventuró a ir a un Líbano desgarrado por la guerra, y desde allí escribió a sus hermanas:

Acabamos de abandonar Beirut.—Todo ha sido una continua manifestación del amor de Dios con nosotras y con Su gente—con continuas acciones de amor en ternura y cariño.—Llevé un gran cirio Pascual con la imagen de Nuestra Señora con el Niño.—El jueves el bombardeo fue terrible.—Encendí el cirio esa tarde hacia las 16.00—A las 17.00 todo se paró de repente.—Desde entonces hay una total tranquilidad.—Cruzamos y trajimos a 38 niños lisiados y enfermos mentales.—El cirio se consumió anoche.—Si tienen el cirio de Pascua, por favor enciéndanlo ante Nuestra Señora en acción de gracias —les contaré el resto a mi regreso.[1]

Cuando estaba en Roma en 1983, se cayó de la cama y fue hospitalizada. Providencialmente, los médicos descubrieron un grave problema cardíaco. En el hospital, Madre Teresa escribió su personal respuesta a la pregunta de Jesús recogida en Mateo (16, 15): «Y vosotros, ¿quién decís que soy yo?»

Tú eres Dios.
Tú eres Dios de Dios.
Tú eres Engendrado, no creado.
Tú eres de la misma Naturaleza del Padre.
Tú eres el Hijo del Dios Vivo.
Tú eres la Segunda Persona de la Santísima Trinidad.

Tú eres Uno con el Padre.
Tú estás en el Padre desde el principio:
Todo fue hecho por Ti y por el Padre.
Tú eres el Hijo Amado en Quien el Padre se complace.
Tú eres el Hijo de María,
concebido por el Espíritu Santo en el seno de María.

Tú naciste en Belén.
Tú fuiste envuelto en pañales por María
y recostado en el pesebre lleno de paja.
Tú fuiste calentado con el aliento del borrico sobre el que
viajó Tu Madre cuando Te llevaba en su seno.

Tú eres el Hijo de José,
el Carpintero, como eras conocido por la gente de Nazaret.
Tú eres un hombre sencillo sin mucho saber,
según Te juzgaban los sabios de Israel.

¿Quién es Jesús para mí?
Jesús es el Verbo hecho Carne.
Jesús es el Pan de Vida.
Jesús es la Víctima ofrecida por nuestros pecados en la Cruz.
Jesús es el Sacrificio ofrecido en la Santa Misa
por los pecados del mundo y los míos.
Jesús es la Palabra—para ser hablada.
Jesús es la Verdad—para ser dicha.
Jesús es el Camino—para ser recorrido.

Jesús es la Luz—para ser encendida.
Jesús es la Vida—para ser vivida.
Jesús es el Amor—para ser amado.
Jesús es la Alegría—para ser compartida
Jesús es el Sacrificio—para ser ofrecido.
Jesús es la Paz—para ser dada.
Jesús es el Pan de Vida—para ser comido.
Jesús es el Hambriento—para ser alimentado.
Jesús es el Sediento— para ser saciado
Jesús es el Desnudo—para ser vestido.
Jesús es el que no tiene hogar—para ser recogido.
Jesús es el Enfermo—para ser curado.
Jesús es el que está solo —para ser amado.
Jesús es el Rechazado—para ser aceptado.
Jesús es el Leproso—para lavar sus heridas.
Jesús es el Mendigo —para darle una sonrisa.
Jesús es el Borracho— para escucharle.
Jesús es el Retrasado Mental— para protegerle.
Jesús es el Pequeño —para abrazarle.
Jesús es el Ciego —para guiarle.
Jesús es el Mudo —para hablar por él.
Jesús es el Tullido— para caminar con él.
Jesús es el Drogadicto —para ser su amigo.
Jesús es la Prostituta —para apartarla del peligro y ser su amigo.
Jesús es el Prisionero—para ser visitado.
Jesús es el Anciano —para ser servido.

PARA MÍ
Jesús es mi Dios.
Jesús es mi Esposo.
Jesús es mi Vida.
Jesús es mi único Amor.
Jesús es mi Todo en Todo.

Jesús es Todo para mí.
Jesús, yo Le amo con todo mi corazón, con todo mi ser.
Le he dado todo, incluso mis pecados, y Él Se ha
desposado conmigo con ternura y amor.
Ahora y por toda mi vida soy la esposa de mi Esposo
Crucificado. Amén.[2]

Aunque se recuperó, sus fuerzas comenzaron a fallarle y casi de forma constante estuvo acompañada por la enfermedad y el dolor físico. Sin embargo, siguió estando activa e incluso más decidida, sin importarle el precio, para dar su «sí» a Dios y «una gran sonrisa a todos». Tuvo siempre una agenda muy apretada[3] casi hasta el final, viviendo plenamente su cuarto voto de servicio gratuito y de todo corazón a los más pobres entre los pobres. Su cuerpo se estaba debilitando, pero su espíritu era infatigable. Ella quería conquistar el mundo con amor, como recuerda una hermana:

Madre trajo un día un mapa de Europa y lo extendió delante de mí. En aquel tiempo, la Unión Soviética todavía no estaba desmantelada y media Europa se encontraba bajo el régimen comunista que no permitía la entrada de misioneros como tales. Pero Madre fue señalando con su dedo país por país: «Francia, estamos aquí. Alemania, estamos aquí. Austria, estamos aquí. Hungría, todavía no. Bulgaria, todavía no.» Así sucesivamente. Luego comenzó a contar con los dedos los países en los que «todavía» no estábamos [...] Estaba seriamente decidida a abrir «un sagrario» [refiriéndose a una casa] en cada país del mundo. Madre tenía una amplia visión de lo que quería darle a Su Señor y Dios.

«*Convicción de mi nada*»

Durante los últimos años de su vida, Madre Teresa dedicó mucha parte de su tiempo y de su energía al desarrollo y al crecimiento de las ramas masculinas de su familia religiosa. Los Misioneros de la Caridad Contemplativos, formado por sacerdotes y hermanos fue fundada el 19 de marzo de 1979, en la fiesta de San José. El Movimiento Corpus Christi, una institución internacional dedicada a fomentar la santidad de los sacerdotes, fue reconocido oficialmente por la Congregación para el Clero en la fiesta del Sagrado Corazón, el 26 de junio de 1981. Y los Padres Misioneros de la Caridad comenzaron a trabajar el 13 de octubre de 1984 en Nueva York.

En 1985, al acercarse el quinto capítulo general, Madre Teresa expresó nuevamente su gran deseo de ser dispensada de sus responsabilidades como superiora general y de ser «sólo una simple hermana más en la comunidad». Compartió sus pensamientos con el cardenal Picachy:

Ya he escrito a nuestras Hermanas para que recen y voten por otra persona que ocupe mi lugar. Hay muchas Hermanas capaces de hacerlo incluso mejor. He hecho con la gracia de Dios—mucho—porque le dejé las manos libres a Jesús—sabiendo que no puedo hacer nada por mí misma.—La convicción de mi nada ha hecho la obra y toda la Congregación completamente Suyas. Él hará cosas todavía más grandes si encuentra a alguien que sea más nada que yo. (No pienso que haya ninguna.) Seré feliz, muy feliz de ser libre—y de ser una simple hermana en la Com. [comunidad]—después de casi 35 años.—Lo estoy deseando intensamente.—Siempre haré lo que la Iglesia—a través del Santo Padre y de usted—quieran que haga pero deseo enormemente ser toda para Jesús—por María, una simple M. C.[4]

Pero Dios tenía otros proyectos para ella. Fue reelegida como superiora general, decisión que aceptó como venida de la mano de Dios. Igual que antes, continuó pidiendo oraciones para su familia religiosa: «Por favor recen por nosotras especialmente durante la Santa Misa—para que no estropeemos la obra de Dios—que siga siendo Suya.»[5]

Fue en esta época cuando Madre Teresa decidió compartir su lucha interior con otro sacerdote, el padre jesuita Albert Huart* de la provincia de Calcuta. Él lo recuerda así:

Fue muy probablemente en el retiro previo al Capítulo General de 1985. Madre vino [...] a hablar sobre la terrible noche de su alma. No era una fase transitoria sino que había durado años. Lo que me impactó al instante fue que añadiera a la descripción de esta dolorosa e interminable noche [...]: «Padre, me doy cuenta de que cuando abro la boca para hablar a las hermanas y a la gente sobre Dios y la obra de Dios, les llevo luz, alegría y ánimo. Pero yo no obtengo nada de ello. Dentro de mí está todo oscuro y siento que estoy totalmente apartada de Dios.» Estas palabras me sonaron como puro Juan de la Cruz.

* El padre Albert Huart, S. J., nació el 28 de marzo de 1926 en Namur (Bélgica). Entró en la Compañía de Jesús el 10 de agosto del año 1943, fue a la India el 3 de noviembre de 1953 y fue ordenado sacerdote el 27 de abril de 1957. Predicó el retiro a las participantes en el Capítulo General de 1985. Fue confesor de la comunidad de Misioneras de la Caridad en la Casa Madre desde 1984 hasta 1998. Hasta la fecha atiende como confesor a las diversas comunidades en Calcuta.

El contraste entre su noche interior y su capacidad para transmitir a Dios de palabra y de obra a otros, me permitió hacer todo lo que pude para asegurarle que Dios estaba trabajando poderosamente con ella, y para animarla a que aceptara esas tinieblas como parte de Su obra. Pero, en este tipo de noche, unas pocas palabras bien intencionadas, no alivian el dolor, o por lo menos, no mucho.[6]

La «noche» continuó, tan oscura como siempre. El padre Huart ofrece esta metáfora particularmente adecuada para caracterizar la experiencia de Madre Teresa:

Al escucharla, la imagen que surgía en mi mente era la de una casa bañada por la luz cálida y radiante del sol, rodeada de exuberante vegetación y flores y, sin embargo, por dentro, todo oscuro y frío.[7]

Había dejado de mencionar su oscuridad por escrito y rara vez hablaba de ella, pero sufría tan intensamente como durante los últimos treinta y cinco años. Sin embargo, a pesar de ello, o más bien, a causa de ello, continuó siendo una fuente de luz y de inspiración para los demás.

«¿Dónde está Jesús?»

Otro sacerdote llegó a la profundidad de su prueba interior a lo largo de los últimos años de su vida. El padre William G. Curlin,* entonces párroco de una parroquia de Washington, D. C., recuerda:

* El obispo William G. Curlin nació el 3 de agosto de 1927, en Portsmouth (Virginia, Estados Unidos). Fue ordenado sacerdote el 25 de mayo de 1957 para la diócesis de Washington y llegó a ser obispo auxiliar allí el 20 de diciembre de 1988. El 13 de abril de 1994 fue nombrado obispo de la diócesis de Charlotte, Carolina del Norte. Se retiró en el año 2001.

He tenido el privilegio de dirigir varios retiros espirituales para Madre Teresa en Calcuta y otro tanto en Estados Unidos. Recuerdo qué intensa era su hambre por profundizar su relación con Jesucristo. Una tarde en particular, Madre Teresa y yo conversábamos sobre la aridez espiritual. Una de sus hermanas oyó por casualidad nuestra conversación y subrayó: «Madre debe recibir gran consuelo de Dios para sostener su misión para los más pobres de los pobres.» Más tarde durante una Hora Santa, uno de los miembros de su familia religiosa me entregó una nota escrita por Madre Teresa. La leí y después miré hacia donde ella estaba sentada en la Capilla. Me devolvió la mirada, se arrodilló y se puso frente al Santísimo Sacramento entronizado en la Custodia. Ese gesto confirmaba sus palabras: «Querido Padre, rece por mí. ¿Dónde está Jesús?» A lo largo de los años de amistad con Madre Teresa, compartió frecuentemente conmigo la sequedad espiritual que acompañaba su trabajo como Misionera de la Caridad.[8]

Testigo de la primacía del amor

Madre Teresa estaba en contacto permanente con la angustia humana, y sin embargo, nunca se habituó a ella. Cada vez que se encontraba con los pobres que sufrían, recibía un gran impacto. Ella repetía: «Nunca he visto tanto sufrimiento.» Vio la grandeza de Dios en la capacidad de los pobres para soportar el sufrimiento sin quejarse, y sus testimonios fueron una fuente de fortaleza para ella, como confió al padre Van der Peet:

Es muy amable de escribirme a pesar de que yo no le escriba a usted—pero sé que su oración está siempre conmigo, así como la mía con usted para que usted pueda ser más y más humilde como María y santo como Jesús. El día de Navidad fui a Addis [Abeba]—en Etiopía, para estar con nuestras Hermanas y sus Pobres. No me di cuenta de que su Navidad es en realidad hoy. Nunca he visto tanto sufrimiento—tanto dolor y sin queja.—Sólo vi un Calvario abierto—donde la Pasión de Cristo se volvía a vivir en los cuerpos de multitudes y multitudes de gente.

Ya tenemos 4 casas y la quinta es un campo con 8.000 personas que alimentar y 600 enfermos, inválidos y mentales, hombres, mujeres y niños. Nuestras Hermanas son verdaderamente la presencia de Jesús para ellos, su trato tan suave, tan lleno de amor.—Ruegue para que yo pueda enviar algunas Hermanas más.—Hay 7 millones de personas que afrontan estos sufrimientos.[9]

Muchos más honores continuaron recayendo sobre Madre Teresa, pero el más alto y el más querido para ella fue la visita del papa Juan Pablo II al Nirmal Hriday en Kalighat (El Hogar Para los Moribundos en Calcuta), el 3 de febrero de 1986. Después de saludar a cada paciente, el Santo Padre compartió una breve reflexión resumiendo todos los esfuerzos de Madre Teresa:

Agradezco a Dios que mi primera parada en Calcuta haya sido en el Nirmal Hriday Ashram, un lugar que da testimonio de la primacía del amor. A través de Madre Teresa y de las Misioneras de la Caridad, y de muchas personas que han servido aquí, Jesús ha sido profundamente amado en la gente que la sociedad considera a menudo como «los más pequeños de nuestros hermanos». Nirmal Hriday es un lugar de sufrimiento, una casa familiarizada con la angustia y el dolor, un hogar para los indigentes y moribundos. Pero, al mismo tiempo, Nirmal Hriday es un lugar de esperanza, una casa construida sobre el valor y la fe, un hogar donde reina el amor, un hogar lleno de amor [...] En Nirmal Hriday, el misterio del sufrimiento humano se encuentra con el misterio de la fe y el amor.[10]

Deseando acercarse a todos los diferentes «Calvarios» en los que Jesús, bajo distintos «disfraces», revivía Su Pasión, Madre Teresa estaba muy atenta a las nuevas formas de sufrimiento y de pobreza en el mundo. A finales de los años 1980, los enfermos de sida fueron particularmente el objeto de su solicitud y de su compasión. Contando con sus oraciones, escribió al padre Van der Peet:

> Sé que está rezando por mí, ya que esto es lo único que me sostiene.
>
> El trabajo por los enfermos de sida sigue aumentando. Ninguno ha muerto sin Jesús. Hay tantos sufrimientos entre nuestros pobres en el mundo entero.—Ahora estamos en 77 países en más de 350 casas. Imagínese —pobres entrando al cielo por todos lados—[...] en Nueva York—ya más de 50 han muerto una muerte hermosa—[...]
>
> Al principio, San Pedro no me dejaba entrar en el cielo, ya que no había barrios pobres en el cielo.—Ahora el cielo está lleno de gente de los barrios más míseros. Jesús debe estar muy feliz de tener a esos miles de personas que llegan a Él, con el amor de Calcuta.
>
> Sé que disfrutará esta historia plenamente evangélica.
>
> Por favor, rece por mí para que sea toda de Jesús a través de María.[11]

«*Dile a Madre Teresa, "Tengo Sed"*»

La misión emprendida por Madre Teresa estaba desarrollándose de tal forma que superaba en mucho todo lo que ella hubiera podido imaginarse al principio. Ella veía la buena noticia del amor de Dios hecha viva en las obras de su comunidad. Al mismo tiempo, estaba muy afligida al pensar que ni ella ni sus hermanas estaban respondiendo plenamente a la súplica de Jesús:

> Hijas mías, no saben el inmenso dolor que hay en mi corazón por no ser capaz de responder completamente a la terrible sed que Jesús me pidió que saciara a través de la Congregación, y a través de cada una de ustedes.
>
> Y me pregunto: si yo me siento así, ¿cómo se sentirá el Corazón de Jesús? ¿No es en este momento, tal como hizo el 10 de septiembre que Él nos mira a cada una de nosotras?: «Yo te elegí y te llamé a ser una Misionera de la Caridad para saciar Mi dolorosa sed y tú, ¿dónde estás?» Jesús le dijo a un sacerdote en Roma, «Dile a Madre Teresa, "Tengo sed"». Hijas mías, escuchen su propio nombre. Él se lo está diciendo.[12]

Este sacerdote, confesor en el noviciado en Roma, reveló más tarde las circunstancias del mensaje que transmitió a Madre Teresa:

> El domingo de Ramos de 1987, yo estaba sentado en el oratorio de nuestra casa general [...] Era una pequeña habitación concebida específicamente para la oración, donde no estaba presente el Santísimo Sacramento. Mientras rezaba en silencio el oficio de la mañana con mi breviario, un pensamiento se insinuó de repente en

mi cabeza; como si alguien me hubiese hablado, pero sin que lo oyese con mis oídos. Sin embargo, parecía bastante claro: «Dile a Madre Teresa, "Tengo sed"». Pensé para mis adentros: «Qué extraña interrupción en mi oración.» Sin pensar más en ello, continué rezando el oficio. Unos minutos más tarde, «oí» nuevamente (en mis pensamientos): «Dile a Madre Teresa, "Tengo sed".» De nuevo pensé «¡Qué extraño!» Entonces levanté la mirada hacia el gran crucifijo colgado en la pared y dije [no en voz alta]: «¿Me estás hablando a mí?» Y «oí» de nuevo [como un fuerte pensamiento que venía a mi mente] «Dile a Madre Teresa, "Tengo sed"».

En ese momento, sentí como si la inspiración viniera de Jesús y lo oí no como una petición, sino más bien como un mandato. A este respecto, debo dejar claro que nunca antes había tenido una experiencia como ésa, y desde entonces no la he vuelto a tener. No soy propenso a sugestiones. No he tenido, ni espero tener visiones ni locuciones. Si acaso, soy por naturaleza reservado ante manifestaciones «sobrenaturales». Sin embargo, me sentí fuertemente movido a responder a esta peculiar inspiración. Así que fui a mi habitación y escribí una carta a mano a Madre Teresa, diciéndole que probablemente pensaría que estoy loco, pero que me había sentido obligado a comunicarle mi experiencia [...]

Cuando me encontré con Madre Teresa, su primera pregunta fue: «¿Es usted el que oyó a Jesús decir: "Dile a Madre Teresa: 'Tengo sed'?"» Respondí que sí, que le había escrito la carta sobre mi experiencia. Ella me miró durante unos instantes y me preguntó: «¿Qué más dijo Él?» Quedé sorprendido por la pregunta, pero inmediatamente respondí, «Nada. Eso fue todo lo que "oí"». Entonces ella preguntó: «¿Qué quiso decir?» Yo dije: «No lo sé. Sólo sé que me sentí impulsado a comunicárselo. Yo sólo soy el mensajero.»

La «Voz» que ella había oído por primera vez en el viaje en tren hacia a Darjeeling, había permanecido silenciosa muchísimo tiempo. Ella había estado deseando profundamente oírla de nuevo, y ahora, aunque la «Voz» que amaba no le estaba hablando directamente, Su mensaje era claro: Él todavía tenía sed y buscaba a alguien que Le consolara. Y ella continuaba ardiendo «por ser ese alguien».

«La gente está tan hambrienta de Dios»

A finales de 1989, comenzó una nueva fase en la vida de Madre Teresa. Sus problemas cardíacos se agravaban y en varias ocasiones estuvo a las puertas de la muerte. En diciembre de 1989, después de que le pusieran un marcapasos, escribió al hermano Roger de Taizé: «Mi enfermedad dio un fruto excelente—el mundo entero rezó al mismo Dios por mi mejoría.»[13] Era importante para Madre Teresa que la gente se acercara a Dios, y si su enfermedad contribuía a que ocurriera, ella estaba agradecida. Tan pronto como recuperó algo de fuerza, se puso en pie de nuevo, para extender el amor de Dios en todos los modos posibles.

En la década de los años noventa, con el colapso del sistema comunista en Europa del Este, ella viajó constantemente, a pesar de sus problemas cardíacos y en contra del consejo de sus médicos. Desde hacía mucho tiempo ardía en deseos de llevar la luz del amor de Dios a los países de Europa central y oriental que habían sufrido restricciones en materia de libertad religiosa. Fundó casas en la mayoría de los países de la antigua Unión Soviética, entre ellas, varias en Rusia, en Checoslovaquia, en Hungría, y finalmente en Albania. «La gente está tan hambrienta de Dios», repetía después de ser testigo del profundo deseo de Dios tantos años reprimido en estos países. Tras su estancia en Albania, escribió a sus hermanas: «Siento que Jesús y María me quieren aquí en este momento de apertura de iglesias en Albania, país donde el amor de Dios ha sido tan rechazado durante todos estos años y donde la gente estaba muriendo espiritualmente de hambre.»[14]

Ser sólo toda de Jesús a través de María

A pesar de sus innumerables viajes, la congregación se había extendido de tal manera que Madre Teresa no podía llegar a todas sus hermanas, tal y como le hubiera gustado. Se esforzaba por estar presente a través de sus cartas generales mensuales. Eran cartas llenas de gratitud, ánimo, consejo y recomendaciones. Tenía mucho que decir a sus hermanas y sus hermanos y el tiempo pasaba rápido. Ella era una guía, una maestra, un ejemplo, pero sobre todo era siempre una madre.

LDM   Junio de 1990

Mis queridísimos hijos, Hermanas, Hermanos, Padres, Misioneros Laicos y Colaboradores,

Esta [carta] les lleva mi oración y bendición a cada uno de ustedes—mi amor y gratitud a cada uno por todo lo que han sido y han hecho en estos 40 años—compartir la alegría de amarnos unos a otros y a los más Pobres de los Pobres.

Su presencia y el trabajo que han hecho a lo largo del mundo para la gloria de Dios y el bien de los Pobres, han sido un milagro viviente del amor de Dios y de su amor en acción. Dios ha mostrado Su grandeza al servirse de la nada—así pues permanezcamos siempre en nuestra nada—para dejar a Dios mano libre para que se sirva de nosotros sin consultarnos. Aceptemos todo lo que Él nos dé y demos todo lo que Él tome con una gran sonrisa.

Al acercarse el Capítulo General mi corazón se llena de alegría y expectativas—de las cosas hermosas que Dios va a realizar a través de cada uno de ustedes cuando acepten con alegría a la que Dios ha elegido para ser nuestra Superiora General. Hermosos son los caminos de Dios si nosotros dejamos que Él Se sirva de nosotros como Él quiere.

Todavía estoy en Europa del Este. Los milagros vivientes que Dios ha hecho durante estos días han sido una prueba de Su tierno amor hacia Sus M. C. y hacia nuestros Pobres. Que nuestra gratitud sea nuestro firme propósito de ser sólo todos de Jesús a través de María. Seamos puros y humildes como María y seguro que seremos santos como Jesús.

La humildad es siempre la raíz del celo por las almas y de la caridad. Eso lo vemos en Jesús—en la Cruz y en la Eucaristía. Lo vemos en María [quien] fue con prontitud a servir como esclava[15]—no como Madre de Dios.

Así es muy importante para nosotros M. C. ser puros y humildes. Ningún M. C. puede vivir una verdadera vida de M. C. y el cuarto voto sin un corazón puro y humilde. Porque un corazón puro puede ver a Dios[16] en los Pobres—un corazón humilde puede amar y servir a Jesús en los Pobres.

Recuerden los cinco dedos.

A—Mí—Me—lo—hicisteis.[17]

Recuerden—el amor empieza en casa—nuestra comunidad—nuestra familia.

Recuerden—las obras de amor son obras de paz.

Demos gracias a Jesús por los 40 años de tierno amor

que hemos recibido de Él los unos por los otros—y oremos para que crezcamos en este amor los unos por los otros y por nuestros pobres—profundizando nuestro amor personal e íntimo por Jesús, y por un apego más grande a Jesús a través de la oración y el sacrificio.

Traten de ser el amor de Jesús, la compasión de Jesús, la presencia de Jesús unos para los otros y para los Pobres a los que sirven.

Todo esto será posible si se mantienen cerca de María, la Madre de Jesús y nuestra Madre. Ella les guiará y les protegerá y les conservará para que sean sólo todos de Jesús.

No dejen que nada ni nadie les separe nunca del amor de Jesús[18] y de María.—Fue por la súplica de María que nació la Congregación.—Que sea nuevamente por su súplica que la Congregación dé santos a la Madre Iglesia.

Recuerden dondequiera que estén—que la oración, el amor y la bendición de Madre estarán siempre con ustedes.

Dios les bendiga,
M. Teresa M. C.[19]

En esta carta Madre Teresa aborda muchos de los rasgos fundamentales de la vida de los Misioneros de la Caridad. Entre ellos está el «Evangelio en cinco dedos», como a ella le gustaba llamarlo, «A-Mí-Me-lo-hicisteis», una palabra para cada dedo. Con esto, quería que los Misioneros de la Caridad recordaran a los pobres, no sólo para respetar la dignidad de hijo de Dios en cada uno, sino también para tomar conciencia de la realidad sobrenatural de la presencia de Dios en cada uno de ellos.

Igualmente, quería que recordasen que «el amor empieza en casa». En muchas de sus cartas e instrucciones, ella insistía en que sólo amando primero a las personas que están más cerca de ellos que los miembros de su familia religiosa se convertirían en los constructores de paz que ella quería que fueran. Solía distribuir una tarjetita a la que se refería como su «tarjeta de negocios», que llevaba uno de sus lemas más conocidos, explicando el camino de la paz:

El fruto del silencio es la oración,
El fruto de la oración es la fe,
El fruto de la fe es el amor,
El fruto del amor es el servicio,
El fruto del servicio es la paz.[20]

En el nombre de Dios y en el nombre de los pobres

Madre Teresa había sido una misionera valiente durante toda su vida. Había oído la Voz de Dios que la llamaba a servir a los pobres. Ella misma se había convertido en una voz suplicante a favor de los pobres. Armada con la fe, no tenía miedo de enfrentarse ni desafiar a los poderosos de este mundo para proteger los intereses de los miembros más vulnerables de la sociedad. La carta abierta que escribió a los presidentes de Estados Unidos y de Iraq con la esperanza de evitar la inminente guerra constituye un ejemplo elocuente de su valentía y de su tenacidad.

2 de enero de 1991

Queridos presidente George Bush y presidente Saddam Hussein,

Acudo a ustedes con lágrimas en los ojos y con el amor de Dios en el corazón, para rogarles por los pobres y por los que se convertirán en pobres si la guerra que todos tememos estalla. Les imploro con todo mi corazón que trabajen, que trabajen duro por la paz de Dios y por reconciliarse.

Ambos tienen argumentos que presentar y un pueblo que cuidar, pero primero por favor escuchen a Aquel que vino al mundo para enseñarnos la paz. Tienen el poder y la fuerza para destruir la presencia y la imagen de Dios, a Sus hombres, a Sus mujeres y a Sus niños. Por favor escuchen la voluntad de Dios. Dios nos ha creado para ser amados por Su amor y no para ser destruidos por nuestro odio.

A corto plazo puede haber ganadores y perdedores en esta guerra que todos tememos, pero ello nunca puede, nunca podrá justificar el sufrimiento, el dolor y la pérdida de vidas que provocarán sus armas.

Acudo a ustedes en nombre de Dios, del Dios que todos amamos y compartimos, para suplicar por los inocentes, nuestros pobres del mundo y aquellos que se convertirán en pobres debido a la guerra. Son ellos los que sufrirán más porque no tienen forma de escapar. Imploro de rodillas por ellos. Ellos sufrirán y nosotros seremos los culpables por no haber hecho todo lo que estaba en nuestro poder para protegerles y amarles. Les suplico por los que se quedarán huérfanos, las que se quedarán viudas y los que se quedarán solos, porque sus padres, maridos, hermanos e hijos han sido matados. <u>Les suplico que por favor los salven</u>. Les suplico por los que quedarán inválidos y desfigurados. Son los hijos de Dios. Les suplico por los que se quedarán sin casa, sin comida y sin amor. Por favor piensen en ellos como si fueran sus hijos. Finalmente, les suplico por los que perderán lo más valioso que Dios nos pueda dar, la vida, que les será arrebatada. Les suplico que salven a nuestros hermanos y hermanas, suyos y nuestros, porque han sido dados a nosotros por Dios para que les amemos y les queramos. No nos corresponde destruir lo que Dios nos ha dado. Por favor, dejen que sus mentes y su voluntad sean la mente y la voluntad de Dios. Tienen el poder de llevar la guerra al mundo o de construir la paz. POR FAVOR ESCOJAN EL CAMINO DE LA PAZ.

Mis hermanas, nuestros pobres y yo estamos rezando tanto por ustedes. El mundo entero reza para que abran sus corazones a Dios con amor. Quizá ganen la guerra pero ¿cual será el precio para las personas destrozadas, mutiladas y desaparecidas?

Apelo a ustedes—a su amor, a su amor por Dios y por sus semejantes. En el nombre de Dios y en el nombre de aquellos a los que ustedes harán pobres, no destruyan la vida y la paz. Dejen que triunfen el amor y la paz y que sus nombres sean recordados por el bien que han hecho, la alegría que han repartido y el amor que han compartido.

Por favor recen por mí y por mis hermanas ya que intentamos amar y servir a los pobres porque pertenecen a Dios y son amados a Sus ojos, así como nosotras y nuestros pobres estamos rezando por ustedes. Rezamos para que amen y alimenten lo que Dios tan amorosamente ha encomendado a su cuidado.

Que Dios les bendiga, ahora y siempre.

Dios les bendiga,
M. Teresa M. C.[21]

Madre Teresa predicaba no sólo con sus palabras sino sobre todo con sus acciones. Dondequiera que ocurriese un desastre o una tragedia, estaba ella con sus hermanas. Ella no juzgaba, ni criticaba; amaba y ayudaba de una manera sencilla, pero efectiva. En junio de 1991, escribió a su familia religiosa desde Bagdad, donde había abierto un hogar para niños incapacitados y comenzado una clínica móvil:

Bagdad, 23-6-91

Mis queridísimos hijos en todo el mundo, cada uno de ustedes, Padres, Hermanos, Hermanas, Colaboradores y Misioneros de la Caridad Laicos,

Esta [carta] les lleva el amor, la bendición y las oraciones de Madre, para que crezcan en santidad a través del amor los unos por los otros y por los pobres a los que sirven.

Es un verdadero milagro viviente del amor tierno de Dios que el Gobierno de Iraq nos haya permitido entrar y establecer un convento de Misioneras de la Caridad en el corazón de la ciudad de Bagdad en una casa donada por el Gob. [gobierno] [...]

El fruto de la guerra es tan terrible. No se puede entender cómo un ser humano puede hacerle esto a otro— y ¿para qué? Recemos para que nuestras obras de amor lleven la paz, la unión y la alegría.

Por el momento, hay una gran escasez de alimentos y medicinas y cientos y cientos de casas han sido destruidas, no sé cuánto tiempo requerirá el reconstruirlas— por lo cual incluyamos a Iraq en nuestras oraciones diarias. [...]

Mirando a la gente—el Antiguo Testamento se hace tan vivo. Mañana iremos a ver «Babilonia». ¿Quién hubiera pensando que las M. C. vendrían a estos lugares— a proclamar la Palabra de Dios a través de obras de amor? Nunca hubiera pensado que nuestra presencia podría proporcionar tanta alegría a miles de personas.—Hay tanto sufrimiento por todas partes [...]

Viendo el terrible sufrimiento y el fruto de la guerra

—la misma cosa, yo estaba pensando, puede producirse con palabras y acciones no caritativas.—Nosotros no destruimos edificios—pero destruimos el corazón mismo del amor, de la paz y de la unidad y así resquebrajamos este hermoso edificio, nuestra Congregación—que fue construido con tanto amor por Nuestra Señora.

Sé que todos aman a Madre y que harían todo por mostrar su amor y su gratitud. Sólo pido de ustedes una cosa: Sean verdaderos Misioneros de la Caridad y sacien así la sed de Cristo de amor, de almas, trabajando en la salvación y la santificación de su comunidad y de su familia, de los pobres a los que sirven. Oremos.

Dios les bendiga,
Madre[22]

«Yo sacio Tu Sed con mi amor y el sufrimiento de mi corazón»

En su mensaje para la Cuaresma de 1993, el papa Juan Pablo II insistía en la importancia de escuchar la voz de Jesús «que, cansado y sediento, le dice a la mujer Samaritana en el pozo de Jacob: "Dame de beber" (Juan 4, 7). Mirad a Jesús clavado en la Cruz, muriendo, y escuchad su débil voz: "Tengo sed" (Juan 19, 28). Hoy, Cristo reitera su petición y revive los tormentos de Su Pasión en los más pobres de nuestros hermanos y hermanas». Esas palabras afectaron mucho a Madre Teresa:

Después de leer la carta del Santo Padre sobre «Tengo sed», quedé muy impresionada—no puedo decirles lo que sentí. Su carta hizo que me diera cuenta más que nunca de la belleza de nuestra vocación. Qué grande el amor de Dios por nosotros al elegir a nuestra Congregación para saciar esa sed de Jesús, sed de amor y de almas—dándonos nuestro lugar especial en la Iglesia. Al mismo tiempo estamos recordándole al mundo Su sed, algo que estaba olvidado. Escribí al Santo Padre para darle las gracias. La carta del Santo Padre es un signo para toda nuestra Congregación—para adentrarnos más en esta gran sed de Jesús por cada uno. Es también un signo para Madre, de que ha llegado el momento de que yo hable abiertamente del don que Dios entregó el 10 de septiembre—de que yo explique lo más detalladamente que pueda, lo que significa para mí la sed de Jesús.[23]

En los primeros años, Madre Teresa había hablado frecuentemente a las hermanas sobre saciar la sed de Jesús como la única finalidad de sus esfuerzos. Más tarde, insistió en los medios para saciar la sed de Jesús. Después del mensaje cuaresmal del Papa, la sed de Jesús se convirtió de nuevo en un tema recurrente en sus cartas e instrucciones a sus seguidores. Estaba compartiendo lo que había vivido. Todos sus trabajos, sus sufrimientos y sus alegrías eran tan sólo los medios para llegar a ese fin. Había abrazado voluntariamente e incluso ofrecido su angustiosa oscuridad interior para saciar Su sed y estaba dispuesta a hacerlo con «cada gota de [su] sangre».[24]

La mayor dificultad de sus constantes tinieblas interiores era su insaciable sed de Dios. Había descubierto su significado y había aprendido a vivir en paz con ellas, pero aún así no podía satisfacer su sed hacia Aquel que «mi corazón y mi alma desean poseer».[25] Ni el crecimiento de su congregación, ni el éxito de su misión, ni los elogios del mundo, podían aplacar esta sed de Dios.

Entendió muy bien las palabras de Jesús «Tengo sed». Había personificado algo de Su sed de almas durante más de cuarenta años. Sabía lo que había sentido Jesús, y a pesar de su edad, tenía ochenta y tres años, quería saciar Su sed de amor y de almas. Podía dejar de hablar sobre su oscuridad, pero no pudo dejar de hablar de la sed de Jesús.

Un año después del mensaje de Cuaresma del Santo Padre, fue a Vietnam para abrir una nueva casa. Era Semana Santa, y durante este tiempo tan especial aprovechó para exhortar a su comunidad a prestar atención a la sed de Jesús:

L. D. M.   Vietnam
                                                                           29-3-94

Mi queridísima Hmna. M. Frederick y todas ustedes en la Casa Madre y todos en el mundo,

Esta [carta] les lleva a todos la oración, el amor y la bendición de Madre.

Espero y rezo para que sean todos un solo corazón lleno de amor en el Corazón de Jesús por María.

Como esta semana es para Jesús y para nosotras un tiempo especial de mayor amor y mayor unión, tratemos de manera particular de llegar a estar lo más cerca del Corazón de Jesús que puede el corazón humano y tratemos de entender todo lo posible el terrible sufrimiento de Jesús, que Le causan nuestros pecados y Su sed de nuestro amor.—Él nunca ha sentido tanto este sufrimiento como durante esta semana tan preciosa para Él y para nosotras.—Con razón se manifestó tan claramente en los últimos momentos de Su vida humana cuando Él dijo «Tengo sed». Gracias a Dios estaba allí Nuestra Señora para entender plenamente la sed de amor de Jesús.—Ella tuvo que responder inmediatamente: «Sacio Tu sed con mi amor y el sufrimiento de mi corazón.»

«Jesús, Jesús mío, Te amo»—qué claro. La total entrega de María, su confianza amorosa han debido saciar Su Sed de amor de las almas.—Por ello es muy importante mantenerse muy cerca de Nuestra Señora, como hicieron San Juan y Santa María Magdalena.[26] A menudo me pregunto qué sintieron cuando oyeron a Jesús decir «Tengo Sed». Y por este motivo, hijas mías, esta semana es tan importante para la vida de nuestra Congregación y ésta es la razón de nuestra existencia como M. C., saciar la sed de Jesús en la Cruz, sed de amor, sed de las almas, trabajando por la salvación y por la santificación de los más pobres de los pobres.— ¿Quiénes son los más pobres entre los pobres?— Mis Hermanas, mis Hermanos, mis Padres, cada miembro de nuestra familia M. C.—Ahí es donde comienza este hermoso don de amor—de saciar la sed de Jesús de amor y de las almas.

Por eso, hijos míos, debemos profundizar nuestro conocimiento de la sed de Jesús en la Cruz, en la Eucaristía y en cada alma que encontremos, ya que este conocimiento nos ayudará a ser santos como Jesús y María. [...]

Espero que todos estén bien dondequiera que se encuentren haciendo la obra de Dios con gran amor.—Les pido nuevamente—por favor, por amor de Dios y por amor a la Congregación, esfuércense en ser santos. Todo de Jesús por María.

Santa y Feliz Pascua a todos.

Dios les bendiga,
Madre[27]

Madre Teresa había pedido al padre Neuner, muchos años antes, que la enseñara cómo crecer en una «profunda unión personal del corazón humano con el corazón de Cristo».[28] Había sido atraída a Su Sagrado Corazón y había experimentado Su sed. Con su amor, su servicio, y especialmente con su oscuridad, había saciado el Corazón sediento de Cristo. Ahora estaba consumiendo las últimas gotas de su energía en infundir ese mismo anhelo en los miembros de su familia religiosa.

Insistía en que sus hermanas se mantuvieran «muy cerca de Nuestra Señora». A menudo había afirmado: «Fue por Su súplica [de la Santísima Virgen] que nació la Congregación y ha crecido por Su continua intercesión.»[29] Durante años, Madre Teresa había dejado que sus hermanas se preguntaran acerca de los orígenes de esta afirmación. Sólo después de su muerte supieron de las tres visiones que había tenido, en las que la Santísima Virgen le había suplicado que respondiera a la llamada de Jesús y a la llamada de los pobres.

El padre Van Exem había ayudado generosamente a Madre Teresa y a sus Misioneras de la Caridad desde el comienzo, y permaneció como un guía fiel, brindándole su apoyo hasta el final. En su última carta a Madre Teresa, que estaba en el hospital en estado crítico, le recordaba el papel esencial de la Santísima Virgen en la última etapa de su viaje:

Querida Madre,

Mañana por la mañana diré la Santa Misa
1. para que usted no tenga que ser operada
2. para que usted pueda estar en China el 7 de octubre de 1993
3. para que el Señor me lleve a mí y no a usted si es Su Voluntad. Su Voluntad, no la mía.

Yo estoy con usted y con las Hermanas, con todas ellas.

Existe un Calvario para cada cristiano. Para usted el camino al Calvario es largo, pero María se ha encontrado con usted en el camino. Usted no fue a lo alto de la colina, esto es para después.

Adoro al Santísimo Sacramento que, estoy seguro, usted tiene en su habitación.

Rece por mí y por todos mis compañeros, especialmente por los compañeros de Jesús con los que estoy.

Sinceramente suyo
en N. S. [Nuestro Señor],
C. Van Exem, S. J.[30]

El padre Van Exem falleció cuatro días después.

Sin calcular el precio

Madre Teresa se había entregado totalmente para responder a la llamada de Dios, sin calcular el precio. La fecundidad de su apostolado fue a costa de muchos años de sacrificio. Las hermanas que vivían más cerca de ella, no podían evitar notarlo:

Debe haber sufrido un martirio. Sus largos viajes en trenes abarrotados, en compartimentos de tercera clase, sus caminatas diarias a los barrios marginados entre el polvo y la suciedad, el cansancio, el hambre, la sed, la falta de toda intimidad—con la puerta de su habitación siempre abierta—ni un ventilador incluso en el verano más caluroso, habitaciones pequeñas, capillas pequeñas, una estrecha y dura cama de hierro: todo esto y más ¡sin una sola queja! [...] Ella tan sólo decía casi a diario, «Todo por Jesús»—sólo eso, sin comentario, nada [...] Y cuando tenía pruebas especiales o dificultades particulares, nos enseñaba: «Saben, es una oportunidad para un amor más grande.»

Éstos eran sólo los sufrimientos que otros observaron. Los dolorosos sufrimientos interiores, los mantuvo bien escondidos en el fondo de su ser, e incluso las hermanas que estuvieron más cerca de ella sólo pudieron hablar sobre ello a posteriori:

Jesús se sirvió de todos los sufrimientos que Madre atravesó en la noche oscura del espíritu, para bendecir la obra. La obra de Jesús prosperaba aunque Madre sufrió inmensamente. Pero Madre estaba totalmente abandonada a todo lo que el Señor quisiera.

Entre todas sus actividades y en constante dolor interior, Madre Teresa estaba completamente implicada en la vida comunitaria con sus hermanas. Durante sus largos viajes, a veces, llegaba a su destino después de medianoche pero aun así, se levantaba a las 4.40 de la mañana, y estaba la primera en la capilla para las oraciones matinales y dispuesta a llevar a cabo las exigentes tareas del día. Este horario continuó casi hasta su muerte:

Durante 1994 y 1995, Madre llevó una vida normal, haciendo todo el horario, recibiendo a los visitantes, contestando el teléfono, etc. De vez en cuando, sufría brotes de tos y resfriados, malaria, etc. Se fracturó el hombro y tres costillas debido a una caída en Roma, pero esto no fue suficiente para mantenerla en cama. Siempre tenía prisa por dar a Jesús sin pensar en sí misma. Con más de ochenta años, seguramente no era fácil tener que atender todo lo que se presentaba a diario y después ocuparse de la correspondencia cada noche. Sin embargo, Madre se dio completamente.

Cuando visitaba las casas de su congregación, colaboraba con sus hermanas en las tareas más sencillas. Su ejemplo hablaba más elocuentemente que sus palabras, como atestigua una hermana:

> Recuerdo una vez que vino Madre a Baton Rouge, yo observaba cada uno de sus pasos. Después de comer, Madre nos ayudó a lavar los platos y fue la primera en tomar un trapo para limpiar la mesa. La gente se agolpaba fuera para verla y Madre estaba allí, haciendo el acto más humilde como una simple hermana.

Madre Teresa aceptaba como un privilegio todos los sufrimientos interiores y exteriores que Dios le enviaba, sirviéndose de ellos para realizar el objetivo de su congregación. Además, no vivía con un sentido de inutilidad o de resignación pasiva; sino que más bien irradiaba la alegría de pertenecer a Dios, de vivir con Él. Ella sabía que tras el dolor de la Pasión, amanecería la alegría de la Resurrección.

«Algo verdaderamente hermoso para Dios»

Una gran parte de la correspondencia de Madre Teresa durante los últimos años de su vida se redujo a notas cortas, pero que transmitían concisamente sus pensamientos, sus deseos y su oración. A menudo eran exhortaciones de ánimo, palabras sencillas que manifestaban una profunda sabiduría:

> Dios está enamorado de nosotros y continúa dándose a Sí mismo al mundo—a través de usted—a través de mí [...]

Continúe usted siendo el sol de Su amor a su gente y así haga de su vida algo verdaderamente hermoso para Dios.[31]

Hacer «algo verdaderamente hermoso para Dios» no era sólo un lema atractivo; era la forma en que había intentado mostrar su amor a Jesús durante todos estos años, haciendo todo de la manera más hermosa posible para Él. Consideraba que abrazar el misterio de la Cruz en su vida era una oportunidad de hacer algo hermoso para Dios y de llevar Su amor a aquellos que viven en la oscuridad. Así comunicó esta enseñanza a una de sus colaboradoras:

> En este tiempo de Cuaresma, el tiempo de un amor mayor, cuando vemos todo lo que Jesús decidió sufrir por amor a nosotros, para redimirnos, pidamos que nos conceda toda la gracia que necesitamos para unir nuestros sufrimientos a los Suyos, para que muchas almas, que viven en oscuridad y miseria, conozcan Su amor y Su vida. [...]
>
> Que Nuestra Señora sea una madre para usted y le ayude a mantenerse al pie de la Cruz con gran amor.
>
> Ruego que nunca nada pueda llenarle de tanto dolor y pena que le haga olvidar la alegría de Jesús Resucitado.[32]

«Soy tan feliz de darle este don»

A los ochenta y cinco años, Madre Teresa aún estaba dispuesta a recibir consejo y guía espiritual con humildad y sencillez. Monseñor Curlin atestiguó este rasgo que la caracterizaba:

Recuerdo especialmente nuestro último encuentro en Charlotte, cuando vino en 1995. Aquella tarde pasamos una hora en privado hablando de su vida espiritual. Cuando le sugerí que ofreciera su aridez espiritual a Dios como un don especial, ella reaccionó con entusiasmo. Repitió varias veces: «Qué maravilloso don de parte de Dios, permitirme que le ofrezca el vacío que siento. Estoy tan feliz de poder darle este don» [...]

En las conversaciones telefónicas que siguieron a nuestro último encuentro, invariablemente mencionaba que continuaba haciendo ese don interno y oculto.[33]

Así pues, tan sólo dos años antes de su muerte, Madre Teresa acogía con prontitud la invitación de ofrecerle a Dios esta inseparable «compañera de viaje». Lo había estado haciendo desde el comienzo de los años 1960, como parte integrante de su llamada a identificarse con Jesús y con los pobres más pobres. Una vez más, ratificaba esta ofrenda. Según todas las evidencias existentes, siguió en este estado de fe «oscura» y de entrega total hasta su muerte, ofreciendo hasta el final este oculto y maravilloso don.

Le ofreció a Dios no sólo su oscuridad, sino incluso el recuerdo de la luz que Él había derramado sobre ella al comienzo de su llamada a servir a los pobres. Una de sus hermanas recuerda:

Una tarde cuando estaba a solas con Madre, le comenté que se acercaba el jubileo de oro de nuestro Día de la Inspiración. Madre dijo: «Sí, pero qué raro que nadie me haya preguntado acerca de la Inspiración. Aunque es muy difícil de explicar. Yo Le dije [a Jesús] que Se lo llevara todo, de modo que yo no tuviera que explicarlo. Sé, comprendo, pero no puedo explicar. Cuando lo haces público pierde su carácter sagrado.» Esto me dio una idea de la profundidad de la humildad y del desprendimiento de Madre. También me hizo entender por qué Madre siempre cambiaba de tema cuando nosotras le preguntábamos sobre la Inspiración.

«Ella está simplemente mirando y mirando y mirando esa caja»

En 1996 la salud de Madre Teresa se deterioró notablemente. En diversas ocasiones tuvo que ser hospitalizada. Uno de sus sacerdotes recuerda su sufrimiento y la fortaleza que ella recibía de la Eucaristía en esos momentos tan duros:

> Durante su última enfermedad [1996] estaba frecuentemente en el hospital. Estaba literalmente clavada a la cama, clavada a la cruz. Cuando recobraba la conciencia, inmediatamente intentaba hacerse la señal de la cruz, a pesar de tener muchas agujas de las máquinas en sus brazos etc. Me indicó cómo llegar a ser un sacerdote santo. «Lo primero por la mañana», dijo, «bese el crucifijo. Ofrézcale a Él todo lo que diga, haga o piense durante el día. Ámele con un amor profundo, personal e íntimo, y así llegará a ser un sacerdote santo».
>
> En sus últimos años, Madre tuvo la gracia de tener el Santísimo Sacramento en su habitación del hospital y siempre quería que estuviera con ella [...] [En agosto] tuvo otro infarto ante nuestros ojos. Le pusieron un tubo hasta los pulmones para ayudarla a respirar y aliviar la presión de su corazón.
>
> Antes de que le quitaran definitivamente los tubos, [el médico] [...] dijo: «Padre, vaya a casa y tráigale esa caja a Madre.» Durante unos segundos pensé: «¿Qué caja, una caja de zapatos?» Él dijo: «Esa caja, ese templo que

traen y ponen en su habitación y que Madre mira todo el tiempo. Si usted la trae y la pone en la habitación Madre estará muy tranquila.» Entendí que se refería al sagrario que contenía el Santísimo Sacramento. Me dijo: «Cuando esa caja está allí, en la habitación, ella simplemente mira y mira y mira esa caja.» El doctor hindú era un testigo sin saberlo, del poder de la Eucaristía sobre nuestra Madre.[34]

«Quiero a Jesús»

Al final de 1996, Madre Teresa estuvo de nuevo muy cerca de la muerte. Otro miembro de su familia religiosa fue testigo de su lucha:

En diciembre de 1996 el deterioro de su salud llegó a su punto álgido y el mundo entero estaba nervioso y preocupado por su estado crítico. Madre Teresa sufría mucho, no sólo físicamente, sino también en espíritu. Parecía triste y abatida. Estaba claro, para quienes la habían conocido durante años que densas nubes poblaban su espíritu y que el demonio intentaba aprovechar este momento. Tanto que una mañana de diciembre, después de la Santa Misa en su habitación, cuando me despedía de ella, me dijo en voz muy baja: «Jesús me está pidiendo un poco demasiado.» Me pareció como si su amado Jesús estuviera reviviendo en ella Su agonía para redimir de nuevo al mundo de la oscuridad del pecado. Después de todas las dificultades y los sacrificios que Madre Teresa había soportado durante años por su amado Esposo, uno podía haber esperado un final más sereno y tranquilo. Pero en cambio, allí estaba ella, una mujer de dolores, conocedora de dolencias, que soportaba el dolor y las cargas de la Congregación y de los más pobres entre los pobres. Sus manos se tornaban azules como si cargaran sobre sí las heridas que los clavos habían dejado en la carne de Jesús. Así como «gracias a sus heridas fuimos sanados»[35] así también ahora, en sus heridas, en su dolor, fuimos sanados y confortados.[36]

Con toda sencillez, había admitido: «Jesús me está pidiendo un poco demasiado»; pero aun así, aceptaba todo lo que Él le pedía. Ella Le pertenecía y Él era su único deseo. Las hermanas que la atendían en ese momento estaban impresionadas por la cantidad de sufrimiento que podía soportar. Pero se sentían reconfortadas porque, en lo que parecía ser su última agonía, ella quería sólo a Jesús. Una hermana, también médico, recordó más tarde:

¡Qué sufrimiento tuvo ese año [1996]! Nunca en mi vida he visto un sufrimiento físico como el que sufría Madre. No podía hablar, ni moverse con el respirador y el tubo bronquial fijado con cinta adhesiva. Hizo una señal para pedir un bolígrafo pero no pudo escribir mi nombre correctamente. Lo intentó durante dos o tres días. Finalmente, una mañana escribió: «Quiero a Jesús». Le pedimos al padre Gary que viniera esa mañana, temprano, a las 5.00 de la mañana. Después de la Misa, sólo pudo darle una gota de la Preciosa Sangre. Su estado empezó a mejorar. Y eso nos dio una indicación [...] todos los creyentes y no creyentes se dieron cuenta de que su fortaleza provenía de Jesús, y sólo con Él, en amor y unión, podía ella superar o soportar estos terribles dolores y esta agonía.[37]

Otra hermana que había asistido a este acontecimiento reflexionó también sobre su significado:

[...] Pero lo más conmovedor de todo fue cuando una mañana temprano ella escribió en un trocito de papel el número de teléfono de la Casa Madre y las palabras: «Quiero a Jesús». Esas palabras decían muchísimo de los sufrimientos de Madre y de su amor por Dios.

«Ser Su Víctima—estar a Su disposición»

Madre Teresa se recuperó de esta enfermedad casi fatal. Permaneció a la cabeza de su congregación hasta marzo de 1997 (seis meses antes de su muerte), cuando, para su gran alegría, la hermana M. Nirmala Joshi M. C., fue elegida su sucesora. En mayo, contra todo consejo médico, Madre Teresa partió en el que sería su último viaje a Roma, a Nueva York y a Washington, D. C. La hermana Nirmala era consciente de la gravedad de la situación, pero conocía también los motivos de la decisión de Madre Teresa:

> [La doctora] se oponía en firme a que Madre viajara a Estados Unidos, porque era muy peligroso para su vida. Entendí hasta qué punto las profesiones religiosas de las Hermanas eran importantes para Madre. Ya que en cada profesión, ofrecía muchas almas consagradas a Jesús para saciar Su sed de ellas y de almas [...] Quizá fuera ésta la última vez que Madre tuviera la oportunidad de hacerlo. Ésta era su misión de saciar la sed de Jesús, sed de amor y de almas. Y yo sabía que tenía que apoyar la decisión de Madre de ir a Estados Unidos con este propósito, incluso a riesgo de su vida. Si Madre hubiera perdido la vida durante el viaje, habría sido la consumación de su vida en el cumplimiento de su misión para la cual Jesús la había llamado. Ésa hubiera sido su alegría y gloria.[38]

Cuando Madre Teresa regresó en julio a Calcuta, después de un viaje difícil y agotador, le dijo tranquilamente a un amigo: «Mi trabajo está hecho.» Desbordaba de alegría por estar «de regreso en casa» en la casa madre, en su amada Calcuta, donde siempre había deseado morir. Una de las hermanas observó: «Después de su regreso de Roma [...] Madre estaba extremadamente feliz, alegre, optimista y habladora. Su rostro estaba siempre radiante, lleno de humor. El Señor le debió haber revelado que el final de su vida estaba cerca.»

Pocos días antes del fallecimiento de Madre Teresa, una hermana presenció una escena que confirmaba su fidelidad heroica a su voto privado de no negarle nada a Dios:

Vi a Madre sola, frente [...] a un cuadro de la Santa Faz [...] y estaba diciendo: «Jesús, nunca Te niego nada.» Pensé que estaba hablando con alguien. Entré otra vez. De nuevo oí lo mismo: «Jesús, nunca Te he negado nada.»[39]

Madre Teresa había sido fiel a su palabra dada a Dios. Había conseguido no negarle nada a Jesús durante cincuenta y cinco años, acogiendo cada situación como una nueva oportunidad de ser fiel al amor que había prometido.

Desde los primeros tiempos de su congregación, siempre había insistido en enseñar a sus jóvenes hermanas a no negar nada a Dios y a ofrecerle sus vidas sin reservas. Su visión de una verdadera Misionera de la Caridad era ciertamente exigente, tal y como escribió en la explicación de las primeras constituciones de la orden:

El amor verdadero es entrega. Cuanto más amamos, más nos entregamos. Si verdaderamente amamos a las almas, debemos estar dispuestas a ocupar su lugar, a tomar sobre nosotras sus pecados y a afrontar la ira de Dios. Sólo así nos convertimos en instrumentos suyos y hacemos de ellas nuestro fin. Debemos ser holocaustos vivientes, ya que el mundo nos necesita como tales. Ya que al dar lo poco que poseemos, lo damos todo—y no hay límite al amor que nos impulsa a dar. Darse completamente a Dios es ser Su Víctima—la víctima de Su amor rechazado—el amor por el que el Corazón de Dios ame tanto a los hombres. Éste [es] el Espíritu de nuestra Congregación—el de don total a Dios. No nos podemos contentar con lo común. Lo que es bueno para otros religiosos no es suficiente para nosotras. Tenemos que saciar la sed de un Dios infinito, que muere de amor. Sólo una entrega total puede satisfacer el ardiente deseo de una verdadera Misionera de la Caridad. Ser Su Víctima—estar a Su disposición.[40]

Esto es lo que ella misma había sido durante décadas, una auténtica Misionera de la Caridad, una víctima por los demás. Y a través de todos los sufrimientos que esto conllevó, vivía con una profunda alegría radicada en su respuesta de todo corazón a la llamada de Jesús. Mientras sus últimos días continuaban estando marcados por el dolor físico y espiritual, los que la rodeaban, podían ver que estaba preparándose conscientemente para el momento de su encuentro con Dios y el pensamiento de «regresar a la casa de Dios» la llenaba de alegría. Una de las hermanas recuerda:

Al final, Madre hablaba [...] mucho del cielo y mostraba mucho interés por cada Hermana [...] Madre era muy cariñosa y afectuosa; estaba muy alegre y radiante.

Y uno de los padres Misioneros de la Caridad recuerda:

A medida que se aproximaba al final de su vida, cuando hablaba, podías escuchar en su mensaje, su propio anhelo (su sed) de estar con Jesús, su anhelo de «regresar a la casa de Dios». Si alguien le rogaba: «Madre, no nos deje. No podemos vivir sin usted», ella simplemente decía: «No se preocupe. Madre podrá hacer mucho más por usted cuando esté en el cielo.»[41]

El 5 de septiembre de 1997, después de las 20.00, Madre Teresa se quejó de un fuerte dolor de espalda; pronto su condición se agravó por la incapacidad para respirar. Las hermanas en la casa madre se alarmaron. Se hizo todo lo posible para ayudarla; llamaron a un médico y a un sacerdote. De repente la electricidad falló y toda la casa se quedó a oscuras. Previendo una emergencia, las hermanas habían asegurado dos generadores eléctricos independientes. Pero ambas líneas cayeron al mismo tiempo; nunca antes había ocurrido algo parecido. La ayuda médica rápida y experta no pudo hacer nada, ya que la máquina de respiración artificial [Bi-PAP] no se podía encender. Eran las nueve y media de la noche. Mientras Calcuta estaba a oscuras, la vida terrena de quien había traído tanta luz a esta ciudad y a todo el mundo, se estaba extinguiendo. Aun así, su misión continúa: desde el cielo todavía responde a la llamada de Jesús, «Ven, sé Mi luz».

CONCLUSIÓN

En este tiempo de oscuridad ella es una luz que ilumina;
en este tiempo de crueldad, ella es como una encarnación
viva del evangelio del amor de Cristo;
y en este tiempo sin Dios, el Verbo habita entre nosotros,
lleno de gracia y de verdad.
Por ello, los que hemos tenido el inapreciable privilegio
de conocerla, o de saber que existe,
debemos sentirnos eternamente agradecidos.

MALCOLM MUGGERIDGE[1]

Sé Mi Luz [...] Llévame a los agujeros de los pobres

«Madre, fuiste una fuente de luz en este mundo de tinieblas», proclamaba una de las innumerables pancartas izadas por los ciudadanos de Calcuta en ocasión del funeral de Madre Teresa. El secreto de esta abundante luz y de este inmenso amor que irradiaba Madre Teresa ha sido el tema de este libro.

Ese secreto reside en la profundidad y la intimidad de su relación con Dios. Era una «mujer locamente enamorada de Dios» y, más aún, era una mujer que entendía que «Dios estaba locamente enamorado de ella». Habiendo experimentado el amor de Dios por ella, ella deseaba amarle ardientemente a cambio, como Él nunca antes había sido amado.

Al comienzo de su «llamada dentro de una llamada», Madre Teresa había estado inundada de luz. La Voz que ella había oído le decía tiernas palabras de amor, inundaba su alma de consuelo, y cuanto más se acercaba a Él, más suspiraba por Él. Sin embargo, la luz de Su presencia fue pronto velada con la oscuridad de Su aparente ausencia. Tan intenso como había sido el consuelo fueron las desolaciones que siguieron.

Estaba llamada a participar de un modo particular en el misterio de la Cruz, a ser una con Cristo en Su Pasión y una con los pobres a los que servía. A través de esta participación, fue llevada a un profundo conocimiento de lo que era la «dolorosa sed» que habitaba el Corazón de Jesús por los más pobres de los pobres.

La oscuridad que experimentó y que describió en sus cartas, en las que se traslucen la fuerza y la belleza de su alma, fue un terrible e implacable tormento. En la vida de los santos, tal experiencia casi no tiene precedente; sólo la de San Pablo de la Cruz* es comparable en duración.

En esta prueba, Madre Teresa permaneció firme y fiel a su llamada, consumiéndose incansable y alegremente para llevar a cabo la misión que se le había confiado. Superando el dolor de sentirse «despreciada y no querida» por Jesús, hizo todo lo posible para demostrarle su amor, al Amado de su alma, y de darle alegría en todo lo que ha-

---

* San Pablo de la Cruz (1694-1775), místico italiano, fundador de la Congregación Pasionista.

cía. Le buscaba en cada persona con la que se encontraba, especialmente entre los pobres más pobres, aferrándose a Sus palabras: «Cuanto hicisteis a unos de estos hermanos Míos más pequeños, a Mí Me lo hicisteis.»

Misteriosamente, sus dolorosas tinieblas la unieron tan íntimamente a su Esposo crucificado que Él se convirtió en el único «objeto de sus pensamientos y sus afectos, el tema de sus conversaciones, el fin de sus acciones y el modelo de su vida».[2] Su entrega total a Su voluntad y su determinación de no negarle nada Le permitieron manifestar a través de ella Su amor por cada individuo que encontraba. Eran la luz y el amor del mismo Jesús lo que ella irradiaba, en el medio de sus propias tinieblas, y eso tenía un enorme impacto en los demás.

Abrazando su oscuridad interior, Madre Teresa se convirtió en una «santa de la oscuridad». La llamada de Jesús *Ven, llévame a los agujeros de los pobres. Ven, sé Mi luz*,[3] la urgió a «dar[se] sin reserva alguna a Dios en los pobres de las calles y de los barrios más miserables.»[4] Olvidando su propio sufrimiento, daba la mano a otros cuyo sufrimiento parecía mayor que el suyo, llevando la luz del amor de Dios a los desesperados y a los débiles, a los pobres más pobres. Aunque ella había llevado a Jesús a muchos de los «agujeros oscuros», quedaban todavía muchos más; y aún cuando sus fuerzas estaban decayendo notablemente, su espíritu permanecía firme. Ella seguía adelante.

Ella siempre nos conducía a Jesús

Madre Teresa era capaz de levantar a los que habían caído, de animar a los desfallecidos y de reavivar la esperanza en los desanimados.

Parecía que se deleitaba en ti. No se trataba de un acto de caridad pesado, que destruye la dignidad del pobre, sino que era algo con lo que ella se deleitaba. [...] Tenías la sensación de que ella consideraba que era un privilegio hacer esto. Te confortaba cuando estabas triste. Te animaba cuando dudabas de que pudieras hacer algo.[5]

Otro de sus hermanos notó: «Siempre nos llevaba a Jesús, especialmente en los momentos muy difíciles.»[6] Todos se sorprendieron, sin embargo, al descubrir que Madre había vivido un dolor agonizante durante casi cincuenta años, aferrándose a Jesús en pura fe. Sus colaboradoras más estrechas lo ignoraban totalmente, como compartió su sucesora, la hermana Nirmala:

Desde mayo de 1958 en adelante, he estado con Madre y puedo atestiguar que ninguna de nosotras podía imaginarse lo que Madre estaba pasando interiormente. Exteriormente, Madre estaba llena de vida como Misionera de la Caridad. Dios bendecía la obra: llegaban vocaciones, se abrían casas en la India y fuera de la India, y la obra era reconocida y apreciada. Y Madre tuvo que pagar el precio.

No fue el sufrimiento que ella soportó lo que la hizo santa, sino el amor con el que vivió su vida a través de todo este sufrimiento. Sabía que todos pueden, con la gracia de Dios y la propia determinación, alcanzar la santidad, no a pesar del misterio del sufrimiento que acompaña a toda vida humana sino a través de él. Consiguió transmitir esta convicción a sus seguidores, tal como afirmó uno de ellos.

Ella me decía en los momentos difíciles: «No se deje llevar por sus sentimientos. Es Dios quien está permitiendo esto.» Realmente esto me enseñó que lo mejor y lo peor en la vida pasará y que si aprendo a aceptar la cruz, a estar tranquilo, humilde y lleno de esperanza, todo pasará. Renovando la esperanza en mí, he podido superar ese período sin hacer un mal discernimiento guiado por mis sentimientos.

La promesa de Madre

Madre Teresa creía que su misión continuaría después de su muerte. Lo dijo claramente: «Si alguna vez llego a ser Santa—seguramente seré una Santa de la "oscuridad". Estaré continuamente ausente del Cielo—para encender la luz de aquellos que en la tierra están en la oscuridad.»[7] Sus alentadoras palabras en una instrucción a sus hermanas afirmaban también su convicción:

> Madre está aquí para ayudarlas, guiarlas, llevarlas a Jesús. Está llegando el momento en que Madre también tiene que ir a Dios. Entonces Madre podrá ayudar más a cada una, guiarlas mejor y obtener más gracias para ustedes.[8]

La ayuda, la guía y la intercesión de Madre Teresa son para todos, especialmente para aquellos que se hallan, por cualquier motivo, en oscuridad. Como ella prometió, estaría «ausente del Cielo» para iluminarles.

Tomando muy en serio las palabras de Cristo «que os améis los unos a los otros como Yo os he amado»[9] y haciendo de ellas una realidad en su vida, ella nos invita a caminar por el mismo camino:

> Y hoy Dios sigue amando al mundo. Sigue enviándonos a ustedes y a mí para demostrar que Él ama al mundo,

que Él aún tiene esa compasión por el mundo. Somos nosotros quienes debemos ser Su amor, Su compasión en el mundo de hoy. Pero para ser capaces de amar debemos tener fe, porque la fe en acción es amor y el amor en acción es servicio.[10]

La vida de Madre Teresa nos enseña que podemos alcanzar la santidad a través de medios sencillos. Empezando por amar a los no amados, a los despreciados, a las personas más cercanas a nosotros, que están solas, en nuestros propios hogares, en nuestras comunidades y barrios, podemos seguir su ejemplo de amar hasta que duela, de hacer siempre un poco más de lo que nos sentimos preparados a hacer.

La luz que ella encendió en mi vida sigue ardiendo

En un libro en que resuena la voz de Madre Teresa, parece adecuado concederle a ella la última palabra. La siguiente es una historia que ella contó y que ilustra maravillosamente el corazón de su vida y su misión. Además, nos invita a cada uno a «ser Su luz» participando en estos humildes actos de amor y de compasión, que parecen insignificantes pero que, en realidad, son nada menos que el medio de irradiar el amor de Dios a cada persona con la que nos encontramos y transformando así, poco a poco, la oscuridad del mundo en Su luz.

Nunca olvidaré la primera vez que llegué a Bourke a visitar a las hermanas. Fuimos a las afueras de Bourke. Allí había una gran reserva donde los aborígenes vivían en esas pequeñas chozas hechas de hojalata, cartones viejos y demás. Entré en uno de esos pequeños cuchitriles. Lo llamo casa, pero en realidad era sólo una habitación, y dentro de la habitación estaba todo. Y le dije al hombre que vivía allí, «Por favor, deje que le haga la cama, que lave su ropa, que limpie su cuarto». Él no cesaba de decir: «Estoy bien, estoy bien.» «Pero estará mejor si me deja hacerlo», le dije. Por fin me lo permitió. Me lo permitió de tal modo que, al final, sacó del bolsillo un sobre viejo, [que contenía] un sobre y otro más. Empezó a abrir uno tras otro, y dentro había una pequeña fotografía de su padre que me dio para que la viera. Miré la foto, le miré a él y le dije: «Usted se parece mucho a su padre.» Rebosaba de alegría de que yo pudiera ver el parecido con su padre en su rostro. Bendije la foto y se la entregué, y otra vez, un sobre, un segundo sobre, un tercer sobre, y la foto volvió de nuevo al bolsillo cerca de su corazón. Después de limpiar la habitación en una esquina encontré una gran lámpara llena de polvo y le dije: «¿No enciende esta lámpara, esta lámpara tan bonita? ¿No la enciende?» Él contestó: «¿Para quién? Hace meses y meses que nadie ha venido a verme. ¿Para quién la voy a encender?» Entonces dije: «¿La encendería si las Hermanas vinieran a verle?» Y él respondió: «Sí.» Las hermanas comenzaron a ir a verle durante sólo cinco o diez minutos al día, pero empezaron a encender esa lámpara. Después de un tiempo, él se fue acostumbrando a encenderla. Poco a poco, poco a poco, las Hermanas dejaron de ir. Pero al pasar por la mañana, le veían. Después me olvidé de esto, y al cabo de dos años él mandó que me dijeran: «Díganle a Madre, mi amiga, que la luz que ella encendió en mi vida sigue ardiendo.»[11]

APÉNDICES

Apéndice 1

REGLAS MANUSCRITAS POR MADRE M. TERESA, M. C., ADJUNTAS A SU CARTA A MONSEÑOR F. PÉRIER, S. J., FECHADA EL DÍA DEL *CORPUS CHRISTI* 1947

Reglas

1. *Finalidad*

La Finalidad General de las Misioneras de la Caridad es saciar la sed de Jesucristo en la Cruz, sed de amor y de almas por la absoluta pobreza, la castidad angélica y la obediencia alegre de las Hermanas.

La Finalidad Particular es llevar a Cristo a los hogares y a las calles de los barrios más miserables, [entre] los enfermos, los moribundos, los mendigos y los niños pequeños de la calle. Los enfermos serán atendidos en la medida de lo posible en sus pobres casas. Los niños pequeños tendrán una escuela en los barrios más pobres. Se irá a buscar a los mendigos y se les visitará en sus agujeros de las afueras de la ciudad o en las calles.

2. Para poder hacer todo esto—las Hermanas deben aprender primero a tener una auténtica vida interior de

profunda unión con Dios—y buscarle y verle en todo lo que hacen por los pobres.

3. No habrá ninguna diferencia entre las Hermanas—todas deben aprender a cultivar la tierra, cocinar, cuidar a los enfermos y a ser maestras—y estarán siempre dispuestas a realizar cualquiera de estas tareas si la obediencia así lo requiere.

Vestido

4. En la India las Hermanas usarán un sencillo vestido indio. Un hábito blanco con mangas largas y un sari azul claro—un velo blanco, sandalias, un cinturón de cuerda y un crucifijo.

Aspirantes

5. Jóvenes católicas de 16 años en adelante, llenas de amor y de celo. Mujeres que puedan amar tanto a Dios y a los pobres que lleguen a olvidarse enteramente de sí mismas. Poseerán una fuerte voluntad, para ser capaces de vivir sin nada, para vivir sólo para Dios. Deben ser almas de oración y de penitencia y llenas de la sencillez del Niño Jesús.

6. Necesitan tener buena salud física y mental para soportar las dificultades de una constante abnegación por las almas.

7. Si desean entrar jóvenes ricas y educadas—serán aceptadas, pero sus riquezas o su educación no supondrán ninguna diferencia—serán Hermanas como las demás.

8. Las almas deseosas de consagrar su vida como víctimas—pero que a causa de mala salud no pueden unirse a

las fuerzas activas—también serán aceptadas, pues por su continuo sufrimiento, la obra de las hermanas dará fruto.

9. Se aceptarán jóvenes de cualquier nacionalidad—sólo deberán aprender perfectamente la lengua del país en el que trabajarán duramente.

10. Antes de entrar, las aspirantes deben pasar 3 meses en la misión con las Hermanas, de modo que ambas partes puedan tomar su decisión.

11. Deberán ser bien examinadas por un sacerdote que conoce el espíritu de las Misioneras de la Caridad.

Novicias y noviciado

12. Por el momento, el noviciado comenzará en Cossipore, donde las Hermanas podrán tener una completa separación del mundo y pasar un año en contemplación y trabajo manual. Por esta razón, en esta casa ningún seglar, ni siquiera familiar, será admitido.

13. Para el segundo año las novicias se trasladarán a una casa de Calcuta, Sealdah si es posible, donde las Hermanas podrán recibir una breve formación en cuidados de maternidad y otros cuidados y en enseñanza.

14. Un mes antes del final del segundo año, las Hermanas harán un mes de retiro, [preparando] así su corazón para hacer los tres votos—pobreza absoluta, castidad angélica y obediencia alegre. Sólo entonces la Hermana recibirá el hábito del Instituto.

15. Las novicias deben estar bien instruidas sobre la vida interior—y en su religión. Se les dará todo el cuidado y la ayuda posible para entender y tener una vida de íntima unión con Dios. Deben aprender a ser contemplativas en las calles, en los barrios más pobres así como en sus conventos.

16. Antes de pronunciar sus votos tienen que ser examinadas con cuidado—a fin de comprender bien lo que es una vida de total olvido de sí y de abnegación por las almas—y si están dispuestas a llevar con alegría esta vida.

Votos

17. *Pobreza absoluta.*—Mediante este voto la Hermana se compromete a una pobreza absoluta. Renuncia al derecho de poseer nada en absoluto como propio. Deberá estar muerta a las cosas temporales de este mundo.

18. Las ropas serán guardadas, lavadas y remendadas en común. También comerán, dormirán y trabajarán en común.

19. Los alimentos serán cocinados y servidos de acuerdo con los usos del país en el que vivan.

20. Las Misioneras de la Caridad no poseerán edificios propios, sino que dependerán para el alojamiento de la caridad del obispo bajo cuya autoridad trabajan.—La mejor habitación y lo mejor de lo que tengan serán utilizados para la capilla.

21. La casa puede poseer una furgoneta, una bicicleta, una barca que las Hermanas aprenderán a manejar cuando estén en el campo de misión.

22. La Superiora con la ayuda de otra Hermana a veces pedirán comida, ropa y medicina para los pobres. Ninguna de estas cosas será utilizada por las Hermanas.

23. Para su mantenimiento, las Hermanas trabajarán la tierra, fabricarán cosas que puedan ser vendidas, y el dinero se utilizará para proveer alimento y vestido para las Hermanas.—No necesitamos nada más.

24. No deben ser aceptadas por nadie, ni siquiera las Superioras, cosas que pueden ayudar al mundo a introducirse dentro [del convento].—Debemos estar libres de todo. Las cosas más necesarias serán proporcionadas cuidadosa y amablemente por la Superiora.

25. Pero si una Hermana se enferma, debe recibir todo lo que el médico considere necesario.—Será puesta en una habitación desde la que pueda oír fácilmente la Santa Misa y recibir la Santa Comunión diaria si así lo desea.

26. Las Hermanas no tendrán sirvientas.—Todo el trabajo de la casa lo harán ellas.—Y si los números lo permiten—su ropa y su comida deben ser el fruto de sus manos.

27. *Castidad angélica.*—Mediante este voto la Hermana se compromete a permanecer virgen y a abstenerse de cualquier acto opuesto a la castidad.

28. La pureza angélica debe ser el objetivo de cada Hermana, y para preservarla debe tener un amor personal hacia el Purísimo Corazón de María y conservar su corazón libre de cualquier afecto desordenado por pequeño que sea. Porque un corazón puro fácilmente verá a Dios en sus pobres y se olvidará de sí misma.

29. Cualquier dificultad o tentación que surja en el trato continuo con los pobres, deberá ser revelado al confesor sincera y sencillamente.

30. *Alegre obediencia.*—Mediante este voto la Hermana se compromete a obedecer a su legítima Superiora—en las cosas que se refieren a la vida de las Misioneras de la Caridad.

31. Las Hermanas obedecerán alegre, diligente, ciega y sencillamente. Deberían recordar que no es a ella [a la superiora] a quien obedecen, sino a Él, Jesucristo, por cuyo amor y a quien ellas obedecen en todo.

32. La obediencia perfecta a Su Santa Voluntad—poderoso guardián de la paz, lleva alegría al corazón y une el alma íntimamente con Dios.

Ejercicios Espirituales

33. Como cada Hermana debe hacer el trabajo de un sacerdote—ir a donde él no puede ir y hacer lo que él no puede hacer, ella deberá embeber el espíritu de la Santa Misa, que es de entrega total y de ofrenda. Por este motivo la Santa Misa debe convertirse lugar de encuentro diario, donde Dios y Su criatura se ofrecen el uno por el otro y por el mundo.

34. Las Hermanas deberán emplear todos los medios para aprender este tierno amor a Jesús en el Santísimo Sacramento y crecer en él.

35. La confesión, siendo uno de los mejores medios para fortalecer el alma—deberá ser usada de acuerdo con las necesidades y a elección de la Hermana. Deberá ser como la de una niña—sencilla y abierta.

36. Diariamente las Hermanas harán media hora de Meditación. Dos veces al día examen de conciencia.—El rosario completo—las letanías de Nuestra Señora y de los Santos y media hora de lectura espiritual. Los jueves y los domingos harán la hora de reparación.

37. Las Hermanas pasarán un día a la semana, una semana al mes, un mes al año, un año de cada seis en la casa madre donde, en contemplación y penitencia junto con la soledad, podrán restaurar las fuerzas espirituales que habrán gastado en el servicio a los pobres. Cuando estas Hermanas estén en la casa, otras tomarán su lugar en el campo de Misión.

Penitencia y abnegación

38. Como cada Hermana debe ser una víctima de Cristo y a hacer Su obra, entenderá lo que Dios y el Instituto esperan de ella. Sin medias medidas.—Tenemos que darle a Dios todo o nada y mantener esa entrega total—cueste lo que cueste.

En la práctica de penitencias corporales, las Hermanas serán guiadas sólo por el juicio del confesor. Para cualquier penitencia pública se requiere el permiso de la Superiora.

Trabajo entre los pobres de una ciudad

39. Las Hermanas deberán ir después de la Santa Misa y la Comunión por parejas a los barrios más miserables de Calcuta.

Escuela

Con la ayuda del párroco—obtendrán una pequeña casa en los barrios más pobres o en lugar cercano, donde puedan reunir a los pequeños de esa localidad.—Primero hay que lavarles—atender sus pequeñas necesidades—enseñarles pequeñas oraciones y sobre todo cómo amar a Dios—jugar con ellos—enseñarles muchos himnos —un poco de lectura, de escritura y de aritmética. Prepararles para los Sacramentos, y llevarles a la iglesia los domingos.—Con ocasión de alguna gran fiesta pedir al sacerdote que celebre la Misa para ellos.

Enfermería a domicilio

Otra pareja [de hermanas] visitará a los enfermos de casa en casa. —Lavarán al enfermo y le atenderán— y si él no tiene a nadie que se ocupe de él, prepararán la comida para el día, limpiarán y barrerán su habitación. Si es necesario, las otras dos Hermanas asistirán a las madres en el parto y cuidarán de que ambos, madre e hijo, reciban los cuidados y la atención que requieren.—Animarán a los enfermos, aunque no sean moribundos, a que pidan la Santa Comunión—para lo que llevarán las cosas necesarias y prepararán el lugar y al enfermo para la venida de Nuestro Señor. Notificarán a tiempo al sacerdote cuántas personas desean recibir a Nuestro Señor.

Moribundos

Las Hermanas pondrán toda la ternura y todo el amor en aquellos que están dejando este mundo—de modo que el amor de Jesús les atraiga y se reconcilien con Él.—Rezarán junto al moribundo y se asegurarán de que el sacerdote sea llamado a tiempo.—Si la persona no tiene a nadie—las Hermanas prepararán su cuerpo para el funeral.—Deberán reunir dinero de los vecinos pobres para celebrar una Misa a la mañana siguiente a la que los familiares y los vecinos con las Hermanas deberían ir.

Mendigos

Otras dos Hermanas visitarán a los mendigos—les cuidarán y atenderán sus necesidades si están enfermos.—

En la visita a sus agujeros, gradualmente intentarán enseñarles el respeto a sí mismos y un deseo de autoayuda.—Y a aquellos que estén dispuestos se le debería dar trabajo en el campo—donde podrán llevar también a sus familias.

Hogar para los marginados de la sociedad

Hay quienes son despreciados entre los pobres—los cojos—los ciegos—los enfermos.—Para ellos, cuando el Obispo lo estime oportuno—se abrirá el hogar—y allí las Hermanas cuidarán de sus cuerpos y de sus almas.— Esto por supuesto es sólo para los niños pequeños.

40. *El trabajo en los pueblos*

En los pueblos, las Hermanas realizarán la misma labor. Irán de un lugar a otro—con el misionero—quien hará su labor sacerdotal mientras que las Hermanas atenderán a los enfermos, enseñarán a los niños y prepararán a los adultos para que reciban los Sacramentos. Mientras estén allí, las Hermanas se servirán de la barraca que se use también como iglesia. No deben residir permanentemente en ningún pueblo. Si el sacerdote piensa que la cosecha es grande—puede pedir ayuda a las Hijas de Santa Ana a quienes se les entregará la obra alegremente para que la continúen. [Las hermanas] deberán estar de regreso al convento para la cuarta semana.

41. Las Hermanas no aceptarán ni internados, ni escuelas, ni institutos de enseñanza media—deben estar libres para ir en busca de las almas y no estar atadas a unos pocos.

42. Si hay huérfanos pobres abandonados—se lo co-

municarán al párroco y seguro que él cumplirá con su deber para con ellos.—Las Hermanas no se atarán a ninguna de tales obligaciones.

Todo para la Mayor Gloria de Dios.
Gloria al Padre, y al Hijo
Y al Espíritu Santo.
Amén

APÉNDICE 2

NOTAS DEL RETIRO DE MADRE TERESA
(29 DE MARZO-12 ABRIL, 1959)
(Las respuestas de Madre Teresa
aparecen en cursiva)

Primer día*
Bajo la guía de Jesús, Nuestro Señor Resucitado

OBJETIVO:
Darse cuenta de manera más profunda de que el fin de mi vida es hacer la Santa Voluntad de Dios.

EXAMEN:
Intentaré responder sinceramente a las siguientes preguntas:

1. ¿Trato realmente de alabar, reverenciar y servir a Dios? *Quiero pero no lo hago.*

---

* El retiro comenzó el domingo de Pascua por la tarde, 29 de marzo de 1959, con puntos de meditación para la mañana siguiente. Fue predicado por el padre Picachy, S. J., según el modelo de los Ejercicios Espirituales de San Ignacio de Loyola.

¿Pongo esto en práctica diariamente? *No.*

¿En TODAS mis acciones? *Excepto en el primer ofrecimiento de la mañana al S. C. [Sagrado Corazón]—el resto del día es como una piedra. Aunque, mi corazón es todo y sólo de Él—mi mente y mi voluntad están fijas en Él—todo el tiempo.**

2. ¿Valoro la salvación de mi alma? *No creo que tenga un alma. No hay nada en mí.*

¿Estoy trabajando en serio por la salvación de las almas de otros? *Desde la infancia en mi alma hubo un celo ardiente por las almas, hasta que dije «sí» a Dios; desde entonces todo ha desaparecido. Ahora no creo.***

3. ¿Qué uso estoy haciendo de las criaturas? *No tengo ningún apego.****

4. ¿Soy verdaderamente indiferente a mi trabajo, a las compañeras de trabajo, a mi salud, a mi éxito, a mis fallos? *Sí*

¿Soy indiferente al amor y afecto de mis compañeras y de la gente para la que trabajo? *Sí.*

---

* El primer ofrecimiento al Sagrado Corazón al que Madre Teresa se refiere es una oración que rezan las Misioneras de la Caridad al levantarse: «Oh Jesús, a través del Corazón purísimo de María, Te ofrezco las oraciones, los trabajos, las alegrías y los sufrimientos de este día por todas las intenciones de Tu Corazón Divino. En unión con todas las Misas ofrecidas en todo el mundo católico, Te ofrezco mi corazón. Haz que sea manso y humilde como el Tuyo.» Esta oración le proporcionaba algo de consuelo.

** A la luz del resto de su correspondencia, está clara que su respuesta «Ahora no creo» refleja sus sentimientos, y no una falta de fe.

*** Aunque en la oscuridad más total, Madre Teresa no se dirigió a otros para compensar la carencia de consuelo que experimentaba. Para ser tan desprendida debía haber alcanzado un grado considerable de madurez emocional y de libertad interior.

Lecturas:

Libro de los salmos, cap. 32.

La imitación de Cristo: libro 1, cap. 20; libro 3, caps. 9 y 10.

Reflexión para el día:

San Agustín escribió estas hermosas palabras:

«Nos hiciste Señor para Ti, y nuestro corazón está inquieto hasta que descanse en Ti.»

N. B. Las Lecturas son opcionales. El Examen debe hacerse cuidadosamente cada día.

Segundo día
Bajo el patrocinio de mi Ángel de la Guarda

Objetivo:

Adquirir los sentimientos necesarios para un Acto de perfecta Contrición.

Examen:

1. ¿Me doy cuenta de que el pecado es una posibilidad para mí y que debo de estar siempre en guardia? *Sí.*

2. ¿Cuáles son las ocasiones peligrosas de pecado mortal a las que estoy expuesta? *Mis ojos.*

3. Debo descubrir los hábitos e inclinaciones que, si no se vigilan, me conducirán a pecados graves. *Tiendo a ser ruda y brusca. Inclinada a mirar. Miedo de engañar y de ser engañada.*

¿Trato de superar los pecados veniales semideliberados? *Sí.*

4. Dios me ha dado las Reglas para protegerme de todos los peligros. ¿Habitualmente rechazo alguna de ellas? *No, pero algunas veces también he caído.*

¿Qué remedios debería tomar para mejorar la situación? *Vigilar mis ojos—dulzura.**

LECTURAS:
Libro de Los Salmos, cap. 11.
Imitación de Cristo: libro I, caps. 21 y 25; libro 3, cap. 52.

REFLEXIÓN PARA EL DÍA:
¿Qué HE HECHO por Cristo? *Le he amado ciegamente, totalmente, exclusivamente.*

¿Qué ESTOY HACIENDO por Cristo? *Utilizo todas mis fuerzas—a pesar de mis sentimientos—para hacer que Le amen personalmente las Hermanas y la gente.*

¿Qué DEBERÍA HACER por Cristo? *Le dejaré que tenga mano libre conmigo y en mí.***

«Guíame, luz amable,
en medio de la oscuridad que me rodea,
¡GUÍAME TÚ!
La noche es oscura y yo estoy lejos de casa,
¡GUÍAME TÚ!
Mantén Tú mis pies, no necesito ver muy lejos
un paso es suficiente para mí.»

[Cardenal John Henry Newman]

---

* Su profundo conocimiento de sí misma se acompañaba de un arrepentimiento sincero por sus faltas e imperfecciones, e inmediatamente identificó una solución práctica a su debilidad.

** A pesar de sus sentimientos, que no intentaba esconder, todas sus respuestas se basaban en una excepcional fe y un excepcional amor que la guiaron y protegieron durante toda esta prueba.

Tercer día
Bajo el patrocinio de Santa María Magdalena

OBJETIVO:
Purificar mi corazón.

EXAMEN:

1. ¿Utilizo los medios de Purificación que Dios me ha dado? *Me cuesta, pero los acepto.**

2. ¿Cómo hago mi Examen de Conciencia? *Muchas veces negligentemente y algunas veces lo hago muy mal. Detecto las cosas que he hecho mal y paso mi tiempo pidiéndole perdón a Dios.*

¿Insisto en la Contrición Perfecta? *No muy fervientemente.* Y ¿un Firme Propósito de Enmienda? *No siempre.*

3. ¿Como hago mi Examen Particular? *No lo anoto***—pero mantengo un punto «Dulzura de Jesús» durante muchos años.*

¿Soy sincera en mi Confesión? *Sí.*

¿Soy humilde? *Quiero serlo.*

4. Manifestación de conciencia. ¿Soy perfectamente sincera con mi Superior? *Encuentro cada vez más y más difícil hablar—está simplemente cerrado. Darle a usted estos papeles es uno de los más grandes sacrificios del retiro, mi regalo por las Hermanas.****

---

* Aunque sentía que no tenía fe, era la fe la que la disponía a considerar sus sufrimientos interiores como «medio de purificación» y a someterse. Sin embargo, no negó la lucha que le exigía.

** Siguiendo los Ejercicios Espirituales de San Ignacio, Madre Teresa se refiere a la práctica de llevar un diario y apuntar los éxitos y los fallos de un particular defecto escogido para superarlo o de una virtud escogida para mejorar.

*** Este sacrificio que hizo entonces por sus hermanas sigue dando fruto ahora en todos los que tienen el privilegio de beneficiarse de él.

LECTURAS:

Evangelio de San Lucas, cap. 7, vers. 36 al 50; cap. 15, vers. 11 al 32.

Imitación de Cristo: libro I, caps. 22, 23 y 24.

REFLEXIÓN PARA EL DÍA:

«Le son perdonados sus muchos pecados, porque ha amado mucho.» [Lucas, cap. 7, v. 47]

Por favor destruya todos los papeles que le doy.

Cuarto día
Bajo el patrocinio de San Ignacio

OBJETIVO:

Adquirir un deseo intenso y una determinación firme de seguir a Cristo mi Rey dondequiera que Él me lleve.

«Maestro Te seguiré dondequiera que vayas» (Mateo, cap. 8, v. 19).

EXAMEN:

1. ¿Cómo realizo mis ejercicios diarios de piedad? *Muy mal.*

¿Cumplo el tiempo prescrito? *Sí.*

¿Tengo reverencia interior y exterior? *Sí.* *

2. ¿Considero realmente que la Santa Misa es la mayor acción de mi día? *Lo quiero pero no es así.*

¿Recibo la Santa Comunión con fe y amor? *No.*

---

* Aunque pudo afirmar sinceramente «Mi corazón es todo y sólo de Él—mi mente y voluntad están fijas en Él—todo el tiempo», y aunque cumplió estrictamente los tiempos y manifestaciones externas de reverencia, sin embargo, juzgaba que sus prácticas de devoción eran mediocres.

3. Cuando visito al Santísimo Sacramento, ¿visito realmente a Jesús como a mi Amigo, contándole todo? *Él ha sido siempre con quien yo compartía, quien sabía todo en detalle—pero ahora, no es así.**

4. ¿Digo mi Rosario con fervor? *Quiero amarla* [a Nuestra Señora], *pero ningún amor entra en mi corazón.***

LECTURAS:

Evangelio de San Lucas, caps. 1 y 2.

Imitación de Cristo: libro 2, caps. 7 y 8; libro 3, cap. 13.

REFLEXIÓN PARA EL DÍA:

Jesús me dice:

«Yo soy el camino, la verdad y la vida.» [Juan 14, 6]

*¡Un río! Sus brazos recrean la ciudad de Dios, santificando las moradas del Altísimo. Dios está en medio de ella, no será conmovida, Dios la socorre al llegar la mañana.****

---

* Se puede detectar entre líneas de esta afirmación la soledad y la nostalgia de Su presencia sentida, ya que el Único que «conocía todo en detalle» parece haber desaparecido.

** Incluso su relación con María estaba afectada por la oscuridad. Aun así, el rosario fue en esta época y hasta el final de su vida una de sus devociones favoritas.

*** El salmo 46, 4-5 le impresionó y le recordaba la presencia de Dios dentro de ella; esto le proporcionó tanto estabilidad como esperanza. Aunque sólo un día antes ella hubiera recordado con pena que en el presente Jesús ya no estaba allí para «compartir» y saberlo «todo en detalle», quizá esperaba que el tiempo del sufrimiento llegaría a su fin y que experimentaría de nuevo la misma unión que había compartido antes con Él.

Quinto día
Bajo el patrocinio de San José

OBJETIVO:
Obtener un conocimiento claro de la perfidia de Satanás y de sus seguidores y vivir la «<u>verdadera</u>» vida que nos ha sido revelada por Nuestro Señor.

EXAMEN:
Mi amor a la Pobreza

—¿Deseo ser pobre con los pobres de Cristo? *Con todo mi corazón.*

—¿Guardo algo precioso o superficial, aunque pueda tener permiso para ello? *No.*

La regla nos libera	—¿Pido siempre permiso por lo que recibo?
«No regalos personales»	—¿Cuál es mi actitud en recibir regalos? ¿Hago todo lo posible para evitar recibir regalos de otros? Cuando por cortesía recibo algo, ¿lo recibo sólo con permiso?
Todo lo que se le dé a una Hermana va naturalmente a la Superiora.	—¿Tiendo a compartir los regalos sólo con algunos miembros de la comunidad o como una buena religiosa pongo estos regalos a disposición de mi Superiora?

—¿Soy feliz de sufrir las privaciones que mi estado de vida me impone? *Sí, mucho.*

—¿Realmente amo la Pobreza como mi «Señora Pobreza» (San Francisco de Asís)? *Sí, con todo mi corazón.* *

LECTURA:

Libro de los Salmos, Salmos 45, 61
San Pablo: *1ª Epístola a los Corintios*, cap. 1, 18-31.
Imitación de Cristo: libro III, caps. 32 y 33.
De la Constitución: cap. VI, No. 42-56; cap. IX, No. 74-75.

REFLEXIÓN:

«El Hijo del Hombre no tiene dónde reclinar la cabeza.» [Mateo 8, 20]

No soy humilde, pero soy demasiado pequeña para ser orgullosa.

Durante 20 años en Loreto he pedido fervorosamente ser olvidada, ser nada para el mundo, ser ignorada y ser tenida por nada—y así es como el Señor ha respondido a mi oración, ** *pero todavía sigo rezando la misma oración.*

Mi mayor humillación y el sacrificio diario que tengo que hacer continuamente es encontrarme con la gente, con

* A pesar de todos los sufrimientos interiores, permaneció firme en su convicción y no renunciaba al compromiso radical que había contraído al principio de su vida. Su concepto de pobreza se acerca mucho de «la pobreza absoluta» sobre la que le había insistido a monseñor Périer cuando discernía sobre su nueva llamada.

** Éste era su deseo y su oración, pero no fue respondida en el sentido que ella imaginaba o deseaba. En lugar de mantenerse al margen de todo, se estaba convirtiendo en el centro de atención. Al tiempo que rezaba para ser olvidada, su popularidad crecía rápidamente. Sólo en su interior se sentía «totalmente sola». Era en compañía de Jesús donde deseaba estar, pero fue capaz de renunciar a sus propios deseos y de ocuparse de los demás.

sacerdotes, etc. Qué terrible me siento por dentro cuando tengo que hablar a la gente. Con las Hermanas y los pobres no me siento así.*

Sexto día
Bajo el patrocinio de San Francisco Javier

OBJETIVO:

Seguir el hermoso ejemplo de la Humildad y la Obediencia de Cristo.

EXAMEN:

Mi amor a la Humildad

—¿Tengo habitualmente una opinión humilde de mi misma? *Sí.*

O ¿juzgo a los demás severamente y lo expreso con mi pensamiento o con palabras? *No.*

—¿Sin morbosidad alguna, puedo decir sinceramente que disfruto con las humillaciones, ya que éstas me asemejan a Cristo? *Sí*

—¿Muestro mi humildad a través de mi sinceridad total a mi Superior y a mi Confesor? *Sí.*

¿Les escondo alguna cosa? *No.*

—¿Trato de evitar «brillar» delante de extraños? *No hay posibilidad de esconderse.*

—¿Trato de parecer mejor de lo que realmente soy? *No.*

—¿Tengo obediencia de voluntad y juicio? *Sí.*

* Madre Teresa era una persona sociable, su compañía era agradable y entretenida. A pesar de todo, le costaba ser un personaje público. Era sólo por amor a Jesús y a los demás que hizo caso omiso de sus preferencias, y se adaptó a las exigencias de la misión que se le había confiado.

—¿Deseo tener tareas humildes, para ser ignorada y humillada? *Todas nuestras tareas son de este tipo.*

—¿Cuál es mi reacción cuando se olvidan de mí mis Hermanas o la gente de fuera? *Soy muy feliz.*

LECTURAS:
   Sus Constituciones, cap. XIII, No. 97-132.
   Libro de los salmos, Salmos 107, 128.
   Imitación de Cristo, libro 3, cap. 54.

REFLEXIÓN:
«Aprended de Mí, que soy manso y humilde de corazón» (Mateo XI, 29).

El Padre Joseph Rockaby escribe: «¿Cómo sufre la obra de Dios en mis manos? Es la pregunta de las preguntas que se debe uno hacer durante un retiro. En mi retiro quiero llegar a los hechos, pensar rectamente, descubrir desde ahora la verdad que vendrá sobre mí en el momento de la muerte, para determinar lo más exactamente posible cómo estoy con mi Dios, para analizar minuciosamente mis relaciones con mi Creador».

En esta etapa del retiro debo preparar mis propósitos:
Estos propósitos deben ser:
   1) adecuados a las necesidades presentes de mi alma,
   2) algo que pueda parecer trivial a los otros, pero que es de vital importancia para mí ahora,
   3) algo concreto que pueda poner en práctica inmediatamente.

Octavo día*
Bajo el patrocinio de los Santos Apóstoles

OBJETIVO:

Hacer mi plan de Vida para los años que siguen a mi Profesión Final. Mi plan tiene que estar hecho con gran claridad, con valor y una mirada sobrenatural.

EXAMEN:

Caridad Fraterna. *Las Reglas 1** y 86*** eran las Reglas que yo más amaba. Mi corazón y mi alma estaban en ellas. Pero ahora nada.*

Antes había tanto amor y verdadera ternura

1) ¿Observo mis Reglas n.º 86 y 87? ¿Quiero a cada una de mis Hermanas con amor intenso, sin que me importe su nacionalidad o estatus social?

---

* Las notas del séptimo día de retiro se han perdido.

** Regla 1: «La finalidad General de la Congregación es saciar la sed de Jesucristo en la Cruz sed de amor de las almas, a través de la observancia por parte de las Hermanas de los cuatro Votos de Pobreza absoluta, de Castidad, de Obediencia y de sacrificarse a trabajar entre los pobres según las Constituciones».

*** Regla 86: «Cada Hermana de esta Congregación tiene que convertirse en una colaboradora de Cristo en los barrios más miserables, debe entender lo que Dios y la Congregación esperan de ella. Que Cristo irradie y viva Su Vida en ella y a través de ella en los barrios más miserables. Que los pobres, viéndola, sean atraídos a Cristo y Le inviten a entrar en sus hogares y en sus vidas. Que los enfermos y los que sufren encuentren en ella a un verdadero ángel de alivio y consuelo; que los pequeños de las calles se aferren a ella porque ella les recuerda a Él, el Amigo de los pequeños».

para las Hermanas y la gente—ahora siento que tengo un corazón de piedra.

A veces incluso soy hasta dura.*

2) Regla 104: ¿Intento hacer felices a los niños a los que enseño? ¿Respeto el buen nombre de mis alumnos y no hablo descuidadamente de sus faltas?

3) Regla 106: ¿Con qué espíritu visito y cuido a los enfermos? ¿Soy un ángel de alivio y consuelo?

4) Regla 112: Mi atención a los Moribundos.

5) Regla 120: Mi amor por los pobres. ¿Irradia y vive Cristo Su vida en mí en los barrios más miserables? (Regla 86).

6) Regla 125: La mirada sobrenatural en mi trabajo—viendo a Jesús en todos los extranjeros.

—¿Intento animar a mis Hermanas, las hago felices? *Sí.*

—¿Me considero a mí misma como su sierva en Cristo? *No—una madre.*

—¿Acepto las pequeñas e inevitables dificultades de la vida en comunidad con paciencia?¿Perdonando? ¿Con sentido de proporción y sentido del humor?

—¿Soy caritativa con mis Superioras; buscando, a través de mi conducta, aligerar su carga; defendiendo más que criticando sus decisiones?

LECTURAS:

Imitación de Cristo, libro I, caps. 14 y 16.
San Lucas, cap. X, vers. 25-37.

* Esta afirmación evoca con dolor la memoria del intenso consuelo y el efecto que este consuelo tenía sobre su caridad con los demás.

REFLEXIÓN:

«Cuanto hicisteis a unos de estos hermanos Míos más pequeños, a Mí Me lo hicisteis.» [Mateo 25, 40]

En 1942 creo que fue en este día, cuando me vinculé a Dios, bajo pena de pecado mortal, de no negarle nada. Esto es lo que oculta todo en mí.*

Noveno día
Bajo el patrocinio de los Santos Mártires y Vírgenes

OBJETIVO:

Definir bien todos mis propósitos y ser muy consciente de lo que Cristo espera de mí.

EXAMEN:

Mis deberes de Estado

—¿Observo todas mis Reglas? *Una regla que no observo es ir acompañada. Lo hago por un motivo—la Herma-*

---

* Este comentario fue escrito en la parte superior de la novena página. El retiro empezó el 29 de marzo de 1959 con las meditaciones para el día siguiente. El primer día de retiro fue el 30 de marzo. El noveno día era por tanto el 7 de abril de 1959. En 1942, el día de Pascua fue el 5 de abril; por ello, Madre Teresa hizo su voto privado el 7 de abril de 1942, martes de Pascua. Fue en estos días cuando la sección bengalí de St. Mary fue evacuada a Morapai a causa de la guerra; la fecha exacta se desconoce [cf. Madre M. Colmcille, I. B. V. M., *First, the Blade*, Calcutta, Firma K. L. Mulkhopadhyay, 1968, p. 291-292]. Este contexto extremo, que quizá suscitó este voto, no es de ninguna manera la razón por la que Madre Teresa tomó este radical compromiso, como lo verifica el papel tan importante que este voto jugó a lo largo de toda su vida.

na estaría muy cansada etc. si tuviera que ir a tantísimos lugares.*

—¿Pongo todo mi esfuerzo en las diferentes labores? ¿y en los trabajos asignados a mí? *Me cuesta mucho escribir cartas.***

—¿Muestro alguna preferencia por un trabajo respecto a otros? *No.*

¿Hago saber a todos que el trabajo que me ha sido asignado no me gusta? *No.*

—¿Evito entrometerme en el trabajo de otros? *Sí.*

—¿Rezo por el éxito del trabajo de otras Hermanas? *Muchísimo.*

LECTURAS:
Imitación de Cristo, libro III, cap. 54.

REFLEXIÓN:
«Vosotros sed perfectos como es perfecto vuestro Padre Celestial.» [Mateo 5, 48]

Por el amor de Jesús, por favor destruya todos estos papeles. No sé por qué Él quiere que abra a usted mi alma—lo hago porque no puedo «negarme».

---

* La regla exigía que cada hermana saliera siempre del convento acompañada de otra hermana. Madre Teresa sabía discernir cuándo sobreponer la caridad a «la letra» de la regla. Además de su gran preocupación y su solicitud para con sus hermanas, su trabajo de todo corazón y su celo son asombrosos: ¡Sus compañeras tenían unos veinte años y ella se acercaba ya a los cincuenta, pero a pesar de ello—no podían seguir su ritmo!

** Madre Teresa escribió miles de cartas a lo largo de su vida. El «gran esfuerzo» que dedicaba al escribirlas era una nueva consecuencia de su voto privado y una expresión de su amor.

Décimo día
Con Jesús en Su agonía

OBJETIVO:

Pasar un día en espíritu de reparación por los sufrimientos que Le he hecho soportar a Jesús por mí.

EXAMEN:

Mi espíritu de Mortificación.

Penitencia exterior

—¿Realizo todas estas penitencias en espíritu de fe? *Sí.*

—¿Cómo asumo las incomodidades debidas al clima, a la enfermedad, a la salud, a la vida común, a la pobreza, etc. [...]? *Como parte de la llamada.**

---

* En 1947, mientras le pedía a Monseñor Périer que le permitiera comenzar su nueva vida, Madre Teresa había escrito: «Usted podría pensar que estoy mirando sólo a la alegría de renunciar a todo, y llevar alegría al Corazón de Jesús. Sí, miro esto sobre todo, pero también veo qué sufrimiento traerá la realización de estas dos cosas. Por naturaleza soy sensible, me gustan las cosas bonitas y agradables, la comodidad y todo lo que puede dar la comodidad— ser amada y amar.—Sé que la vida de una Misionera de la Caridad — será todo menos esto. La completa pobreza, la vida india, la vida de los más pobres significará una dura lucha contra mi gran amor a mí misma. Aun así, Excelencia, deseo intensamente con un corazón verdadero, sincero, empezar a llevar este modo de vida—para llevar alegría al Corazón Sufriente de Jesús.—Déjeme ir, Excelencia—Confiemos en Él ciegamente.—Él hará que nuestra fe en Él no se pierda.» Ésta era ahora la realidad, y su respuesta en este décimo día de retiro confirmaba que era conciente de ello.

Penitencia interior

—¿Estoy resignada interiormente a las pruebas que Dios me envía? *Como dones**.

—¿Trato de ocultar los pequeños sufrimientos de mi vida diaria? *Sí***

—¿Acepto la Desolación con tanta prontitud como la Consolación? ¿Acepto la sequedad en la Oración como una gracia de Dios? *Estando siempre en las tinieblas—no hay oportunidad de elegir.*

—¿Soy tolerante con los defectos de los demás? *Sí.*

Por favor, Padre, no deje que lo engañe—la tortura dentro de mí es grande.—Gracias a Dios.

LECTURAS:

Imitación de Cristo, libro 2, caps. 11 y 12.
Evangelio de San Juan, caps. 14 y 17.

REFLEXIÓN DEL DÍA:

«Padre, si quieres, aparta de Mí este cáliz; pero no se haga Mi voluntad, sino la Tuya.» [Lucas 22, 42]

* Aceptar el sufrimiento como un don era la actitud personal de Madre Teresa, la actitud con que animaba a las demás. Esto no significaba que pensaba que no hay que hacer ningún esfuerzo por eliminar el sufrimiento. De hecho, Madre Teresa pasó la mayor parte de su vida aliviándolo. Pero al menos, el primer paso era aceptar su propio sufrimiento presente. En suma, «acepte, ofrezca y (dependiendo de las circunstancias) actúe» es una expresión concisa de la respuesta de Madre Teresa cuando afrontaba el sufrimiento.

** Su formación religiosa la animaba a llevar el sufrimiento silencioso unido a Jesús Crucificado; no se esperaba que uno hiciera exhibición pública de los propios sufrimientos, sino más bien que los ocultara. Madre Teresa se esforzó por alcanzar la perfección en este aspecto: su sonrisa era uno de los modos más efectivos de esconder su sufrimiento.

«Yo puedo [aliviar] los sufrimientos de Jesús.
Yo puedo tomar una parte de Su sufrimiento.»
Gracias por decírmelo.—Esto fue una tremenda gracia
para mí.

Undécimo día
Con María, la Madre de los Dolores

OBJETIVO:

Pasar el día en unión con el dolor de Jesús y María con el fin de reforzar mis propósitos.

EXAMEN:

Mi deseo de morir al mundo y a mi amor propio.

Tengo un gran y profundo deseo de ser nada para el mundo y que el mundo sea nada para mí.

—¿Cumplo mi Regla nº 88?* Esta Regla me dice que ame la humildad tan profundamente que acepte la humillación de buena gana, incluso con alegría. *Sí.*

—¿Recibo las correcciones y las represiones en espíritu de fe sin excusas ni quejas? *Cuando las Hermanas dicen cosas duras e hirientes siento pena por ellas—pero personalmente me siento muy feliz.***

—¿Estoy preparada para aceptar el sufrimiento por amor a Jesús y María? *Sí.*

La humildad tiene un gran agarre en mi alma. Yo no creo que sea humilde ya que estoy convencida de mi pequeñez y de mi nada, pero deseo intensamente ser mansa y humilde de corazón como lo es el Corazón de Jesús. No sé ya cuan-

---

* Regla 88: «Que amen la humildad tan profundamente, que acepten la humillación de buena gana, e incluso con alegría. Así recibirán las correcciones y represiones con espíritu de Fe, sin excusa ni queja».

** Su actitud era el fruto de su humildad. Era feliz al imitar a Jesús en las humillaciones de Su Pasión y en Su benevolencia hacia el ofensor.

tos años llevo intentando hacer mías esta mansedumbre y esta humildad del Corazón de Jesús–hasta ahora nada.

LECTURAS:
Libro de Isaías, cap. 53.
Imitación de Cristo, libro 3, cap. 19. Cualquier pasaje de la Pasión de Cristo (Nuevo Testamento).

REFLEXIÓN DEL DÍA:
«Pueblo mío, que te he [...] *

Gracias, Padre—usted me ha ayudado. Estoy <u>decidida a llegar a ser</u> una santa del Sagrado Corazón—mansa y humilde. Pídale a Jesús sólo una gracia—que me dé «la cara sonriente de un niño». La oscuridad quizá es más profunda, la soledad más dura, pero quiero que sea así—porque ésta es Su Santa Voluntad. **

---

* Canto de los Improperios (inspirado de Miqueas 6), interpretado durante la veneración de la Cruz en la liturgia del Viernes Santo:

P. Pueblo mío, ¿qué te he hecho, o en qué te he ofendido? ¡Respóndeme! Yo te saqué de Egipto, de la esclavitud a la libertad, y tú has llevado a tu Salvador a la cruz.

C. ¡Santo es Dios! ¡Santo y fuerte! Santo e inmortal, ten misericordia de nosotros.

P. Durante cuarenta años, te conduje seguro a través del desierto. Te alimenté con el maná del cielo y te llevé a una tierra de plenitud, y tú has llevado a tu Salvador a la cruz.

C. ¡Santo es Dios! ¡Santo y fuerte! Santo e inmortal, ten misericordia de nosotros.

¿Qué más pude haber hecho por ti? Te sembré como a mi mejor vino, pero tú produjiste sólo amargura. Cuando estuve sediento, me diste a beber vinagre, y clavaste una lanza sobre el costado de tu Salvador.

¡Santo es Dios! ¡Santo y fuerte! Santo e inmortal, ten misericordia de nosotros.

** El fruto de su retiro fue una gran determinación de llegar a ser santa y de un mayor sometimiento a la Voluntad de Dios, a pesar de la creciente oscuridad y de la soledad.

Duodécimo día
Bajo el patrocinio de María, Reina del Cielo

OBJETIVO:

Unión con Jesús Resucitado en Su gran gloria. Adquirir una gran confianza en la bondad y la grandeza de mi Redentor.

EXAMEN:

Mi amor a la Iglesia. *Estoy decidida a mostrar mi amor a la Iglesia llegando a ser muy santa.*

—¿Intento conformar mis juicios con las directrices dadas por la Iglesia a través de las Encíclicas, Cartas Pastorales, Instrucciones, etc. [...]? *Sí.*

LECTURAS:

Salmo 65		*«Entre cosas iguales, elige la más dura. Nadie va a obligarme a ser santa. Eso está en mis propias manos y seré inferior, moderada o muy ferviente según lo elija. Pero a Uno le importa— Jesucristo.»*
EVANGELIO SEGÚN SAN MATEO	Cap. 28	
EVANGELIO SEGÚN SAN MARCOS	Cap. 16	
EVANGELIO SEGÚN SAN LUCAS	Cap. 24	
EVANGELIO SEGÚN SAN JUAN	Caps. 20 y 21	
IMITACIÓN DE CRISTO	Libro 3, Cap. 49	

«Alégrate, Reina del Cielo;
Porque el que mereciste llevar en tu seno;
Ha resucitado, según predijo;
Ruega por nosotros a Dios.»

Cuando, tarde o temprano estemos al pie del trono del Juicio, las preguntas realizadas ~~no serán~~:*

«¿Qué has hecho?» *Nada Dios. Sólo he intentado ser un instrumento bien dispuesto.*

~~o~~¿Cómo lo has hecho ?» *Lo mejor que he podido.*

~~Pero~~ «¿Por qué lo hiciste?» *Sólo por Ti.*

Decimotercer día
Bajo el patrocinio del Inmaculado Corazón de María, Causa de nuestra Alegría

OBJETIVO:

Ponerme en la disposición correcta para mi ofrecimiento final.

EXAMEN:

¿Estoy preparada para realizar este ofrecimiento final con un verdadero amor y una entrega total? <u>*Sí.*</u>

«Tomad, Señor, y recibid toda mi libertad,
mi memoria, mi entendimiento y toda mi voluntad,
todo mi haber y mi poseer; Vos me lo disteis,
a Vos, Señor, lo torno; todo es Vuestro,
disponed a toda Vuestra voluntad,

---

* Madre Teresa tachó las palabras «no serán» y escribió sobre ellas, «si fueran»; tachó también las palabras «o» y «pero». Parece que quería decir: «Si las preguntas realizadas fueran...»

dadme vuestro Amor y Gracia,
que ésta me basta»*. Amén.

LECTURAS:
Imitación de Cristo, libro 3, cap. 10.

REFLEXIÓN:
Que tengo confianza plena en el Sagrado Corazón de Jesús y el Corazón Inmaculado de María, Causa de nuestra Alegría.

Decir con fervor la siguiente oración:**

* Oración de San Ignacio de Loyola.
** La siguiente página, la última de las notas del retiro, se ha perdido.

NOTAS

Prefacio

1. «A menudo me siento como un pequeño lápiz en manos de Dios. Él se encarga de escribir, Él se encarga de pensar, Él se encarga de los movimientos, yo sólo tengo que ser el lápiz.» Discurso de Madre Teresa en Roma, 7 de marzo de 1979.

Introducción

1. Madre Teresa, M. C., al padre Joseph Neuner, S. J., 6 de marzo de 1962.

2. Madre Teresa al padre Joseph Neuner, sin fecha, pero muy probablemente escrito durante el retiro de abril de 1961.

3. Malcolm Muggeridge, *Something Beautiful for God* (Harper & Row Publishers, Nueva York, Londres, 1971), p. 18. *Madre Teresa de Calcuta* (Sígueme, Madrid, 1979).

4. Madre Teresa al arzobispo Ferdinand Périer, S. J., 8 de febrero de 1956.

5. Madre Teresa al arzobispo Périer, 30 de marzo de 1957.

6. Madre Teresa al arzobispo Périer, 18 de diciembre de 1960.

7. Padre Céleste Van Exem, S. J., al arzobispo H. D'Souza, 12 de marzo de 1993.

8. Padre Albert Huart, S. J., «Mother Teresa: Joy in the Night»: *Review for Religious* 60, n.º 5 (septiembre-octubre 2001) p. 501.

Capítulo 1. «Pon tu mano en Su mano, y camina sola con Él»

1. Instrucción de Madre Teresa a las hermanas Misioneras de la Caridad, 24 de mayo de 1984.

2. Instrucción de Madre Teresa a las hermanas M. C., 1992.

3. Madre Teresa a Malcolm Muggeridge, citado en Malcolm Muggeridge, *Something Beautiful for God* (Harper & Row Publishers, Nueva York, Londres, 1971), p. 84. *Madre Teresa de Calcuta* (Sígueme, Madrid, 1979).

4. Madre Teresa al padre Neuner, 24 julio de 1967.

5. Madre Teresa al arzobispo Périer, 25 de enero de 1947.

6. Hermana Teresa, del mar Mediterráneo a *Blagovijest* (periódico católico local de Skopje), 25 de marzo de 1929, pp. 3-4.

7. Hermana Teresa a *Katoličke Misije* (revista de misiones publicada por los Jesuitas en Yugoslavia), 6 de enero de 1929, p. 58.

8. Hermana Teresa a Anka Čavčić, 1931.

9. Hermana Teresa a *Blagovijest*, noviembre de 1932. Cf. Mateo 28, 19. Las citas bíblicas se toman de la Biblia de Jerusalén, salvo que se indique otra cosa.

11. Cf. Lucas 2, 51 y Mateo 27, 33.

12. Hermana Teresa al padre Franjo Jambreković, 8 de febrero de 1937. La Hermana Teresa solía firmar su nombre en la lengua en la que escribía. Para evitar confusiones su nombre se ha sustituido por su original «Teresa».

13. «Cuando en el corazón aumenta más la caridad, el temor a los sufrimientos disminuye, siendo mayor el del pecado. Cuanto más unidos estamos a Dios por la caridad, más nos hace temblar el pensamiento de ofenderle, y es mayor nuestra confianza en aquel que nos ama y nos atrae hacia sí». R. Garrigou-Lagrange, O.P., *Las tres edades de la vida interior I: preludio de la del cielo* (Palabra, Madrid, 1995) p. 1046.

14. Hermana Teresa al padre Franjo Jambreković, S. J., 8 de febrero de 1937.

15. Cf. Mateo 20, 22 y 26, 39, 42.

16. Madre Teresa al padre Jambreković, 25 de noviembre de 1937.

17. Hermana Mary Gabrielle I. B. V. M. al padre Jambreković, 25 de noviembre de 1937.

18. Testimonio de la hermana M. Francis Michael Lyne, I. B. V. M.

19. Hermana Marie-Thérèse, I. B. V. M. lo cita en Navin Chawla, *Mother Teresa* (Element Books, Rockport, 1996), p. 12.

20. Madre Teresa a *Katoličke Misije* (octubre de 1937), p. 25.

21. *Ibid.*

Capítulo 2. Algo muy hermoso para Jesús

1. Madre Teresa al arzobispo Périer, 1 de septiembre de 1959. En las otras dos referencias que hace al voto, Madre Teresa usa la expresión común «bajo pena de pecado mortal».

2. Madre Teresa al padre Neuner, 12 de mayo de 1962.

3. Madre Teresa al padre Lawrence Trevor Picachy, S. J., 4 de abril de 1960.

4. Notas del retiro de Madre Teresa, marzo-abril de 1959.

5. Explicación de las Constituciones Originales de las Misioneras de la Caridad, escrito por Madre Teresa, sin fecha. Madre Teresa está citando P. Johanns, S. J., *The Little Way*, Light of the East Series, n. 15 (Calcutta: F.G. Gomes at the Bengal Litho Press), pp. 90-92.

6. Alfred O'Rahilly, *Father William Doyle, S. J., A Spiritual Study* (Longmans, Green and Co., Londres, Nueva York, Toronto, 1925) p. 288. Este voto también está registrado en el libro de William Doyle, *Merry in God* (Longmans, Green and Co., Londres, Nueva York, Toronto, 1939), p. 137, que leyó Madre Teresa.

7. «The Community Circular of Como» [traducido por M.S. Pine] *Sister Benigna Consolata Ferrero* (John P. Daleiden Company, Chicago, 1921) pp. 41, 128.

8. Papa Pío XI, *Vehementer exultamus hodie*, Bula de canonización de Santa Teresa del Niño Jesús, en Santa Teresa de Lisieux, *Historia de un alma* (Monte Carmelo, Burgos, 2003) p. 263.

9. Instrucción de Madre Teresa a las hermanas M. C., 19 de enero de 1983.

10. Madre Teresa al padre Neuner, 12 de mayo de 1962.

11. *Ibid.* Un pecado mortal «destruye la caridad en el corazón del hombre por una infracción grave de la ley de Dios; aparta al hombre de Dios, que es su fin último y su bienaventuranza, prefiriendo un bien inferior». (*Catecismo de la Iglesia Católica*, 1855; de ahora en adelante abreviado como CIC). El pecado mortal «si no es eliminado por el arrepentimiento y el perdón de Dios, causa la exclusión del Reino de Cristo y la muerte eterna del infierno». Las condiciones para que se dé un pecado mortal son materia grave, plena advertencia y perfecto consentimiento (CIC, 1858-1859).

12. Madre Teresa al padre Picachy, 4 de abril de 1960.

13. Hermana Marie-Thérèse, I. B. V. M., citado en Navin Chawla, *Mother Teresa* (Element Books, Rockport 1996) p. 11.

14. Al hablar de su propia vida, en sus instrucciones a sus hermanas insistía en que «la sumisión para alguien que está enamorado es más que un deber, es una bienaventuranza». De hecho, estaba parafraseando el pensamiento que con el tiempo haría suyo, tomado de Louis Colin, C. S. S. R.: «Entregarse, para alguien que ama, es más que un deber, más que una necesidad; es una bienaventuranza.» [*The Practice of the Rule* (The Mercier Press Limited, Cork, Ireland, 1964) p. 11].

15. Instrucción de Madre Teresa a las hermanas M. C., 31 de marzo de 1987.

16. Cf. 2 Corintios 9, 7.

17. Explicación de las Constituciones Originales.

18. Teresa de Lisieux (Santa Teresita del niño Jesús) *Obras completas*. (Ed. Monte Carmelo, Burgos, 2003) p. 263 Ms B, IX 4v).

19. Madre Teresa a las hermanas M. C., primer viernes, noviembre de 1960.

20. Instrucción de Madre Teresa a las hermanas M. C., 30 de octubre de 1981.

21. Madre Teresa al arzobispo Périer, 1 de septiembre de 1959.

22. Cf. *Katoličke Misije*, febrero de 1942.

23. Testimonio de la hermana Letitia, D. S. A.

24. Padre Ante Gabrić, S. J., citado en Juraj Gusić, S. J., *Majke Odbačenih* (impresión privada, Zagreb 1976) p. 54.

25. Hermana M. Francesca, I. B. V. M., citado en Navin Chawla, *Mother Teresa* (Element Books, Rockport 1996) p.14.

26. Citado en Eileen Egan, *Such a Vision of the Street: Mother Teresa. The Spirit and the Work* (Image Doubleday, Nueva York, 1985) p. 24.

27. Explicación de las Constituciones Originales.

Capítulo 3. «Ven, sé Mi luz»

1. Madre Teresa a Malcolm Muggeridge, citado en Malcolm Muggeridge, *Something Beautiful for God* (Harper & Row Publishers, Nueva York, Londres, 1971) pp. 85-86. *Madre Teresa de Calcuta* (Sígueme, Madrid, 1979).

2. Madre Teresa a las hermanas M. C., 24 de abril de 1996.

3. Madre Teresa a los colaboradores, Navidad de 1996.

4. Juan 19, 28.

5. Explicación de las Constituciones Originales. Desde el principio, Madre Teresa y las hermanas unieron la profesión de sus votos con la idea de saciar la sed de Jesús; por ejemplo, dibujaban una cruz con las palabras «I thirst» (tengo sed) como cabecera del papel en el que escribían sus votos en la ceremonia de profesión de los votos.

6. Cf. Juan 19, 25-27.

7. Explicación de las Constituciones Originales.

8. Madre Teresa a las hermanas, los hermanos y los padres, M. C., 25 de marzo de 1993.

9. Constituciones de las hermanas Misioneras de la Caridad, 5.

10. Cf. Lucas 10, 33-35.

11. Mateo 25, 40.

12. Madre Teresa al arzobispo Périer, fiesta del Corpus Christi, 5 de junio de 1947.

13. «Las locuciones (o palabras) sobrenaturales son manifestaciones de la mente divina que se hacen oír, ya a los sentidos externos (locuciones exteriores o auriculares), ya a los internos (locuciones interiores imaginarias) o bien inmediatamente a la inteligencia (locuciones interiores intelectuales).» R. Garrigou-Lagrange, *Las tres edades de la vida interior I: preludio de la del cielo* (Palabra, Madrid,

1995) pp. 1183-1184; A. Poulain, *Revelations and Visions: Discerning the True and Certain from the False or the Doubtful* [trad. L. L. Yorke Smith] (1910; reimpr., Alba House, Nueva York, 1998) pp. 1-18.

Madre Teresa recibió locuciones interiores imaginativas.

14. Hermana Teresa a *Katoličke Misije*, febrero de 1935, p. 25.

15. Madre Teresa a *Katoličke Misije*, octubre de 1937.

16. Madre Teresa al arzobispo Périer, 13 de enero de 1947.

17. Madre Teresa a Madre M. Gertrude Kennedy, I. B. V. M., 10 de enero de 1948. Ésta era la clásica respuesta católica a tales manifestaciones extraordinarias de la presencia divina. La opinión unánime de los maestros de espiritualidad es que el primer paso que prueba semejantes comunicaciones es apartarse de ellas, rehusar ser obsesionado por ellas. Si son genuinas, se mantendrán con su propia fuerza. Si no lo son, se irán apagando.

18. Cf. Lucas 10, 38-42.

19. Cf. Mateo 27, 35.

20. Cf. Filipenses 2, 8.

21. Cf. Lucas 23, 34, 43.

22. Madre Teresa al arzobispo Périer, 13 de enero de 1947.

Capítulo 4. «Llevar alegría al Corazón Sufriente de Jesús»

1. Madre Gertrude al arzobispo Périer, 25 de enero de 1948.

2. Arzobispo Périer a madre Gertrude, 13 de enero de 1948.

3. *Ibid.*

4. Madre Teresa al arzobispo Périer, 25 de enero de 1947.

5. Arzobispo Périer a Madre Teresa, 19 de febrero de 1947.

6. Cf. 1 Corintios 9, 22.

7. Madre Teresa al arzobispo Périer, en algún momento antes del 7 de marzo de 1947.

8. Padre Joseph Creusen, S. J., al arzobispo Périer, 28 de junio de 1947.

9. Arzobispo Périer a Madre Teresa, 7 de marzo de 1947.

10. Cf. Mateo 10, 42.

11. Madre Teresa se refiere a la encíclica de Pío XII *Quemadmodum* (suplicando el cuidado de los niños indigentes del mundo) promulgada el 6 de enero de 1946.

12. Madre Teresa al arzobispo Périer, 30 de marzo de 1947.

13. Arzobispo Périer a Madre Teresa, 7 de abril de 1947. La numeración y subrayado en esta carta son de la Madre Teresa.

14. *Ibid.*

15. Padre Van Exem al arzobispo Périer, 14 de junio de 1947.

16. *Ibid.*

17. Madre Teresa al arzobispo Périer, fiesta del Corpus Christi, 5 de junio de 1947.

18. Padre Van Exem al arzobispo Périer, 14 de junio de 1947.

Capítulo 5. «No lo retrase más. No me retenga»

1. Madre Gertrude al arzobispo Périer, 25 de enero de 1948.

2. Padre Van Exem al arzobispo Perier 8 de agosto 1947.

3. *Ibid*. (Padre Van Exem cita a Madre Teresa en su carta al arzobispo.)

4. *Ibid.*

5. *Ibid.*

6. *Ibid.*

7. Padre Van Exem al arzobispo Périer, 26 de octubre de 1947.

8. Padre Van Exem al arzobispo Périer, 8 de agosto de 1947.

9. *Ibid.*

10. *Ibid.*

11. T. Dubay, *Fire Within: St. Teresa of Avila, St. John of the Cross, and the Gospel-on Prayer* (Ignatius Press, San Francisco, 1989), p. 265.

12. Madre Teresa a Jesús, sin fecha.

13. Madre Teresa al padre Neuner, sin fecha, pero escrita muy probablemente durante el retiro de abril de 1961. Dulzura, consolación y unión son algunos de los efectos de las locuciones y visiones genuinas. El padre Augustin Poulain, S. J., cita a San Juan de la Cruz: «Los efectos que producen en el alma estas visiones (imaginativas) son quietud, iluminación, alegría como la de la gloria, dulzura, pureza, amor, humildad y la inclinación o elevación de la mente a Dios.» Algunos de estos favores espirituales eran evidentes en el alma de Madre Teresa y esto fue un incentivo ulterior para que el padre Van Exem creyera que la llamada era auténtica. Cf. A. Poulain, *Revelations and Visions* (Alba House, Nueva York, 1998), p. 16.

14. Como indica la carta al padre Van Exem, fechada el 8 de agosto de 1947, el motivo de Madre Teresa para solicitar permiso para hacer tal voto a su confesor radicaba en una revelación que recibió a su regreso a Calcuta: «*te traje aquí para que estuvieras bajo el inmediato cuidado de tu Padre espiritual... Obedécele en cada detalle, no te engañarás si le obedeces porque él Me pertenece completamente.—Te haré conocer Mi voluntad a través de él*».

15. Padre Van Exem al arzobispo Périer, 8 de agosto de 1947.

16. Arzobispo Périer a Madre Teresa, 24 de octubre de 1947

17. Madre Teresa al arzobispo Périer, 1 de octubre de 1947.

18. Madre Teresa dirigida a Jesús, 1959.

19. Madre Teresa al padre Van Exem, 19 de octubre de 1947.

20. *Ibid.*

21. Padre Van Exem al arzobispo Périer, 8 de agosto de 1947.

22. Padre Van Exem al arzobispo Périer, 20 de octubre de 1947.

23. Padre Van Exem al arzobispo Périer, de 1947.

24. Arzobispo Périer al padre Van Exem, 28 de octubre de 1947.

25. Cf. Hechos 5, 38-39.

26. Cf. Juan 14, 13.

27. Madre Teresa al arzobispo Périer, 24 de octubre de 1947.

28. Madre Teresa al padre Van Exem, 28 de octubre de 1947.

29. Madre Teresa al arzobispo Périer, 7 de noviembre de 1947.

30. Cf. Lucas 18, 2-8.

32. Madre Teresa al arzobispo Périer, 7 de noviembre de 1947.

33. Madre Teresa al arzobispo Périer, 3 de diciembre de 1947.

34. Padre Creusen al arzobispo Périer, 28 de junio de 1947.

35. Padre Jerome Sanders, S. J., al arzobispo Périer, 8 de diciembre de 1947.

36. Padre Creusen al arzobispo Périer, 28 de junio de 1947.

37. Arzobispo Périer a la madre Gertrude, 13 de enero de 1948.

Capítulo 6. Hacia los «agujeros oscuros»

1. Madre Teresa a la madre Gertrude, 10 de enero de 1948.

2. «Algún día seguro que viene [el permiso] y entonces estoy segura de que usted será el primero en dar al joven instituto toda la ayuda que necesite» Madre Teresa al arzobispo Périer, muy probablemente antes del 7 de marzo de 1947.

3. Madre Teresa al padre Van Exem, 19 de octubre de 1947.

4. Madre Teresa al arzobispo Périer, 28 de enero de 1948.

5. *Ibid.*

6. Arzobispo Périer al padre Van Exem, 12 de enero de 1948.

7. *Ibid.*

8. Arzobispo Périer a la madre Gertrude, 13 de enero de 1948.

9. Madre Teresa al arzobispo Périer, 28 de enero de 1948.

10. Madre Teresa al arzobispo Périer, 13 de enero 1947.

11. Arzobispo Périer a Madre Teresa, 29 de enero de 1948.

12. *Ibid.*

13. Madre Gertrude, al arzobispo Périer, el 25 de enero de 1948.

14. Madre Gertrude a Madre Teresa, el 25 de enero de 1948.

15. Madre Teresa al Cardenal Prefecto de la Sagrada Congregación para los Religiosos, 7 de febrero de 1948.

16. Arzobispo Périer al Cardenal Prefecto de la Sagrada Congregación para los Religiosos, 20 de febrero de 1948 (el original está escrito en francés).

17. Madre Teresa al arzobispo Périer, 14 de abril de 1948.

18. Madre Teresa al arzobispo Périer, 13 de mayo de 1948.

19. Arzobispo Périer a Madre Teresa, 18 de mayo de 1948.

20. *Ibid*.

21. Arzobispo Périer a madre M. Columba, I. B. V. M., 7 de agosto de 1948.

22. Madre Teresa al arzobispo Périer, 30 de marzo de 1947.

23. Madre Teresa al Cardenal Prefecto de la Sagrada Congregación para los Religiosos, 7 de febrero de 1948.

24. Madre Teresa al arzobispo Périer, 15 de agosto de 1948.

25. Testimonio de Navin Chawla.

Capítulo 7. «La noche oscura del nacimiento de la Congregación»

1. E. Egan, *Such a Vision of the Street* (Image Doubleday, Nueva York, 1985), p. 32.

2. Madre Teresa al arzobispo Périer, 24 de agosto de 1948.

3. *Ibid*.

4. Madre M. Emmanuel, I. B. V. M., a Madre Teresa, 15 de agosto de 1948.

5. Madre M. Joseph, I. B. V. M., a Madre Teresa, 15 de agosto de 1948.

6. Madre M. Gabrielle, I. B. V. M., a Madre Teresa, 3 de septiembre de 1948. El santo de Madre Teresa (la fiesta de Santa Teresita) era el 3 de octubre; por ello la madre Gabrielle quizá se equivocó al fechar la carta.

7. Madre Teresa al padre Van Exem, 17 de septiembre de 1948.

8. *Ibid*.

9. *Ibid*.

10. *Ibid*.

11. *Ibid*.

12. Madre M. Pauline Dunne, I. B. V. M., a Madre Teresa, 29 de octubre de 1948.

13. Cf. Lucas 2, 7.

14. Madre Teresa a madre Pauline, 9 de noviembre de 1948.

15. Testimonio de hermana M. Gertrude, M. C.

16. Testimonio de los Primeros Días, escrito del 21 al 23 de diciembre de 1948.

17. Cf. Lucas 4, 43.

18. Diario de Madre Teresa, 24 de enero de 1949 (en adelante Diario). Escribió este registro de acontecimientos desde Navidad de 1948 hasta el 11 de junio de 1949, y después se lo envió al arzobispo Périer.

19. Madre Teresa al arzobispo Périer, 10 de febrero de 1949.

20. Madre Teresa al arzobispo Périer, 13 de enero de 1947.

21. Madre Teresa al arzobispo Périer, 21 de febrero de 1949.

22. Diario, 28 de febrero de 1949.

23. Diario, 16 de febrero de 1949.

24. Cf. Juan 2, 3.

25. Diario, 2 de febrero de 1949.

26. Diario, 19 de marzo de 1949.

27. Madre Teresa al arzobispo Périer, 29 de junio de 1949.

28. Arzobispo Périer al Cardenal Prefecto de la Sagrada Congregación de los Religiosos, Roma, 4 de agosto de 1949 (original en francés).

29. Madre Teresa al papa Pío XII, 1 de marzo de 1950.

30. Madre Teresa al arzobispo Périer, 23 de julio de 1950.

31. Madre Teresa al arzobispo Périer, 21 de junio de 1950.

32. Decreto de constitución de la nueva congregación: Hermanas Misioneras de la Caridad.

33. Madre Teresa al arzobispo Périer, 23 de septiembre de 1950.

34. *Ibid.*

35. Testimonio de la hermana M. Dorothy, M. C.

36. Juan 12, 24-25.

37. Explicación de las primeras Constituciones de las hermanas M. C.

38. Madre Teresa al arzobispo Périer, 20 de enero de 1951.

39. Madre Teresa al arzobispo Périer, 20 de marzo de 1951.

40. Madre Teresa al arzobispo Périer, 26 de octubre de 1950.

41. Madre Teresa al padre Jambreković, 25 de noviembre de 1937.

42. Madre Teresa se refiere a la devoción a María que San Luis María Grignion de Montfort presenta en *El secreto de María* y que «consiste en someterse uno mismo como esclavo a María y, a través de ella, a Jesús y realizar todas nuestras acciones con María, en María, por María y para María». *El secreto de María* (Apostolado Mariano, Sevilla, 1987).

43. Madre Teresa al arzobispo Périer, 15 de abril de 1951.

44. Explicación de las primeras Constituciones.

45. Madre Teresa al arzobispo Périer, 30 de julio de 1951.

46. Arzobispo Périer a Madre Teresa, 31 de julio de 1951.

47. Las Hijas de Santa Ana eran una congregación religiosa afiliada a Loreto, que estuvo a cargo de Madre Teresa mientras ella vivió en St. Mary Entally.

48. Madre Teresa al arzobispo Périer, 30 de julio de 1951.

49. Madre Teresa al arzobispo Périer, 11 de agosto de 1951.

50. Madre Francis Xavier Stapleton, I. B. V. M., a Madre Teresa, 9 de agosto de 1951.

51. Madre Teresa al arzobispo Périer, 8 de febrero de 1952.

52. Madre Teresa al arzobispo Périer, 4 de abril de 1952.

53. Madre Teresa al arzobispo Périer, 6 de julio de 1952.

54. Arzobispo Périer a Madre Teresa, 1 de octubre de 1952.

55. Madre Teresa al arzobispo Périer, 6 de octubre de 1952.

56. Madre Teresa tomó el concepto de «otro yo» del Padre jesuita Alonso Rodríguez: «Este [amar al amigo como a sí mismo] hace que el amigo sea otro yo, que seamos como una cosa». [*Ejercicio de perfección y virtudes cristianas,* Vol. 1, Tratado 4, capítulo 1, Madrid, 1954.]

57. Madre Teresa a los colaboradores, 1 de marzo de 1995.

58. Cf. Filipenses 4, 13.

59. Madre Teresa a Jacqueline de Decker, 13 de enero de 1953.

60. Madre Teresa a Jacqueline de Decker, 15 de marzo de 1953.

61. Madre Teresa al arzobispo Périer, 15 de julio de 1958.

Capítulo 8. La sed de Jesús Crucificado

1. Madre Teresa al arzobispo Périer, 18 de marzo de 1953.

2. Arzobispo Périer a Madre Teresa, 20 de marzo de 1953.

3. Madre Teresa al arzobispo Périer, 1 de abril de 1953.

4. Arzobispo Périer a Madre Teresa, 12 de abril de 1953.

5. Arzobispo Périer a Madre Teresa, 22 de diciembre de 1954.

6. Madre Teresa al arzobispo Périer, 17 de abril de 1953.

7. Madre Teresa al arzobispo Périer, 6 de agosto de 1953.

8. Madre Teresa al arzobispo Périer, 8 de septiembre de 1953.

9. Madre Teresa al arzobispo Périer, fiesta del Corpus Christi, 5 de junio de 1947.

10. Madre Teresa al arzobispo Périer, 23 de octubre de 1953.

11. Madre Teresa al arzobispo Périer, 19 de diciembre de 1953.

12. Madre Teresa al arzobispo Périer, 26 de febrero de 1954.

13. Madre Teresa a Jacqueline de Decker, 25 de marzo de 1954.

14. Cf. Juan 10, 38.

15. Cf. Mateo 1, 1-3.

16. Madre Teresa a Jacqueline de Decker, 17 de octubre de 1954.

17. Popular oración a María: «Acordaos, ¡oh, piadosísima Virgen María!, que jamás se ha oído decir que ninguno de los que han acudido a vuestra protección implorando vuestro auxilio haya sido desamparado. Animado por esta confianza, a Vos acudo, oh Madre, Virgen de las vírgenes, y gimiendo bajo el peso de mis pecados me atrevo a comparecer ante Vos. Oh, Madre de Dios, no desechéis mis súplicas, antes bien, escuchadlas y acogedlas benignamente. Amén.» El título deriva de la primera palabra de la oración en latín, «Memorare».

18. Madre Teresa a hermana Margaret Mary M. C., 15 de enero de 1955.

19. Madre Teresa al arzobispo Périer, 21 de enero de 1955.

20. Arzobispo Périer a Madre Teresa, 23 de enero de 1955.

21. Madre Teresa al arzobispo Périer, 31 de enero de 1955.

22. Cf. Colosenses 1, 24.

23. Madre Teresa a los colaboradores enfermos y sufrientes, 9 de marzo de 1955.

24. Madre Teresa al arzobispo Périer, 30 de marzo de 1957.

25. Madre Teresa al arzobispo Périer, 4 de abril de 1955.

26. Cf. Lucas 14, 12-14.

27. Madre Teresa al arzobispo Périer, 15 de diciembre de 1955.

28. Madre Teresa al arzobispo Périer, 8 de febrero de 1956.

29. Arzobispo Périer a Madre Teresa, 9 de febrero de 1956.

30. *Ibid.*

31. *Ibid.*

32. Madre Teresa al arzobispo Périer, 27 de marzo de 1956.

33. Madre Teresa al padre Picachy, 4 de abril de 1960.

34. Notas del retiro de la madre Teresa, marzo-abril de 1959.

35. Madre Teresa al arzobispo Périer, 10 de abril de 1956.

36. *Ibid.*

37. Madre Teresa a Jacqueline de Decker, 18 de julio de 1956.

38. Arzobispo Périer a Madre Teresa, 29 de julio de 1956.

39. Madre Teresa al arzobispo Périer, 25 de septiembre de 1956.

40. Madre Teresa al arzobispo Périer, 21 de junio de 1950.

41. Madre Teresa al arzobispo Périer, 17 de noviembre de 1956.

42. Madre Teresa al padre Picachy, 26 de enero de 1957.

43. Madre Teresa al arzobispo Périer, 28 de febrero de 1957.

44. Madre Teresa al arzobispo Périer, 30 de marzo de 1947.

45. Se puede ver que Madre Teresa era sensible a pequeñas expresiones de amabilidad, por ejemplo en su reacción a la actitud de monseñor Périer por no enviarle un saludo en su santo: «Eché de menos su carta para mi santo. En 20 años ésta es la primera vez» (Madre Teresa al arzobispo Périer, 4 de octubre de 1956).

46. Cf. Mateo 11, 29.

47. Madre Teresa al arzobispo Périer, 8 de abril de 1957.

48. Madre Teresa al arzobispo Périer, 12 de septiembre de 1957.

49. Madre Teresa a madre Gertrude, 10 de enero de 1948.

50. Madre Teresa al arzobispo Périer, 30 de marzo de 1947.

51. Madre Teresa al arzobispo Périer, fiesta del Corpus Christi, 5 de junio de 1947.

52. Madre Teresa al arzobispo Périer, 12 de septiembre de 1957.

53. Yeti, «Battle in Busteeland»: *The Statesman* (22 de enero de 1958).

54. Madre Teresa al arzobispo Périer, 29 de enero de 1958.

55. Madre Teresa al padre Picachy, 25 de abril de 1958.

56. Madre Teresa al padre Picachy, 28 de junio de 1958.

57. *Ibid.*

58. Madre Teresa al arzobispo Périer, 15 de julio de 1958.

59. Madre Teresa a Eileen Egan, 15 de mayo 1958.

60. Madre Teresa a Eileen Egan, 20 de julio de 1958.

61. Madre Teresa al arzobispo Périer, 7 de noviembre de 1958.

62. Madre Teresa al arzobispo Périer, 16 de noviembre de 1958.

Capítulo 9. Dios mío, ¡qué doloroso es este dolor desconocido!

1. Madre Teresa al padre Picachy, 15 de agosto de 1957.

2. Madre Teresa al padre Picachy, 22 de noviembre de 1957.

3. Madre Teresa al padre Picachy, 6 de noviembre de 1958.

4. Madre Teresa al padre Picachy, 23 de noviembre de 1958.

5. Madre Teresa al padre Picachy, 2 de diciembre de 1958. Madre Teresa se refería al libro *Garlic for Pegasus*, del padre Wilfred P. Schoenberg, S. J.

6. W. P. Schoenberg, *Garlic for Pegasus: The Life of Brother Benito de Goes of the Society of Jesus* (Newman Press, Westminster, 1955) p. 194.

7. Madre Teresa al padre Picachy, 24 de enero de 1959.

8. Madre Teresa al padre Picachy, 7 de marzo de 1959.

9. *Ibid*.

10. Madre Teresa al arzobispo Périer, 21 de marzo de 1959.

11. Madre Teresa al arzobispo Périer, 5 de abril de 1959.

12. Madre Teresa al arzobispo Périer, 12 de abril de 1959.

13. Aceptación de su nominación, adjunta a la carta de Madre Teresa al arzobispo Périer, 15 de abril de 1959.

14. Madre Teresa al arzobispo Périer, 28 de mayo de 1959.

15. Madre Teresa al padre Picachy, 26 de abril de 1959.

16. Madre Teresa al padre Picachy, 3 de julio de 1959.

17. Sólo hay tres cartas escritas por Madre Teresa al padre Picachy en las que hable de su estado interior: la carta del 6 de noviembre de 1958, citando «tres cartas»; la carta del 3 de septiembre de 1959, a la que se adjunta una carta a Jesús; y ésta del 3 de julio de 1959. No es probable que el «folio» no fechado que ella envió con la carta del 3 de julio y que comienza «En la oscuridad» sea una de las tres cartas mencionadas en la carta del 6 de noviembre. En consecuencia, está vinculada probablemente más con la carta del 3 de julio. En todo caso, este «folio» pertenece claramente a este período de tiempo.

18. Madre Teresa a Jesús, carta sin fecha.

19. Testimonio de la hermana Margaret Mary.

20. De esta manera se refiere a las palabras de Jesús en las cartas del 12 de enero y del 3 de diciembre de 1947: «*Sufrirás y sufres ahora—pero si eres Mi pequeña esposa—la esposa de Jesús Crucificado—tendrás que soportar estos tormentos en tu corazón.*» O quizá sean palabras de Jesús que ella escribió en sus notas, pero no en sus cartas.

21. Madre Teresa a la hermana Margaret Mary, 1959.

22. Madre Teresa al padre Picachy, 2 de agosto de 1959.

23. Madre Teresa al padre Picachy, 25 de agosto de 1959.

24. Madre Teresa al arzobispo Périer, 1 de septiembre de 1959.

25. Carta de Madre Teresa a Jesús adjunta a su carta al padre Picachy, 3 de septiembre de 1959.

26. *Ibid*.

27. *Ibid*.

28. Cf. Apéndice 2, p. 426.

29. Madre Teresa al padre Picachy, 6 de septiembre de 1959.

30. Cf. Lucas 1, 28-37.

31. Cf. Mateo 1, 20-23.

32. Cf. Lucas 2, 19, 51.

33. Madre Teresa a las hermanas M. C., 20 de septiembre de 1959.

34. Cf. Lucas 2, 51.

35. Madre Teresa al padre Picachy, 27 de octubre de 1959.

36. *Ibid*.

37. Madre Teresa al padre Picachy, 21 de noviembre de 1959.

38. Madre Teresa al padre Picachy, 13 de diciembre de 1959.

39. Madre Teresa al padre Picachy, 26 de diciembre de 1959.

40. Madre Teresa al padre Picachy, 4 de abril de 1960.

41. Madre Teresa al padre Picachy, 7 de agosto de 1960.

42. Madre Teresa al padre Edward Le Joly, S. J., citado en E. Le Joly, *Mother Teresa of Calcutta, A biography*, (Harper & Row Publishers, Nueva York, 1983), p. 179.

43. Madre Teresa al arzobispo McCarthy, 29 de julio de 1960.

44. Madre Teresa a Kay Brachan, 10 de agosto de 1960.

45. Madre Teresa a Eileen Egan, 9 de agosto de 1960.

46. Madre Teresa al padre Picachy, 20 de octubre de 1960.

47. En su estudio sobre la noche reparadora del espíritu, el padre R. Garrigou-Lagrange, O. P., usando el ejemplo del fundador de la Orden de los Pasionistas, afirma: «La lectura de las obras de San Juan de la Cruz lleva a considerar la noche del espíritu sobre todo como una purificación pasiva personal, que dispone el alma a aquella perfecta unión con Dios que llamamos unión transformante. Esta purificación que, como pasiva, es un estado místico y supone la contemplación infusa, aparece así como *necesaria* para hacer desaparecer los defectos de los aprovechados de

los que se habla en la *La Noche Oscura* (l. II, cap. 10). Ciertas vidas de algunos grandes siervos de Dios, particularmente dedicados a la reparación y a la inmolación por la salud de las almas, o al apostolado por medio de los sufrimientos interiores, hacen pensar en una prolongación de la noche del espíritu aun después del ingreso en la unión transformante. Mas, en tal caso, tal prueba ya no será principalmente *purificadora*, sino más bien *reparadora*. Es también doctrina común que los siervos de Dios son más rudamente probados, sea porque tengan necesidad de una purificación más profunda, sea porque a ejemplo de nuestro Señor deban trabajar, valiéndose de los mismos medios que él empleó en una alta causa espiritual, tal como en la fundación de una orden religiosa, o en procurar la salvación de numerosas almas. La larga duración de esta prueba es uno de los rasgos comunes llamativos entre la noche de San Juan de la Cruz y la de Madre Teresa.» R. Garrigou-Lagrange, *The Three Ages of Interior Life: Prelude of Eternal Life*, vol. 2 (B. Herder Book Co., St. Louis 1948; Tan Books and Publishers, Inc., Rockford 1989), pp. 502-504. [*Las tres edades de la vida interior I: preludio de la del cielo*, Palabra, Madrid 1995.]

48. Madre Teresa al padre Picachy, 20 de octubre de 1960.

49. Madre Teresa a Kay Brachan, 10 de agosto de 1960.

50. Madre Teresa a Eileen Egan, 2 de octubre de 1960.

51. Madre Teresa a Eileen Egan, 24 de julio de 1960.

52. Discurso de Madre Teresa, XXX Congreso Nacional del Consejo Nacional de Mujeres Católicas, Las Vegas, 1960.

53. Madre Teresa a doña Ann Blaikie, 29 de noviembre de 1960.

54. Madre Teresa al arzobispo Périer, 18 de diciembre de 1960.

55. Madre Teresa a Eileen Egan, 1960.

56. Madre Teresa al padre Picachy, 20 de diciembre de 1960.

57. Madre Teresa al padre Picachy, sin fecha.

58. Madre Teresa al padre Picachy, 23 de enero de 1961.

Capítulo 10. «He llegado a amar la oscuridad»

1. Testimonio del padre Neuner sobre Madre Teresa.

2. Madre Teresa al padre Neuner, sin fecha, pero muy probablemente escrito durante el retiro de abril de 1961.

3. Testimonio del padre Neuner.

4. Madre Teresa al padre Neuner, muy probablemente el 11 de abril de 1961.

5. Madre Teresa al arzobispo Périer, 25 de enero de 1947.

6. J. Neuner, «Mother Teresa's Charism»: *Review for Religious* 60, 5 (septiembre-octubre de 2001), pp. 484-485.

7. Madre Teresa al padre Neuner, fechada en 1961.

8. Madre Teresa a los colaboradores, 22 de abril de 1961.

9. «Cuando la noche del espíritu es principalmente purificadora, bajo la influencia de la gracia que se ejercita principalmente mediante el don del entendimiento, las virtudes teologales y la humildad son purificadas de toda mezcla humana. El alma así purificada puede ir más allá de fórmulas de misterios y entrar en "las cosas profundas de Dios", como dice San Pablo (Cf. 1 Corintios 2, 10). Luego, a pesar de todas las tentaciones contra la fe y la esperanza, el alma cree firmemente mediante un acto directo, de manera más pura y sublime, que supera la tentación; cree por el único y más puro motivo logrado sobrenaturalmente: la autoridad de Dios que revela. También espera por la única razón de que Él es muy útil, Misericordia infinita. Ama al Dios de la más completa aridez porque él es infinitamente

mejor en Sí mismo que todos los dones que nos puede conceder [...] Cuando esta prueba es principalmente reparadora, cuando tiene principalmente como fin hacer que el alma ya purificada trabaje por la salvación de su prójimo, entonces mantiene las mismas características elevadas apenas descritas, pero toma un carácter añadido más nostálgico de los sufrimientos íntimos de Jesús y María, que no necesitaron ser purificados.» R. Garrigou-Lagrange, *Las tres edades de la vida interior: preludio de la del cielo* (Palabra, Madrid, 1995). Por todas las indicaciones, éste fue el caso de Madre Teresa. Con la ayuda del padre Neuner empezó a entender que su prueba era una parte de su misión, una oportunidad, ciertamente para una mayor caridad, y por este motivo comenzó a amar su oscuridad.

10. Madre Teresa al padre Picachy, junio de 1961.

11. Colosenses 1, 24.

12. Madre Teresa a las hermanas M. C., primer viernes del mes de julio de 1961.

13. Madre Teresa al padre Picachy, 1 de septiembre de 1961.

14. Cf. Mateo 16, 24.

15. Instrucción de Madre Teresa a las hermanas M. C., 17 de mayo de 1981.

16. Madre Teresa al padre Neuner, 16 de octubre de 1961.

17. Madre Teresa a Eileen Egan, 27 de febrero de 1961.

18. Madre Teresa al padre Neuner, 16 de octubre de 1961.

19. «Pero, ¿cómo mostraré mi amor, si el amor se demuestra con los hechos? Yo, la pequeña, esparciré flores, perfumando el Trono de Dios con sus fragancias. Cantaré el cántico del amor en tonos plateados. Así se desgastará mi corta vida en Tu presencia, ¡Amado mío! Esparcir flores es el único medio para probar mi amor y cada una de estas flores serán palabra y mirada, pequeño sacrificio diario. Quie-

ro aprovechar las más pequeñas acciones y hacerlas todas por amor. Por Amor deseo sufrir y gozar: así regaré mis flores. No la que veo, sino, cantando todo el rato, esparciré sus pétalos ante Ti. Si debo recolectar mis rosas de entre espinas, cantaré no obstante, *y cuanto más largas y afiladas, más dulce se hará mi canción* [cursiva nuestra].» Santa Teresa de Lisieux, *Historia de un alma* (Monte Carmelo, Burgos, 2003), p. 263.

20. Madre Teresa al padre Neuner, 23 de octubre de 1961.

21. Madre Teresa al padre Neuner, 3 de noviembre de 1961.

22. Instrucción de Madre Teresa a las hermanas M. C., 5 de octubre de 1984.

23. Instrucción de Madre Teresa a las hermanas M. C., 13 de mayo de 1982.

24. Madre Teresa al padre Neuner, fecha probable: el 8 de noviembre de 1961. Madre Teresa hizo todo lo posible para aprovechar al máximo el tiempo. Muchas de sus cartas las escribía mientras viajaba.

25. Madre Teresa al padre Neuner, 18 de diciembre de 1961.

26. Madre Teresa al padre Neuner, 17 de febrero de 1962.

27. Madre Teresa a Eileen Egan, 21 de febrero de 1962.

28. Afirmación del padre Neuner.

29. Cf. Lucas 1, 39.

30. Madre Teresa al padre Neuner, 6 de marzo de 1962.

31. Cf. 2 Corintios 12, 9.

32. Madre Teresa a Eileen Egan, 20 de marzo de 1962.

33. Cf. Juan 15, 19.

34. Madre Teresa a Eileen Egan, 20 de marzo de 1962.

35. La Madre se refiere a Margaret Trouncer, *The Nun* (All Saints Press Book Guild Press, Nueva York 1965).

36. Cf. Hebreos 10, 38.

37. Madre Teresa al padre Neuner, 12 de mayo de 1962.

38. Citado en M. Muggeridge, *Something Beautiful for God* (Harper & Row Publishers, San Francisco, Londres, 1971), pp. 73-74.

39. D. Doig, *Mother Teresa: Her People and Her Work* (Harper & Row, Nueva York, 1976), p. 159.

40. Cf. Lucas 4, 18.

41. Madre Teresa, *La Caridad: Alma de la Misión*, 23 de enero de 1991.

Capítulo 11. A Su disposición

1. Madre Teresa al padre Picachy, 18 de mayo de 1962.

2. Madre Teresa al padre Picachy, 27 de junio de 1962.

3. Cuando el padre Picachy fue ordenado obispo, Madre Teresa se solía dirigir a él como «Excelencia», aunque le recordaría: «Por favor no se dirija a mí como "Reverenda" ya que le considero mi Director espiritual» (Madre Teresa a monseñor Picachy, 20 de agosto de 1963).

4. Madre Teresa al padre Picachy, 20 de julio de 1962.

5. Madre Teresa a Eileen Egan, 29 de agosto de 1962.

6. Madre Teresa al padre Neuner, 10 de septiembre de 1962.

7. Madre Teresa a monseñor Picachy, 21 de septiembre de 1962.

8. Madre Teresa al padre Neuner, 15 de enero de 1963.

9. Madre Teresa a monseñor Picachy, 3 de febrero de 1963.

10. Madre Teresa a monseñor Picachy, 13 de febrero de 1963.

11. Cf. Mateo 3, 1-6.

12. Cf. Juan 3, 29.

13. Madre Teresa al padre Neuner, 25 de febrero de 1963.

14. Madre Teresa a monseñor Picachy, 23 de marzo de 1963.

15. Madre Teresa a monseñor Picachy, sin fecha: esta carta tuvo que ser enviada después del 9 de septiembre de 1962, día en que el padre Picachy fue consagrado obispo. En la carpeta que contiene las cartas de Madre Teresa a monseñor Picachy fue colocada después de la carta del 23 de marzo de 1963.

16. Notas del retiro de Madre Teresa, marzo-abril del año 1959.

17. Madre Teresa a monseñor Picachy, 7 de abril de 1963.

18. Madre Teresa al padre Neuner, 11 de abril de 1963.

19. Madre Teresa a Eileen Egan, 1 de septiembre de 1963.

20. Madre Teresa al padre Neuner, 3 de septiembre de 1963.

21. Cf. Mateo 26, 47.

22. Madre Teresa a monseñor Picachy, 8 de enero de 1964.

23. Madre Teresa a Eileen Egan, 8 de enero de 1964.

24. *Ibid.*

25. Madre Teresa a Eileen Egan, 24 de enero de 1964.

26. Madre Teresa a monseñor Picachy, 20 de marzo de 1964.

27. Madre Teresa a Eileen Egan, 15 de abril de 1964.

28. Madre Teresa al padre Neuner, 17 de mayo de 1964.

29. Madre Teresa a Eileen Egan, 4 de octubre de 1964. Cf. Marcos 12, 30.

30. Madre Teresa a las superioras de las M. C., 17 de noviembre de 17, 1964.

31. Madre Teresa al nuncio apostólico en India, el arzobispo James R. Knox, 27 de diciembre de 1964.

32. Madre Teresa a monseñor Picachy, 29 de diciembre de 1964.

33. Madre Teresa al padre Neuner, antes del 8 de enero de 1965.

34. Cf. 2 Corintios 5, 21; 1 Pedro 2, 24.

35. Cf. Mateo 26, 36-45.

36. Cf. Mateo 27, 46.

37. Cf. Mateo 3, 17.

38. Cf. Mateo 17, 5.

39. Instrucción de Madre Teresa a las hermanas M. C., 1 de abril de 1981.

40. «En este caso [noche reparadora], el sufrimiento hace pensar en aquel que, en un naufragio, olvidándose de sí, lucha desesperada y heroicamente por librar de la muerte a los que están en trance de perecer. Esos héroes espirituales, a la manera de san Pablo de la Cruz, luchan años enteros por librar a las almas de la muerte eterna, y tienen que hacer frente, en su lugar, a las tentaciones para que su ayuda resulte eficaz.» R. Garrigou-Lagrange, *Las tres edades de la vida interior I: preludio de la del cielo* (Palabra, Madrid 1995), p. 1095.

41. Madre Teresa al arzobispo Périer, 3 de diciembre de 1947.

42. Madre Teresa a monseñor Picachy, 4 de abril de 1965.

43. Juan 3, 30.

44. Madre Teresa al padre Neuner, 15 de mayo de 1965.

45. Madre Teresa a monseñor Knox, 19 de junio de 1965.

46. *Ibid*.

47. Madre Teresa a monseñor Knox, 1 de Julio de 1965.

48. Madre Teresa a monseñor Picachy, 11 de Julio de 1965.

49. Madre Teresa a monseñor Knox, Julio 20, 1965.

50. Madre Teresa a monseñor Knox, 28 de Julio de 1965.

51. Madre Teresa a monseñor Knox, 13 de octubre de 1965.

52. Madre Teresa a monseñor Picachy, 16 de mayo (1965 o 1966).

53. Madre Teresa al padre Neuner, 30 de marzo de 1966.

54. «... cuanto más adelantadas están las almas, sus sufrimientos interiores se parecen más a los de Jesús y María. Es también doctrina común que los siervos de Dios son más rudamente probados, sea porque tengan necesidad de una purificación más profunda, sea porque, a ejemplo de nuestro Señor, deban trabajar, valiéndose de los mismos medios que el empleo, en una alta causa espiritual, tal como en la fundación de una orden religiosa, o en procurar la salvación de numerosas almas. San Juan de la Cruz y Santa Teresa lo experimentaron incesantemente. Y los hechos nos demuestran que así es.» R. Garrigou-Lagrange, *Las tres edades de la vida interior I: preludio de la del cielo* (Palabra, Madrid 1995), p. 1090.

55. Madre Teresa a monseñor Knox, 9 de mayo de 1966.

56. Madre Teresa a monseñor Knox, 6 de junio de 1966.

57. Madre Teresa a monseñor Picachy, 2 de septiembre de 1966.

58. Madre Teresa a monseñor Picachy, 8 de octubre de 1966.

59. Madre Teresa a monseñor Knox, 8 de septiembre de 1966.

60. Madre Teresa a monseñor Picachy, 4 de febrero de 1967.

61. Lucas 1, 49.

62. Madre Teresa al padre Neuner, 24 de julio de 1967.

63. Madre Teresa al padre Neuner, 24 de julio de 1967.

64. *Ibid.*

65. Madre Teresa al autor, en D. Doig, *Mother Teresa: Her People and Her Work* (Harper & Row, Nueva York, 1976), pp. 23-24.

66. *Ibid.*

67. Instrucción de Madre Teresa a las hermanas M. C., 24 de febrero de 1989.

68. Madre Teresa (en el tren a Bhagalpur) a Eileen Egan, 2 de septiembre de 1967.

69. Madre Teresa a Patty y Warren Kump, 1 de diciembre de 1967.

70. Madre Teresa al padre Neuner, 28 de enero de 1968.

71. Madre Teresa a monseñor Picachy, 8 de enero de 1969. Cf. Nehemias 8, 10.

72. Cf. Juan 14, 6.

73. Cf. Juan 8, 12.

74. Cf. Hebreos 13, 8.

75. Madre Teresa a Patty y Warren Kump, 22 de agosto de 1969.

76. Cf. Mateo 25, 40.

77. Cf. Nehemías 8, 10.

78. Cf. Juan 14, 6.

79. Cf. Juan 8, 12; 9, 5.

80. Cf. Juan 14, 6, 11, 25.

81. Cf. Juan 4, 8, 16.

82. Madre Teresa a Eileen Egan, 13 de octubre de 1969.

83. Madre Teresa al padre Neuner, 27 de noviembre de 1969.

84. Testimonio del padre Neuner.

85. Madre Teresa a monseñor Picachy, 21 de diciembre de 1969.

Capítulo 12. Dios utiliza la nada para mostrar Su grandeza

1. M. Plevak, «Chance Encounter Led to 22-Year Friendship: Local priest in Rome Working on Mother Teresa's Sainthood Cause»: *Catholic Herald* 133, n. 8 (21 de febrero de 2002), p. 9.

2. Madre Teresa al padre Michael van der Peet S. C. J., 16 de noviembre de 1975.

3. Madre Teresa al padre Van der Peet, 6 de marzo de 1976.

4. Madre Teresa a Jesús, adjunta en su carta al padre Picachy, 3 de septiembre de 1959.

5. Madre Teresa al padre Picachy, 21 de noviembre de 1959.

6. Madre Teresa a monseñor Ransch, 25 de febrero de 1976.

7. M. Plevak, «Chance Encounter Led to 22-Year Friendship: Local priest in Rome Working on Mother Teresa's Sainthood Cause»: *Catholic Herald* 133, 8 (21 de febrero de 2002), p. 9.

8. Madre Teresa al padre Van der Peet, 29 de mayo de 1976.

9. Véase p. 264, al padre Neuner, muy probablemente el 11 de abril de 1961.

10. Madre Teresa a un sacerdote, 13 de diciembre de 1976. Cf. Juan 6, 35, 48; Mateo 25, 35.

11. Instrucción de Madre Teresa a las hermanas M. C., 17 de mayo de 1978. Cf. Mateo 12, 34.

12. Madre Teresa al padre Van der Peet, 19 de junio de 1976. Carta escrita «de camino a Nueva York», es decir, en el avión.

13. Cf. Juan 1, 14.

14. Cf. Lucas 4, 34-41.

15. Madre Teresa al padre Don Kribs, 7 de febrero de 1974.

16. Madre Teresa al cardenal Picachy, fechada el 27 de junio de 1976.

17. Madre Teresa al padre Don Kribs, 23 de julio de 1976.

18. M. Plevak, «Chance Encounter Led to 22-Year Friendship: Local priest in Rome Working on Mother Tere-

sa's Sainthood Cause»: *Catholic Herald* 133, 8 (21 de febrero de 2002), p. 9.

19. Cf. Mateo 26, 26-28; Lucas 22, 19-20.

20. Madre Teresa al padre Van der Peet, 2 de noviembre de 1976.

21. Notas del retiro de Madre Teresa, marzo-abril de 1959.

22. Cf. Juan 3, 1ss.

23. Cf. Mateo 18, 3.

24. Madre Teresa a Malcolm Muggeridge, 12 de noviembre de 1970.

25. Discurso de Madre Teresa, Cambridge, 10 de junio de 1977.

26. Madre Teresa a la hermana Marie de la Trinidad, O. P., sin fecha.

27. «He leído que la tristeza y el sufrimiento son el beso de Jesús. Su regalo para usted por ser Suya» (Madre Teresa a la hermana M. John Francis, S. S. N. D., 3 de agosto de 1976). Muy probablemente había leído esto en P. de Jaegher, *The Virtue of Love* (P. J. Kenedy & Sons, Nueva York 1955) p. 123: «Nuestros sufrimientos, llevados como se deberían, son, como hemos dicho, besos ofrecidos a nuestro Jesús crucificado. Pero el sufrimiento es también el beso en nuestra alma de Jesús crucificado. Las almas corrientes no ven generalmente en el sufrimiento más que un castigo de Dios, una prueba de su justicia o de su disgusto. Por el contrario, el alma generosa lo ve como una prueba de su amor por ella. No ve la cruz desnuda, sino más bien a Jesús crucificado en ella, Jesús que la abraza con amor y que espera de ella a cambio un consentimiento generoso y amoroso... Para mí la Cruz de Jesús es todo lo que me causa sufrimiento. Los besos de Jesús a mi alma, por muy extraño que pueda parecer, son los numerosos sufrimientos insignificantes de mi vida diaria.»

28. Madre Teresa a Eileen Egan, 14 de diciembre de 1976.

29. Madre Teresa a una hermana M. C., 8 de abril de 1977.

30. Instrucción de Madre Teresa a las hermanas M. C., 9 de mayo de 1979.

31. Madre Teresa a un amigo, 29 de marzo de 1977.

32. Madre Teresa al padre Van der Peet, 20 de junio de 1977.

33. Cf. Mateo 25, 35-40.

34. Cf. Juan 15, 13.

35. Madre Teresa al padre Van der Peet, 17 de febrero de 1978.

36. Constituciones de las hermanas M. C., 29.

37. Instrucción de Madre Teresa a las hermanas M. C., 5 de octubre de 1984.

38. Cf. 2 Corintios 8, 9.

39. Cf. Gálatas 2, 20.

40. Madre Teresa al padre Neuner, 23 junio de 1978.

41. Gálatas 2, 20.

42. Madre Teresa, *Charity: Soul of Mission*, (23 de enero de 1991).

43. Madre Teresa a Eileen Egan, 1 julio de 1978.

44. Alocución de Madre Teresa, Instituto Regina Mundi, Roma, 20 de diciembre de 1979.

45. Madre Teresa al cardenal Picachy, 30 de noviembre de 1978.

46. Desde que las hermanas celebraron el jubileo de plata en 1975, El Hogar Para los Moribundos (Kalighat) en 1977, y el primer grupo de hermanas en 1978, Madre Teresa decidió dar a Jesús un jubileo de plata también. Para ello abrió veinticinco nuevas fundaciones en 1978.

47. Madre Teresa al padre Van der Peet, 30 de abril de 1979.

48. Madre Teresa al padre Van der Peet, 22 de septiembre de 1979.

49. Cf. 2 Corintios 9, 7.

50. Cf. 2 Corintios 8, 9.

51. Cf. Hebreos 4, 15.

52. Cf. Juan 12, 24.

53. Cf. Mateo 26, 40.

54. Madre Teresa al padre Sebastian, M. C., 12 de octubre de 1979.

55. Cf. Lucas 22, 39-46.

56. Instrucción de Madre Teresa a las hermanas M. C., 15 de febrero de 1983.

57. Mateo 25, 40.

58. Cf. Isaías 49, 15-16.

59. Discurso de Madre Teresa al recibir el Premio Nobel de la Paz, Oslo, Noruega, 11 de diciembre de 1979.

60. Madre Teresa a un médico, 12 de octubre de 1988.

61. Discurso de Madre Teresa, Desayuno Nacional de oración en Washington, D. C., 3 de febrero de 1994.

62. Madre Teresa al padre Neuner, 9 de enero de 1980.

63. *Ibid*.

64. Instrucción de Madre Teresa a las hermanas M. C., 17 de octubre de 1977.

65. Madre Teresa al padre Van der Peet, 18 de octubre de 1980.

66. Madre Teresa a Jesús, adjunta en su carta al padre Picachy, 3 de septiembre de 1959.

67. Discurso de Madre Teresa, Sínodo de los Obispos, octubre de 1980: Cf. *The Catholic Leader* (26 de octubre de 1980).

68. Explicación de las Constituciones Originales.

69. Madre Teresa al padre Neuner, 15 de diciembre de 1980.

70. *Ibid*.

71. Madre Teresa a las hermanas M. C., 15 de marzo de 1980.

72. Madre Teresa a las hermanas M. C., 23 de noviembre de 1980.

73. Instrucción de Madre Teresa a las hermanas contemplativas M. C., 18 de junio de 1981.

74. Madre Teresa al cardenal Picachy, 28 de septiembre de 1981.

75. Querido Jesús, ayúdame a esparcir Tu fragancia por dondequiera que vaya. Inunda mi alma con Tu Espíritu y con Tu Vida. Penetra y posee todo mi ser tan completamente que mi vida sólo sea un resplandor de la Tuya. Brilla a través de mí y permanece tanto en mí de manera que todas las almas que entren en contacto conmigo puedan sentir Tu presencia en la mía. Que al mirarme no me vean a mí, sino solamente a Jesús. Quédate conmigo, y así comenzaré a brillar como Tú brillas, a brillar tanto que pueda ser una luz para los demás. La luz, oh Jesús, vendrá toda de Ti, nada de mí. Serás Tú quien brille sobre los demás a través de mí. Que así Te alabe de la manera que Te es más agradable, brillando sobre aquellos que me rodean. Que Te predique sin predicar, no con palabras, sino con mi ejemplo, con la fuerza atrayente, con la influencia compasiva de lo que hago, con la evidente plenitud del amor que mi corazón siente por Ti. Amén.

Capítulo 13. Irradiando a Cristo

1. Madre Teresa a las hermanas M. C., 19 de agosto de 1982.

2. Meditación de Madre Teresa en el hospital en Roma, 1983.

3. Madre Teresa se levantaba todos los días a las 4.40 de la mañana y, tras las oraciones comunitarias y la meditación sobre la Palabra de Dios desde las 5.00 a las 6.00, asistía a la Santa Misa. Después del desayuno, Madre Teresa y las hermanas empezaban su apostolado en los barrios más miserables, visitando familias o sirviendo en los hogares

para moribundos y para niños, o en diversos dispensarios. (Durante los últimos años Madre Teresa ya no podía ir regularmente allá debido a sus múltiples viajes, las necesidades de las hermanas, la administración de la congregación y los numerosos visitantes.) A las 12.30, el almuerzo seguía a las oraciones comunitarias, media hora de descanso y media hora de lectura espiritual. Luego ella y las hermanas volvían a su trabajo con los pobres. A las 18.00 había una hora de adoración ante el Santísimo Sacramento (desde 1973), seguida por la Liturgia de las horas y la cena. Tras la cena y media hora de recreación, las hermanas terminaban el día con su oración de la noche a las 21.00 Madre Teresa a menudo se quedaba levantada para responder el correo hasta bien entrada la noche.

4. Madre Teresa al cardenal Picachy, 16 septiembre de 1985.

5. Madre Teresa al cardenal Picachy, 17 febrero de 1986.

6. Testimonio del padre Huart.

7. A. Huart, «Mother Teresa: Joy in the Night»: *Review for Religious* 60, n. 5 (septiembre-octubre 2001), p. 495.

8. Testimonio del obispo Curlin.

9. Madre Teresa al padre Van der Peet, 7 de enero de 1985.

10. Extractos del discurso del papa Juan Pablo II con ocasión de su visita a Nirmal Hriday, *L'Osservatore Romano*, 10 de febrero de 1986.

11. Madre Teresa al padre Van der Peet, 1 de enero de 1988.

12. Madre Teresa a las hermanas M. C., 10 de octubre de 1988.

13. Madre Teresa al hermano Roger de Taizé, 16 de diciembre de 1989.

14. Madre Teresa a las hermanas M. C., 23 de abril de 1991.

15. Cf. Lucas 1, 39-56.

16. Cf. Mateo 5, 8

17. Cf. Mateo 25, 40.

18. Cf. Romanos 8, 35-39.

19. Madre Teresa a los hermanos, hermanas, padres, misioneros laicos y colaboradores M. C., junio de 1990.

20. Madre Teresa a las hermanas M. C., 13 de enero de 1980.

21. Carta abierta de Madre Teresa al presidente George Bush y al presidente Saddam Hussein, 2 de enero de 1991.

22. Madre Teresa a su familia religiosa, 23 de junio de 1991.

23. Madre Teresa a las hermanas, hermanos y padres M. C., 25 de marzo de 1993.

24. Madre Teresa a Jesús, adjunta a su carta al padre Picachy, 3 de septiembre de 1959.

25. Madre Teresa al padre Neuner, enero de 1965.

26. Cf. Juan 19, 25-26.

27. Madre Teresa a la hermana M. Frederick, M. C., y a las hermanas M. C., 29 de marzo de 1994.

28. Madre Teresa al padre Neuner, 24 de julio de 1967.

29. Madre Teresa a las hermanas M. C., 15 de mayo de 1995.

30. Padre Van Exem a Madre Teresa, 16 de septiembre de 1993.

31. Madre Teresa al padre Van der Peet, 2 febrero de 1993.

32. Madre Teresa a una amiga, 25 de febrero de 1994.

33. Testimonio del obispo Curlin.

34. Testimonio del padre Gary, M. C.

35. Cf. Isaías 53, 5.

36. Testimonio del padre Sebastian, M. C.

37. Testimonio de la hermana Gertrude.

38. Testimonio de la hermana M. Nirmala, M. C.

39. estimonio de la hermana Margaret Mary.

40. Explicación de las Constituciones Originales.

41. Testimonio del padre Gary, M. C.

Conclusión

1. M. Muggeridge, *Madre Teresa de Calcuta* (Sociedad de Educación Atenas, Madrid 1980), p.107.

2. Libro de oración de las hermanas M. C.

3. Madre Teresa a monseñor Périer, 3 de diciembre de 1947.

4. Madre Teresa a la madre Gertrude, 10 de enero de 1948.

5. Testimonio del padre Joseph, M. C.

6. Testimonio del hermano Yesudas, M. C.

7. Madre Teresa al padre Neuner, 6 de marzo de 1962.

8. Instrucción de Madre Teresa a las hermanas M. C., 1 de octubre de 1977.

9. Juan 15, 12.

10. Discurso de Madre Teresa, Cambridge, 10 de junio de 1977.

11. Discurso de Madre Teresa, Corpus Christi College, Melbourne, 8 de octubre de 1981.

AGRADECIMIENTOS

Este libro no hubiera podido salir a la luz sin la contribución de muchos. Es necesario expresar, desde lo más profundo de mi corazón, el más sentido agradecimiento a todos aquellos que, de una forma u otra, han contribuido a hacer de este libro una feliz realidad.

En primer lugar tenemos una gran deuda con los Jesuitas y a todas las personas que tuvieron la previsión de conservar las cartas de Madre Teresa para beneficio de futuras generaciones de Misioneras de la Caridad (M. C.) y de la Iglesia. Hemos de agradecer el hecho de que material tan abundante y valioso no haya sido destruido como deseaba Madre Teresa. Nuestro sincero agradecimiento también para todos los que compartieron experiencias y recuerdos vividos con Madre Teresa, y que han enriquecido nuestro conocimiento y comprensión de la fundadora de la familia de Las Misioneras de la Caridad.

No puedo dejar de mencionar la inestimable colaboración de las hermanas M. C. de la oficina de la Postulación y de los Archivos que han pasado numerosas horas transcribiendo y organizando documentos. También estoy profundamente agradecido a las Hermanas M. C. que trabajan en el Centro de la Madre Teresa en Tijuana, en

Kolkata y en Roma. Sin su ayuda generosa y constante, este libro no sería lo que es.

Quiero dar las gracias de forma especial a Claudia Cross de la agencia Sterling Lord Literistic por su apoyo, estímulo y asistencia profesional. Ha sido un placer trabajar con Bill Barry, editor, y también con Trace Murphy, redactor editorial de la editorial Doubleday. Manifestaron su entusiasmo por el proyecto desde el principio y han demostrado en todo momento su empeño por mantener en el trabajo un nivel de excelencia. Nuestros amigos Henry Hockeimer, Jamie Bischoff, Corey Field, y Stephen Kim de la firma Ballard Spahr Andrews e Ingersoll nos han asistido muy generosamente a lo largo de todo el proceso—gracias mil.

Varias personas han revisado todo o partes del libro y han ofrecido valiosas sugerencias. Entre ellas me gustaría dar las gracias muy especialmente al padre Matthew Lamb, a Jim Towey, al padre Paul Murray, O. P., al padre Thomas Dubay, S. M., al padre Benedict Groeschel, C. F. R., al padre Pascual Cervera y a Tim S. Hickey.

He de mencionar muy particularmente a la hermana Nirmala, M. C., sucesora de Madre Teresa como superiora general de las Misioneras de la Caridad, por su apoyo a este proyecto y a las actividades que el Centro de la Madre Teresa ha llevado a cabo a favor del mismo; a las hermanas M. C.; a los hermanos M. C. activos y contemplativos, y a mis propios compañeros sacerdotes M. C., especialmente al padre Robert Conroy, M. C. por su fraternal apoyo y estímulo. Una palabra muy especial de agradecimiento para la rama contemplativa de las hermanas M. C. y también para las muchas personas que han apoyado este proyecto con sus oraciones y sacrificios.

Le estoy muy agradecido a monseñor Lucas Sirkar, S. D. B., arzobispo de Calcuta, por autorizarnos el uso de citas de cartas de monseñor Ferdinand Périer, S. J., al padre George Pattery, S. J., provincial de la provincia de Calcuta de la Sociedad de Jesús por darnos permiso para citar pasajes de las cartas del padre Celeste Van Exem, S. J., al padre Joseph Neuner, S. J., al padre Albert Huart, S. J., a los jesuitas de la provincia de Croacia, al padre Michael van der Peet, S. C. J., y a monseñor William G. Curlin, D. D. por su valiosa colaboración y asistencia. Las Hermanas de Loreto han respondido siempre con prontitud a nuestras preguntas y han permitido que usemos varias cartas de sus archivos, motivos estos por los que les estamos muy agradecidos. Nuestro agradecido reconocimiento para TAN Books and Publishers, Inc. por citas del padre Reginald Garrigou-Lagrange, O. P., a Ravindra Kumar, editor de *The Statesman Ltd.* y Nachiketa Publications por permitirnos usar material de las entrevistas de Desmond Doig, a David Higham Associates, a nombre del patrimonio literario de Malcolm Muggeridge por dar permiso para usar sus palabras, y a los editores de *Review for Religious*, *Catholic Leader* y *Milwaukee Catholic Herald* por el permiso para usar extractos de varios artículos aparecidos en sus publicaciones.

A pesar de toda esta ayuda es posible encontrar errores, por los que asumo toda la responsabilidad.

CENTRO DE LA MADRE TERESA DE CALCUTA

El Centro de la Madre Teresa de Calcuta (MTC) es una organización sin ánimo de lucro formada y dirigida por las Misioneras de la Caridad, la familia religiosa fundada por Madre Teresa de Calcuta. Es una extensión de la Oficina de la Postulación de la Madre Teresa.

Su objetivo es promover la auténtica devoción a la Beata Teresa así como dar a conocer su vida, su obra, su espiritualidad y mensaje por medio de la preparación y publicación de sus escritos y la distribución de devocionarios (folletos, panfletos, estampas con oraciones, medallas, etc.) así como el mantenimiento de una página web oficial (www.motherteresa.org). El MTC es también responsable de proteger y guardar la autenticidad de sus palabras, escritos e imágenes de cualquier abuso o mal uso.

Para solicitar información o permiso para usar palabras, o el nombre de Madre Teresa deben dirigirse a: mtc@motherteresa.org.

Printed in the United States
by Baker & Taylor Publisher Services